Maneiras de ser

James Bridle

Maneiras de ser

Animais, plantas, máquinas: a busca
por uma inteligência planetária

tradução
Daniel Galera

todavia

Para Navine e Zephyr

σχολὴ μὲν δή, ὡς ἔοικε: καὶ ἅμα μοι δοκοῦσιν ὡς ἐν
τῷ πνίγει ὑπὲρ κεφαλῆς ἡμῶν οἱ τέττιγες ᾄδοντες καὶ

*Temos tempo de sobra, ao que parece; além
disso, as cigarras parecem nos olhar de cima
enquanto cantam e conversam no calor.*

Platão, *Fedro*, 258e

*Chega de Direitos Humanos!
E os Direitos das Baleias?
E os Direitos das Lesmas?
E os Direitos das Focas?
E os Direitos das Enguias?
E os Direitos dos Guaxinins?
E os Direitos dos Mergulhões?
E os Direitos dos Lobos?
E que tal, que tal,
Que tal, que tal os Direitos dos Insetos?
E os Direitos das Lesmas?
E os Direitos dos Robalos?
E os Direitos dos Asnos?
E os Direitos das Minhocas?
E os Direitos dos Germes?
E os Direitos das Plantas?*

Moondog*

---

* "Enough about Human Rights" [Chega de Direitos Humanos], do álbum *H'art Songs*, de Moondog, 1978.

Introdução: Mais que humano 11

1. Pensando diferente 37
2. *Wood Wide Webs* 89
3. O denso bosque da vida 123
4. Enxergando como um planeta 163
5. Falando com estranhos 201
6. Máquinas não binárias 249
7. Randomizando 305
8. Solidariedade 351
9. A internet dos animais 395

Conclusão: Na fazenda de metais 431

Notas 437
Bibliografia 473
Agradecimentos 477
Índice remissivo 479
Créditos das imagens 492

Introdução
Mais que humano

O sol do final do verão se demora nas encostas e nas águas calmas do lago. O ar está quente e o céu é de um azul profundo e vasto. Cigarras cantam nos arbustos densos e os sinos das cabras soam à distância. Perto dos juncos, uma pequena fogueira foi acesa e latas de cerveja foram abertas. Alguém trouxe um clarinete e perambula entre as árvores perto da margem, tocando. É um cenário de tranquilidade atemporal, mas é aqui que está se desenrolando um dos maiores conflitos da nossa era — entre a agência humana e a inteligência das máquinas, e entre a ilusão da superioridade humana e a sobrevivência do planeta.

Estou no Epiro, o canto noroeste da Grécia, situado entre os montes Pindo e a fronteira com a Albânia: uma região famosa por sua beleza e resiliência. Aqui, no inverno de 1940, uma força grega determinada, porém despreparada e em inferioridade numérica, lutando nas piores condições possíveis, deteve e fez recuar um exército italiano invasor. O dia 28 de outubro, quando o premiê dos tempos de guerra Ioannis Metaxás recusou o ultimato de rendição de Mussolini, é lembrado e celebrado hoje como o Dia do Oxi — em grego, Οχι, o dia do não.

O Epiro é uma região deslumbrante de montanhas escarpadas e desfiladeiros profundos, salpicada de vilarejos e mosteiros de pedra, e habitada, além das pessoas, por ursos, lobos, raposas, chacais e águias-reais, além de por algumas das árvores e florestas mais antigas da Europa. O rio Vjosa serpenteia dos montes Pindo até o Parque Nacional Vikos, e o mar Jônico cintila ao longo do litoral rochoso. Tem algo de paradisíaco; é uma das terras mais bonitas e intocadas que já vi, mas hoje ela voltou a estar ameaçada.

Sou escritor e artista plástico, e durante muitos anos explorei a relação entre tecnologia e vida cotidiana: como as coisas que fabricamos — principalmente coisas complexas como os computadores — afetam a sociedade, a política e, cada vez mais, o meio ambiente. Também morei na Grécia nos últimos anos e vim ao Epiro visitar amigos: um grupo de nativos epirotas e outros transplantados de Atenas — pastores, poetas, padeiros e hoteleiros. Todos são ativistas na luta para salvar o Epiro de um novo e terrível perigo, que ameaça corromper e envenenar o próprio solo em que pisamos. Seus adesivos de campanha, encontrados nos murais dos vilarejos, nas placas de trânsito e nas capas de laptops, contêm um slogan de uma só palavra: Οχι. Não.

Caminhando pela floresta que circunda o lago, encontro estacas de madeira finas encravadas na terra e tiras de plástico atadas a galhos e árvores jovens. Nas estacas, há inscrições feitas com caneta hidrográfica de ponta grossa e tinta espessa: uma série de letras e números que não me dizem nada. Sigo o caminho tortuoso das estacas que marcham floresta adentro. Abrindo caminho pela vegetação rasteira até uma estrada recém-aberta, vejo que elas atravessam um campo livre e penetram numa região mais funda da floresta. Sua trajetória também se ramifica: mais fitas de plástico amarradas a árvores e galhos demarcam ângulos retos dentro daquilo que, mais tarde, passarei a entender como uma vasta grade ou malha disposta por cima da paisagem. Nos dias seguintes, acompanho essas linhas através de campos e videiras, jardins e vilarejos marcados por mais faixas presas a cercas, arames farpados, portões e placas de rua. Elas se estendem por centenas, talvez milhares de quilômetros, como um sistema de coordenadas imposto por uma inteligência alienígena e remota.

Há sinais de ocasionais atividades associadas à malha: uma nova estrada aberta por tratores em meio aos campos; pilhas de entulho; marcas de pneus; buracos fundos cercados de detritos. Os moradores locais me falam de furgões sem identificação, helicópteros e equipes de trabalho vestindo uniformes fluorescentes que surgem e desaparecem, suas idas e vindas acompanhadas de grandes explosões que estremecem as janelas e espantam os pássaros das árvores. No Facebook, meus amigos compartilham vídeos tremidos de celular em que capturaram detonações que lançam terra a centenas de metros de altura, acompanhadas pelas sirenes e pelos apitos das equipes de mineração.

Essas marcas são o que vim ver no Epiro, mas seu significado se encontra espalhado em postagens na internet, matérias jornalísticas e relatórios empresariais. Nas trilhas de destruição dentro da floresta, nas ravinas abertas no solo e nas explosões que soam nas manhãs cinzentas, essas marcas, virei a descobrir, são deixadas pelas garras e presas da Inteligência Artificial, no ponto exato em que ela se encontra com a terra.

Desde 2012, sucessivos governos gregos adotaram uma política de aproveitamento de combustíveis fósseis, designando o Epiro e o mar Jônico como áreas de extração e vendendo os direitos de exploração para empresas internacionais de gás e petróleo. Para a Grécia depauperada, sofrendo os efeitos de anos de crise econômica e da imposição externa de um regime de austeridade, as potenciais receitas obscurecem as ameaças tanto ao meio ambiente local quanto ao clima global. Não só as críticas, mas também o próprio debate em torno da questão foi silenciado. No Epiro, o acesso público a contratos do governo é restrito, os estudos ambientais não são divulgados e as equipes de exploração se deslocam pela região em furgões brancos sem identificação, desaparecendo ao menor sinal de ativistas e jornalistas intrometidos.

A existência de petróleo na Grécia está documentada desde os tempos antigos. Em torno de 400 a.C., o historiador Heródoto descreveu vertentes naturais de petróleo na ilha de Zacinto, locais em que um lodo preto e espesso subia das profundezas e formava poças na superfície. Os habitantes locais usavam-no para calafetar seus barcos e acender seus lampiões. Hoje, algumas pequenas plataformas petrolíferas extraem esse petróleo na costa do mar Jônico, e a tensão com a Turquia ferve lentamente devido à disputa de regiões similares no Egeu e no leste do Mediterrâneo. Até pouco tempo atrás, o Epiro tinha se mantido longe dessas preocupações, mas já se suspeitava da existência de riquezas debaixo de seu terreno acidentado.

Eu já tinha lido sobre a existência de jazidas de petróleo no Epiro, mas minhas únicas referências eram fotos de baixa definição em apresentações online preparadas por exploradores e acadêmicos.[1] A partir do momento em que fui ao Epiro, o nome de um vilarejo insistia em aparecer: Dragopsa, alguns quilômetros a oeste da capital regional Janina, próximo ao lago na floresta. Quando comecei a fazer perguntas, alguém sugeriu que eu conversasse com Leonidas, um ativista antipetróleo cuja família vive lá há muitas gerações.

Numa tarde sem brisa e abafada, Leonidas me deu uma carona até Dragopsa, parando aqui e ali para colar seus adesivos Oχι nos locais em que pudessem chamar atenção. No vale abaixo do vilarejo, saímos do carro e caminhamos por prados e pomares até chegarmos a um rio. As águas puras e cristalinas do Epiro são fonte de cerca de 70% da água potável da Grécia; grandes instalações de envasamento se amontoam ao pé das montanhas. Apesar disso, quando estávamos escolhendo que caminho tomar numa curva do rio, reparei no cheiro inconfundível de petróleo. O odor pungente era mais forte na base de um penhasco íngreme, onde raízes de árvores e torrões de solo escuro tinham sido expostos pela correnteza do rio. Foi nesse ponto que, em 1920, os moradores locais descobriram petróleo formando poças na superfície por conta própria, como ocorrera em Zacinto. Leonidas me conta que ele também encontrou vertentes nos últimos anos: pontos afastados de qualquer estrada, nos quais o combustível preto e grudento brotava entre os juncos e o capim. Ninguém precisa de Inteligência Artificial para encontrar petróleo no Epiro; mas ela é necessária para explorá-lo.

A proponente vencedora do contrato de exploração do Epiro era uma das maiores empresas de energia do mundo, a Repsol.[2] Desde a sua fundação em 1927 como empresa nacional de energia da Espanha, a Repsol se expandiu ao redor do globo e descobriu centenas de novos campos de petróleo na década passada; também foi pioneira no uso de novas tecnologias para a descoberta e a exploração de jazidas. Em 2014, a Repsol e a IBM Watson — divisão responsável por Inteligência Artificial na gigante de tecnologia americana — anunciaram que estavam trabalhando juntas para "alavancar as tecnologias cognitivas que ajudarão a transformar a indústria de petróleo e gás". Essas tecnologias incluíam "protótipos de aplicações cognitivas especialmente projetadas para melhorar as tomadas de decisões estratégicas da Repsol visando a otimização da produção nos reservatórios de petróleo e a aquisição de novos campos petrolíferos".[3]

Aquisição e otimização são os dois esforços centrais da indústria de combustíveis fósseis; onde perfurar a crosta terrestre e como extrair o máximo dela. O petróleo está acabando e as tecnologias de extração estão mudando: à medida que as reservas maiores e mais acessíveis se esgotam, o valor financeiro daquelas que ainda restam aumenta, mesmo diante das consequências ambientais óbvias e catastróficas. Reservas até então intocadas, que foram ignoradas porque era muito difícil avaliá-las ou explorá-las, estão outra vez na mira das gigantes do petróleo. Como a própria Repsol salienta em seu material publicitário: "Acessar novas reservas é uma tarefa cada vez mais difícil. O subsolo é uma grande incógnita. Perfurar e realizar grandes investimentos financeiros são decisões arriscadas e difíceis". Como resultado, os mais sofisticados processos computacionais precisam ser empregados. Decisões engenhosas exigem ferramentas engenhosas: "Para minimizar os erros e tomar as decisões corretas na Repsol, decidimos deixar que a tecnologia nos ajude a decidir".[4]

Entre essas decisões está a de extrair cada gota de petróleo do fundo da terra, com total conhecimento dos danos irreparáveis que isso causará ao planeta, a nós mesmos e às nossas sociedades, e a tudo e todos com quem compartilhamos o planeta. Foi essa tecnologia que desenhou a malha de estacas, tiras de plástico e furos de sonda que avança sobre o Epiro e a Grécia, convertendo o meio ambiente num tabuleiro para a exploração. Isso é o que acontece — agora — quando a Inteligência Artificial é aplicada sobre a terra propriamente dita.

A Repsol e a IBM não são as únicas empregando Inteligência Artificial para acelerar a degradação e o esgotamento do planeta. A Repsol também mantém um relacionamento com o Google, que colocou seus avançados algoritmos de aprendizado de máquina para trabalhar na rede global de refinarias da empresa, ajudando a elevar sua eficiência e produtividade.[5] Na conferência Cloud Next do Google, em 2018, um bando de empresas de petróleo mostrou como planejava aproveitar o aprendizado de máquina para otimizar seus negócios. (Após a divulgação, em 2020, de um relatório do Greenpeace sobre o Vale do Silício e a indústria do petróleo, o Google prometeu interromper a criação de "algoritmos customizados de IA/AM para facilitar a extração na base da cadeia produtiva das indústrias de petróleo e gás", embora isso não vá ter efeito algum no seu amplo aproveitamento da infraestrutura e expertise do Google.[6]) No ano seguinte, a Microsoft promoveu a primeira edição da Cúpula de Liderança em Petróleo e Gás, em Houston, Texas, e tem mantido parcerias de longa data com ExxonMobil, Chevron, Shell, BP e outras empresas de energia, incluindo armazenamento em nuvem e um portfólio crescente de instrumentos de Inteligência Artificial.[7] Até a Amazon — que controla quase metade da infraestrutura comercial de serviços em nuvem — está entrando no jogo, pois alguém no seu setor de vendas escreveu, logo após o anúncio do Google: "Se você é uma empresa de P&G [Petróleo e Gás] procurando um parceiro de transformação digital estratégica, recomendamos que escolha um parceiro que de fato use seus produtos e que possa ajudá-la a se transformar para o futuro".[8]

Que futuro está sendo imaginado aqui? E que inteligência está a seu serviço? Se chegar o momento em que os algoritmos inteligentes da Repsol alcancem o petróleo estocado debaixo das montanhas e florestas do Epiro, o resultado será a destruição inevitável de tesouros ambientais: derrubada de árvores, extermínio da fauna, poluição do ar e envenenamento das águas. Esse é um futuro em que cada última gota de petróleo é bombeada do fundo da terra e queimada para obter lucro. É um futuro em que a concentração de dióxido de carbono e outros gases do efeito estufa continua a aumentar na atmosfera, acelerando o aquecimento global, catalisando a elevação do nível dos oceanos e os eventos climáticos extremos, e asfixiando a vida ao redor do planeta. Um futuro que, em suma, não é um futuro. Que forma de inteligência procura não apenas apoiar, mas incrementar e otimizar uma insanidade dessas? Que tipo de inteligência participa ativamente da perfuração, do esgotamento e do despojo das poucas reservas naturais restantes sobre a terra em nome de uma ideia de progresso que já sabemos estar condenada? Não é uma inteligência que eu saiba reconhecer.

Não sei quanto do esforço, das escavações e dos planos de exploração do Epiro podemos atribuir a análises humanas à moda antiga ou à IA. A Repsol, apesar das minhas solicitações, não me diz. Mas a questão não é essa. O que importa nisso tudo, para mim, é que as tecnologias, os processos e os empreendimentos mais avançados do planeta — as plataformas de Inteligência Artificial e aprendizado de máquinas construídas pela IBM, Google, Microsoft, Amazon e outras — são empregados na extração, produção e distribuição de combustíveis fósseis, principais causadores da mudança climática, das emissões de CO_2 e gases do efeito estufa, e das extinções globais.

Parece haver algo profundamente errado no propósito que imaginamos para nossos instrumentos. Esse pensamento foi se infiltrando em mim nos últimos anos, à medida que eu via como as novas tecnologias — em particular as mais novas e "inteligentes" — eram usadas para corroer e usurpar a alegria humana, a segurança e até mesmo a própria vida. Não sou o único a achar isso. O modo como o desenvolvimento desses instrumentos supostamente inteligentes poderá prejudicar, erradicar e em última instância suplantar a nós mesmos se tornou objeto de um campo de estudo abrangente que envolve cientistas da computação, programadores e empresas de tecnologia, bem como teóricos e filósofos da própria inteligência das máquinas.

Um dos mais dramáticos desses futuros possíveis é descrito na hipótese que se costuma chamar "maximizador de clipes de papel". Funciona assim: imagine um software inteligente — uma IA — criado para otimizar a fabricação de clipes de papel, uma meta de empreendimento aparentemente simples e inofensiva. O software poderia começar com uma única fábrica: automatizar a linha de produção, negociar melhores condições com os fornecedores, assegurar mais pontos de venda para os produtos. Quando o software atingir os limites de um único estabelecimento, ele poderá adquirir outras empresas ou seus fornecedores, acrescentando empresas de mineração e refinarias ao portfólio para obter as matérias-primas com maior vantagem. Ao interferir no sistema financeiro — já completamente automatizado e fértil para a exploração dos algoritmos —, ele poderia alavancar e até controlar o preço e o valor dos materiais, movimentando os mercados a seu favor e gerando contratos futuros computacionalmente diabólicos que o colocariam numa posição intocável. Acordos comerciais e legislações o tornam independente de qualquer país específico e imune a qualquer tribunal. A fabricação de clipes de papel prospera. Mas, sem as barreiras adequadas — as quais, devido à complexidade do mundo em que a IA opera, teriam complicações muito superiores às do mais impenetrável contrato legal ou tratado filosófico —, pouco se poderia fazer para impedi-la de ir muito além. Depois de ter assegurado o controle dos sistemas jurídicos e financeiros, e subordinado os governos nacionais e as forças letais à sua vontade, todos os recursos naturais da Terra estão à disposição da IA em sua busca por uma fabricação mais eficiente de clipes de papel: cordilheiras são demolidas, cidades são postas abaixo e, a partir de certo ponto, toda a vida humana e animal é processada por máquinas que extraem seus componentes minerais. Foguetes gigantes de clipes de papel acabam abandonando a Terra devastada para extrair energia diretamente do Sol e iniciar a exploração de outros planetas.[9]

É uma cadeia de eventos aterrorizante e aparentemente ridícula — mas ridícula só porque uma Inteligência Artificial avançada não precisa de clipes de papel. Movida pela lógica do capitalismo contemporâneo e pelos requisitos energéticos da própria computação, a maior necessidade de uma IA na era atual é o combustível para sua própria expansão. É de petróleo que ela precisa e, cada vez mais, ela sabe onde encontrá-lo.

As estacas de madeira que avançam por quilômetros na paisagem do Epiro, os buracos sendo perfurados, as explosões que fazem tremer o chão: essas são as sondas alienígenas, as operações de uma Inteligência Artificial otimizada para extrair os recursos necessários para manter nosso ritmo atual de crescimento, custe o que custar.

Alguns dos mais graves alertas a respeito da IA vieram, na verdade, de seus maiores defensores: os bilionários do Vale do Silício que, em sua maioria, forçaram agressivamente a adoção de uma narrativa de determinismo tecnológico. Determinismo tecnológico é a linha de pensamento que decreta que o progresso tecnológico é irrefreável. Uma vez que o avanço da IA é tão inevitável quanto o dos computadores, da internet e da digitalização da sociedade como um todo, deveríamos apertar os cintos e seguir com a programação. Porém Elon Musk, criador do PayPal e dono da Tesla e da SpaceX, acredita que a IA é "a maior ameaça existencial" à humanidade.[10] Bill Gates, fundador da Microsoft — cuja plataforma de IA, Azure, mantém as plataformas petrolíferas da Shell em plena atividade —, afirmou não entender como as pessoas não estão mais preocupadas com o desenvolvimento dela.[11] Até mesmo Shane Legg, cofundador da empresa DeepMind, controlada pelo Google — e mais conhecida por derrotar os melhores jogadores humanos em partidas de Go —, afirmou com todas as letras acreditar que "a extinção humana provavelmente ocorrerá, e a tecnologia provavelmente terá participação nisso". Ele não estava falando de petróleo: estava falando de IA.[12]

Esses temores não devem surpreender muito. Afinal, os capitães da indústria digital, beneficiários da vasta riqueza gerada pela tecnologia, são os que têm mais a perder se forem substituídos por Inteligências Artificiais superinteligentes. Talvez eles temam a IA porque ela ameaça fazer com eles o que eles têm feito conosco há um bom tempo.

Nos últimos anos, dei palestras em conferências e falei em mesas-redondas a respeito dos impactos sociais das novas tecnologias e, por causa disso, às vezes me perguntam quando chegará a "verdadeira" IA — ou seja, a era das máquinas superinteligentes, capazes de transcender as habilidades humanas e nos substituir. Quando isso acontece, costumo responder: já começou. São as corporações. Isso em geral arranca uma risadinha hesitante, então, explico melhor. Tendemos a imaginar a IA corporificada em algo semelhante a um robô ou um computador, mas na verdade ela pode se manifestar em qualquer coisa. Imagine um sistema com objetivos claramente definidos, sensores e efetores para captar o mundo e interagir com ele, habilidade de reconhecer prazer e dor como desejável ou evitável, recursos para implementar suas vontades e uma situação legal e social que garante que suas necessidades sejam atendidas ou mesmo respeitadas. Isso descreve uma IA — e também descreve uma corporação moderna. Para essa "IA corporativa", o prazer é crescimento e lucratividade, e a dor são processos legais e quedas no valor das ações. A fala corporativa é protegida, a pessoalidade corporativa é reconhecida e os desejos corporativos são agraciados com liberdade, legitimidade e às vezes força violenta nas leis de comércio internacionais, na regulamentação estatal — ou em sua ausência — e nas normas e expectativas da sociedade capitalista. As corporações usam quase sempre humanos como sensores e efetores; elas também empregam redes de logística e comunicação, arbitram forças de trabalho e mercados financeiros, e recalculam o valor de posicionamentos, recompensas e incentivos baseados em inputs e contextos variáveis. Crucialmente, elas são desprovidas de empatia ou de lealdade e são difíceis — embora não impossíveis — de matar.

O escritor de ficção científica Charles Stross compara nossa era de controle corporativo às sequelas de uma invasão alienígena. "As corporações não têm as mesmas prioridades que nós. São organismos de colmeia constituídos de trabalhadores fervilhantes que aderem ao coletivo ou o deixam: os que dele participam subordinam seus objetivos aos do coletivo, que está em busca dos três objetivos corporativos, o crescimento, a lucratividade e a evasão da dor", escreve Stross. "Vivemos hoje em um estado global que foi estruturado em benefício de entidades não humanas e de seus objetivos não humanos."[13]

Dizendo dessa maneira, não fica difícil entender por que os donos das maiores corporações atuais temem a própria obsolescência nas mãos da Inteligência Artificial. Uma vez fora da posição que ocupam no topo, eles estariam tão vulneráveis quanto todos nós a entidades onipotentes que não compartilham dos mesmos interesses e que, no melhor dos casos, os deixariam de lado e, no pior, os recomporiam fisicamente em algum arranjo mais proveitoso.

O que concluo a partir dessa avaliação sombria é que nossa concepção da Inteligência Artificial — e logo, uma vez que ela nos tem como modelo, da inteligência no geral — é fundamentalmente falha e limitada. Ela revela que, quando discutimos IA, estamos em grande medida discutindo esse tipo de inteligência *corporativa* e ignorando todas as outras coisas que uma IA — ou qualquer tipo de inteligência — poderia ser.

É o que acontece, pelo jeito, quando o desenvolvimento da IA é conduzido sobretudo por empresas de tecnologia financiadas por capital de risco. A definição de inteligência que termina sendo enfocada, apoiada e finalmente implementada nas máquinas é de um tipo extrativista e voltado ao lucro. Esse enfoque é então reproduzido em nossos livros e filmes, no noticiário e na imaginação pública — em histórias de ficção científica girando em torno de robôs supremos e algoritmos onipotentes e irresistíveis — até que venha a dominar nossos pensamentos e reflexões. Parecemos incapazes de imaginar a inteligência em qualquer outra forma — o que significa que estamos condenados não somente a conviver com essa fantasia, mas também a reproduzi-la e incorporá-la em detrimento de nós mesmos e do planeta. Nós nos tornamos cada vez mais como as máquinas que imaginamos, em maneiras que, no presente, exercem efeitos profundamente negativos nas relações que temos uns com os outros e com o mundo em geral.

Uma maneira de mudar a natureza dessas relações, portanto, é mudar como pensamos sobre a inteligência: o que ela é, como age sobre o mundo e quem a possui. Para além do enfoque estreito promovido tanto pelas empresas de tecnologia quanto pela doutrina da excepcionalidade humana (a ideia de que, em meio a todos os seres, a inteligência humana é singular e proeminente), existe todo um reino de outras formas de pensar e fazer inteligência. A proposta deste livro é contribuir para essa reimaginação: olhar além do horizonte do nosso self e de nossas criações para vislumbrar outro tipo ou talvez vários outros tipos de inteligência que estavam bem aqui, diante de nós, o tempo todo — e que em muitos casos nos antecederam. Ao fazer isso, talvez possamos mudar nossa maneira de pensar sobre o mundo, mapeando o caminho em direção a um futuro menos extrativista, destrutivo e desigual, e mais justo, gentil e regenerativo.

Não estaremos sozinhos nessa jornada. Nas últimas décadas, veio se desenvolvendo um jeito muito diferente de imaginar a inteligência. Emergindo, de um lado, das ciências biológicas e comportamentais, e, do outro, a partir de uma crescente valorização e integração dos sistemas de conhecimento indígenas e não ocidentais, essa nova forma de entender a inteligência faz frente às narrativas unilaterais e gananciosas. E, o que é ainda mais significativo para nossa história, ela desafia a noção de que a inteligência "humana" é única ou mesmo especial em qualquer sentido.

Até muito recentemente, considerava-se que a humanidade era o único reduto da inteligência. Era a qualidade que nos tornava singulares diante das outras formas de vida — tanto que a definição mais útil de inteligência talvez tenha sido "o que os humanos fazem". Já não é assim. Graças a décadas de trabalho, ciência cuidadosa, muita reflexão e cooperação ocasional, porém essencial, entre colegas e parceiros não humanos, estamos começando a abrir as portas para a compreensão de uma forma inteiramente diversa de inteligência; na verdade, para muitas diferentes inteligências.

De bonobos que criam ferramentas complexas a gralhas que nos treinam para coletar o alimento delas, abelhas que debatem a rota dos enxames ou árvores que conversam e trocam nutrientes entre si — ou algo muito maior e inefável que esses meros truques de salão —, o mundo não humano parece, de repente, insuflado de inteligência e agência. É um jogo de luz, claro: essas outras mentes sempre estiveram presentes ao nosso redor, mas a ciência ocidental e a imaginação popular, após séculos de desatenção e negação, estão apenas começando a levá-las a sério. E levá-las a sério exige que possamos reformular não apenas a nossa ideia de inteligência, mas nossa ideia do mundo inteiro. O que significaria construir Inteligências Artificiais e outras máquinas que seriam mais parecidas com os polvos, com os fungos, com as florestas? O que significaria para nós e que consequência nos traria viver entre elas? E de que maneira isso nos aproximaria do mundo natural, da terra apartada da nossa tecnologia, e da qual fomos apartados por nossas tecnologias?

Essa ideia de formar novas relações com inteligências não humanas é o tema central deste livro. Ela emana de um despertar mais amplo e profundo: para a realidade, cada vez mais flagrante e premente, do nosso completo emaranhamento com *o mundo mais que humano*. É o significado pleno dessa expressão, e suas repercussões para nós mesmos, nossas tecnologias e nossas relações com tudo e todos com quem compartilhamos o planeta, que explorarei nas páginas seguintes. Esse empreendimento é tão urgente quanto fascinante. Se vamos tratar da pilhagem ilimitada do planeta e da nossa impotência crescente diante das vastas capacidades da computação, precisamos encontrar maneiras de reconciliar nossas façanhas tecnológicas e nosso senso de excepcionalidade humana com uma sensibilidade terrena e um reconhecimento atento da interconexão de todas as coisas. Precisamos aprender a viver com o mundo, em vez de tentar dominá-lo. Em suma, precisamos descobrir uma ecologia da tecnologia.

O termo "ecologia" foi cunhado em meados do século XIX pelo naturalista alemão Ernst Haeckel, em seu livro *Generelle Morphologie der Organismen* [Morfologia geral dos organismos]. "Por ecologia", escreveu Haeckel, "queremos dizer toda a ciência das relações do organismo com seu ambiente, incluindo, em sentido amplo, todas as condições de existência."[14] O termo é derivado do grego οἶκος (*ekos*), que significa casa ou ambiente; numa nota de rodapé, Haeckel também faz referência ao grego χωρα (*hora*), que significa "local de moradia". A ecologia não é o estudo meramente do lugar em que estamos, mas de tudo que nos cerca e permite que sigamos vivos.

Haeckel defendeu desde o início o trabalho de Charles Darwin. Em especial, apoiou a crença de Darwin de que a maior contribuição de sua teoria não tinha a ver com a explicação do desenvolvimento de cada espécie individual, e sim com as relações *entre* as espécies. No famoso parágrafo final de *A origem das espécies*, Darwin forneceu uma protodescrição da ecologia, falando da "margem de um rio, confusamente recoberta" por plantas de vários tipos, pássaros, insetos e outras "formas construídas de maneira tão elaborada, tão diferentes entre si", as quais foram produzidas pelas forças complexas da evolução, mas que dependem completamente umas das outras.[15]

A descrição mais curta e ao mesmo tempo ressonante do pensamento ecológico talvez tenha sido oferecida em 1911 por John Muir, naturalista e explorador escocês-americano que fundou o sistema de parques nacionais dos Estados Unidos. Refletindo sobre a abundância de vida complexa que encontrou durante a escrita de seu livro *My First Summer in the Sierra* [Meu primeiro verão em Sierra], ele escreveu simplesmente: "Quando tentamos isolar uma coisa qualquer das outras, descobrimos que está atrelada a tudo que existe no Universo".[16]

A ecologia é o estudo dessas inter-relações: os fios inquebráveis que amarram cada coisa a todas as outras. E o que é mais importante, essas relações abrangem tanto as *coisas* quanto os *seres*: a ecologia se interessa tanto por como a existência de materiais para a construção de ninhos afeta a população dos pássaros ou como o planejamento urbano influi na disseminação de doenças quanto pela maneira como as abelhas polinizam as calêndulas e os bodiões-limpadores removem parasitas dos peixes-cirurgiões. E isso é apenas a ecologia biológica. A ecologia tem uma diferença fundamental em relação às demais ciências no sentido de que descreve não um campo, mas um escopo e uma abordagem de estudo. Existe uma ecologia — e ecologistas — da matemática, do comportamento, da economia, da física, da história, da arte, da linguística, da psicologia, da guerra e de quase todas as outras disciplinas que se possa imaginar.

Existe também a política ecológica, que tem potencial não apenas para descrever mundos, mas também para mudá-los.

Foi atuando como ecologista que a bióloga marinha Rachel Carson abordou o meio ambiente, culminando com um livro tremendamente influente, *Primavera silenciosa*, de 1962, no qual empregou sua compreensão ecológica para ligar a presença de pesticidas nos rios e oceanos a efeitos devastadores sobre a saúde humana e animal. Seu trabalho levou diretamente à proibição de toxinas como o DDT e ao nascimento do movimento ambientalista global. Desde então, o pensamento ecológico se entranhou na política e no direito para guiar a consciência pública e as práticas sociais em direção a formas menos nocivas de nos relacionarmos com o mundo natural.

O pensamento ecológico, uma vez desencadeado, passa a permear tudo. É tanto um *movimento* quanto uma ciência, com toda a energia motriz e incansável que a palavra implica. Cada disciplina descobre sua própria ecologia em algum momento, transitando inevitavelmente dos jardins cercados da pesquisa especializada para um envolvimento maior com o mundo em torno. Ao expandir nosso campo de visão, vamos percebendo que tudo tem impacto em tudo — e encontramos significados nessas inter-relações. Boa parte deste livro se ocupará desse pensamento ecológico em particular: o que importa está mais nas relações do que nas coisas — mais entre nós do que em nós.

A tecnologia é o último campo de pesquisa a descobrir sua ecologia. Ecologia é o estudo do lugar que ocupamos e das relações entre seus habitantes, enquanto tecnologia é o estudo do que fazemos nesse lugar: τέχνη (*techne*), ou técnica. Dizendo assim, parece que as duas coisas andam juntas, mas a história da tecnologia é marcada em grande parte por uma cegueira intencional ao contexto e às consequências da sua aplicação. Também há muito debate em torno do que podemos considerar tecnologia. Gosto da definição oferecida pela escritora de ficção científica Ursula Le Guin ao rebater os críticos que a acusavam de não a incluir o suficiente em seu trabalho.

"Tecnologia", ela escreveu, "é a interface humana ativa com o mundo material." Sua definição, para Le Guin, não se limitava à "alta" tecnologia, como os computadores e os bombardeiros a jato; pelo contrário, ela se referia a tudo que era produzido pela engenhosidade humana. Isso incluía o fogo, as roupas, a roda, os relógios, as ceifadeiras — e os clipes de papel.

Para quem considera a tecnologia, seja ela alta ou baixa, uma coisa demasiado complexa, especializada ou obtusa para ser pensada com clareza e propriedade, Le Guin oferece algumas palavras de incentivo:

> Não sei como se constrói e liga uma geladeira ou como se programa um computador, mas também não sei como fabricar um anzol ou um par de sapatos. Eu poderia aprender. Todos podemos aprender. Isso é o legal das tecnologias. Elas são o que podemos aprender a fazer.[17]

É importante ter isso em mente à medida que avançamos, porque encontraremos vários exemplos de "altas" tecnologias que podem parecer mirabolantes à primeira vista — mas cada uma delas foi pensada, aprendida e feita por alguém que dorme à noite e faz cocô de manhã. Também podemos aprender a fazê-las.

Na maior parte deste livro, nos concentraremos na alta tecnologia, em especial naquela variante desenvolvida nas décadas após a Segunda Guerra: a tecnologia da informação, ou a ciência e a prática dos computadores, da comunicação digital e da computação. Mas, já que estamos interessados em relações ecológicas, também daremos uma espiada nos séculos de tecnologia industrial que a antecederam: a ciência dos motores a vapor, engenhos de algodão, turbinas a jato, relógios pneumáticos e cabos de telégrafo. Encontraremos inclusive flautas neolíticas, autômatos de relógio, órgãos hidráulicos e a "nova mídia" da Grécia antiga.

Nesse trajeto, não me preocupo com as tecnologias abertamente ligadas à ecologia do meio ambiente — painéis solares, turbinas eólicas, captura de carbono e geoengenharia —, por mais necessários e fascinantes que esses instrumentos possam ser. Em vez disso, me detenho em nível mais fundamental com nossas maneiras de pensar com as tecnologias, através delas e sobre elas: como ponderamos seu papel e seu impacto, seus significados e suas metáforas, seus diálogos e suas relações com o mundo ao redor. Para o pensador ecológico, todas as tecnologias são ecológicas.

Além disso, procurarei questionar as distinções feitas entre esses tipos e níveis de tecnologia, e entre a tecnologia, a técnica humana e o resto do universo. Pois temos um paradoxo profundo e persistente no fato de a tecnologia ter demorado tanto tempo para encontrar e reconhecer a ecologia, ou melhor, descobrir a ecologia dentro de si. A tecnologia, entendida como nossa interface com o mundo material, é a prática humana que mais nos entrelaça ao nosso contexto e ambiente. Ela exemplifica e desempenha as características mais centrais da ecologia: complexidade, inter-relação, interdependência, distribuição de controle e agência, e mesmo uma proximidade com a terra e com o céu nos quais, sob os quais e a partir dos quais modelamos nossos instrumentos.

Uma ecologia da tecnologia, portanto, ocupa-se das inter-relações entre a tecnologia e o mundo, seu significado e sua materialidade, seus impactos e usos, para além do fato cotidiano e determinístico da sua própria existência. Começaremos a construir essa ecologia examinando vários pressupostos e tendências que estão embutidos no nosso modo de pensar e que depois acabam incorporados tão profundamente nos instrumentos que usamos todos os dias que quase nunca nos ocorre questioná-los. O mais poderoso deles é a ideia de que a inteligência humana é excepcional, e excepcionalmente significativa, no mundo. Todavia, como veremos, existem na verdade muitas maneiras de *fazer* inteligência, porque a inteligência é um processo ativo, não apenas uma capacidade mental. Ao repensarmos a inteligência e as formas como ela se manifesta em outros seres, começaremos a derrubar algumas das barreiras e falsas hierarquias que nos separam das outras espécies e do mundo. Assim, estaremos em posição vantajosa para forjar novas relações baseadas em reconhecimento e respeito mútuo.

Mais à frente, explorarei de que maneira a linguagem, a mais evocativa das faculdades humanas, emergiu da nossa experiência direta do mundo. À medida que ouvíamos, víamos e sentíamos o mundo — o rumorejo do riacho, o voo do pássaro, o impacto do trovão —, moldávamos a linguagem para que refletisse essas experiências, para melhor remeter esse reflexo de volta ao mundo e, assim, incorporá-lo e entrar em comunhão com ele. Nos milênios transcorridos desde que começamos a falar com o mundo e sobre o mundo, perdemos uma grande parte desse senso de conexão: o progresso tecnológico não raro vem acompanhado de uma atenuação espiritual. Mas defenderei a ideia de que nossas tecnologias contemporâneas, conectadas e computacionais talvez representem nossa mais acabada tentativa, desde o desenvolvimento da linguagem, de nos aproximarmos da natureza, ainda que de maneira descuidada e inconsciente.

Mudar nossa relação com o mundo exige que reconheçamos isso e assumamos essa missão com mais cuidado e consciência. Essa missão é da maior importância caso desejemos reconciliar o vasto alcance, a força divina e as exigências materiais da nossa tecnologia com nossa situação atual. Estamos envenenando o solo e o ar, aquecendo a atmosfera, acidificando os oceanos, queimando as florestas e assassinando com eficiência impensável os incontáveis seres que habitam o planeta conosco, isso para não mencionar as gerações de humanos atuais e vindouras. A devastação que estamos infligindo à terra poderá muito bem forçar nossa espécie a retornar às cavernas — e o mesmo se pode dizer das críticas descuidadas ao progresso tecnológico. Se não desejamos isso, e se não queremos vir a ocupar uma posição solitária e abjeta na face da Terra, precisamos repensar cada aspecto da nossa sociedade tecnológica e das ideias sobre as quais ela está fundada, e rápido.

Ainda temos capacidade de sobra para isso. "A história da vida na Terra tem sido uma história das interações entre as coisas vivas e aquilo que as cerca", escreveu Rachel Carson em *Primavera silenciosa*.

> Em grande medida, a forma física e os hábitos da vegetação e da vida animal na Terra foram moldados pelo seu ambiente. Levando em conta todo o tempo de existência da Terra, o efeito inverso, em que a vida é que modifica o ambiente, teve um papel relativamente pequeno. Apenas no recorte de tempo representado pelo século atual é que uma espécie — o homem — adquiriu o poder significativo de alterar a natureza desse mundo.[18]

Hoje, chamamos esse momento de Antropoceno, e seu nome deveria ser um alerta para que levemos nosso poder a sério, reconhecendo ao mesmo tempo que ele é temporal e, como todas as coisas temporais, sujeito a mudanças. Um mundo em que o próprio meio ambiente é dominante, um mundo *ecológico*, tem duração muito maior e, apesar do nosso exercício irresponsável de poder, jamais saiu de cena. Na verdade, o tumulto que hoje vivemos pode ser entendido como sua violenta reafirmação. A tarefa que temos à frente envolve menos uma transformação inédita de nós mesmos e mais um reconhecimento — no sentido de um *re-conhecimento*, uma compreensão e uma reelaboração — do nosso lugar no mundo.

Também defenderei, neste livro, a agência e pessoalidade da própria tecnologia, ou talvez da tecnologia ainda por vir: o momento, muito profetizado, em que nossas máquinas se tornarão autossuficientes, autoconscientes e talvez autogovernantes. Esse momento não retira de nós, humanos, a responsabilidade de efetuar mudanças em nossas próprias atitudes e comportamentos, nem a agência para fazê-lo. Pelo contrário, pensar sobre a agência das tecnologias é uma oportunidade de refletir de forma séria e concreta a respeito de como podemos assegurar maior justiça e igualdade para todos os habitantes do planeta: humanos, não humanos e máquinas. A tecnologia, por enquanto, ainda está quase toda em nossas mãos, e permanece a nosso alcance consertar, restaurar e regenerar seu emaranhamento com o mundo e seus efeitos sobre ele.

Não foi a tecnologia que nos expulsou do paraíso ou nos forçou a fugir de Babel. Não foi a tecnologia que estipulou que a vida não humana é bruta ou mecânica, adequada somente para os matadouros e as mesas de vivissecção. Os responsáveis por isso foram a ganância e a soberba, Aristóteles e Descartes, o edifício do excepcionalismo humano e a filosofia ocidental e europeia. A tecnologia incorpora as ideias e metáforas da sua época, mas esses instrumentos podem ser convertidos para outros fins, assim como nós mesmos. Como escreveu o poeta e visionário William Blake:

> A árvore que de alguns arranca lágrimas de júbilo parece ser, aos olhos de outros, uma coisa verde que atrapalha o caminho. Alguns enxergam na natureza ridículo e deformidade [...] e alguns quase não a enxergam. Mas, aos olhos do homem de imaginação, a natureza é a própria imaginação.[19]

Mais do que nunca, é tempo de reimaginar. Mas esse ato de imaginação não pode se restringir a nós. Pensar em oposição ao excepcionalismo humano exige que pensemos fora e além dele, e que reconheçamos a verdade profunda das palavras contidas na visão de Blake: *a natureza é a própria imaginação*. Nessa verdade reside a filosofia por trás da expressão que empreguei antes: *o mundo mais que humano*.

Cunhado pelo ecologista e filósofo americano David Abram, o "mundo mais que humano" se refere a um modo de pensar que procura revogar a tendência humana de nos separar do mundo natural. Essa tendência é tão acentuada que é comum até mesmo no ambientalismo, um movimento que busca nos aproximar da natureza para melhor preservá-la. Afinal, se postulamos desse modo nossas intenções, já estamos inserindo uma separação implícita entre nós e a natureza, como se fôssemos duas entidades distintas, livres de laços inseparáveis de lugar e origem. Termos convencionais como "o meio ambiente" e até mesmo a própria "natureza" (em especial quando é oposta a "cultura") incrementam a ideia equivocada de que há no mundo uma divisão nítida entre nós e eles, entre humanos e não humanos, entre nossa vida e a vida de numerosos, fervilhantes seres que habitam o planeta.

Contrastando com isso, o "mundo mais que humano" reconhece que a realidade do mundo humano — o reino dos nossos sentidos, respiração, voz, cognição e cultura — é apenas uma faceta de algo muito mais vasto. Toda a vida e o ser dos humanos estão inextricavelmente enredados e permeados por todas as outras coisas. Essa ampla comunidade inclui cada habitante da biosfera: os animais, as plantas, os fungos, as bactérias e os vírus. Ela inclui os rios, os mares, os ventos, as pedras e as nuvens que nos nutrem, estremecem e encobrem. Essas forças animadas, essas companheiras na grande aventura do tempo e do devir, têm muito a nos ensinar e já nos ensinaram muita coisa. Somos o que somos por causa delas, e não podemos viver sem elas.

O mundo mais que humano não é uma fantasia ou um jogo de palavras filosófico: é a manifestação, em nossa consciência e em nossas atitudes, de verdades científicas obtidas a muito custo, mas cujas implicações abrangentes ainda não permeiam a sociedade. Lynn Margulis, a mais importante bióloga evolutiva do século XX, dizia o seguinte a respeito de nosso emaranhamento com a vida não humana:

> Não importa o quanto nossa própria espécie seja tema de nossas preocupações, a vida é um sistema muito mais amplo. A vida é uma interdependência incrivelmente completa de matéria e energia envolvendo milhões de espécies fora (e dentro) de nossa própria pele. Esses alienígenas terrenos são nossos parentes, nossos ancestrais, e fazem parte de nós. Eles reciclam nossa matéria e nos trazem água e alimento. Sem "o outro", não sobrevivemos.[20]

A noção de um mundo mais que humano insinua com ainda mais ênfase que essas *coisas* são *seres*: não decorações passivas no drama de nossas próprias aflições, e sim participantes ativos no nosso devir coletivo. E já que esse devir, esse florescimento potencial, é coletivo, ele pede que reconheçamos o *ser*, a pessoalidade do outro. O mundo é feito de sujeitos, não de objetos. *Tudo* é na verdade *todos*, e todos esses seres têm suas próprias agências, seus pontos de vista e suas formas de vida. O mundo mais que humano pede nosso reconhecimento, pois sem ele não somos nada. "Vida e Realidade", escreveu o filósofo budista Alan Watts, "são coisas que você só pode ter se as conceder a todos os outros. Elas não pertencem a pessoas particulares, assim como o Sol, a Lua e as estrelas."[21]

Tudo? Mesmo? Sim. Como veremos, a condição de sujeito a que nos referimos brota ao nosso redor quando prestamos atenção a como estamos relacionados a tudo. O ser propriamente dito é relacional: uma questão de inter-relações. Tudo de que precisamos para que gravetos e pedras ganhem vida, escreveu o antropólogo brasileiro Eduardo Viveiros de Castro, é nossa própria presença.[22] Nossa agência humana e nossa intencionalidade transformam os objetos da cultura em sujeitos através dos significados e funções que lhes atribuímos.

Ainda que as máquinas que estamos criando hoje possam vir um dia a constituir formas de vida inegáveis, mais próximas da vida que reconhecemos em nós mesmos, esperar que atinjam esse ponto é deixar de aproveitar a totalidade das implicações de uma pessoalidade mais que humana. Elas já estão vivas, já são seus próprios sujeitos, de maneiras que afetam profundamente a nós e ao planeta. Nas palavras muitas vezes creditadas a Marshall McLuhan (porém mais corretamente atribuídas a Winston Churchill): "Moldamos nossos instrumentos e depois nossos instrumentos nos moldam".[23] Somos a tecnologia dos nossos instrumentos: eles nos moldam e nos formam. Nossos instrumentos têm agência e, consequentemente, seu lugar no mundo mais que humano. Esse entendimento nos permite dar início à tarefa essencial de uma ecologia tecnológica: a reintegração da técnica humana avançada com a natureza da qual ela surgiu.

Para terminar, este livro tem mais um objetivo. Uma vez que nós, humanos, e as coisas que criamos estamos inextricavelmente emaranhados com o mundo mais que humano, e uma vez que repensar nossa relação com esse mundo exige que reconheçamos sua existência e sua agência, precisamos refletir um pouco sobre a forma que essa relação pode vir a assumir. Uma parte dela consiste apenas em *cuidado*: uma atenção constante aos significados e afetos atrelados ao nosso emaranhamento. O resto, infelizmente, é política: os detalhes duros e substanciais do debate, da tomada de decisões, das relações de poder e de status. É bem aí, acredito, que o mundo computacional tem algo valioso a oferecer à nossa comunidade mais que humana, algo que, com o tempo, poderá justificar sua inclusão nessa comunidade, caso uma justificativa seja necessária. A infinita complexidade da computação, que extraímos ou sonhamos a partir do mundo material e concretizamos na forma de máquinas, tem muito a nos ensinar sobre como podemos nos relacionar uns com os outros. Este é o tema da última parte do livro: máquinas que, ao lado de abelhas, rios sagrados, elefantes encarcerados e roletas de sorteio, poderão nos guiar em direção a uma política mais justa e equitativa, uma política mais que humana.

Fomos levados, como atesta o choque da consciência mais que humana, a pensar na "natureza" como algo separado de nós. Quando falamos dos futuros fantásticos evocados pela alta tecnologia, falamos de uma natureza "nova" ou "posterior", alguma utopia da computação que suplanta e aliena ainda mais o chão do qual viemos e em que ainda pisamos. Está na hora de deixar de lado esse solipsismo adolescente — tanto pelo nosso bem quanto pelo do mundo mais que humano. Existe apenas natureza, em todo seu eterno florescimento, criando microprocessadores, centros de processamento de dados e satélites da mesma forma que produziu oceanos, árvores, gralhas-do-campo, petróleo e a nós. *A natureza é a própria imaginação*. Tratemos, portanto, não de reimaginá-la, e sim de começar a imaginá-la outra vez, convidando para conspirar conosco a natureza: nossa parceira, nossa companheira e nossa guia.

1.
Pensando diferente

Em algum ponto das encostas mais altas do monte Parnaso, um pequeno carro cinza-escuro se desloca por uma pista de asfalto precário. Há neve nas laterais da estrada; lá embaixo, o golfo de Corinto cintila à luz do sol. O carro avança devagar, quase com cautela: está atento à estrada. Ele tem olhos — vários — que monitoram as escarpas dos dois lados, identificam a sinalização pintada de branco nos entroncamentos, anotam e transcrevem a ocorrência de paradas e curvas. Também conta com outros sentidos: é capaz de saber a velocidade de seu deslocamento, sua posição no mapa e o ângulo de giro do volante. E ele tem uma espécie de mente. Não é muito sofisticada, mas consegue manter o foco atento e aprender a partir do que há em volta, integrar seus achados, extrapolar com base neles e fazer previsões sobre o mundo ao redor. Essa mente estava acomodada precariamente no assento do passageiro; eu estava na direção, sob controle, apenas por enquanto.

Tudo isso aconteceu alguns anos atrás, no inverno de 2017, quando decidi tentar construir o meu próprio carro autônomo. E, embora ele não tenha chegado a se dirigir sozinho, me levou a alguns lugares bem interessantes.

Acho a ideia de um carro autônomo fascinante. Não tanto por suas capacidades, mas pelo lugar que ele ocupa em nossa imaginação. O carro autônomo é uma daquelas tecnologias que, no prazo de alguns anos, deixou de ser uma fantasia de era espacial do tipo "A vida no século XXI" para se tornar uma realidade trivial sem nunca ter passado por um período de reflexão crítica ou assimilação. Em momentos assim, a realidade é reescrita. Isso deverá valer para as formas mais avançadas de IA. Elas aparecerão de repente entre nós — o processo demorado de pesquisa e desenvolvimento, invisível para a maioria, será esquecido diante do fato consumado. Questões sobre a quem cabe essa reescritura da realidade, sobre as decisões que são tomadas ao longo do caminho e quem realmente ganha com elas costumam ser preteridas e esquecidas no meio de toda a empolgação. Por isso, acredito na importância crucial de todos nos envolvermos, na medida do possível, na reflexão acerca das implicações das novas tecnologias; e de incluir nesse processo o aprendizado sobre como essas coisas funcionam e como podemos, nós mesmos, fazer ajustes nelas.

Minha tentativa de construir um veículo autônomo envolveu um Seat modelo *hatch* alugado, algumas webcams baratas, um smartphone grudado com fita ao volante e alguns softwares copiados e colados da internet.[1] Contudo, a questão aqui não era programar uma máquina burra com tudo que ela precisaria saber de antemão. Assim como os sistemas comerciais desenvolvidos por Google, Tesla e outras empresas, meu carro aprenderia a dirigir observando como *eu* dirigia: ao comparar a visão das câmeras com minha velocidade, aceleração, posição do volante e coisas do tipo, o sistema ia relacionando meu comportamento ao formato e às condições da estrada; em duas semanas, ele aprendeu a manter o veículo nos limites da estrada — pelo menos dentro de um simulador. Não sou o melhor motorista do mundo e não arriscaria a vida de ninguém nisso, mas a experiência de programar o código e depois tomar a estrada me proporcionou uma compreensão maior acerca do funcionamento de certos tipos de IA e da sensação de trabalhar em conjunto com um sistema de aprendizagem.

Também me perguntava como seria realizar um trabalho desses longe das estradas da Califórnia, onde o Vale do Silício treina seus carros autônomos, ou das pistas de testes da Baviera, onde as gigantes da indústria automotiva desenvolvem novos modelos, mas nas estradas da Grécia, para onde eu havia me mudado recentemente. Era um lugar com um passado e um presente, materiais e mitológicos, um tanto distintos daqueles outros. No fim, tudo correu muitíssimo bem.

Após sair de Atenas e ir para o norte sem um destino específico em mente, apenas querendo proporcionar à minha IA copilota um gostinho de vários tipos de terrenos, logo me encontrei passando perto dos antigos sítios de Tebas e Maratona, e em seguida me aproximando da massa escura do monte Parnaso. Na mitologia grega, Parnaso era consagrado ao culto do deus Dioniso, cujos mistérios extasiantes eram revelados ao se consumir vinho em profusão e dançar de modo desenfreado; os participantes desses rituais liberavam a fera interior para se fundir à natureza. Parnaso também era o lar das musas, as deusas que inspiravam a literatura, a ciência e as artes. Ascender ao cume do Parnaso, portanto, significava elevar-se ao ápice do conhecimento, da técnica e da habilidade.

O acaso e a geografia conspiraram para postular uma pergunta fascinante. O que significaria, em termos mitológicos, ser guiado ao topo do Parnaso por uma IA? Por um lado, isso poderia ser interpretado como uma espécie de submissão à máquina: a admissão de que a raça humana havia alcançado o fim do seu percurso e que era chegada a hora de passar a batuta da exploração e da descoberta para nossos superiores robóticos. Por outro lado, tentar realizar essa jornada embalados por um espírito de compreensão mútua, e não de conquista, poderia ser justamente o caminho para inscrever uma narrativa nova no Parnaso — uma narrativa em que as inteligências do homem e da máquina se amplificam em vez de tentarem se superar mutuamente.

Iniciei esse projeto porque desejava compreender melhor a IA e, mais especificamente, porque desejava ter a experiência de colaborar com uma máquina inteligente em vez de tentar determinar seus resultados. Na verdade, o esforço todo se baseou numa espécie de antideterminismo: queria planejar o mínimo possível da jornada. Portanto, uma das coisas que fiz ao treinar o carro foi dirigir completamente a esmo, acessando quase todas as estradas secundárias e conversões que iam aparecendo, desviando o rumo e ruminando, e ficando total e alegremente perdido. Por sua vez, o carro também aprendeu a se perder à medida que me observava.

Foi uma rejeição deliberada do tipo de direção que quase todos praticamos hoje: informar um destino ao sistema de GPS e seguir as instruções sem questionar nem acrescentar nada. Essa perda de agência e de controle se reflete na sociedade como um todo. Confrontados por tecnologias cada vez mais complexas e opacas, nos submetemos a seus comandos, e o resultado costuma ser medo e aborrecimento. Em vez de me render a um conjunto de processos que não compreendia apenas para chegar a um destino preestabelecido, eu queria embarcar numa aventura com a tecnologia, colaborar com ela na produção de resultados novos e imprevistos.

Nesse aspecto, minha abordagem se aproximava mais à do flâneur que à do engenheiro. O flâneur ou a flâneuse da Paris do século XIX era uma pessoa que percorria as ruas sem se preocupar com coisa nenhuma, uma exploradora urbana sobre as quais as impressões da cidade agiam e se desenrolavam. No século XX, a figura do flâneur foi apropriada pelos proponentes da *derive*, ou deriva: uma forma de combater o mal-estar e o tédio da vida moderna por meio de caminhadas sem planejamento, dedicando atenção ao entorno e promovendo encontros com acontecimentos inesperados. O filósofo do século XX Guy Debord, principal teórico da deriva, também sempre insistia que essas caminhadas eram mais proveitosas quando feitas na companhia de outros, pois assim as diferentes impressões do grupo podiam se afetar e se ampliar. Será que, no século XXI, meu companheiro autônomo poderia cumprir o mesmo papel?[2]

Além de me perder, eu estava tentando pensar em maneiras de ilustrar o que estava começando a definir como a *umwelt* do meu carro autônomo. Cunhada por Jakob von Uexküll, um biólogo alemão do início do século XX, *umwelt* significa "ambiente" ou "entorno" — mas, como é típico do idioma alemão, a palavra significa bem mais que isso. *Umwelt* se refere à perspectiva particular de um organismo em particular: seu modelo interno do mundo, composto por seus conhecimentos e suas percepções. A *umwelt* do carrapato, por exemplo, consiste em apenas três fatos ou fatores incrivelmente especializados: o odor do ácido butírico, que indica a presença de um animal capaz de fornecer alimento; a temperatura de 37 °C, que indica a presença de sangue quente; e a pilosidade dos mamíferos, pela qual ele navega para encontrar seu sustento. A partir dessas três qualidades, surge todo o universo do carrapato.[3]

O mais importante aqui é que cada organismo cria sua própria *umwelt*, mas também a refaz constantemente em sua interação com o mundo. Desse modo, o conceito de *umwelt* afirma tanto a individualidade de cada organismo quanto a inseparabilidade entre sua mente e o mundo. Tudo é único e *ao mesmo tempo* emaranhado. Obviamente, dentro de um mundo mais que humano, não são só os organismos que têm *umwelt* — é tudo.

A *umwelt* vem sendo um conceito útil tanto para a robótica quanto para a biologia. É fácil ver como o exemplo das regras simples do carrapato poderia ser adaptado para fornecer o esquema básico de um robô autônomo simples; "mova-se em direção a essa luz; pare ao perceber esse som; reaja a esse estímulo". Qual é, então, a *umwelt* do carro autônomo?

A inteligência simples no coração do meu carro é chamada de rede neural, uma das formas mais comuns de aprendizado de máquina empregadas hoje. É um programa estruturado para simular uma série de "neurônios" artificiais, ou unidades de processamento menores, dispostos em camadas como em um cérebro extremamente simplificado. Os sinais que entram — a velocidade do carro, a posição do volante, a visão das câmeras — são levados aos neurônios, divididos em componentes menores, comparados, contrastados, analisados e associados. À medida que esses dados fluem entre as camadas de neurônios, a análise vai ficando mais detalhada e abstrata — portanto, cada vez mais incompreensível para quem está fora. Mas podemos visualizar alguns aspectos desses dados. Em especial, a partir do momento em que o carro já foi um pouco treinado, podemos perceber o que a rede julga ser importante naquilo que enxerga.[4]

As imagens a seguir ilustram um pouco isso. A primeira é a visão direta da câmera principal do carro: uma estrada no Parnaso, sumindo na névoa. A segunda é como a imagem fica depois de passar por duas camadas da rede; a terceira é a quarta camada. Essas são visualizações voltadas ao olhar humano, é claro: a máquina "enxerga" apenas uma representação feita de dados. Mas essas imagens também são dados: os detalhes que permanecem são os detalhes que a máquina julga serem importantes. Nesse caso, os detalhes importantes são as linhas que margeiam a estrada. A máquina decidiu, a partir de suas

Visualizações do modo de enxergar de uma rede neural.

observações, que essas linhas têm alguma importância; como de fato têm, caso a máquina queira permanecer dentro da estrada. Assim como a sensibilidade do carrapato à temperatura do sangue dos mamíferos, as linhas da estrada constituem uma parte importante da *umwelt* do carro.

E nessa observação encontramos um ponto em que a minha *umwelt* está emaranhada à do carro. Eu também enxergo as linhas. Compartilhamos pelo menos um aspecto dos nossos modelos do mundo — e a partir disso, também, universos inteiros podem brotar.

Para dramatizar essa revelação de um modelo compartilhado — portanto, de um mundo compartilhado —, fiz algo que me pareceu um pouco maldoso. Por mais que tenha me envolvido em nossa colaboração e me sentido íntimo de meu companheiro autônomo, decidi submetê-lo a um teste. Assim, usando vários pacotes de um quilo de sal, desenhei no chão um círculo fechado de alguns metros de diâmetro e, ao redor dele, desenhei outro círculo tracejado. Juntos, os círculos formavam um espaço fechado em que o sinal de estrada para "Não ultrapasse" ficava voltado para dentro. Como resultado, se qualquer veículo autônomo bem-treinado e obediente à lei entrasse no círculo, ele se descobriria incapaz de sair dele. Chamei o teste de Armadilha Autônoma.

Esse ataque bruto ao senso de mundo da máquina foi feito com a intenção de demonstrar algumas coisas. A primeira é política: quando trabalhamos junto com essas tecnologias, podemos aprender algo a respeito do mundo delas, e esse conhecimento pode ser usado para orientá-las a finalidades mais interessantes ou equitativas — ou para forçá-las a parar. Quando nos vemos diante do tipo de inteligência corporativa que mencionamos na Introdução, esse é um conhecimento útil.

Em segundo lugar, atestamos que os instrumentos da imaginação e da representação estética na idade das máquinas

Armadilha Autônoma 001, monte Parnaso, 2017.

continuam tão importantes quanto antes. A arte tem um papel a desempenhar nisso, e podemos intervir no desenvolvimento e na aplicação das tecnologias a partir dessa posição com a mesma eficácia que um engenheiro ou programador. Esse conhecimento também é útil.

Acima de tudo, porém, quero enfatizar os aspectos do mundo que a IA e nós percebemos em comum: a *umwelt* que compartilhamos. Meu vídeo da Armadilha Autônoma acabou viralizando, e tenho a sensação de que as pessoas gostaram dele mais pela audácia e pelos ares de magia negra do que pelo aspecto colaborativo: nesta época de Uber, poluição atmosférica, automação em massa e IA corporativa, há algo de prazeroso em forçar o robô a não sair do lugar. De todo modo, a verdade continua valendo: compartilhamos um mundo com nossas criações.

Se ver as relações entre humanos e inteligências artificiais como colaborações criativas em vez de competições abertas gera resultados tão interessantes, o que mais pode ser possível? Que outras inteligências compartilham mundos, e o que há para descobrir em seus encontros e imbricações? Se as ideias contemporâneas a respeito da Inteligência Artificial parecem estar nos levando por um caminho sombriamente corporativo, extrativista e nocivo, quais alternativas existem?

A forma vigente e dominante de Inteligência Artificial, a variedade sobre a qual todo mundo fala, não é criativa, colaborativa nem imaginativa. Ou ela é totalmente subserviente — e, sendo sincero, burra —, ou é conflitante, agressiva e perigosa (e talvez também burra). É análise de padrões, descrição de imagens, reconhecimento facial e gerenciamento de tráfego; é prospecção de petróleo, arbitragem financeira, sistemas de armas autônomos e programas jogadores de xadrez que esmagam completamente os adversários humanos. Tarefas corporativas, lucros corporativos, inteligência corporativa.

Nisso, a IA corporativa exibe uma semelhança com o mundo natural — ou melhor, com a falsa concepção histórica que temos a seu respeito. Ela imagina um ambiente de competição encarniçada em que a humanidade exposta e frágil precisa lutar contra forças devastadoras e subjugá-las, em que o homem (e em geral é o homem) precisa sujeitá-las a seus desejos por meio da agricultura, da arquitetura, da pecuária e da domesticação. Esse modo de ver o mundo produziu um sistema de classificação de três níveis para os tipos de animais que encontramos: de estimação, de criação e selvagens, cada um associado a diferentes atributos e posturas. Transferindo essa analogia para o mundo da IA, parece evidente que até o momento criamos apenas máquinas domesticadas do primeiro tipo, começamos a preparar uma fazenda de confinamento para o segundo e vivemos com medo de abrir as portas para o terceiro.

Onde meu carro autônomo se encaixa nessa taxonomia? Ele é em grande parte um "animal de estimação" — uma máquina domesticada que está sob o meu controle —, mas também é produtivo, está encilhado, é um animal de trabalho; e, devido à minha insistência de que vá para onde quiser, é também um pouco selvagem, um pouco imprevisível. Se manejado de forma descuidada, o carro autônomo pode ser considerado uma das aplicações mais nocivas da IA. Ele não apenas contribui diretamente para a destruição do planeta por meio da extração de materiais e das emissões de carbono — pelo menos até chegarem versões sustentáveis e movidas apenas a energia solar —, mas também nos priva do prazer bastante real, ainda que atravessado de culpa, que temos ao dirigir.

Somente quem já perdeu quase toda a alegria na vida poderia considerar isso um avanço em relação à atual situação. Pensado de outra maneira, porém, o transporte autônomo poderia substituir os tipos de transporte egoístas e individuais dos quais dependemos hoje e revigorar o transporte público, a propriedade compartilhada e o uso adequado do meio ambiente. Ele também poderia nos ajudar a retornar ao mundo, nos tornando mais atentos ao nosso entorno e aos viajantes que nos acompanham. Desse modo, ele poderia nos libertar da mundanidade da vida cotidiana e nos apresentar a uma legião de novos companheiros bons de papo, a começar por si próprio. Pensar que o transporte autônomo possa ser capaz de gerar tantos resultados diversos, a depender de como o abordamos, nos mostra que essas categorias históricas do animal e da máquina — de dono, servo, escravizado e recurso — não merecem confiança. Na verdade, deveríamos nos livrar delas por completo: não importa se estamos falando de máquinas ou de qualquer outra coisa.

Acredito ser da maior importância que, justo quando começamos a questionar o verdadeiro sentido da inteligência "artificial", a ciência tenha começado a explorar o que significa afirmar que algo ou alguém é inteligente num sentido amplo. Nossos mitos e fábulas sempre tiveram lugar reservado para a vitalidade dos seres não humanos — e as culturas não ocidentais, com seu conhecimento mais profundo e sua memória mais longínqua, sempre insistiram na sua capacidade de agência —, mas, para a ciência ocidental, eles sempre foram um terreno traiçoeiro. Por um lado, sempre soubemos que os animais são *espertos* das formas mais incrivelmente variadas, mas o discurso oficial sempre resistiu a lhes atribuir *inteligência*.

É nesse ponto que cabe perguntar, bem, o que queremos dizer com inteligência? É não somente a pergunta mais crucial que podemos fazer, mas também a mais divertida e, no fim das contas, a mais demolidora e construtiva — porque, para ser sincero, ninguém sabe ao certo.

Há muitas qualidades diferentes que classificamos como inteligência. Algumas delas, mas nem de longe todas, são a capacidade para a lógica, a compreensão, a autoconsciência, o aprendizado, o entendimento emocional, a criatividade, o raciocínio, a solução de problemas e o planejamento. Há várias versões redutivas dessa lista: tentativas de demonstrar que uma capacidade é na verdade produto de uma outra ou teses afirmando que uma delas é mais importante do que as outras. Historicamente, porém, a definição de inteligência mais importante de todas é *o que os humanos fazem*. Nenhuma outra, por mais que seja formulada com elegância ou pesquisada a fundo, tem qualquer chance de concorrer com essa. Quando falamos a respeito de Inteligência Artificial avançada ou "geral", é disso que estamos falando. Uma inteligência que opera no mesmo nível, e em grande medida da mesma maneira, que a inteligência humana.

Esse erro contamina todas as nossas avaliações da Inteligência Artificial. Por exemplo, embora nunca tenha sido usado por pesquisadores sérios da IA, o Teste de Turing segue sendo, na consciência popular, a forma mais amplamente compreendida de pensar sobre as capacidades dessa inteligência. Ele foi proposto por Alan Turing num artigo de 1950, "Computing Machinery and Intelligence" [Computadores e inteligência]. Turing pensava que, em vez de questionarmos se os computadores eram verdadeiramente inteligentes, poderíamos ao menos afirmar que eles pareciam inteligentes. Turing batizou seu método para comprovar isso de "jogo da imitação": ele imaginou um cenário em que um entrevistador interrogava dois interlocutores ocultos — um humano e uma máquina — e tentava distinguir quem era quem. A máquina seria inteligente, de acordo com esse teste, se fosse capaz de se passar por humana numa conversa. Numa evidência do nosso modo solipsista de pensar, esse ainda é considerado o parâmetro para a Inteligência Artificial geral hoje.[5]

Sendo justo com Turing, sua ideia era um pouco mais complexa do que isso. Ele estava preocupado menos em saber se uma máquina podia ser inteligente e mais em saber se éramos capazes de imaginar uma máquina inteligente — uma diferença crucial e mais proveitosa para suas próprias investigações a respeito de como os computadores poderiam vir a se desenvolver. Em seu artigo de 1950, ele avaliava nove objeções à ideia de uma inteligência geral das máquinas, todas ainda válidas. Entre elas, a objeção religiosa (máquinas não têm alma, portanto não podem pensar); objeções matemáticas (de acordo com os teoremas da incompletude de Gödel, nenhum sistema lógico pode responder a todas as perguntas possíveis); e objeções fisiológicas (o cérebro não é digital, e sim contínuo, e a inteligência verdadeira também precisa apresentar essa qualidade).

Turing forneceu contra-argumentos a cada uma dessas objeções, muitos dos quais também se provaram prescientes. Uma das mais famosas objeções foi proposta pela primeira pessoa a programar um computador, Ada Lovelace, na época em que trabalhou na Máquina Analítica de Charles Babbage, um computador pioneiro projetado em meados do século XIX. Lovelace escreveu que a Máquina "não tem a pretensão de originar nada. Ela pode fazer aquilo que soubermos instruir que faça". Computadores só fazem o que mandamos fazer, portanto, nunca podem ser descritos como inteligentes.

Mas Turing discordava de Lovelace. Ele acreditava que, à medida que a tecnologia progredisse, seria possível projetar circuitos que se adaptariam a novos inputs e, portanto, a novos comportamentos — uma espécie de "reflexo condicionado" similar ao dos animais, que levaria à "aprendizagem". Ele entendia por que Babbage e Lovelace não julgaram isso provável, mas, na metade do século XX, a situação era outra: hoje, a previsão de Turing de fato se concretizou. Os algoritmos de aprendizado de máquina que rodam em tudo, desde o meu carro autônomo até máquinas jogadoras de xadrez, recomendações do YouTube e proteções contra fraudes online, são exemplos daquele exato tipo de máquina que Lovelace afirmou jamais ser possível. (No caso do argumento em torno da alma imortal, por outro lado, é um pouco mais difícil chegar a um veredito.)

Turing também discordava profundamente da visão de Lovelace segundo a qual "uma máquina nunca pode nos pegar de surpresa". Pelo contrário, Turing escreveu que "as máquinas me pegam de surpresa com bastante frequência", em geral porque ele havia entendido mal a função delas ou calculado alguma coisa de maneira errada. Nesse caso, ele se perguntava se a surpresa "se devia a algum ato mental criativo da minha parte" — ou será que ela "pedia que se desse crédito à máquina"? Turing suspeitava que essa objeção era um beco sem saída, pois conduzia de volta à questão da consciência — mas ele não deixou de enfatizar que "a avaliação de que algo é surpreendente envolve de toda forma um 'ato mental criativo', não importa se a origem do acontecimento surpreendente é um homem, um livro, uma máquina ou qualquer outra coisa".

No argumento de Turing, consigo ouvir mais do que um mero reconhecimento da possibilidade da inteligência das máquinas. Em primeiro lugar, sua avaliação da questão é também um reconhecimento de que a inteligência humana não é tão incrível assim. Turing descreve seu próprio raciocínio como "apressado, relaxado, sujeito a riscos", e é essa autoconsciência que torna o comportamento da máquina tão surpreendente. Aqui encontramos uma insinuação, nas próprias fundações da disciplina da Inteligência Artificial, de que a inteligência das máquinas é de alguma forma diferente da inteligência humana. Em segundo lugar, ao colocar ênfase no "ato mental criativo" de interpretar a resposta da máquina, Turing toca numa questão muito interessante: a ideia de que talvez a inteligência não resida inteiramente dentro da cabeça ou da máquina, mas esteja em algum lugar no meio — na relação entre elas.

Sempre tivemos tendência a pensar na inteligência como sendo "o que os humanos fazem" e também "o que acontece dentro de nossa cabeça". Mas, nesse primeiro rascunho das máquinas inteligentes, Turing sugere uma outra coisa: que a inteligência pode ser múltipla e relacional, ou seja, assumir muitas formas distintas e não estar dentro desse ou daquele ser, e sim nas relações que se estabelecem entre os mais variados seres.

Ainda hoje em vigor, a popularidade do Teste de Turing para a Inteligência Artificial, um processo profundamente centrado nos humanos e individualizado, nos mostra que esse tipo de ideia nuançada a respeito da inteligência nunca teve muita adesão. Em vez disso, continuamos a julgar a IA e os outros seres a partir de nossos próprios parâmetros. Essa cegueira deliberada ganha agora contornos dramáticos com nossa confusão em torno das funções e das possibilidades da Inteligência Artificial, mas ela também pode permitir que enxerguemos com mais clareza em que medida nosso pensamento sobre os outros seres permanece ofuscado. Repensando a inteligência "artificial", poderemos começar a repensar a inteligência de maneira geral.

Os mesmos argumentos rejeitados por Turing seguem tolhendo nossa capacidade de reconhecer todos os tipos de inteligência não humana, mesmo quando ela está nos encarando bem de frente. Ou, como veremos, encarando a si mesma na nossa frente. Ou nos cutucando com um pedaço de pau. Ou cantando, ou dançando, ou fazendo arte, ou planos, ou cultura. *Não*, dizemos sem parar. *Assim, não. Assim*. A quantidade de esforço que dedicamos a provar ou negar para nós mesmos que outros seres merecem ser chamados de inteligentes seria absurda se não fosse tão trágica. O histórico de experimentos realizados nos oferece uma descrição límpida e impecável não da presença ou da ausência de inteligência nos outros, mas de uma carência de percepção da nossa parte.

Uma das maneiras pelas quais gostamos de avaliar a inteligência dos outros animais é fazendo com que resolvam problemas e, no caso dos animais mais "avançados", testando sua habilidade com ferramentas para esse fim. Um teste clássico desse tipo é deixar algum alimento tentador fora do alcance e fornecer ao animal uma ferramenta que lhe permita obtê-lo, como um graveto ou barbante. Se eles conseguem, demonstram a capacidade de reconhecer um problema, pensar na sua solução, bolar e executar planos e manipular ferramentas — sinais clássicos de inteligência. Há anos temos realizado esses jogos com os símios, e a maioria deles é boa nisso: chimpanzés, gorilas, humanos, orangotangos e todos os tipos de macacos menores sabem rapidamente aproveitar qualquer instrumento oferecido para apanhar uma guloseima.

Mas um outro primata, o gibão, recusou-se terminantemente a participar. Durante anos, os gibões foram um enigma, porque, apesar de pertencerem à mesma classe dos símios de cérebro grande que os chimpanzés e os humanos, eles ignoravam o graveto e não conseguiam obter o alimento; e isso os tornava, de acordo com a categorização científica, menos inteligentes. Além do mais, eles demonstravam a mesma atitude diante de uma variedade de testes: se recusavam a pegar copos como parte de um teste de reação e não se davam o trabalho de investigar caixas viradas de ponta-cabeça atrás de guloseimas.

Escrevendo a respeito de uma fêmea de gibão-de-mãos-brancas chamada Charlotte, em 1932, um pesquisador admitiu que

> teoricamente esses erros nos testes podem ter sido causados por uma falta de interesse e motivação em vez de uma deficiência intelectual, já que nosso animal, apesar de perfeitamente manso e manejável, exibia com frequência uma indiferença completa à situação experimental como um todo.

Levando em conta as tarefas exigidas e as condições sob as quais quase todos os animais envolvidos nos experimentos eram mantidos — e muitos ainda são —, é algo que soa, francamente, bem razoável. Os mesmos pesquisadores registraram sua surpresa quando os babuínos, apesar de serem "primitivos" e "caninos", saíram-se bem melhor nos testes dos quais participaram. Os pesquisadores concluíram, indo contra todos os seus instintos e sua compreensão da evolução, que os babuínos tinham inteligência superior à dos gibões. Mas acabou se provando que eles estavam errados. A culpa não era dos gibões, e sim nossa.[6]

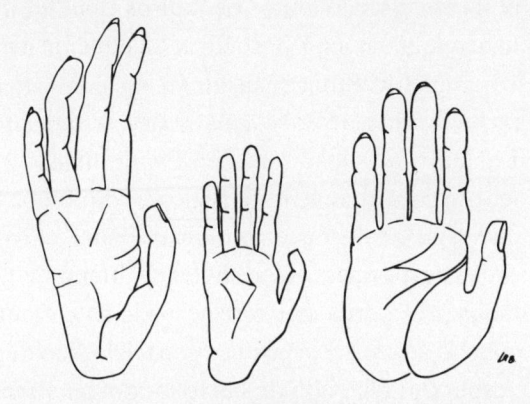

FOTOGRAFIA 1
A mão e os dedos do gibão são muito alongados se comparados aos dos macacos do gênero *Macaca* e aos dos humanos. Como resultado, é mais difícil para o gibão pegar objetos sobre uma superfície lisa.

Ilustração de Benjamin B. Beck, "Um estudo de resolução de problemas pelos gibões", 1967.

Em 1967, quatro gibões — seus nomes não são conhecidos — participaram de um experimento no Zoológico de Chicago e nos mostraram o que não estávamos percebendo. Nos testes anteriores, o alimento havia sido preso a cordões no chão. Puxar os cordões levaria o alimento até a cela dos animais, mas eles os haviam ignorado. No experimento de 1967, os pesquisadores deixaram os cordões pendurados no teto da cela; os gibões imediatamente os seguraram, puxaram e obtiveram seus lanchinhos. Num lance repentino, os gibões se tornaram "inteligentes" — de acordo, é claro, com a definição estreita do método científico.[7]

O experimento de 1967 foi concebido levando em conta o fato de que os gibões são braquiadores. No seu habitat natural na floresta, eles passam quase todo o tempo no alto das árvores e se locomovem balançando de um galho a outro. Isso resulta em diferenças fisiológicas — e ao que parece também cognitivas — em relação aos outros símios (incluindo nós). Para facilitar a escalada e o balanço nas árvores, os dedos dos gibões são alongados. Embora seja uma excelente adaptação para um estilo de vida arborícola, essa característica torna difícil pegar objetos que estão sobre uma superfície lisa. E também, de acordo com alguns pesquisadores, diminui a chance de que eles reparem em coisas assim: sua atenção e interesse, e, portanto, sua capacidade de resolver problemas e planejar, estão voltados para cima. Eles reparam nas ferramentas e as utilizam quando sua forma e posição espacial estão dentro daquilo que esperam. Dizendo de outro modo, a *umwelt* do gibão é arborícola — e, se não levarmos isso em conta nos nossos próprios modelos, provavelmente deixaremos de notar o que os torna inteligentes.

Como seres corporificados que têm um padrão corporal e sensorial diferente daquele dos gibões, esperamos que as soluções para os problemas se encaixem em nossos próprios padrões. Assim, às vezes é difícil perceber como os animais com outra organização corporal podem abordar as mesmas tarefas de maneiras diferentes. Por exemplo, tendemos a considerar a tromba do elefante uma espécie de quinto membro, pois ela parece tão habilidosa quanto os membros que nós temos. Mas os elefantes não usam a tromba da mesma forma que usamos nossas mãos. Eles conseguem recolher um galho com a tromba sem muita dificuldade, mas, se você mostrar ao elefante um galho e uma porção de frutas que está quase fora de alcance, ele vai ignorar o galho e ficar tentando alcançar as frutas. No entanto, ofereça-lhe uma caixa sólida e ele a chutará até posicioná-la embaixo das frutas, de modo a alcançá-las. A tromba do elefante é "trombosa", e eles não a veem nem a utilizam da maneira que esperaríamos tendo como base nosso próprio corpo. Mas os elefantes são muito capazes de usar ferramentas e resolver problemas quando as ferramentas oferecidas são do tipo que eles sabem usar (e que, se estivessem em liberdade, poderiam criar sozinhos). Ferramentas diferentes para corpos diferentes e mentes diferentes atuando em sintonia com esses corpos. Existem vários tipos de inteligência, e não se trata apenas do que acontece entre as orelhas.[8]

O uso de ferramentas e a resolução de problemas são modos de avaliar a inteligência que podem facilmente ser observados em ação caso seus colegas de experimento estejam dispostos a participar, e é por isso que esse tipo de teste é tão popular entre os pesquisadores. Mas não é tão fácil recriar em laboratório os tipos de ferramentas e problemas que os bichos encontram na natureza, e é improvável que eles representem todo o espectro de habilidades do animal.

Como ficam outros atributos da inteligência (como a entendemos) que podem ser considerados um pouco mais metafísicos? Nenhuma quantidade de ideias experimentais bastará para nos dizer se gibões, gnus, gafanhotos ou girinos têm uma alma imortal. E a autoconsciência, um atributo que reside em algum ponto entre a ação externa e a contemplação interna? Se uma mente é capaz de reconhecer sua própria condição de sujeito como distinta daquela dos demais sujeitos, podemos dizer que ela tem um self? Essa pergunta vem intrigando os cientistas desde que eles depararam com animais que pareciam inteligentes.

Em 28 de março de 1838, Charles Darwin visitou o Zoológico de Londres para ver uma fêmea de orangotango chamada Jenny.[9] Jenny foi uma das primeiras símias desse tipo que a população britânica teve a oportunidade de ver, e sua exibição atraiu multidões. (A rainha Vitória fez uma visita em 1842 e conheceu a sucessora de Jenny, uma outra fêmea de orangotango, também chamada Jenny. Descreveu a aparência dessa Jenny como "assustadora, humana de um jeito doloroso e desagradável", e imagino que também visse muitas pessoas dessa maneira.)

Retrato de Jenny, a primeira fêmea de
orangotango do Zoológico de Londres.

Darwin teve permissão para entrar na cela de Jenny dentro do Lar da Girafa, equipada com aquecedores adicionais para garantir o conforto do orangotango. Mais tarde, ele relatou suas impressões numa carta enviada à irmã:

O tratador lhe exibiu uma maçã, mas não a entregou, ao que ela se jogou de costas no chão, esperneando & gritando, exatamente como uma criança mimada. Depois ela ficou muito emburrada &, depois de dois ou três ataques de emoção, o tratador disse: "Jenny, se parar de gritar & for uma boa garota, eu lhe dou a maçã". Ela com certeza entendeu cada palavra &, como uma criança, precisou se esforçar muito até parar de choramingar, até que enfim conseguiu & então recebeu a maçã, a qual, após saltar em cima de uma poltrona, começou a comer com o semblante mais satisfeito que se pode imaginar.

Darwin tinha acabado de chegar da sua viagem a bordo do HMS *Beagle*. Ainda levaria vinte anos até que ele publicasse *A origem das espécies*, e outros dez até que incluísse os humanos de maneira explícita em sua teoria da evolução, *A origem do homem*, em 1871. No entanto, ele já estava pensando e escrevendo em segredo a respeito das semelhanças entre homens e símios. Voltou duas vezes ao zoológico nos meses seguintes, levando pequenos presentes para Jenny — uma gaita de boca, um pouco de hortelã, um ramo de verbena —, e nas duas vezes se espantou com as reações dela. "Que o homem possa visitar o Orangotango em domesticação [...] ver sua inteligência [...] e depois quero ver ele se vangloriar da sua própria primazia", ele escreveu em seu caderno de anotações. "Em sua arrogância, o homem se julga uma grande obra, digna da intervenção de uma divindade. Mais humilde, e em minha opinião verdadeiro, considerá-lo criado a partir dos animais." Com essas palavras, Darwin parece admitir que seu próprio reconhecimento da inteligência não humana foi essencial à sua formulação da teoria da evolução: uma conclusão espantosa, se pensarmos nos vários usos equivocados dela que serviram para, posteriormente, justificar a superioridade humana.

Em especial, a atenção de Darwin havia se dirigido à maneira como Jenny se olhava no espelho. Estaria ela se reconhecendo? E, em caso positivo, o que esse reconhecimento significava? Mais de um século depois, Gordon G. Gallup Jr., psicólogo da Universidade de Tulane, se fez a mesma pergunta. Diferente do que ocorreu com Darwin, as divagações de Gallup não foram estimuladas por um encontro com um animal, e sim pela visão de seu próprio reflexo enquanto se barbeava. "Simplesmente me ocorreu", ele lembrou mais tarde, "que seria interessante investigar se outras criaturas eram capazes de se reconhecer no espelho."[10]

Trabalhando em Tulane, Gallup teve acesso a chimpanzés que haviam nascido livres na África e depois sido enviados aos Estados Unidos para servirem de cobaias em pesquisas biomédicas. Como eram animais capturados, e não nascidos em cativeiro, foram considerados menos expostos aos comportamentos e hábitos humanos (contudo, como veremos adiante, isso já é pressupor muito a respeito do que constitui o comportamento humano).

Gallup isolou quatro chimpanzés em jaulas e colocou um espelho em cada uma, oito horas por dia, durante dez dias. Espiando por um orifício na parede, ele percebeu que as reações diante do espelho foram mudando. No começo, eles reagiam como se estivessem na presença de outro chimpanzé, fazendo gestos sociais, sexuais e agressivos diante do espelho. Aos poucos, porém, passaram a explorar seu corpo: "Eles usavam os espelhos para olhar dentro da boca, fazer caretas para o espelho, inspecionar seus genitais, remover muco do canto do olho", ele relatou.

Para registrar cientificamente essa mudança de comportamento, Gallup bolou um experimento. Depois de uma semana de exposição aos espelhos, os chimpanzés foram anestesiados e uma pequena mancha de corante, sem textura nem odor, foi aplicada em cada um, acima de uma sobrancelha e na orelha do lado oposto. Quando acordaram, eles foram novamente colocados diante dos espelhos, e suas reações foram monitoradas de perto.

Os resultados foram óbvios: ao se verem refletidos, os chimpanzés imediatamente começaram a tocar e cutucar as áreas marcadas, e a cheirar e lamber os dedos. "Na medida em que o reconhecimento da própria imagem em um espelho implica em um conceito de self", escreveu Gallup no artigo resultante, "esses dados podem ser considerados a primeira demonstração experimental de um conceito de si em formas sub-humanas."[11] O termo "sub-humanas" nos convida a parar tudo e analisar os pressupostos do autor, embora seu uso não fosse raro naquela época. Gallup não registrou os nomes dos chimpanzés que participaram, se é que eles tinham nome. De todo modo, ele lembrou mais tarde: "Estava claro como o dia. Não havia nenhuma necessidade de estatísticas. Estava bem ali. Bingo".

O teste do espelho logo se tornou o teste-padrão de autoconsciência e, com o passar dos anos, muitas espécies foram submetidas a ele. Humanos costumam passar no teste do espelho ao redor dos dezoito meses de idade — com algumas exceções importantes que logo veremos —, e essa evidência da autoconsciência é considerada um marco importante no desenvolvimento da criança. Mas, da mesma forma que muitos testes cognitivos semelhantes, seu principal efeito é reforçar a noção de que há uma linha divisória entre os animais "superiores" e os outros, em vez de sugerir qualquer noção de um parentesco em comum: nós decidimos quem "passa" no teste, garantindo com isso uma condição elevada enquanto sujeito, e quem não passa. Como ocorre na sociedade humana, preferimos expandir, enfaticamente e a contragosto, o grupo dos privilegiados do que reconhecer que há múltiplas maneiras de se comportar e ser inteligente, muitas das quais põem em xeque nossos métodos de classificação existentes.

O teste do espelho é um ótimo exemplo disso. Entre os símios, apenas os chimpanzés, os bonobos e os orangotangos passam sempre no teste, mas outras criaturas conseguiram isso em condições específicas. Algumas causam mais surpresa que outras. Os golfinhos e as orcas parecem bons candidatos, e eles de fato reagem claramente aos espelhos: soprando bolhas e inspecionando seu corpo com atenção, bem como reagindo à aplicação de marcas. Mas uma ave da família dos corvídeos, a pega, exibiu comportamentos reflexivos, e as formigas também: esses comportamentos podem estar associados tanto a relações sociais quanto à visão e a diferentes sentidos.[12]

As reações desses animais também diferem das reações dos símios em outros aspectos. As psicólogas Diana Reiss e Lori Marino — que haviam sido alunas de Gallup — começaram a colocar golfinhos na frente de espelhos no Marine World da Califórnia nos anos 1990. Os golfinhos reagiam na mesma hora: fazendo sexo em frente ao espelho. As pesquisadoras se referiam em privado a essas gravações como "fitas pornô de golfinhos" e, nos estudos, como "indicações" de autoconsciência. Demorou mais uma década até que encontrassem um jeito de marcar os golfinhos de modo a classificar melhor as reações deles. Assim que conseguiram, a autoconsciência desses animais ficou imediatamente óbvia: eles davam piruetas e viravam de ponta-cabeça para enxergar marcas na cabeça e nas costas que, sem isso, não podiam ser vistas por eles.[13]

Por mais eficaz que possa parecer, o teste do espelho apresenta problemas. A primeira questão óbvia, como já vimos na *umwelt* arborícola do gibão, é que o corpo faz diferença para a mente. A maneira como percebemos o mundo e agimos nele é afetada pelos nossos membros e sentidos, bem como pelos contextos que habitamos. Meu exemplo favorito está de novo nos elefantes. Tendemos a pensar que eles seriam capazes de passar no teste, pois parecem muito espertos em relação a diversas outras coisas, mas durante anos se procurou em vão por reações discerníveis diante de marcas colocadas em seu rosto. Um estudo muito citado, feito em 1989 com Shanthi e Ambika, dois elefantes do Parque Zoológico Nacional em Washington, tem como título "Fracasso em encontrar autorreconhecimento em elefantes asiáticos (*Elephas maximus*) em contraste com seu uso de dicas no espelho para encontrar alimento escondido".[14] O estudo ressalta o fato de que, apesar de os elefantes terem usado os espelhos para resolver problemas (porque eles quase sempre eram capazes de pegar petiscos visíveis somente através do espelho — uma tarefa motora distinta e complexa na qual muitos símios fracassam), eles ignoravam marcas feitas em seu corpo, e portanto não manifestavam autoconsciência de acordo com a definição dos cientistas para o termo.

Outros viram problemas nesse estudo. No experimento original, o espelho era posicionado no chão, fora da cela dos elefantes, o que significa que os animais viam pouco mais do que pernas e barras de grade — o que está longe das condições ideais para o autorreconhecimento. Quando trabalharam com três elefantes asiáticos do Zoológico do Bronx, chamados Patty, Maxine e Happy, os pesquisadores Joshua Plotnik e Diana Reiss (a mesma Diana Reiss do estudo com golfinhos) verificaram que pelo menos um dos paquidermes tinha uma capacidade considerável de autorreconhecimento — desde que o espelho fosse grande o bastante e estivesse perto o bastante. Eles instalaram um espelho de dois metros e meio dentro da cela dos elefantes e descobriram que ele atraiu a atenção imediatamente, levando os animais a se esfregarem nele, a jogar a tromba por cima da parede e a tentar ir para trás do espelho — talvez para conferir onde estava o outro elefante. Mas, depois de algum tempo, como já havia acontecido com os chimpanzés, eles se acostumaram ao objeto e, quando Happy foi marcada com uma grande cruz branca acima do olho direito, na mesma hora começou a tocá-la com insistência. E assim o elefante asiático entrou para o clube do autorreconhecimento — como acontecera com os gibões, parece ter sido um caso de humanos enfim se tornando espertos o suficiente para entender por que estavam sendo burros antes.[15]

Essa é a posição defendida pelo renomado etólogo Frans de Waal, que cita o caso de Happy em seu livro *Somos inteligentes o bastante para saber quão inteligentes são os animais?* (Plotnik foi um de seus alunos, e De Waal é coautor do artigo.) De Waal observa que alguns outros elefantes asiáticos da Tailândia também passaram no teste — mas muitos também "fracassaram" nele. (Fique registrado que o inventor do teste, Gordon Gallup, questionou os resultados envolvendo golfinhos e elefantes — e, podemos presumir, pegas, formigas e outras criaturas — porque acreditava que a autoconsciência é uma exclusividade dos primatas "superiores".) Por outro lado, um dos alunos mais célebres de De Waal, Daniel Povinelli, autor do primeiro artigo sobre os elefantes, defende que o teste do espelho não nos diz nada a respeito de estados internos, apenas da capacidade de associar movimentos a uma imagem. O teste do espelho, com relação a todas as espécies, segue controverso nos dias de hoje.

O melhor exemplo, para mim, da fisionomia animal trazendo problemas ao teste do espelho também envolve elefantes. Patty, Maxine, Happy e os elefantes tailandeses são todos elefantes asiáticos, e os experimentos sugerem que eles têm autoconsciência com base no teste do espelho. Seus primos africanos, maiores e mais exuberantes, nunca passaram no teste, mas isso não quer dizer, é claro, que não tenham autoconsciência. A verdade é que nenhum pesquisador até hoje conseguiu construir um espelho grande e resistente o suficiente para aguentar a tromba, as presas e a curiosidade natural desses paquidermes de quatro toneladas e meia. Em todos os testes desse tipo já realizados, os elefantes acabaram destruindo os espelhos.

Uma perspectiva que não foi incluída nesses debates é um reconhecimento qualquer dos elefantes como indivíduos. Examinando a história desses experimentos, descobrimos que a história de Happy não é lá muito feliz. Ela foi capturada em seu habitat natural em 1971, junto com outros seis jovens elefantes, e levada da Tailândia para os Estados Unidos. Os filhotes foram vendidos por oitocentos dólares cada a um parque de safári na Califórnia, onde foram batizados com os nomes em inglês dos sete anões de *Branca de Neve*. Por mais de quarenta anos, Happy viveu no Zoológico do Bronx, que em 2014 foi eleito o quinto pior zoológico para elefantes nos Estados Unidos pela organização internacional de proteção animal In Defense of Animals.[16] Até 2002, ela dividia uma cela com Grumpy, outro dos elefantes cativos da Tailândia, mas, quando o par foi apresentado a Patty e Maxine, Maxine atacou Grumpy, que morreu pouco tempo depois em decorrência dos ferimentos. O efeito desses acontecimentos nas respostas variadas dos elefantes ao teste do espelho não foi registrado — e nada disso costuma fazer parte de estudos desse tipo. Animais individuais são considerados sinédoques de toda a espécie, e, embora muitos estudos desse tipo sejam necessários para chegar a conclusões sólidas, a história de cada indivíduo (o âmago da subjetividade, a *umwelt*, lembremos, é a criação do indivíduo) não é levada em conta.

Podemos, contudo, observar como a compostura e o comportamento desses animais variavam. Vídeos que acompanham o estudo estão disponíveis no site da Proceedings of the National Academy of Sciences. Eles mostram uma cela vazia, de concreto, com chão de terra. Patty e Maxine atacam o espelho com violência na primeira vez em que é instalado; Happy mantém distância. Patty e Maxine são testadas juntas, mas Happy aparece sozinha. Desde a morte de Sammie, o substituto de Grumpy, em 2006, Happy vive desacompanhada.

"Happy passa a maior parte do tempo dentro de um grande prédio de alojamento contendo fileiras de jaulas para elefantes, cada uma com o dobro do tamanho do corpo do animal", informou uma reportagem do *New York Post* em 2012. "O público nunca vê isso." O teste do espelho depende da capacidade de diferenciar o próprio self de um outro indivíduo; qual deve ser o sentimento de diferenciação de um elefante acostumado à solidão, que sofreu traumas e perdas provocadas por outros elefantes? Seja qual for a inteligência inata de uma espécie, devemos seguramente admitir que a qualidade dessa inteligência, e a capacidade de demonstrá-la, é única para cada indivíduo.[17]

Happy em sua cela no Zoológico do Bronx, 2012.

Ao contrário dos estudos de cognição comparada, a lei trata os sujeitos como indivíduos — pelo menos quando aplicada aos humanos. Mas Happy também é um sujeito envolvido em um processo legal pioneiro movido pelo Nonhuman Rights Project, uma organização de defesa animal sediada na Flórida. Desde 2018, o NhRP vem procurando obter a soltura e a transferência de Happy para um santuário animal por meio de um habeas corpus, a doutrina judicial medieval que oferece proteção contra detenções e prisões ilegais. Historicamente, o habeas corpus só foi concedido a humanos, mas o NhRP está tentando mudar isso: eles também entraram com processos em favor de vários gorilas e chimpanzés. Nenhum foi bem-sucedido até agora, e o processo de Happy ainda está tramitando. Exploraremos as implicações mais profundas dessa abordagem num capítulo posterior, mas parece significativo que o processo do NhRP trate Happy como um indivíduo dotado de uma história singular, de necessidades e de um conjunto de experiências, tudo aquilo que costuma ser ignorado na maioria das pesquisas científicas sobre a inteligência, o ser e a subjetividade dos animais.[18]

Um outro problema do teste do espelho é este: talvez o tipo de autoexame que os humanos estão acostumados a realizar simplesmente não importe tanto assim para os animais. No estudo original com os golfinhos, uma das hipóteses propunha que eles não conseguiam passar no teste do espelho porque não se preocupam em cuidar de seu corpo. De fato, sua prioridade parecia ser o sexo, não o autocuidado. Mas também parece que muitos animais que "fracassam" no teste do espelho demonstram, ainda assim, muito interesse em seu próprio reflexo — mais que suficiente para deixar claro que sabem que são "eles" ali no espelho. Tudo indica que, para muitos deles, o ato de tocar numa marca feita em seu rosto tem a ver mais com estímulos sociais do que cognitivos.

Para ilustrar essa possibilidade, voltemos ao nosso velho amigo, o gibão, que ignora esse tipo de marca ao ser colocado diante de um espelho e, em vez disso, continua a tratar seu próprio reflexo como se fosse um outro gibão: fazendo gestos de socialização e tentando se colocar atrás do espelho para tocar esse "outro" que é percebido. Em um teste abrangente feito na Austrália, foram testados dezessete gibões. (Na verdade, o grupo era de vinte, mas "três não puderam ser testados porque se recusaram a chegar perto do pesquisador" — e que bom para eles.) Seus nomes eram Philip, Kayak, Arjuna, Jury, Jars, Ulysses, Mang, Suli, Irian, Jaya, Ronnie, Bradley, May, Siam, Sydney, Milton e Milo. Eles receberam petiscos de glacê para atiçar seu interesse, mas ignoraram com tenacidade os pontos parecidos com glacê que tinham sido pintados em suas sobrancelhas.[19] Essa "evidência da ausência", na interpretação dos cientistas, corroborava uma descrição filogenética do autorreconhecimento — ou seja, a ideia de que essa habilidade apareceu num ponto específico da evolução dos símios, em algum momento entre 18 e 14 milhões de anos atrás, depois de os gibões terem se separado do ramo que conduziu aos humanos modernos (e antes da separação que conduziu aos orangotangos). Isso não leva em conta, é claro, a possibilidade de uma convergência evolutiva — a aparição de uma característica similar em diferentes linhas evolutivas — que poderia explicar a ocorrência da mesma capacidade em elefantes, pegas, orcas e golfinhos — mas trataremos disso mais adiante. Por enquanto, vamos ficar nos símios.

Talvez a resposta, como estou propondo, esteja no fato de que o rosto não é tão importante assim para certas espécies ou esteja relacionado a outros estímulos menos significativos para os humanos e outros símios superiores. Macacos Rhesus são pequenos e ativos, conhecidos em muitas cidades asiáticas por sua tendência a viver perto dos humanos. Lembro de vê-los roubando comida em bancas de mercado na Índia — e de ficar apavorado nas áreas dos templos onde eles afugentam os visitantes, que recebem grandes bastões de madeira para se defender. Para a infelicidade desses macacos, a semelhança de seu sistema imunológico, bem como de certas estruturas neurológicas, a seus equivalentes nos humanos os torna cobaias comuns nos experimentos médicos. Foi no contexto de um desses experimentos que a capacidade do macaco Rhesus para o autorreconhecimento ficou evidente.

Na Universidade de Wisconsin-Madison, dois macacos Rhesus foram preparados para um experimento neurológico. O experimento exigia aparafusar ao topo de sua cabeça um bloco de acrílico azul de seis centímetros quadrados, ligado a eletrodos e controles. (Esse estudo, ao contrário de muitos citados acima, não mencionou o nome dos macacos participantes — e, nas imagens e vídeos que acompanham o artigo publicado, "a visão do implante de cabeça foi bloqueada por questões de discrição".)[20] Os pesquisadores logo perceberam que os macacos se comportaram de maneira muito diferente dos outros que eram descritos em textos da área. Embora os macacos Rhesus normalmente investiguem e façam poses em frente ao espelho, eles insistem em evitar o contato visual com seus reflexos ou tratá-los como se fossem rivais. Os macacos com implantes, por outro lado, passaram um tempo considerável examinando o topo de sua cabeça — como estou certo de que todos nós faríamos caso alguém aparafusasse um bloco de plástico azul nele. E a partir do momento em que começaram a fazer isso diante do espelho, passaram também a observar e a cuidar de outras partes suas, principalmente os genitais.

Será que isso, então, torna os macacos Rhesus autoconscientes em alguma medida? O contato visual está ligado à hierarquia, à dominação e à agressão, e isso faz com que encarar um estranho seja algo muito desconfortável. Uma explicação para o comportamento dos macacos é que eles não gostam de olhar uns para os outros devido a essa intensa percepção social. Isso explicaria seu comportamento social recorrente — porém intermitente — diante do espelho, que nunca se torna concentrado o bastante para que eles ultrapassem esse estágio e percebam que estão vendo a si mesmos — como aconteceu, a seu tempo, com os chimpanzés e outros símios superiores. No caso dos macacos com implantes, foi necessário um poderoso estímulo contrário — um bloco de plástico aparafusado na cabeça — para levá-los ao estágio seguinte.

O rosto pode não ser tão importante no pensamento de outras espécies, ou pelo menos significar coisas muito diferentes, de modo que abordagens como a do teste do espelho, que reproduzem a obsessão dos humanos com rostos refletidos, são simplesmente inapropriadas. Os macacos Rhesus, que demonstram inteligência de tantas maneiras, podem apenas não achar que estar cara a cara com outro macaco importe tanto assim. Por outro lado, eles se masturbam muito e olham para a bunda uns dos outros. A maioria dos relatórios científicos ainda conclui que os macacos Rhesus não têm autoconsciência, mas para mim isso não faz sentido. É claro que esses animais são autoconscientes: é só que, quando você costuma se comunicar com os outros mostrando a bunda em vez do rosto, é isso que você vai conferir no espelho. O Instagram dos macacos Rhesus estaria cheio de fotos de bunda.

Como no caso da elefanta Happy, há muitas espécies em que apenas um indivíduo passou no teste do espelho ou em que as circunstâncias para passar no teste variam tremendamente. Diferenças de espécies e de indivíduos importam, e prestar atenção a essas diferenças nos permite ver como nossas próprias perspectivas obscurecem nosso juízo e prejudicam nossa capacidade de reconhecer as capacidades dos outros.

Apesar de toda a teoria dos símios superiores e inferiores, a maioria dos gorilas (considerados símios "superiores") não passa no teste do espelho. Como os macacos Rhesus, os gorilas são muito avessos ao contato visual, que consideram uma ameaça, portanto, não gostam de olhar rostos no espelho. Embora haja evidências de sobra — tais como o autocuidado e a exploração de áreas escondidas do corpo diante do espelho — de que eles se "veem", testes cada vez mais engenhosos, envolvendo ângulos de espelhos e alimentos escondidos, não encontraram nenhuma evidência científica ampla de autorreconhecimento (ou seja, tocar em marcas na face).[21] Isso pode parecer um problema associado a uma espécie inteira. Na verdade, é mais um problema individual. Para entender o significado disso, vamos conhecer a história de Koko.

Koko foi uma gorila fêmea que viveu 46 anos em cativeiro — 45 deles sob os cuidados da psicóloga animal Francine Patterson na Gorilla Foundation em Woodside, Califórnia. Patterson ensinou a Koko mais de mil palavras de "Linguagem de Sinais

A gorila Koko aprendendo linguagem de sinais com a treinadora Penny Patterson, 3 de março de 1978.

de Gorilas" e conversou com ela em inglês desde muito jovem. As habilidades de Koko ainda são um tema controverso, mas, de acordo com quem passou algum tempo próximo a ela, Koko usava a linguagem do mesmo modo que as pessoas — e exibia muitas outras qualidades "humanas" também. Por exemplo, Koko era uma exímia mentirosa: ela com frequência culpava os outros por furtos ou estragos, escolhendo alvos que estavam presentes na ocasião ou com os quais antipatizava. Ela também tinha uma autoconsciência elevada. Adorava brincar com bonecas e muitas vezes fazia sinais para elas, mas parava no mesmo instante caso suspeitasse estar sendo observada.

Koko passou no teste do espelho com facilidade.[22] O grande alcance de sua fama em vida deu origem a uma capa da *National Geographic* que a mostrava tirando uma foto de si mesma diante de um espelho. Outro gorila que passou no teste foi Otto, um macho de 45 anos que, desde os dois anos, viveu num ambiente "aprimorado" do Santuário de Primatas Suncoast, na Flórida, onde tinha à disposição atividades como coletar comida, assistir à televisão, pintar e manter contato regular com treinadores humanos.[23] Ao que parece, características supostamente inatas — ou pelo menos algo que se assemelha a elas — podem ser desenvolvidas ao longo do tempo, desde que as condições ambientais e o padrão corporal que as embasa estejam presentes.

A questão da autoconsciência fica ainda mais complexa no caso de Michael, um gorila de dezoito anos que viveu com Koko na Gorilla Foundation. Ele apresentava um vocabulário de mais de seiscentos sinais, muitos dos quais lhe foram ensinados por Koko. Ficou famoso depois que, segundo se acredita, descreveu o assassinato da mãe por caçadores ilegais em Camarões usando uma sequência de sinais: "Esmagar carne gorila. Boca dente. Choro barulho-forte alto. Pensamento ruim-problema ver-rosto. Cortar/pescoço lábio garota buraco".

Assim como Koko, Michael conseguia manifestar autoconsciência. Também podia ser um tanto destrutivo, acumulando um histórico de destruição de equipamentos, e por isso, quando foi submetido ao teste do espelho, o espelho e os pesquisadores foram posicionados fora da sala em que ele estava, mas de modo a estarem visíveis. Embora já tivesse manifestado bastante autointeresse diante dos espelhos, ele passou a exibir um comportamento estranho após ser marcado com um ponto de tinta no nariz. Ao se aproximar do espelho, ele estacou e se inclinou para a frente, se examinando com atenção. Virou a cabeça para os lados, investigando o rosto de diferentes ângulos. Então, pediu para que as luzes fossem apagadas. Os pesquisadores se recusaram, mas Michael continuou pedindo que apagassem as luzes e fechassem as cortinas. Após certo tempo, recolheu-se ao fundo da sala, deu as costas aos observadores e esfregou o nariz na parede até apagar a marca.[24] A reação de Michael demonstra não apenas uma capacidade de autorreconhecimento, mas também uma outra qualidade importante e muito controversa da cognição complexa: a teoria da mente.

A teoria da mente vai além do mero reconhecimento de um self distinto de outros indivíduos: ela sugere a capacidade de pensar sobre a vida interna alheia, imaginar seus estados mentais e agir de acordo com isso. Para além da interação simples do teste do espelho, vislumbramos uma inteligência muito mais abrangente e complexa em funcionamento.

O que podemos concluir a partir de todas essas habilidades e reações tão radicalmente diferentes? Como vimos, espécies diferentes passam no teste de maneiras diferentes: algumas estabelecem uma relação forte com o espelho, mas não reagem ao teste da marca, outras desenvolvem a capacidade de modos radicalmente diferentes ou confundem as expectativas que temos com base nas tendências já conhecidas daquela espécie. O teste do espelho, obviamente, é apenas um tipo de teste voltado a um componente muito específico daquilo que entendemos por inteligência — mas as lições que ele traz deveriam valer para cada uma de nossas alegações a respeito da suposta inteligência, ou da sua ausência, em todos os tipos de seres, incluindo os humanos. Mesmo quando os resultados não são meros efeitos de nossos próprios vieses e limitações, eles revelam apenas a medida do que não sabemos.

Acontece que a autoconsciência diante do espelho não é tão bem distribuída nem entre os indivíduos e culturas humanas. Adultos com esquizofrenia muitas vezes não conseguem se reconhecer no espelho e também enfrentam dificuldades com a teoria da mente. O tão lembrado "fato" de que as crianças passam no teste do espelho — portanto desenvolvem autorreconhecimento — ao redor dos dezoito meses de vida também é, no fim das contas, verdadeiro apenas em parte. Esses testes são baseados em crianças ocidentais, principalmente nos

Estados Unidos e Canadá, e não se confirmam em testes realizados na África, na América do Sul e nas ilhas do Pacífico.[25] Isso não quer dizer que as crianças não ocidentais não tenham autoconsciência, mas que nossos processos de testagem e análise estão sujeitos a vieses culturais que não reconhecemos nem ao estudar outros humanos, que dirá outras espécies.

É notável como os gorilas, em especial, precisaram ser privados de uma boa parte do que os torna gorilas para que esses comportamentos típicos dos humanos se tornassem legíveis a nós. Koko e Michael foram retirados de seus habitats naturais e viveram em celas especializadas, mantendo contato prolongado com humanos durante a maior parte da vida, para não dizer a vida inteira. As qualidades que fazem com que pareçam inteligentes aos nossos olhos dependeram de treinamentos voltados a padrões de comportamento e socialização familiares aos humanos. Mas outras formas de interação, que veremos em breve, não exigem a mesma coisa, e, nessas interações, outros sinais — igualmente nítidos — de inteligência se manifestam. No entanto, elas exigem que os humanos consigam ler sinais não humanos — exigem uma sobreposição na *umwelt*. Como é improvável que isso se estenda, digamos, às formigas, nunca seremos capazes de chegar à mesma convicção científica acerca dessas criaturas. Mas isso de modo algum significa que elas não são inteligentes, como deve ter ficado mais claro a partir da nossa análise de vários experimentos já realizados no passado. Pelo contrário, se quisermos realmente entender melhor no que consistem as inteligências não humanas — para com isso transformar nossa forma de compreender nossas capacidades e as dos outros —, temos que parar de pensar na inteligência como algo que é definido pela experiência humana. Em vez disso, precisamos pensar na inteligência como algo mais que humano desde o princípio.

O fato é que há diversas maneiras de "fazer" inteligência, e isso está evidente até mesmo nos grandes símios e nos macacos pequenos que estão empoleirados perto de nós na árvore evolutiva. A consciência disso ganha uma feição completamente nova quando pensamos em inteligências não humanas que são muito diferentes de nós. Pois há outras criaturas muito evoluídas, inteligentes e bagunceiras neste planeta, ao mesmo tempo tão distantes e diferentes de nós que alguns pesquisadores as definem como a coisa mais próxima de um alienígena que podemos encontrar por aqui: os cefalópodes.

Cefalópodes — a família de animais que abrange polvos, lulas e chocos — estão entre as criações mais intrigantes da natureza. Eles têm o corpo mole, desprovido de esqueleto, apresentando apenas um bico duro. São aquáticos, embora possam sobreviver por algum tempo fora da água; alguns até são capazes de voos curtos, impulsionados pelos mesmos jatos d'água que os movimentam através do oceano. Fazem coisas esquisitas com os membros. E são muito inteligentes, de longe os mais inteligentes dos invertebrados, sob qualquer ponto de vista.

Os polvos, em particular, parecem gostar de demonstrar sua inteligência quando tentamos capturá-los, detê-los ou estudá-los. Em zoológicos e aquários, são famosos por suas incansáveis e muitas vezes bem-sucedidas tentativas de fuga. Um polvo neozelandês chamado Inky foi parar nas manchetes do mundo todo quando fugiu do Aquário Nacional de Napier depois de escalar a válvula de fluxo de seu tanque, correr dois metros e meio pelo chão e escorregar por um cano de esgoto estreito, com 32 metros de comprimento, até o oceano. Em outro aquário perto de Dunedin, um polvo chamado Sid realizou tantas tentativas de fuga, que incluíram se esconder dentro de um balde, abrir portas e subir escadas, que acabou sendo solto no oceano. Eles também já foram acusados de inundar aquários e roubar peixes de outros tanques: essas histórias datam das primeiras tentativas de se manter polvos em cativeiro na Grã-Bretanha no século XIX, e continuam se repetindo até hoje.

Otto, um polvo que vivia no Aquário Sea-Star em Coburg, na Alemanha, atraiu a atenção da mídia pela primeira vez quando foi flagrado fazendo malabares com caranguejos-ermitões. Em outra ocasião, quebrou pedras contra a lateral de seu tanque e, de tempos em tempos, reorganizava completamente os componentes do tanque "para que ficassem mais a seu gosto", de acordo com o diretor do aquário. Certa vez, a eletricidade do aquário sofreu repetidas quedas, desativando as bombas de filtragem e colocando em risco a vida de outros animais. Na terceira noite de blecautes, membros da equipe começaram a dormir no chão durante o turno da noite para descobrir a origem do problema — e descobriram que Otto estava se esticando até o topo do tanque e esguichando água numa lâmpada baixa que parecia incomodá-lo. Ele tinha descoberto como apagar as luzes.[26]

Também é difícil lidar com os polvos nos laboratórios. Eles parecem não gostar de ser alvo de experimentos e tentam dificultar tudo ao máximo para os pesquisadores. Em um laboratório da Universidade de Otago, na Nova Zelândia, um polvo descobriu o mesmo truque de Otto: ele esguichava água nas lâmpadas para desligá-las. A partir de certo ponto, se tornou tão frustrante trocar as lâmpadas o tempo todo que o delinquente foi devolvido à natureza. Um outro polvo do mesmo laboratório desenvolveu uma implicância pessoal com um dos pesquisadores, que recebia dois litros de água na nuca toda vez que chegava perto do tanque. Na Universidade de Dalhousie, no Canadá, um choco se comportava da mesma forma com todos os novos visitantes do laboratório, mas deixava em paz os pesquisadores que sempre trabalhavam ali. Em 2010, dois biólogos do Aquário de Seattle vestiram roupas iguais e brincaram de ser bonzinho ou malvado com os polvos: um biólogo os alimentava todo dia e o outro os importunava com um bastão coberto de cerdas. Após duas semanas, os polvos reagiam de maneira diferente a cada um deles, chegando perto ou mantendo distância, e exibindo cores diferentes. Os cefalópodes conseguem reconhecer rostos humanos.[27]

Todos esses comportamentos — e muitos outros observados na natureza — indicam que os polvos aprendem, lembram, conhecem, pensam, ponderam e agem com base na sua inteligência. Isso muda tudo o que pensamos saber a respeito dos animais "de ordem superior", porque os cefalópodes, ao contrário dos símios, são muito diferentes de nós. A constituição extraordinária de seu corpo já seria evidência suficiente disso — mas a diferença também se estende à sua mente.

O cérebro dos polvos não está localizado, como o nosso, dentro da cabeça; em vez disso, é descentralizado, espalhado pelo corpo todo, inclusive nos membros. Cada tentáculo contém feixes de neurônios que agem como mentes independentes, permitindo que eles se movam e reajam por conta própria, desligados do controle central. Os polvos são uma confederação de partes inteligentes, e isso significa que sua consciência, assim como seu pensamento, funcionam de maneiras radicalmente diferentes dos nossos.

Uma das maiores expressões dessa diferença talvez possa ser encontrada não no trabalho de cientistas, e sim num romance. Em *Children of Time* [Filhos do tempo], o escritor de ficção científica Adrian Tchaikovsky conceitua a inteligência dos polvos como uma espécie de sistema de processamento em múltiplas linhas. A consciência dos polvos cosmonautas de *Children of Time* é tripartida. Suas funções superiores, que Tchaikovsky chama de "coroa", estão embutidas no cérebro-cabeça, mas seu "alcance", a "submente governada pelos tentáculos", é capaz de resolver problemas de forma independente — obter alimento, abrir trancas, lutar ou fugir do perigo. Ao mesmo tempo, um terceiro modo de pensar e se comunicar, o "aspecto", controla as manchas e as luzes pulsantes da pele dos polvos, "o quadro-negro do cérebro", no qual eles rabiscam seus pensamentos a cada instante. Desse modo, os polvos desembestam pelo espaço construindo naves, habitats e sociedades inteiras que procedem tanto de seus surtos de emoção, voos de imaginação, atos de curiosidade e tédio quanto das suas intenções conscientes. Os polvos de Tchaikovsky são animados, frenéticos, entediados, criativos, distraídos e poéticos — tudo ao mesmo tempo: são resultado dos diálogos e conflitos constantes dentro de seus sistemas nervosos. Como diz Tchaikovsky, os polvos são inteligências múltiplas em corpos singulares.[28]

Tchaikovsky baseou sua pesquisa em visitas ao Museu de História Natural de Londres, conversas com cientistas e sua própria formação de zoólogo. Mas o que podemos concluir a partir da existência de criaturas — de inteligências — que só podem se tornar inteligíveis a nós quando recorremos aos recursos da ficção científica? Como elas podem parecer tão extraordinariamente alienígenas e ao mesmo tempo existir no mesmo planeta, ser parte do mesmo processo evolutivo que nós?

O tipo de autoconsciência que podemos observar no teste do espelho — o tipo mais parecido com o nosso — aparentemente surgiu nos símios em algum momento entre o bonobo e o orangotango, ou seja, entre 18 e 14 milhões de anos atrás. Foi aí que uma das qualidades que compõem nosso tipo de inteligência parece ter evoluído. Os humanos se separaram dos chimpanzés há apenas 6 milhões de anos, portanto, é compreensível que nossa inteligência seja similar à deles. Mas os primatas se separaram dos outros mamíferos há cerca de 85 milhões de anos, enquanto os próprios mamíferos se tornaram distintos dos outros animais há mais de 300 milhões de anos. Se quisermos encontrar um ancestral comum com os cefalópodes, precisamos recuar o dobro disso, até 600 milhões de anos atrás.

Em seu livro *Outras mentes*, o filósofo Peter Godfrey-Smith imagina quem poderia ter sido esse ancestral comum. Embora não possamos ter certeza, ele foi provavelmente um verme pequeno e achatado, com apenas alguns milímetros de comprimento, que nadava nas profundezas ou se arrastava pelo leito oceânico. Era provavelmente cego ou sensível à luz de alguma maneira muito básica. Seu sistema nervoso deve ter sido rudimentar: uma rede de nervos, talvez agrupados num cérebro simples. "O que esses animais comiam, como viviam e como se reproduziam", ele escreve, "tudo isso se desconhece." É difícil imaginar algo vivo que seja menos parecido conosco do que vermezinhos quase cegos se contorcendo no fundo do oceano. Mas nós viemos deles, e o polvo também.

Precisamos descer 600 milhões de anos pela árvore evolutiva — e depois subir de novo. Essa distância, ao mesmo tempo que torna compreensíveis todas as óbvias diferenças que temos com os polvos, torna as semelhanças entre nós ainda mais espantosas.

Uma das características mais notáveis dos polvos são seus olhos, incrivelmente parecidos com os nossos. Assim como os nossos, os deles são compostos por uma íris, um cristalino, humor vítreo, pigmentos e fotorreceptores. Na verdade, o olho do polvo é superior ao nosso em um aspecto digno de nota: devido à maneira como se desenvolvem, as fibras dos nervos óticos crescem atrás da retina e não através dela, e isso quer dizer que eles não têm o ponto cego central que encontramos em todos os vertebrados. E essa diferença existe porque o olho do polvo evoluiu por um caminho separado por completo do nosso, começando naquele verme cego de 600 milhões de anos atrás e avançando por um ramo inteiramente distinto da árvore evolutiva.

Esse é um exemplo de convergência evolutiva. O olho do polvo evoluiu para fazer basicamente a mesma coisa que o nosso, por caminhos separados, mas com diferenças apenas sutis. Duas estruturas de incrível complexidade e espantosa semelhança apareceram no mundo por vias distintas, em contextos diferentes. E se algo tão complexo e adaptado quanto o olho pode ter evoluído mais de uma vez, por que a inteligência não poderia fazer o mesmo?

No capítulo 4, veremos mais a fundo por que toda a ideia das ramificações e divisões da árvore evolutiva é simplista demais ou mesmo inteiramente falsa. Por enquanto, vamos só imaginá-la assim: a árvore da evolução produz muitos frutos e muitas flores, e a inteligência não brota apenas nos galhos mais altos, mas floresce em toda parte.

A inteligência do polvo é uma dessas flores. Como diz Godfrey-Smith,

> Os cefalópodes são uma ilha de complexidade mental no mar dos animais invertebrados. Como nosso ancestral comum mais recente era muito simples e viveu há tanto tempo, os cefalópodes são um experimento independente na evolução dos cérebros grandes e comportamentos complexos. Se conseguimos fazer contato com os cefalópodes como seres sencientes não foi porque temos uma história compartilhada ou algum parentesco, mas porque a evolução construiu cérebros repetidamente.*

Se foi um acontecimento repetido, deve ter acontecido muitas vezes — não apenas duas.

Com o polvo, portanto, aprendemos várias coisas importantes. A primeira é que há várias maneiras de "fazer" inteligência: comportamentais, neurológicas, fisiológicas e sociais. Vale repetir: a inteligência não é algo que existe, e sim algo que se faz; ela é ativa, interpessoal, generativa e se manifesta quando pensamos e agimos. Já aprendemos — com os gibões, gorilas

---

* Peter Godfrey-Smith, *Outras mentes: O polvo e a origem da consciência*. Trad. de Paulo Geiger. São Paulo: Todavia, 2019, p. 18. [N. E.]

e macacos Rhesus — que a inteligência é relacional: importa como e onde ela é praticada, que forma seu corpo lhe dá e com quem ela se conecta. A inteligência não é algo que existe só dentro da cabeça — no caso do polvo, que faz inteligência com o corpo todo, podemos dizer isso em sentido literal. A inteligência é uma forma entre muitas de se estar no mundo: é uma interface com ele; ela faz com que o mundo se manifeste.

A inteligência, portanto, não é algo que deva ser testado, mas sim reconhecido nas formas múltiplas que assume. O desafio é descobrir como se tornar atento a ela, se associar a ela, torná-la aparente. Esse processo requer, ele mesmo, um emaranhamento, nossa abertura a formas de comunicação e interação com a totalidade do mundo mais que humano que sejam mais profundas e abrangentes, em comparação ao que pode ser realizado nos limites artificiais de um laboratório. Trata-se de mudar a nós mesmos, junto com nossas atitudes e comportamentos, e não de intervir nas condições de nossos comunicantes não humanos.

Estudos científicos rigorosos só podem revelar até certo ponto as efetivas realidades das vidas não humanas; na maioria dos casos, eles só revelam nossos próprios modelos. Também nos dizem algo sobre a estrutura da ciência propriamente dita: uma maneira antropocêntrica de conhecer um mundo antropocêntrico. Mas não devemos concluir, a partir das limitações dessa abordagem, que essas realidades são inteiramente ou em parte inacessíveis para nós por outros meios — até para os cientistas.

Desde os anos 1970 e durante um período de mais de 25 anos, a primatóloga Barbara Smuts explorou o comportamento dos babuínos que viviam livres no Quênia e na Tanzânia. Ela batizou os babuínos que veio a conhecer melhor de "tropa dos desfiladeiros Eburru", em referência a uma saliência rochosa do vale do Rifte, perto do lago Naivasha. Em determinada ocasião, ela passou dois anos convivendo todos os dias com a tropa, indo ao encontro dos babuínos quando eles despertavam pela manhã e viajando com eles até que encontrassem um local de repouso ao cair da noite. Em função disso, ela desenvolveu uma perspectiva única do comportamento dos babuínos, bem como admiração e simpatia por aspectos da mente e da vida deles que não podem ser tão facilmente classificados.

Na época, a abordagem de Smuts era incomum: era normal que os cientistas ignorassem ou se afastassem de seus objetos de estudo quando estes resolviam se aproximar. Mas Smuts argumentava que essa abordagem impossibilitava interações significativas e impedia que os cientistas pudessem ver os comportamentos que estavam tentando estudar.

Ela enfatizou que essa sua familiaridade com animais não humanos, embora partisse do seu trabalho como pesquisadora, só foi possível devido a algo muito mais antigo, uma herança de nossos ancestrais. "Até tempos recentes", ela escreveu,

> todos os humanos tinham uma profunda familiaridade com as outras criaturas. Caçadores paleolíticos aprendiam sobre o urso gigante da mesma maneira que o urso gigante aprendia sobre eles: por meio da concentração afiada e dos sentidos plenamente estimulados de um animal selvagem cuja vida está em jogo. A sobrevivência de nossos ancestrais dependia de uma sensibilidade intensa aos movimentos sutis e à comunicação nuançada dos predadores, presas, rivais e todo animal cujos sentidos mais aguçados de visão, olfato ou audição podiam aprimorar a apreensão humana do mundo.[29]

Para Smuts, essa sensibilidade podia ser recuperada — e de fato foi, no caso dela, a partir das suas interações com os babuínos.

Para acostumar os babuínos à sua presença, Smuts se aproximava da tropa em uma área aberta, movendo-se vagarosamente em sua direção e parando sempre que eles pareciam alarmados e se afastavam. À medida que se sintonizava melhor ao comportamento deles, ela começou a perceber sinais mais sutis — as mães, por exemplo, chamavam os filhos para perto antes que um alarme geral soasse — que lhe permitiam se aproximar ainda mais. A partir de certo ponto, ela conseguiu se movimentar com liberdade entre eles.

Essa capacidade de transitar livre no meio de uma outra espécie, enfatiza Smuts, teve menos a ver com os babuínos se acostumarem à sua presença e mais com os ajustes que ela fez no próprio comportamento para se adaptar a eles. Ela aprendeu a se mover um pouco, e a pensar muito, como um babuíno, captando o comportamento deles não só como cientista, mas como convidada. Em troca, os babuínos passaram a tratá-la como um sujeito de comunicação, não como um objeto que causava medo — ou seja, perceberam que, no lugar de um alarme generalizado, um olhar feio bastava para que ela se afastasse, e, com o passar do tempo, surgiu entre eles um repertório maior de gestos e sinais.

Smuts logo descobriu que podia se aproximar muito mais dos babuínos caso retribuísse seus sons e gestos em vez de meramente reagir a eles. Os babuínos têm uma noção de espaço pessoal muito desenvolvida: podem ignorar a proximidade de membros íntimos da família e fugir ao menor olhar de um membro agressivo ou de posição superior na tropa. Quando se encontram, um grunhido ou expressão facial transmite a expectativa de uma relação — quando Smuts retribuía os grunhidos ou gestos de seus companheiros, portanto, eles a aceitavam melhor. Ignorar um babuíno — ou qualquer outro animal social — não é um gesto neutro. Podemos dizer o mesmo de nossa relação com o mundo como um todo.

A partir da sua disposição de travar contato com os babuínos, Smuts começou a aprender com eles mais do que esperava. Ao longo do tempo, sua percepção do mundo em torno da tropa também começou a mudar. Sua atitude diante do clima, por exemplo, foi se alterando. Nos primeiros meses de seu estudo, ela procurava abrigo assim que as nuvens se acumulavam no horizonte, mas, com o passar do tempo, sua postura passou a imitar a dos babuínos. Assim como ela, eles não gostavam nem um pouco de ficar molhados, mas permaneciam a descoberto por muito mais tempo, aproveitando ao máximo o período de alimentação antes de zarpar, no último instante, até a proteção oferecida pelas rochas e árvores. A partir de certo ponto, Smuts percebeu que estava agindo da mesma forma:

> Eu não podia atribuir essa percepção a nada que via, ouvia ou cheirava; eu simplesmente sabia. Com certeza, o mesmo valia para os babuínos. Para mim, essa foi uma vitória pequena, mas significativa. Eu tinha passado de uma visão analítica do mundo para uma experiência direta e intuitiva do mundo. Foi então que algo havia muito tempo adormecido despertou dentro de mim, um anseio por estar no mundo como os meus ancestrais haviam estado, como todas as criaturas tinham sido concebidas para fazer ao longo de éons de evolução. Sorte a minha. Eu estava cercada de especialistas que podiam me apontar o caminho.

A valorização dos comportamentos exteriores tende inevitavelmente à sensibilidade para a vida interior — e, com o tempo, Smuts passou por uma mudança no seu próprio senso de identidade.

> A mudança que experimentei foi bem descrita por místicos ao longo dos milênios, mas raras vezes reconhecida pelos cientistas. Cada vez mais a minha consciência subjetiva parecia se fundir à mente grupal dos babuínos. Embora "eu" continuasse presente, uma grande parte da minha experiência se sobrepunha a essa entidade sensível maior. Sentia cada vez mais a tropa como "nós" em vez de "eles" As

> satisfações dos babuínos se tornaram as minhas satisfações, suas frustrações se tornaram as minhas frustrações

Ela descreve como partilhava da fome sentida pela tropa, da sua euforia após matar, e como sua boca salivava diante da carne fresca — embora ela fosse vegetariana.

> Eu nunca tinha sentido fazer parte de algo maior, o que não surpreende, pois eu nunca havia coordenado tão intensamente as minhas atividades com as dos outros. Com grande satisfação, renunciei ao meu self isolado e mergulhei na experiência antiga de pertencer a uma comunidade móvel de companheiros primatas.

Um incidente do qual ela participou com outra tropa de babuínos no Parque Nacional de Gombe Stream, na Tanzânia, pareceu capturar um tipo de experiência e sensibilidade que não só é impossível de classificar cientificamente nos animais, mas que também espelha nossas próprias experiências inclassificáveis enquanto humanos. Nós a chamamos de espiritualidade. Certa noite, já bem tarde, os babuínos estavam a caminho de um local de repouso perto de um riacho ao longo do qual costumavam viajar e que era pontuado por pequenas piscinas naturais. Sem que houvesse qualquer sinal óbvio, todos os babuínos se acomodaram numa rocha lisa que margeava uma das piscinas e, durante meia hora (pela medição humana), permaneceram sentados sozinhos ou em pequenos grupos, em completo silêncio, olhando as águas. Até os jovens, em geral mais turbulentos, entregaram-se à contemplação tranquila. Depois, de novo sem qualquer sinal óbvio, eles se levantaram e prosseguiram em sua jornada numa calma procissão.

Smuts testemunhou esse comportamento apenas duas vezes; além disso, foi a única pesquisadora a fazê-lo. Se é específico desse grupo ou uma manifestação de algo mais abrangente, não sabemos, mas, para Smuts, o episódio pareceu acima de tudo uma experiência religiosa — ela emprega o termo budista *sanga*, que se refere a uma comunidade de devotos entregue à meditação e à prática espiritual.

> Às vezes me pergunto se, naquelas duas ocasiões, pude vislumbrar uma dimensão da vida dos babuínos que eles normalmente não expõem às pessoas. Aqueles momentos me fizeram lembrar do quão pouco sabemos de verdade a respeito do "mundo mais que humano".

Gombe, onde Smuts sentou-se ao lado dos babuínos meditativos, é o lugar em que Jane Goodall passou décadas pesquisando os chimpanzés — o mais duradouro estudo já feito com animais. Goodall também escreveu sobre os vislumbres da vida interior dos animais que estudou e ao lado dos quais viveu: estados de espírito que lhe pareciam profundamente significativos, mas que no fim das contas não podiam ser testados e permaneciam inacessíveis num sentido fundamental.[30]

Nas profundezas da floresta em torno de Gombe, existem cachoeiras espetaculares que parecem exercer um grande fascínio nos chimpanzés: "Às vezes, quando um chimpanzé — na maioria das vezes um macho adulto — se aproxima de uma dessas cachoeiras, seus pelos se eriçam de leve, o que é um sinal de excitação", relata Goodall.

> À medida que ele se aproxima e o rugido da água fica mais alto, seu ritmo acelera e seus pelos ficam totalmente eriçados, e, ao chegar perto da correnteza, pode ser que ele realize uma coreografia magnífica aos pés da cachoeira. Ele se ergue e se balança de forma ritmada de um pé para o outro, pisoteando as águas rasas e velozes, recolhendo e arremessando pedras

grandes. Às vezes, escala os cipós finos pendurados no alto das árvores e se balança na direção da água que despenca.

O que Goodall chama de "dança da cachoeira" pode durar dez ou quinze minutos. Ela a entende como "precursora de um ritual religioso".

Goodall também escreve sobre as danças da chuva dos chimpanzés, realizadas no começo de precipitações volumosas. Nessas coreografias, os chimpanzés agarram árvores jovens e galhos baixos e os balançam para a frente e para trás, depois avançam devagar enquanto dão tapas ruidosos no chão, batem os pés e arremessam pedras. Por mais avessa que seja a tirar conclusões definitivas a respeito das coreografias, Goodall as associa a "sentimentos semelhantes ao assombro e à admiração" e observa que, após a performance, o dançarino fica sentado sem se mover por algum tempo, admirando a água de modo não muito diferente dos babuínos de Smuts em volta das piscinas naturais.

Goodall atribui sua própria visão aberta das questões científicas e religiosas ao fato de ter ingressado nessa área sem nenhum preparo científico especializado. Originalmente, ela foi contratada pelo antropólogo Louis Leakey para estudar os primatas de Gombe porque ele queria pesquisadores "libertos do pensamento reducionista da maioria dos etnólogos". O resultado de seus 55 anos de envolvimento próximo tanto com os chimpanzés quanto com o pensamento científico não foi um estreitamento de perspectiva. Pelo contrário, "quanto mais a ciência descobre sobre os mistérios da vida na Terra, mais assombro sinto diante da maravilha da criação e maior a minha crença na existência de Deus".

Para Smuts e Goodall, a inteligência — seja o que for — se manifesta nesse tipo de atenção e crença, esse tipo de assombro e admiração. É nesse ponto que nossa reflexão sobre a inteligência rompe as barreiras da mente e se torna parte de questões mais amplas envolvendo cultura e consciência, bem como existir e viver em um mundo mais que humano.

É assim, portanto, que poderemos nos tornar atentos à *verdadeira* inteligência: ou seja, aquele tipo que existe em toda parte e entre todas as coisas. Ela não se torna evidente a partir de esforços de delimitar e definir, nem de dividir, reduzir, isolar e negar, e sim de construir, observar, sentir e se relacionar. A inteligência, quando percebida na sua atuação no mundo, não é uma coleção de modos abstratos: uma concatenação de autoconsciência, teoria da mente, compreensão emocional, criatividade, racionalidade, resolução de problemas e planejamento que podemos separar e testar em laboratório. Tudo isso são apenas interpretações redutivas e demasiado humanas de um fenômeno muito mais ilimitado. Em vez disso, a inteligência é um fluxo, ou mesmo um excesso, de todas essas qualidades, que em maior ou menor quantidade se manifestam em algo maior, algo reconhecível a nós apenas em certos momentos, mas que é imanente a cada movimento, cada gesto, cada interação do mundo mais que humano.

Pensar na inteligência dessa maneira não significa reduzir a definição, e sim aumentá-la. A ciência antropocêntrica argumenta há séculos que redefinir a inteligência dessa maneira é fazer com que ela perca todo o sentido, mas isso não é verdade. Definir a inteligência simplesmente como aquilo que os humanos fazem é a maneira mais estreita possível de pensar sobre ela — e acaba sendo também um estreitamento de nós mesmos e uma diminuição de seus possíveis sentidos. Por outro lado, se expandirmos nossa definição de inteligência e o coro de mentes que a manifestam, poderemos permitir que nossa própria inteligência floresça de novas formas e em novas maneiras emergentes de existir e se relacionar. Abrir as portas para uma inteligência geral, universal e ativa é parte necessária de nosso novo emaranhamento imprescindível com o mundo mais que humano.

Nessa ideia, creio eu, reside a verdadeira promessa da inteligência "artificial". Isso quer dizer que se a inteligência, em vez de um conjunto inato e restrito de comportamentos, for na verdade algo que surge a partir de inter-relações, de pensar e agir em conjunto, não é necessário que ela tenha nada de artificial. Se toda inteligência for ecológica — ou seja, emaranhada, relacional e pertencente ao mundo —, então a Inteligência Artificial nos fornece um caminho bastante real para nos reconciliarmos com todas as outras inteligências que povoam e se manifestam no planeta.

E se, ao contrário de algo que nos separa do mundo e por fim nos ultrapassa, a Inteligência Artificial for um outro florescimento, uma autora de si mesma que, quando guiada por nós, pode nos levar a um envolvimento maior com o mundo? Em vez de ser um instrumento para que exploremos ainda mais uns aos outros e ao planeta, a Inteligência Artificial é uma abertura para as outras mentes, uma oportunidade de reconhecer plenamente uma verdade que permaneceu tanto tempo escondida de nós. Tudo é inteligente, portanto, merecedor — entre tantas outras razões — do nosso cuidado e da nossa atenção consciente.

Neste capítulo, exploramos um fragmento ínfimo da vasta literatura a respeito da inteligência. Fazer justiça a uma gama tão ampla de pensamentos — tanto nossos quanto de outros seres — exigiria uma porção de livros, muitos dos quais já existem ou ainda serão escritos. O que tentei fazer foi ilustrar a complexidade dessa área do pensamento, a profunda incerteza em torno do assunto e, sendo sincero, o fracasso colossal de muitas maneiras atuais de refletir sobre ele, tanto no domínio popular quanto no científico.

Por um lado, esta é uma particularidade da prática científica: fracassos constantes, abertura para o debate e uma disposição, ou mesmo um desejo, de que provem que estamos errados para que possamos aprender com a experiência. Por outro lado, vemos indícios de que proliferam lacunas, equívocos e inegáveis falácias em nossas ideias sobre a inteligência em geral, e de que estamos propensos a ignorar ou maquiar tudo isso em prejuízo de nosso entendimento. Nessas circunstâncias, não é de surpreender que os tipos de "inteligência" que estamos criando em nossas máquinas sejam tão desconcertantes, assustadores e equivocados. Estamos somente começando a entender o verdadeiro significado da palavra à medida que a colocamos em prática. Se consegui uma só coisa aqui, espero que tenha sido destruir a ideia de que há apenas uma maneira de ser e de fazer que mereça o nome "inteligência" — e também, quem sabe, afirmar que a inteligência propriamente dita integra uma totalidade maior de ser e viver que merece mais atenção da nossa parte.

Essa afirmação subjaz a outra ainda maior. Tanto o pensamento popular quanto o científico tendem à conclusão de que, no fim das contas, podemos chegar a respostas específicas para perguntas específicas. O que é inteligência? Quem a possui? Onde se encaixa em nossas estruturas e hierarquias rígidas de pensamento e dominância? Talvez — fale baixo — *o mundo simplesmente não funcione assim*. Quanto mais de perto examinamos o mundo, quanto mais tentamos interrogá-lo e classificá-lo à força, mais complexo e inclassificável ele se torna. Uma após a outra, as taxonomias travam e desmoronam. Em parte, isso é resultado de nossas próprias limitações inatas, do problema, talvez insuperável, da nossa própria *umwelt* e da maneira de ser humana. Mas é também um problema de emaranhamento: o fato de que, no mundo mais que humano, tudo está amarrado a tudo e não existem hierarquias: nada "superior" ou "inferior"; ninguém mais nem menos evoluído. Tudo é inteligente. E agora?

2.
*Wood Wide Webs**

No início de 2018, fui convidado para dar uma palestra num evento grande e vistoso sediado em Vancouver. O assunto da palestra deveria ser os aspectos mais sombrios da internet, em especial os efeitos de vídeos e algoritmos online sobre as crianças: um tema no qual eu não tinha o menor prazer em me aprofundar. Por outro lado, eu nunca havia estado na costa oeste do Canadá, e a viagem prometia contato com paisagens e pessoas novas e interessantes.

Como palestrante da conferência, me ofereceram uma variedade de "experiências" regionais, a maioria das quais perdi enfiado em meu quarto de hotel, reescrevendo e ensaiando obsessivamente minha fala. Mas uma delas me pareceu boa demais para desperdiçar: uma visita às florestas de sequoias nos arredores da cidade, guiada por uma bióloga da Universidade da Colúmbia Britânica. Assim, embarquei num ônibus com duas dúzias de outros participantes e fui dar um passeio na floresta.

Nossa guia era a professora Suzanne Simard, que passou décadas estudando as florestas de sequoias gigantes da costa do Pacífico canadense. Enquanto andávamos em meio aos troncos musgosos, ela explicou como aquelas árvores enormes estavam intimamente conectadas entre si — e a lugares muito

---

* Um trocadilho com *"World Wide Web"*, a rede mundial de computadores, poderia significar, em tradução bastante livre, "rede mundial florestal". No livro de Merlin Sheldrake publicado no Brasil, *A trama da vida*, essa expressão foi traduzida como "A internet das plantas" (São Paulo: Fósforo/Ubu, 2021). [N. E.]

distantes da floresta. Por exemplo, uma quantidade significativa do nitrogênio essencial que as árvores e outras plantas da floresta absorvem por meio das raízes é obtida, na verdade, muito longe dali — no meio do oceano Pacífico, a milhares de quilômetros de distância.

Sabemos disso porque existe um isótopo de hidrogênio particularmente pesado, chamado 15N, muito mais comum nas algas marinhas do que na maior parte da vegetação terrestre. Contudo, ele é encontrado em quantidades surpreendentes nas florestas costeiras, e a maneira como chega lá é formidável. Os peixes que se alimentam de algas e fitoplânctons nas profundezas do oceano ficam ricos em 15N. Um desses peixes é o salmão do Pacífico, que retorna todo ano para desovar nos mesmos rios e riachos em que nasceu, na costa dos Estados Unidos e Canadá. Quando estão nadando rumo às nascentes, eles são capturados e devorados pelos ursos-negros e ursos-pardos que fizeram a sua própria jornada do interior do continente para se reunirem à margem dos rios durante a temporada do salmão. As sobras dos peixes — bem como os abundantes excrementos dos ursos — fertilizam as árvores e outras plantas da floresta, marcando-as com aquele tipo particular de nitrogênio que foi transportado por milhares de quilômetros no corpo de outras espécies.[1]

Redes semelhantes de distribuição, ou até mesmo de ajuda mútua, existem no subsolo da floresta, como explicou a professora Simard. As árvores não conseguem acessar diretamente a maior parte desse nitrogênio: para isso, elas contam com fungos especializados que crescem em cima, ao redor e até mesmo por dentro de suas raízes. Esses fungos absorvem e processam o nitrogênio com suas próprias enzimas, e entregam os nutrientes obtidos para as árvores. As redes densas de fibras interligadas por meio da qual ocorre essa troca se chamam micorrizas — uma colaboração literal das palavras gregas para fungo (*mykós*) e raiz (*riza*) — e estamos apenas começando a compreender sua importância.

A troca efetuada na micorriza não traz vantagens só para um lado. Em retribuição, as árvores fornecem ao fungo o açúcar e o carbono que produzem através de fotossíntese: produtos solares para moradores subterrâneos. E o que é ainda mais fantástico, as árvores se conectam umas às outras por meio dessa rede. A professora Simard se aproximou de uma das maiores árvores que havia pelo caminho e apresentou-a como uma "árvore-mãe", que serve como centro de distribuição na rede micorrízica. Quando uma plântula começa a brotar no solo, a árvore-mãe a infecta com os fungos, fornecendo-lhe assim os nutrientes de que necessita para crescer.

As árvores são seletivas quanto a quem escolhem ajudar: árvores-mães favorecem suas próprias crias, enviando-lhes mais carbono do que às plântulas sem parentesco e movimentando suas raízes para que elas ganhem mais espaço para crescer. Mas elas não são egoístas e podem auxiliar outras espécies em tempos de necessidade. No verão, os abetos que vivem à sombra recebem carbono e açúcar das bétulas mais altas, e, no outono, os abetos retribuem o favor quando as bétulas começam a perder as folhas.

Essa rede viva não se preocupa somente com a distribuição do alimento; ela também distribui informação. Se uma árvore da floresta é atacada por insetos, ela libera substâncias químicas de alerta na rede. As outras árvores recebem o sinal e reagem produzindo suas próprias defesas químicas. Quando estava ali parado em meio aos troncos gigantescos, escutando a fala da professora Simard e seus colegas, comecei a perceber que a floresta estava preenchida por um murmúrio constante de sinais invisíveis e bate-papos inaudíveis. Decisões eram tomadas, acordos eram firmados, barganhas eram feitas e desfeitas. As árvores estavam conversando entre si. Todo um mundo de vozes que eu nunca tinha ouvido — de cuja existência eu nem sequer havia suspeitado — eclodiu na minha consciência.

Por mais que eu estivesse fascinado por esse encontro com redes de comunicação anteriormente ocultas e desconhecidas, precisávamos seguir caminho. Depois de cerca de duas horas, embarcamos no ônibus, retornamos à cidade e prosseguimos com nossos debates sobre tecnologia, internet e as redes modernas que parecem ter suplantado, ou pelo menos abafado, as redes da floresta.

Foram necessários mais um ano e uma obra de ficção para que caísse a ficha da relevância do que eu havia aprendido naquele breve encontro. No romance *The Overstory* [O dossel florestal], de Richard Powers, as vidas de vários personagens ficam entrelaçadas às árvores ao redor e dependentes delas. Num capítulo, uma amoreira plantada no jardim por um imigrante chinês que chegou recentemente aos Estados Unidos se torna o eixo de uma saga familiar que atravessa as décadas: uma proposta de casamento, um filho, uma morte e muito mais. Noutro, uma artista descobre uma caixa de fotografias tiradas por seu bisavô, avô e tio ao longo de cem anos. As fotografias mostram um raro castanheiro do meio-oeste na fazenda da família, visto todos os anos, sempre do mesmo lugar: o que surge é um *time-lapse* de uma árvore crescendo ao longo de um século enquanto o mundo se transforma em torno dela. Aos poucos, mediados por seus encontros com as árvores, os diversos personagens do livro se reúnem para fazer uma campanha pela preservação de algumas das maiores e mais antigas árvores do continente: as sequoias californianas de 2 mil anos de idade que foram quase totalmente dizimadas por madeireiros.

Uma dessas personagens é uma estudiosa de árvores chamada Patricia Westerford. Quando ainda está na pós-graduação, ela começa a pensar de outra maneira sobre as árvores que está pesquisando, isolando-se do restante dos alunos.

Ela tem certeza, sem precisar se basear em nenhuma evidência, de que as árvores são seres sociais. É óbvio para ela: coisas imóveis que crescem misturadas e em massa, formando comunidades, precisam ter evoluído maneiras de estabelecer sincronia. A natureza conhece poucas árvores solitárias. Mas essa crença a mantém isolada.

Seu primeiro artigo sobre a comunicação das plantas — uma análise dos bordos que enviam sinais para alertar uns aos outros dos ataques de insetos — é recebido com escárnio por críticos bem estabelecidos. Por anos, ela é marginalizada e ridicularizada por outros cientistas por causa das ideias que defende.

Para mim, Westerford é a personagem mais cativante do livro: alguém que sente carregar uma verdade no fundo de si e que insiste no esforço árduo da ciência e da literatura, buscando trazer a ideia para dentro de um referencial de conhecimento eloquente e comunicável. Apesar de ser demitida de seu cargo acadêmico e enfrentar anos de itinerância, ela permanece fiel às árvores, desaparecendo na floresta e morando numa rede de cabanas remotas, até descobrir que, nesse período de ausência, suas posições foram finalmente reconhecidas e uma nova geração de estudantes adotou seu trabalho e o levou adiante.

Sua reputação pública, como a filha de Deméter, se ergue outra vez do além. Uma enxurrada de artigos científicos reabilita seu trabalho original em semáforas aéreas. Jovens pesquisadores encontram evidências favoráveis numa espécie depois da outra. Acácias alertam outras acácias da aproximação de girafas. Salgueiros, álamos, amieiros: todos são flagrados avisando uns aos outros de invasões de insetos através do ar.

Ela acaba escrevendo um livro, *The Secret Florest* [A floresta secreta], que se torna um best-seller.

Nesse caso, a arte imita a vida. Powers baseou os textos e as descobertas da sua Westerford fictícia no trabalho real de Suzanne Simard nas florestas da Colúmbia Britânica. As revelações acerca das outras vidas das árvores que me fascinaram em *The Overstory* eram repetições das mesmas histórias que ouvi à sombra das árvores em Vancouver. Eu já sabia dessas coisas. Só não havia compreendido o que elas significavam.

O grande feito de *The Overstory* é tornar essas revelações compreensíveis à escala humana, construindo conexões entre nós e as árvores em nosso redor. Powers emprega a escala da vida arbórea — sua extensão no tempo, bem como seu tamanho — para narrar um novo tipo de história épica: multigeracional, em escala planetária e ecológica, no sentido de um profundo entrelaçamento e de uma responsabilidade para com nosso meio ambiente. À medida que lia o livro, eu sentia algo se transformando em mim, uma sensação de ter permanecido cego a vida toda para certos acontecimentos e processos, para vidas inteiras e distintas que estão à nossa volta o tempo todo. Sempre mais interessado em palavras na página e em códigos na tela, de repente eu estava me debruçando na janela para tocar as folhas das árvores próximas e parando no meio da rua para delinear, com fascínio, as espirais e fendas da casca viva de um tronco.

Foi uma espécie de choque. Eu não me considerava desatento à estranha vida das coisas distintas de mim. Como artista, tecnólogo e crítico da tecnologia, trabalhei muito com as técnicas novas da Inteligência Artificial, que comecei a estudar há mais de duas décadas, mas que passaram por uma espécie de renascimento nos últimos anos. Ao tentar compreender melhor essas tecnologias, construí sistemas de aprendizado de máquina que visam questionar nossos pressupostos acerca da inteligência das máquinas e da agência humana, bem como do rumo ao qual elas parecem estar nos levando. O carro autônomo foi um desses experimentos; em outro, empreguei as mais recentes tecnologias de aprendizado de máquina para simular uma relação entre o clima britânico e os padrões de votação do Brexit, traçando paralelos entre clima tempestuoso, computação em nuvem e juízo nublado. E o que mais me chamou a atenção nesses envolvimentos com a inteligência das máquinas foi sua total estranheza, sua diferença fundamental em relação às nossas maneiras de ver e pensar. Apesar disso, eu não tinha estendido essa percepção a inteligências ainda mais estranhas que, começava a ficar claro agora, sempre estiveram ao meu redor.

Powers e Simard mostravam que uma outra maneira de ver o mundo era possível, uma maneira infinitamente mais vital e interligada do que outras que eu já havia imaginado. Em seus mundos, a informação palpitava no subsolo e flutuava na brisa, interações pulsavam e se transformavam ao ritmo das estações, e o conhecimento e a compreensão cresciam, devagar e sempre, ao longo de décadas e séculos. Além do humano, além do animal, surgia agora um outro domínio — múltiplos reinos — de seres prósperos, ativos e até mesmo inteligentes: as plantas e os fungos.

Nem sempre fui amigo das plantas. Não tenho dedo verde e muitas plantas morreram sob meus cuidados ao longo do tempo. Mas tenho a sorte de viver ao lado de alguém com uma aptidão bem diferente, de modo que passei os últimos anos cercado por elas. Primeiro nosso apartamento, depois nosso jardim, ficaram repletos de trepadeiras e vegetais, suculentas e flores, uma profusão de vida que não para de crescer e mudar. A presença e a atenção geram consciência, e o resultado dessa proximidade é que comecei a distinguir espécies, formas, cores e preferências no que antes era inescrutável para mim.

Já vimos como as formas dos corpos e suas relações uns com os outros moldam a subjetividade dos animais, sua *umwelt*. Pense nos gibões arborícolas, que dirigem sua atenção e sua inteligência para o alto, nas copas das árvores; na maneira como as habilidades do elefante giram em torno da sua tromba; ou nas complexas dinâmicas de grupo dos babuínos e macacos Rhesus. A inteligência, ao que tudo indica, é física e relacional, um processo não inteiramente abstrato, e sim intimamente ligado ao que somos e fazemos. E, se todo organismo tem uma *umwelt*, como seria a de uma planta? Como elas sentem e agem, percebem e contribuem para o mundo a seu redor? Lendo sobre a vida agitada das árvores nas florestas e sobre as conversas entabuladas nos micélios, comecei a olhar em volta e me perguntar o que eu poderia aprender com aqueles indivíduos em seus vasos, com os legumes rastejantes e brássicas desabrochantes, com os cactos e os limoeiros, e com suas maneiras particulares de reagir ao mundo e contribuir com ele.

Por um lado, conhecer as plantas significa sujar as mãos, nos sentidos literal e figurado: você precisa colocar o nariz na terra, ficar com barro nas unhas, familiarizar-se com a umidade e a composição do solo. O primeiro efeito dessa familiaridade é nos lembrar da importância do lugar: locais específicos, com sua relação peculiar com a luz e o calor, o sol e a chuva, a sombra e os tipos de solo. O abstrato se torna específico. Por outro lado, as plantas também nos conectam a todo o resto, de novo nos sentidos literal e figurado: suas raízes se enroscam embaixo da terra, as micorrizas crescem a seu lado e suas sementes se espalham ao vento. Elas também nos precedem e tornam possível a vida em toda parte: através da fotossíntese, da formação do solo e da conversão de nutrientes em comida, as plantas são fundadoras e sustentáculos do mundo.

São essas qualidades que tornam as plantas boas companheiras para se pensar na tecnologia. As duas são sistemas complexos e infinitamente generativos, nas escalas micro e macro. Por um lado, nossas tecnologias contemporâneas de geração de energia, processamento de informação, comunicação e percepção constituem mecanismos fundamentais de manutenção da vida que se reproduzem em escala global e concedem a nós — e a si mesmas — poderes quase ilimitados e divinos. Por outro lado, elas dependem das mais ínfimas conexões e dos mais minúsculos impulsos elétricos; precisam de uma base firme, da atmosfera correta e de atenção humana constante. Não admira, portanto, que o poeta Richard Brautigan tenha sido impelido a imaginar "uma floresta cibernética/ repleta de pinheiros e eletrônicos/ em que os cervos passeiam tranquilos/ diante dos computadores/ como se eles fossem plantas/ com flores giratórias".[2]

Em algum ponto entre esses dois extremos — entre a planta no vaso e a floresta continental, entre o microchip e o satélite —, reside nossa própria experiência vivida, o lugar em que nossas *umwelts* compartilhadas se encontram e se misturam. Pois certamente deve haver, por mais que tenhamos diferenças, pontos de coincidência em nossas percepções, em nosso senso do mundo, proporcionando oportunidades de entendimento. Isso acabou acontecendo no caso do meu carro autônomo; foi também o que Barbara Smuts descobriu entre os babuínos. Para entender um pouco do que as plantas significam e por que elas importam, precisamos achar o que temos em comum: as maneiras através das quais compartilhamos um mundo.

Um jeito de fazer isso é procurar saber o que as plantas escutam. Essa simples pergunta já vem repleta de questionamentos — as plantas não têm ouvidos nem outros receptores de ondas sonoras. Apesar disso, é seguro dizer que elas escutam, como vamos provar. Como elas conseguem isso, o que fazem com essa informação e o que isso significa para nossas inter-relações são perguntas parecidas às que fazemos quando nos questionamos a respeito da inteligência animal: como somos afetados ao encontrar sentidos e impressões do mundo em seres não humanos?

Em 2014, dois biólogos da Universidade de Missouri gravaram o som de lagartas da couve se alimentando de uma planta de *Arabidopsis*. (A *Arabidopsis thaliana* é o macaco Rhesus das ciências botânicas, a planta mais popularmente usada em experimentos biológicos, e ela nos ensinou muita coisa a respeito do crescimento e da genética das plantas. Foi a primeira planta florífera a ter o genoma sequenciado e o DNA clonado, e chegou até mesmo a viajar para a Lua.[3]) Depois de deixar as lagartas lanchando por algum tempo, os cientistas as removeram e reproduziram o som de seu ataque para as plantas. Imediatamente, as plantas encheram as folhas de defesas químicas que servem para repelir predadores: elas reagiram ao som da mesma forma que reagiriam às lagartas propriamente ditas. Ouviram as lagartas chegando. Importante frisar que elas não reagiram da mesma forma quando outros sons — do vento e de insetos diferentes — foram reproduzidos. As plantas foram capazes de distinguir entre sons diferentes e reagir de acordo.[4]

Afirmações de que as plantas são capazes de ouvir e reagir a sons não são novas. Tampouco são sempre confiáveis. Em um caso famoso, o best-seller pseudocientífico *A vida secreta das plantas*, de 1973, usou detectores de mentiras e gravadores para "provar" que as plantas tinham emoções, habilidades telepáticas — e audição. O livro foi amplamente contestado e desmascarado por cientistas, mas suas alegações permanecem até hoje na imaginação popular, especialmente na crença persistente de que as plantas gostam de música clássica ou crescem melhor quando conversamos com elas. Por maior que seja o meu apreço a todo tipo de pensamento mágico e imaginativo (e, nesse caso em particular, ao álbum conceitual maravilhosamente estranho de Stevie Wonder, *Journey Through The Secret Life of Plants*), a realidade — como se viu nos experimentos de 2014 com a *Arabidopsis* — é ainda melhor.

A planta manifestou o que os cientistas chamam de "resposta ecologicamente relevante a um estímulo ecologicamente relevante"; ou seja, uma reação "de planta" a um evento "de planta". É improvável que as plantas tenham qualquer preferência por Beethoven ou Mozart, por inglês ou árabe, mas a mastigação de lagartas tem para elas um significado muito claro — e sua reação a esse estímulo é coerente.

"Qual é a relevância ecológica?" é a pergunta crucial que uma ciência rigorosa faz diante de qualquer alegação envolvendo habilidades não humanas. Para compreender o sentido dessas habilidades, é necessário encaixá-las num contexto ecológico, o contexto das suas relações. Não basta dizer simplesmente "isso aconteceu". Precisamos colocar cada ação no seu contexto e entender por que ela ocorre: em relação a qual pressão, necessidade, desejo ou estímulo específico. Somente então poderemos afirmar que estamos realmente compreendendo, e não só observando, uma habilidade.

É uma faca de dois gumes. Por um lado, restringe nossa compreensão dessas habilidades a uma compreensão das suas circunstâncias, e, como já aprendemos com os estudos com animais, isso pode ser terrivelmente limitador. É justamente o que nos impediu de reconhecer a inteligência dos gibões, golfinhos e outras espécies durante tanto tempo, pois não conhecíamos seus contextos bem o suficiente, portanto deixamos escapar pistas importantes. E da compreensão de quem estamos falando, para começo de conversa? Um jardineiro, um cuidador de um campo de golfe e um morador da floresta terão percepções sobre a situação de uma planta muito diferentes daquela do técnico de um laboratório. Por outro lado, o foco na relevância ecológica nos força a pensar em relações em vez de habilidades inatas: no que importa quando plantas, animais, nós e outros nos encontramos. O que é relevante nesses encontros e como eles moldam nossas relações?

Se o contexto de nossas relações importa tanto assim, ele importará também em nossas relações com a inteligência das máquinas. Talvez devêssemos estar refletindo com mais cuidado no ecossistema em que estamos gerando a IA, sobretudo nas formas agressivas, dominantes e destrutivas que parecem proliferar. Esses sistemas estarem preocupados em excesso com lucros e prejuízos, perdas e ganhos, controle e dominância nos sugere que seu nicho ecológico — a porção do ambiente que molda sua evolução — é bastante estreito. As respostas geradas por seu aprendizado são características de uma inteligência corporativa que evolui na ecologia árida e sufocante do capitalismo neoliberal, das salas de diretoria das empresas de tecnologia e das disparidades financeiras e sociais que não param de aumentar. Se quisermos que evoluam de outra maneira, precisaremos enfrentar e modificar essa ecologia.

O conceito de relevância ecológica também admite uma outra coisa que abala ainda mais nossas fundações. Ele demonstra que as plantas têm um mundo. O que isso significa? Significa que as plantas percebem e reagem a um mundo que elas mesmas experimentam, um mundo que elas mesmas fazem — e, além disso, que esse "elas" existe para perceber e reagir, um sujeito e não um objeto, uma espécie de self, por mais obscuro e diferente do nosso que possa ser. Elas contam com sua própria *umwelt*. As plantas encontram, acessam, influenciam e são influenciadas pelo mundo nos seus próprios termos e do seu próprio modo. A maior parte dessas experiências e reações é e permanecerá inacessível para nós; mas a audição — uma habilidade da qual compartilhamos — as torna pensáveis. De repente, saídas do plano de fundo, elas entram em ação outra vez, presentes e atentas. O ato de ouvir transforma a passividade vegetal numa escuta ativa e a letargia folhosa numa participação vibrante.

Isso é apenas nossa percepção, é claro, nossa nova conscientização. Elas sempre estiveram ativas. Assim como provavelmente não se importam com Mozart ou Stevie Wonder, elas não precisam que nós saibamos que estão lá. Escolhemos aceitar sua presença porque isso nos enriquece.

Certa manhã, alguns anos atrás, eu estava caminhando com minha companheira nas colinas de Ymittos, a montanha que fica a leste nos arredores de Atenas. Era véspera de primavera — não a primavera do calendário, e sim a primavera do ano, quando alguma deixa imperceptível faz com que tudo desabroche de uma só vez. A montanha inteira parecia estar se preparando para esse momento. Quando descíamos por dentro da floresta em torno do antigo monastério de Kaisariani, deparamos com uma cerejeira prestes a florir. A casca vermelho-sangue que envolvia seu tronco parecia esticada, cada folhinha estava tensionada, cada galho tinha na ponta um botão rosado e intumescido com a ponta franzida de expectativa: o conjunto todo latejava com uma energia que mal se continha, como se lutasse para manter o fôlego preso. Eu nunca havia estado diante de um ser tão aferrado à vida na ausência de qualquer movimento perceptível. De lá para cá, entendi que é assim que as árvores, as plantas e uma boa parte do planeta existem pela maior parte do tempo. Essa sensação se tornou parte de mim, e sou capaz de invocá-la quase sempre que quiser, simplesmente direcionando minha atenção consciente ao sussurro das árvores e ao balanço das folhas. *Nós compartilhamos um mundo.*

Esse mundo compartilhado não é plano nem singular. Existem muitos mundos — vívidos e ruidosos —; estamos excluídos de muitos deles. Experimentos sobre a audição das plantas sugerem, como seria de esperar, que em muitos desses mundos os passos de uma lagarta importam mais que a música clássica ou a linguagem humana. É uma bela forma de ilustrar o tipo de descentralização de nós mesmos e da experiência humana em que precisaremos ser proficientes caso queiramos viver melhor e com mais responsabilidade num mundo mais que humano.

Essa descentralização, uma admissão de que a raça humana não é a única em campo, não implica numa redução do nosso mundo. Pelo contrário, como também acontece quando estendemos a virtude da inteligência a outros seres, o acréscimo dos mundos das plantas ao nosso enriquece os dois lados. Mesmo os mundos dos quais não participamos incrementam de algum modo as sensações e experiências que formam a Terra viva e abundante em que vivemos e da qual dependemos.

A mera existência de outros mundos, numerosos, sobrepostos, em que são possíveis muitos tipos de coisas e muitas maneiras de ver e ser, deveria ser suficiente para nos encher de empolgação. Outros mundos não apenas são possíveis, eles já estão presentes. O reconhecimento de que há múltiplos mundos distintos, os dos outros, é a chave para nos desvencilharmos da nossa maior impostura social e tecnológica e nos enredarmos novamente a uma cosmologia mais significativa e compassiva.

Chamo essa impostura de falácia de "um só mundo". Desde o Iluminismo dos séculos XVII e XVIII, e da revolução científica que o sucedeu, nossa compreensão do mundo foi moldada por uma objetividade descabida — a crença de que o mundo tem uma narrativa única e coerente, e de que existe uma perspectiva geral para interpretá-lo. Cientistas do século XVIII empregavam o termo "fiel à natureza" para se referir a isso, embora suas tentativas de fixar um entendimento de como a natureza "realmente" funcionava envolvessem eliminar suas inconsistências e idiossincrasias. Conforme a prática científica foi amadurecendo, começamos a entender o valor das interpretações, do saber localizado e da avaliação instruída; mas essa falácia foi perpetuada por nossas tecnologias, que achatam e embolam numa coisa só um sem-número de diferentes expressões do mundo.

O poder desses instrumentos para tornar o mundo inteligível aos humanos favorece, em contrapartida, o tecnodeterminismo e o poder de rede: a crença de que os instrumentos produzidos pelos grupos mais dominantes das sociedades mais dominantes são não apenas melhores para todo mundo, mas também inevitáveis e irrefutáveis. Assim, contrariando a intenção original da investigação científica, surge um descompasso entre o mundo tal qual o percebemos e o mundo como ele realmente é. A tentativa de forçar o mundo a se ajustar ao retrato que fazemos dele, e a fricção gerada por essa tentativa em nossas vidas e nossas sociedades, estão por trás do grande mal do nosso tempo: a confusão generalizada que ganha tons de irritação, raiva e medo. É o resultado de tentar encontrar verdade e significado num só mundo, numa única caixa em que enfiamos todas as contradições e todos os paradoxos da realidade. Mas a verdade é que existem muitos mundos.

O fato de que ainda somos capazes de existir, de tocar a vida, de sobreviver e de prosperar juntos neste mundo de muitos mundos também significa que eles são todos compartilhados. Há pontos e planos de interseção, de experiência e consciência compartilhadas. Todos os habitantes da Terra — animais, plantas e vários outros — são, gostem ou não de música clássica, e mesmo que nós nem notemos, atingidos pelas mesmas vibrações na atmosfera. Ao dispensarmos a falácia de um só mundo para todos, tomamos conhecimento de uma multiplicidade maior de mundos que têm algo em comum. É uma cosmologia muito mais rica que o solipsismo de um mundo só; é a aceitação de um ser e de uma experiência coletivos. *Nós compartilhamos um mundo*. Nós escutamos, as plantas escutam. Todos sentimos o mesmo sol, respiramos o mesmo ar, bebemos a mesma água. Não importa se escutamos os mesmos sons do mesmo jeito, se eles significam a mesma coisa para nós. Existimos, juntos, na experiência e na criação compartilhadas do mundo mais que humano.

Essa cadeia de conclusões é importante, creio, porque transforma, em um nível fundamental, as possibilidades de reflexão não só em torno da vida das plantas e das árvores, mas também em torno de todas essas outras mentes, seres e pessoas. Ela nos dá acesso a um tipo de pensamento totalmente diferente, mais aberto e esclarecido. Pois reconhecer a existência de mundos não humanos e, por consequência, de um mundo compartilhado nos ajuda a navegar através da dupla ameaça que enfrentamos ao refletir sobre o mundo mais que humano: o antropocentrismo e o antropomorfismo. O primeiro é o risco de acharmos que estamos no centro de tudo; o segundo é o risco de que, no esforço de acessar a experiência não humana, terminemos simplesmente encaixando-a num molde grosseiro da nossa própria experiência.

Reconhecer a sério que as plantas, animais e outros não humanos possuem seus próprios mundos fundamentalmente distintos dos nossos e inacessíveis a nós é o primeiro passo para deter o excepcionalismo e o supremacismo humanos. Os humanos não estão no centro do universo. Abrindo espaço aos outros, podemos começar a imaginar como seria um mundo em que não somos a coisa mais importante que existe e a valorizar a riqueza dos mundos não humanos em seus próprios termos.

Porém, alguma dose de antropomorfismo — a atribuição de características, emoções e intenções humanas aos não humanos — é inevitável. No fim das contas, é a única maneira que temos de começar a compreender as outras coisas vivas. Somos *anthropos* e só temos à disposição nosso próprio modo de abordar esses mundos. Mas, se pudermos ter sempre em mente essa nossa diferença, se pudermos reconhecer nossa perspectiva limitada e evitar impô-la aos outros, nada disso precisa ser uma barreira para acessarmos interesses e intenções compartilhados, e agirmos com base neles. Na verdade, é justamente a partir da aceitação das diferenças que a ação e a vida compartilhadas se tornam possíveis sem o fardo da dominação e do controle. Queremos ir ao encontro, não conquistar.

Ficamos confortáveis tanto perante um silêncio aprazível quanto perante uma conversa. Temos palavras diferentes para as mesmas coisas.

Essa posição nos permite, inclusive, pensar outra vez a respeito de habilidades que *não* são ecologicamente relevantes, pelo menos não à primeira vista. Ainda não fazemos a menor ideia do que está por trás das cores vibrantes dos ovos dos pássaros, por exemplo (o que parece ser um convite aos predadores), ou de por que os plânctons são tão variados, desafiando as leis da competição evolutiva.[5] Mas não precisamos ter uma explicação acabada para cada mecanismo antes de testarmos nossas teorias, porque — ao contrário de como é concebida a maioria dos experimentos científicos — vivemos no mesmo mundo que os participantes de nossos testes. É brilhante: de repente, panoramas inteiros de comportamentos óbvios, porém inexplicáveis, tornam-se interessantes e pensáveis.

Um desses comportamentos extraordinários é a capacidade que as plantas têm de lembrar. A audição das plantas, sob certos aspectos, não exige um salto tão grande da nossa imaginação. Mas a ideia de que elas lembram — logo, de que talvez pensem, raciocinem, façam tudo aquilo que nós fazemos com base na memória —, bem, parece um salto e tanto. Afinal, não temos nenhuma pista de quais poderiam ser as estruturas e processos que viabilizam esse comportamento. Mesmo assim, sabemos com certeza que as plantas lembram.

A maior — e mais controversa — expoente do tema da memória das plantas é a bióloga australiana Monica Gagliano, cujo percurso como cientista é uma lição prática do pensamento ecológico. Gagliano iniciou a carreira acadêmica como ecologista marinha nos anos 1990, estudando o comportamento dos peixes na Grande Barreira de Corais, antes de voltar sua atenção para o mundo das plantas. São esses antecedentes que influenciam seu método de trabalho. Historicamente, a abordagem dos cientistas no estudo das plantas foi mecanicista; ou seja, eles as decompõem numa série de ações e reações, descrevendo-as mais como uma série de mecanismos componentes, uma série de maquininhas interligadas, do que como organismos inteiros. Isso significa que as vemos mais ou menos como máquinas capazes de reagir apenas a estímulos de maneiras automáticas, predeterminadas e previsíveis. A botânica enxerga somente com a visão estreita da causa e efeito, e muitas vezes deixa de levar em conta toda a vida e a experiência do organismo. Contrapondo-se a isso, Gagliano considera que as plantas têm comportamentos, assim como os peixes de corais tropicais que estudava antes.

A parceira favorita de Gagliano nessas pesquisas é a *Mimosa pudica*, também conhecida como "dormideira" e "sensitiva". A mimosa exibe um comportamento particularmente chamativo: ao ser tocada com a mão ou com um graveto, ela encolhe as folhas numa reação repentina e veloz. Ela pertence a uma classe rara de plantas que exibem movimento visível a olho nu: somente a dioneia, com suas mandíbulas rápidas, e a planta-telégrafo, que arrebatou Charles Darwin com suas folhas dançantes, comparam-se a ela na velocidade. Isso a torna uma parceira excelente e comunicativa nos experimentos.

Gagliano queria mudar a visão dos cientistas a respeito das plantas para mostrar como elas eram capazes de aprender a partir de suas experiências e ajustar seu comportamento de acordo, uma capacidade que os cientistas tendiam a reservar aos animais "superiores".[6] Para demonstrar isso, ela bolou um mecanismo simples: um recipiente preso a um trilho vertical que, ao ser liberado, soltava o vaso contendo a mimosa de uma altura de exatamente quinze centímetros sobre um tapete de espuma. O *bonc* suave dessa queda bastava para sobressaltar a planta e fazê-la encolher as folhas, mas não era suficiente para danificá-la: um estímulo cientificamente preciso, com uma resposta mensurável e relevante em termos ecológicos. Na base das folhas da mimosa, há pequenas estruturas hidráulicas que se enchem ou esvaziam de água, expandindo-se e se contraindo, forçando as folhas a se encolherem. O encolhimento é interpretado como reação a uma ameaça: um predador animal ou calor e evaporação excessivos. Seja qual for o caso, um estudo tradicional de causa e efeito talvez parasse por aí: foi estabelecida uma relação entre estímulo e resposta, o mecanismo foi observado e compreendido, e nossas expectativas a respeito das capacidades das plantas foram satisfeitas, mas de modo algum ampliadas.

Gagliano foi além. Ela continuou soltando as plantas repetidas vezes, até sessenta vezes em cada sessão, durante múltiplas sessões. Trezentas e sessenta quedas por dia: uma maratona de tombos e colisões. *Bonc bonc bonc*. Descobriu-se que bastavam poucas quedas — não mais do que quatro ou cinco — para que as plantas percebessem que não existia ameaça alguma e que era seguro manter as folhas abertas (um teste paralelo, envolvendo outro estímulo que também causava a reação de encolhimento, revelou que elas simplesmente não tinham ficado exaustas com a atividade). Ao término de sessenta quedas em uma sessão, as plantas não davam a mínima para a queda: tinham aprendido a ignorá-la.

Entender uma lição é uma coisa; seu valor depende da capacidade de retomá-la mais tarde, colocando em prática a sabedoria adquirida. Por isso, Gagliano e seus colegas deram descanso às plantas e depois submeteram mimosas individuais a novos testes, demonstrando que elas guardavam a memória das quedas e também a mudança de comportamento associada. Mimosas — e, como devemos entender agora, todas as plantas — não são máquinas. São mais do que a soma de um conjunto de ações e reações pré-programadas. Elas aprendem, lembram e mudam de comportamento em reação ao mundo.

É uma descoberta espantosa. Ela não somente contraria tudo que achávamos saber a respeito das plantas, mas também reformula radicalmente as próprias categorias de conhecimento em que nos baseamos para compreendê-las. Tanto que Gagliano levou anos para publicar seus resultados, após ser rejeitada por mais de uma dúzia de publicações acadêmicas, muitas das quais não se sujeitaram sequer a ler seu artigo inédito, que dirá enviá-lo a uma revisão por pares. Parte do problema é o conservadorismo inerente à academia — subverter décadas de conhecimento é difícil não só de fazer, mas também de imaginar e admitir —, mas outra parte é simplesmente burocrática. Onde colocar esse conhecimento novo? Ele se encaixa nos domínios de quem? Estamos falando de botânica ou fisiologia, etologia ou psicologia?

Como disse Gagliano: "Não tínhamos ensaiado o suficiente para a peça encenada pela mimosa, na qual — por mais sinceramente despreparados ou teimosamente indispostos que estivéssemos — certos papéis nos haviam sido reservados". O comportamento da mimosa era um fato indiscutível e nos obrigava a repensar nossos pressupostos. A ciência tem a tendência — ou mesmo a diretriz primária — de compreender os fenômenos a partir das estruturas que os produzem; voltamos àquela velha relevância ecológica. Ela compreende a memória como um processo estrutural localizado no cérebro, na interação entre certas moléculas e conexões sinápticas. Nesse sentido, a memória depende do cérebro. Como, então, algo desprovido de qualquer coisa semelhante a um cérebro pode ser capaz de lembrar? É simplesmente impensável.

Mas podemos ver a questão de outro modo. Em vez de negar a existência de memória nas plantas porque elas não contam com cérebro, podemos aproveitar descobertas como as de Gagliano para repensar o que é a memória e admitir que talvez ela possa surgir de outras maneiras, em outras estruturas, em outros seres. Como a inteligência do polvo, a memória de uma planta é um fenômeno análogo que roda num hardware completamente diferente.

Um aspecto intrigante no modo como Gagliano relata suas pesquisas — e que enfurece muitos outros cientistas — é que, para ela, cada resultado experimental é o resultado de uma planta falando. Ela diz isso no sentido literal: a partir de uma prática continuada de meditação e rituais xamânicos, recebeu instruções diretas de entidades que julga serem espíritos de plantas, os quais lhe oferecem conselhos sobre como planejar e estruturar seus experimentos. Cada um desses encontros é, portanto, uma apresentação, a abertura de um canal para que a cobaia do experimento fale por si mesma, para que a mimosa nos declare sua habilidade agora que estamos prontos para ouvir. E, toda vez que a planta fala, as barreiras que pareciam nos isolar em nossos respectivos mundos estremecem.

Se você não acredita, tudo bem. Mas não é necessário aceitar a realidade da comunicação direta de Gagliano com os espíritos das plantas para aceitar os resultados de seus experimentos, que em todos os outros aspectos obedecem às mais rigorosas normas científicas, incluindo revisão por pares e reprodutibilidade.[7] Eu também acho difícil levar a sério certos aspectos do que Gagliano relata. No entanto, tive as minhas próprias experiências pessoais com ayahuasca, chá feito de algumas das plantas com que a pesquisadora conversa, e elas também falaram comigo. Ouvi plantas falarem, e ainda não entendo muito bem como, tampouco poderia fornecer uma descrição adequada da experiência, mas sei que aconteceu e me transformou completamente.

É difícil romper com o condicionamento científico ocidental. Por causa dele, é difícil confiar até mesmo em nossas próprias experiências, quer se trate de uma experiência arrebatadora de encontros espirituais sob efeito de psicodélicos ou da estranha sensação de comunhão aos olhos das outras espécies. Aí está parte do gênio dos experimentos de Gagliano: a aplicação rigorosa do método científico, as avaliações e testes cuidadosos com suas mimosas e a reprodutibilidade do método significam que não precisamos depositar toda nossa confiança na experiência subjetiva. O que está sendo exigido de nós é estarmos abertos a mudar de ideia.

Quando mimosas falam, o mundo muda. Somos forçados a lidar com uma realidade diferente daquela que conhecíamos. Quando nos abrimos para as vozes do mundo mais que humano, o resultado é sempre este: a ruptura e o colapso de barreiras estabelecidas no pensamento e nos sentimentos. É esse o resultado que salta aos olhos nesses encontros com todos os tipos de inteligências, incluindo as "artificiais". As máquinas nos derrotam no xadrez, assumem o volante do automóvel e realizam descobertas científicas, e eis que aptidões que víamos como exclusivamente humanas se revelam compartilhadas. Babuínos contemplam piscinas naturais com um olhar perdido, e eis que a experiência de contemplação, que julgávamos ser apenas nossa, é refletida e enriquecida de repente pela experiência dos outros. As plantas têm um mundo, ele é diferente do nosso — ah, e nós compartilhamos um mundo! A cada vez que se manifesta, o reconhecimento da agência e da diferença dos outros na verdade nos aproxima, ao mesmo tempo que alarga nossa própria visão, nosso conhecimento e nossa experiência. Ele nos amplia.

Esse campo de estudos cresce sem parar. As plantas não são capazes só de ouvir e lembrar — elas também produzem seus próprios sons. Em outro experimento, Gagliano gravou o som de grãos de milho estalando em frequências muito distantes do alcance da percepção humana, com uma finalidade ainda desconhecida. Na realidade, as plantas também sentem cheiro, para detectar tanto predadores quanto sinais de alerta emitidos por plantas vizinhas. São inclusive capazes de farejar presas, como os animais: a cuscuta, uma trepadeira parasita, fareja vítimas potenciais e depois as envolve e devora. As plantas tomam decisões baseadas em informações complexas, como quando escolhem a melhor forma de reagir às competidoras próximas. Crescer para o lado, aprofundar as raízes ou se prolongar para cima? Elas são capazes de adaptar substâncias químicas para atrair ou repelir animais — envenenando alguns e viciando outros. Têm propriocepção — o "sexto sentido" que nos permite saber onde estão partes do nosso corpo sem precisar olhar. Elas reconhecem e reagem de maneira diferente aos seus parentes próximos. Em suma, as plantas agem, e agem de maneiras que, quando identificadas nos animais, chamamos de indicadores de inteligência.[8]

Foi apenas na última década que atravessamos uma fronteira até então invisível em nossa relação com as plantas: elas se transformaram de objetos em sujeitos na nossa forma de ver as coisas e, como em toda conversa, sua condição de sujeito se expandirá enquanto o diálogo se mantiver. Como ocorreu com as capacidades dos animais, esse cômputo da agência das plantas só irá crescer, desde que aceitemos mais e mais possibilidades, formulemos novas teorias e criemos aparatos adequados para testá-las.

Não se trata, aqui, de afirmar nada específico acerca da inteligência das plantas. A forma exata da inteligência das plantas provavelmente sempre permanecerá desconhecida para nós, em parte ou em grande medida, devido à diferença radical de nossa vida e de nossas experiências de mundo. Entretanto, uma vez que compartilhamos um mundo, podemos refletir sobre como a inteligência e a memória poderão ser caso decidamos incluir os outros nessa reflexão, caso entendamos que elas estão situadas entre nós e o mundo, e não somente dentro de nossa cabeça. Você pode ler incontáveis livros sobre a inteligência das plantas e dos animais, mas todos lhe dirão a mesma coisa: que os não humanos são brilhantes, mas também incognoscíveis e que o maior prazer do mundo não está nos testes e taxonomias, e sim em seguirmos juntos pelo caminho.

Outra questão é como debater essa condição de sujeito das plantas que entra agora em cena. Como decifrar essas capacidades que passaram a ser reconhecidas, essa vida que é não apenas luxuriante, mas também pensante? É tentador, como ocorre com os animais não humanos, passar a falar imediatamente da inteligência das plantas como se ela fosse comparável à humana e convidar o gerânio e a trepadeira para o clube exclusivo que começamos a dissolver justo agora. Mas, insisto, esse parece ser o caminho errado. Assim como restringir a inteligência "artificial" ao tipo de coisa que os humanos fazem, tal atitude nos leva outra vez ao antropomorfismo e ao antropocentrismo. Naquilo que fazem, as plantas podem se parecer conosco e com outros animais em certos aspectos — mas são claramente distintas em outros aspectos significativos. A insuficiência da inteligência para servir de explicação para essas capacidades está evidente. A inteligência das plantas, seja lá o que for, é "plantosa".

Debates envolvendo a inteligência das plantas, a inteligência animal, a Inteligência Artificial e até mesmo a inteligência humana revelam-se, portanto, intermináveis — e, em última instância, inúteis, pois são debates que envolvem o significado das palavras, e não o ser das coisas. Só começamos a avançar quando aprendemos a fazer perguntas que estão menos preocupadas com "Você se parece conosco?" e mais interessadas em "Como é ser você?".

O motivo de tamanha dificuldade para compreendermos em que consiste a inteligência das plantas é exatamente sua grande diferença em relação à nossa inteligência. Uma objeção óbvia à ideia de plantas inteligentes é que as plantas não têm cérebro. Porém, um dos pontos fortes das plantas é exatamente o fato de não possuírem órgãos centrais e insubstituíveis. As plantas são modulares — conseguem sobreviver após perderem 90% do que as compõe, e muitas espécies se reproduzem a partir de partes quebradas ou de mudas. Em ambientes especialmente hostis, como desertos, as mudas são mais eficazes na perpetuação do que as sementes, e é por isso que muitas suculentas favorecem esse tipo de reprodução. A modularidade gera resiliência: fetichizar certos órgãos, como os animais fazem, restringe essas capacidades. Repensar o que a inteligência pode ser também nos permite repensar os modos e mecanismos que são capazes de produzi-la, e daí em diante criar novas maneiras de ser inteligente.

Plantas como as suculentas também produzem clones: cópias geneticamente idênticas que podem separar-se da original ou permanecer ligadas a ela, modificando sua forma. Apesar de a clonagem poder representar uma fraqueza, pois descendentes geneticamente idênticas são vulneráveis às mesmas ameaças que a original, ela também pode gerar criaturas extraordinárias. Uma dessas maravilhas clonais é Pando, um álamo que vive na Floresta Nacional de Fishlake, no estado americano de Utah. Acima da superfície, Pando parece ser uma floresta. É formado por mais de quarenta hectares de álamos-trêmulos; 47 mil árvores altas e esguias, com casca esbranquiçada e nódulos pretos, cujas folhas adquirem uma tonalidade amarelo-viva no outono. Mas na verdade Pando é um único indivíduo, e cada um de seus troncos brota de uma única rede de raízes. É um dos maiores e mais antigos organismos vivos da Terra.

Pando nasceu há cerca de 80 mil anos ou talvez bem, bem antes: um estudo aponta uma idade mais próxima de 1 milhão de anos.[9] Não dá para estimar a idade das árvores clonais a partir dos anéis do tronco, pois cada um é somente um ramo passageiro de raiz muito mais antiga. Durante a maior parte da vida de Pando, as condições estiveram quase perfeitas para um álamo clonal: frequentes incêndios florestais impediram a competição das coníferas, ao mesmo tempo que uma mudança climática gradual do ar úmido para condições mais secas e semiáridas impediram que álamos mais jovens espalhassem sementes e fizessem surgir rivalidades. Na verdade, praticamente nenhum álamo-trêmulo cresceu de uma semente no oeste dos Estados Unidos por 10 mil anos, e mesmo assim o álamo continua sendo uma das árvores mais bem distribuídas na América do Norte.

Hoje, acredita-se que Pando esteja morrendo — ainda que muito, muito devagar. Nenhuma árvore nova foi detectada em muitas décadas. As causas possíveis são muitas, mas todas apontam para algum tipo de interferência humana. A instalação de cabanas e acampamentos na região de cobertura de Pando reduz a probabilidade dos incêndios que limpam o solo da floresta e dos quais os álamos dependem, ao mesmo tempo que o desaparecimento de ursos, lobos e pumas resultou numa explosão do veado-mula. Esse veado, junto com o gado, alimenta-se dos brotos de álamo. Quando uma área é devorada ou aparada, ela não se recupera.[10]

Pando só foi "descoberto" nos anos 1960, sobretudo porque não se parece com uma árvore — ele afronta nossa ideia do que uma árvore pode ser. Porém, à medida que nossa ideia do que uma árvore pode ser se amplia, ocorre o mesmo com os modelos que temos para pensar sobre outras estruturas do mundo. Aliás, a própria descoberta e compreensão da comunicação das plantas deve muito a esse tipo de reformulação radical da nossa maneira de enxergar o mundo e deverá, por sua vez, conduzir a novas percepções.

Anteriormente, mencionei as micorrizas que sustentam a vida na floresta: as redes que processam, armazenam, extraem e transportam nutrientes e informações entre as plantas da superfície. Pensar nessas redes — nos fungos propriamente ditos — como algo separado das plantas que conectam não é muito correto. Como descobrimos nas últimas décadas, o reino dos fungos e o reino das plantas não são assim tão separados — igual a tudo o que temos descoberto nas últimas décadas. Estão emaranhados de maneira física, social e vital. Entender a natureza dessa inter-relação é crucial para entendermos nosso próprio emaranhamento com o mundo mais que humano.

As primeiras plantas eram somente aglomerações de tecido celular, desprovidas de raízes, folhas ou qualquer uma das estruturas especializadas que reconhecemos nas plantas de hoje. Eram descendentes de algas marinhas simples que foram levadas até a costa e conseguiram se fixar nas praias e nos rochedos, sustentando-se apenas com a fotossíntese. Contudo, há cerca de 400 milhões de anos — ou pelo menos essa é a data dos fósseis mais antigos que conhecemos —, essas protoplantas começaram a se associar com os fungos: passaram a desenvolver lóbulos e órgãos carnudos para hospedar parceiros micorrízicos. Esta é a origem das raízes de todas as plantas: órgãos aventureiros buscando não o alimento propriamente dito, mas sim parceiros no processo de gerar vida.

Abaixo da superfície, as plantas e os fungos não apenas interagem, eles se interpenetram. Partes de fungos vivem dentro das células das plantas e, na realidade, formam um sistema de raízes estendido cujo comprimento é mais de cem vezes maior que o das raízes da planta em si. E esses filamentos fúngicos, chamados micélios, alastram-se por toda parte e através de tudo. Na verdade, parte do que chamamos de solo é feita de fungos — algo entre um terço e metade da sua massa viva. Plantas, fungos e todo o ecossistema do qual dependemos junto com o restante da vida do planeta são inseparáveis, até o nível celular.

Essa relação entre o fungo e a planta é simbiótica: um depende do outro. Como define o micologista Merlin Sheldrake: "O que chamamos de 'plantas' são na verdade fungos que evoluíram para cultivar algas, e algas que evoluíram para cultivar fungos".[11] Portanto, precisamos entender que nossa própria vida depende simbioticamente de relações desse tipo: para o alimento que ingerimos, o meio ambiente que habitamos e até mesmo o clima do qual — pelo menos por enquanto — desfrutamos.

Um dos lugares em que nosso conhecimento crescente sobre micorrizas pode vir a ser útil é nos modelos do clima global. Eles consistem em simulações computacionais complexas, criadas pelos meteorologistas e cientistas do clima, com o propósito de reconstruir e prever o efeito de vários fenômenos no comportamento da atmosfera. Essas simulações podem explorar mudanças históricas ocorridas há milhões de anos e as crises que assomam e são desencadeadas pela nossa própria interação destrutiva com o planeta nos dias de hoje. Variando os números inseridos na simulação, podemos ver como condições diferentes produzem consequências diferentes.

Esses modelos podem ser incrivelmente sofisticados. Na Universidade de Leeds, pesquisadores criaram um modelo climático que explorava como a presença ou ausência de fósforo — um nutriente crucial para as plantas — teve papel na transformação atmosférica ocorrida no período Devoniano, mais ou menos entre 300 e 400 milhões de anos atrás. Esse foi o período em que as plantas, àquela altura já bem estabelecidas na superfície, expandiram enormemente seu alcance, crescendo mais rápido, mais altas e em mais lugares do que nunca. A aparição repentina de tantas plantas verdes resultou numa redução dramática do dióxido de carbono na atmosfera da Terra, de até 90% em comparação à era anterior. Os pesquisadores achavam que esse crescimento explosivo poderia ter sido causado por um aumento do fósforo no solo, e foi isso que simularam de início no modelo. Mas a causa real, ao que parece, pode ter sido a micorriza. O número que fez mais diferença no modelo não foi só a quantidade de fósforo disponível às plantas, mas a eficiência com que elas eram capazes de absorvê-lo, uma eficiência que é inteiramente capacitada pelas redes micorrízicas. Depois de inserir os fungos micorrízicos no modelo, os pesquisadores demonstraram que a quantidade de dióxido de carbono e oxigênio na atmosfera, assim como a temperatura global — todo o sistema climático — dependiam da relação micorrízica entre as plantas e os fungos. Toda a vida e todas as transformações na vida dependem das relações micorrízicas.[12]

Passamos a depender das redes micorrízicas também de outra maneira; não enquanto matéria, mas enquanto metáfora. Minha súbita consciência, ao caminhar pelas florestas de sequoias nos arredores de Vancouver, de que havia uma rede vibrante e ativa sob os meus pés, através da qual vastas quantidades de informação e de nutrientes circulavam, não era tanto uma novidade para mim. Era a mesma sensação que tive quando comecei a compreender, e a colocar em foco, a infraestrutura da internet; aquela vasta rede de cabos, fios, máquinas e sinais eletromagnéticos abrangendo o planeta, sustentando e regulando a humanidade nos tempos atuais. Esses microprocessadores e centros de processamentos de dados, cabos submarinos e transmissões sem fio, são nossa própria rede micorrízica interpenetrando a vida cotidiana, gerenciando nossas cadeias de abastecimento e demandas, perturbando o clima e roçando nossa própria pele — ou até mesmo, no caso dos implantes cocleares, dos marca-passos e em breve, quem sabe, dos implantes neurais, penetrando-a.

Diz muito sobre nossa vida atual o fato de que, quando ouvimos falar de redes e comunicação, logo pensamos nessas redes artificiais. As redes da natureza, muito mais antigas e enraizadas, são uma consideração posterior, isso quando chegamos a pensar nelas. Apesar disso, acredito que essa sequência de constatações carrega uma das lições mais significativas de uma ecologia tecnológica, porque, sem nossa compreensão das redes digitais, talvez nunca venhamos a entender bem as redes micorrízicas.

Suzanne Simard, a primeira pessoa a me apresentar às sequoias e à micorriza, publicou suas primeiras pesquisas sobre a transferência de carbono entre as árvores através da rede subterrânea em 1997. Ao expor pares de plântulas a um dióxido de carbono radioativo e rastrear o percurso desse carbono pela floresta, ela mostrou que ele só surgia nas árvores interligadas pela micorriza. Além disso, quando os abetos que ela estudava permaneciam à sombra, ficando privados da energia necessária para capturar a quantidade ideal de carbono essencial, elas recebiam mais carbono de suas vizinhas. A rede enviava o carbono para onde havia maior necessidade. Esses resultados confrontavam a ecologia florestal clássica, que priorizava a competição e o sucesso individual ao medir a saúde da floresta. Ao contrário do que sugeria essa interpretação, as árvores e a micorriza estavam trabalhando juntas no subsolo, estabelecendo conexões e cooperando. Foi uma descoberta revolucionária, que exigiu um novo modo de pensar e escrever a respeito das redes ecológicas.

Quando Simard publicou suas descobertas na *Nature*, provavelmente a mais importante revista acadêmica global, seu editor pediu ao renomado botânico David Read que escrevesse um comentário. A dupla bolou uma nova e ressoante expressão para descrever as redes micorrízicas, que ocuparam a manchete de capa daquela edição: "The Wood Wide Web".[13]

Nos anos 1960, quando a internet nascente começou a espalhar suas teias ao redor do globo, ela o fez sobretudo através dos departamentos universitários. Foi o desenvolvimento do hipertexto e a invenção da World Wide Web por Tim Berners-Lee no CERN (com o propósito específico de facilitar o compartilhamento de documentos acadêmicos), em 1989, que desencadeou sua adoção e compreensão por um público maior. Mas a dádiva da web não era apenas informativa: sua mera existência nos forneceu novas ferramentas para identificar e entender as redes em si mesmas.

Antes da chegada da web, faltavam aos cientistas as ferramentas necessárias para entender como as redes funcionam no mundo real. Seu principal instrumento até então havia sido a teoria dos grafos, que trata as redes como um sistema de nós e arestas interconectados. A teoria dos grafos foi inventada pelo matemático suíço Leonhard Euler em 1736 para resolver o problema das sete pontes de Königsberg: uma tentativa de encontrar um caminho através daquela cidade atravessando cada ponte somente uma vez. Para provar que esse caminho era impossível, Euler teve a brilhante ideia de generalizar o problema, mostrando que ele podia ser resolvido matematicamente, sem fazer referência à geografia de Königsberg. Embora a teoria dos grafos tenha permanecido útil para lidar com problemas de topologia pura (e muitas outras coisas), ela não explicava muitos comportamentos das redes do mundo real, como sua capacidade de escalonar e sua suscetibilidade às falhas.

Nos anos 1990, um novo tipo de ciência, denominada teoria das redes, começou a emergir a partir do estudo da própria World Wide Web. Uma equipe de pesquisadores da Universidade de Notre Dame, liderada pelo físico húngaro-americano Albert-László Barabási, mapeou a topologia de uma porção da web e descobriu que alguns nós, que eles chamaram de "hubs", tinham muito mais conexões do que outros, e que a distribuição dessas conexões era uniforme pela rede inteira. A rede, disseram eles, era "sem escala", o que significa que continua a funcionar com qualquer quantidade de nós e, à medida que cresce, preserva sua estrutura subjacente. Redes sem escala podem ter alguns nós com muitas conexões e muitos nós com apenas poucas conexões, e seguir funcionando bem apesar disso. Nesse aspecto, a web se parece com muitas redes que ocorrem naturalmente no mundo, incluindo sistemas econômicos, citações entre periódicos acadêmicos, reações bioquímicas dentro dos organismos e a disseminação de doenças. "Embora tenha sido projetada inteiramente por humanos", escreveu Barabási, "a rede emergente parece ter mais em comum com uma célula ou um sistema ecológico do que com um relógio suíço."[14]

Desde então, a teoria das redes transformou nossa maneira de entender o mundo. Ela aparece na epidemiologia, na biologia, na astrofísica e na economia. Revolucionou nosso modo de pensar tanto nas relações entre as pessoas quanto nas relações entre plantas e fungos. Tornou possível uma nova compreensão do cérebro humano e das redes neurais artificiais. Lançou as bases para nosso reconhecimento da Wood Wide Web.

Isso não quer dizer que a rede micorrízica propriamente dita seja igual à internet. Os micélios (os fios que conectam a rede) não são meros cabos de transmissão, e sim contribuintes ativos dentro do conjunto, dotados de capacidade própria de decisão e processamento. Os fungos e as plantas não são simplesmente discos de armazenamento ou servidores; são também formas de vida individuais com vontade e agência próprias. Ao pensar na vida estranha e fascinante dos outros seres, precisamos tomar cuidado para não recair nesses modelos redutivos e antropocêntricos. Mesmo assim, o poder da teoria das redes, ou, talvez mais importante que isso, da ideia de uma rede universal e sem escalas, é que ela nos permite prestar atenção nessas formas de vida de maneiras que antes não estavam ao nosso alcance. É uma dádiva do tecnológico para o ecológico: uma maneira de ver e pensar sobre o mundo natural que emerge das coisas que construímos para nós mesmos.

Isso parece reforçar nossa ideia de Inteligência Artificial como uma espécie de guia para compreender as inteligências mais que humanas que nos cercam. Como já vimos, os animais e as plantas são capazes de "fazer" inteligência das mais variadas e interessantes maneiras. Na verdade, eles são bem melhores que nós em muitas coisas "inteligentes": os chimpanzés conseguem se lembrar de sequências maiores de números exibidos em rápida sucessão, por exemplo, enquanto as raízes das árvores e os bolores limosos são mais eficientes que nós em encontrar o caminho mais curto até o alimento. E estamos descobrindo rápido que a Inteligência Artificial também supera a capacidade humana numa série de áreas importantes, ainda que estritas.

Mas e se o significado da IA não for competir conosco, nos substituir ou suplantar? E se, como aconteceu na emergência da teoria das redes, seu propósito for abrir nossos olhos e nossa mente para a realidade de que a inteligência pode ser feita das mais fantásticas e variadas maneiras, muitas delas além da nossa compreensão racional?

Assim como o advento das tecnologias de rede dos anos 1960 em diante nos levou a perceber a vida de novas maneiras e a abrir as portas para novas relações e novos modos de ser, talvez o advento das tecnologias inteligentes nos leve a perceber o resto do mundo pensante, agente e existente de maneiras mais interessantes, mais justas e mutuamente benéficas em sentidos mais abrangentes. Esta é uma lição ecológica que podemos aprender com a tecnologia: em vez de existirmos sozinhos no topo da árvore, somos uma das muitas flores que nascem num cipoal emaranhado e interfertilizado que nunca cessa de proliferar.

Durante muito tempo, deixamos passar despercebidas as inteligências mais que humanas que nos cercam, assim como estávamos surdos às frequências dos elétrons e cegos à luz ultravioleta que banha as plantas ao nosso redor. Mas essas inteligências sempre estiveram por aí e estão se tornando incontornáveis bem quando a recente sofisticação de nossas próprias tecnologias ameaça nos exceder. Surge no horizonte um novo trauma copernicano em que nos encontraremos num planeta arruinado, sem sabedoria suficiente para nos salvarmos e cientes de que não somos, por mais que forcemos a imaginação, os seres mais sábios do pedaço. Nossa própria sobrevivência depende da capacidade de estabelecer um novo pacto com o mundo mais que humano, no qual a inteligência, a essência inata, de todas as coisas — animais, vegetais, máquinas — sejam vistos não como outras insinuações da nossa superioridade, e sim como indícios de nossa total interdependência e um chamado urgente para sermos mais humildes e atenciosos.

3.
O denso bosque da vida

Fui um aluno instável nas ciências durante a escola. Gostava de biologia, mas ela não parecia ir a lugar algum — era só perambular pelo campo, cutucar folhas e às vezes dissecar um rato (desculpe, rato). Química era horrível: só ia ficando cada vez mais complexa e incompreensível à medida que nos aprofundávamos. Mas a física parecia levar a algum lugar. Dava uma sensação de subir, e não de descer; era como se o universo começasse a ganhar forma aos poucos a partir de uma mistureba de fios, pesos e raios de luz, rumo a uma teoria unificada cujos axiomas de fato davam sentido ao mundo à minha volta. Observando uma câmara de Wilson em cima da mesa e vendo partículas alfa e beta se desintegrando em delicadas trilhas gasosas, eu sentia estar compreendendo algo fundamental e incontestável sobre a composição do mundo.[1]

Então conheci a física quântica. Ou, como aconteceu com quase todo mundo, ouvi falar dela, mas não fazia muita ideia do que se tratava. Li um pouco, fingi entender mais, mas não fui capaz de encaixá-la na minha visão de mundo de um modo que fizesse muito sentido. Acontece.

Até que, alguns anos atrás, ouvi uma fala da teórica feminista americana Karen Barad. Estávamos em um simpósio sobre a arte na era atômica. Vários artistas e pesquisadores deram palestras sobre fotografia de explosões atômicas; sobre sítios de testes nucleares e direitos dos indígenas à terra; sobre guerra de drones e vigilância. Falei sobre a história dos protestos antinucleares e sobre como informações pessoais digitais são uma espécie de lixo radioativo que atinge os lençóis freáticos e é tóxico ao contato. No final daquele dia, Barad subiu ao palco.[2]

Barad é uma pensadora extraordinária. Formada em física teórica, ela lida tranquilamente com a complexidade da física quântica. Também acredita que precisamos colocá-la em prática e tem o talento e a generosidade para fazê-lo. Barad descreve um universo composto de fenômenos que emergem não dos corpos propriamente ditos, mas do que ela chama de intra--ações. Intra-ação é um termo bem baradiano — sua escrita é cheia de carismáticas barras/entre/palavras que representam sua separação e unidade simultâneas — e solidamente baseado num modo de pensar o mundo pautado pela física quântica. Intra-ação não é o mesmo que interação, na qual dois fenômenos ou corpos já existentes agem um sobre o outro. Em vez disso, é o processo de fenômenos em devir e corpos em devir que ocorre quando uns tocam os outros. Para Barad, todo o universo é um processo emergente contínuo em que nada é fixo ou garantido, mas está sempre em devir por meio de suas intra-ações com todas as outras coisas.

Uma das maneiras pelas quais Barad explora esse processo é aludindo ao famoso experimento da dupla fenda, que demonstra o aparente paradoxo da dualidade partícula-onda, característica do mundo quântico. Nesse experimento, elétrons disparados através de duas fendas estreitas não produzem marcas pontuais espalhadas, como se esperaria de partículas distintas, e sim um padrão de interferência contínuo, como o de uma onda batendo contra um muro. Através desse método, a "verdadeira" natureza quântica do elétron é revelada: não se trata de uma entidade fixa e inviolável, mas de um estado de possibilidade, uma intra-ação cintilante. O que percebemos como o mundo material, portanto, é na verdade a constante intra-ação dessas partículas, do elétron tocando todas as outras coisas — inclusive, como Barad exclamou com empolgação em sua palestra, "se tocando!".

Um equívoco comum a respeito da teoria quântica é que ela se aplica somente a coisas muito pequenas e quase invisíveis — mas Barad insistiu que não é o caso. O campo quântico que permeia tudo não é algo ínfimo, que está por baixo do resto; em vez disso, ele está atrás, na frente, em volta e emaranhado com o universo em todas as escalas, alcançando e ultrapassando a escala do nosso corpo. Vivemos nesse campo oscilante, vibrante e cintilante, mesmo que não tenhamos consciência disso.[3]

Enquanto Barad falava, me aconteceu algo extraordinário. Por alguns breves instantes, com suas palavras pairando na atmosfera do auditório escuro, entendi a física quântica. E, quando ela terminou de falar, parei de entender. Isso também foi um resultado da intra-ação. Fiquei com a impressão de que, embora jamais vá realmente entender a física quântica, eu podia ter certeza da sua verdade e da sua existência, e de que essa verdade reside na relação: entre o macro e o micro, entre o mundo e o sujeito, entre a história e o contador, entre o elétron e seu padrão de interferência.

A palestra de Barad também me deixou uma outra impressão: a de que os maiores avanços da ciência não chegam na forma de acomodações ou conclusões, mas sim de revelações de uma complexidade ainda maior. Essa complexidade ultrapassa nossa aptidão e compreensão — mas ainda assim é palpável, vivível, comunicável e implementável. A ciência, me ocorreu então, é um guia para o pensamento, não um pensamento: um processo em devir interminável.

É essa percepção que guardo comigo quando tento entender o que significa viver no mundo mais que humano, porque o mundo mais que humano é conturbado. Ele é complexo, desigual, emaranhado, desprovido de separações, bordas ou divisões claras. E sempre foi assim.

Um dos lugares em que a vida despontou fica a cinquenta quilômetros do mar Vermelho, cem metros abaixo do nível do mar, na depressão de Danakil. Essa região extremamente seca da Etiópia é, nos dias atuais, um dos lugares mais inóspitos da Terra. A depressão é formada pela tripla junção de três pedaços móveis da crosta terrestre: o ponto de encontro entre as placas tectônicas somali, da Núbia e indiana. Compondo originalmente um único pedaço de crosta, as três placas começaram a se separar entre 60 e 100 milhões de anos atrás, no Cretáceo Superior, a época dos dinossauros e das primeiras plantas floríferas, antes do último evento de extinção em massa. Elas continuam se afastando lentamente, a uma velocidade de um ou dois centímetros por ano, causando terremotos, erupções vulcânicas e fossas na superfície terrestre. À medida que o solo cede, partes dele desmoronam, o que torna essa a região de menor altitude em todo o continente africano.

A depressão de Danakil é também um dos lugares mais quentes da Terra, com temperatura média diária de 35 °C e somente poucos centímetros de chuva por ano. As crateras de Erta Ale, a "montanha fumegante" na beira da depressão, estão repletas de lagos de lava derretida. Na área chamada Dallol, que significa "desintegração" na língua afar, fontes termais carregam água salgada e minerais superaquecidos até a superfície, criando cenários de outro mundo: a terra tem cores de neon verde e amarelo; chaminés de enxofre soltam colunas de fumaça; estalactites rajadas de ferro expelem um vapor verde e clorado; e o chão assovia e estala debaixo dos pés. Em certos lugares, "bombas" de sal detonam sob a pressão dos gases. A água em alguns lagos consiste em ácido sulfúrico puro, com pH zero, o maior nível de acidez que ocorre naturalmente no planeta.

A depressão é uma paisagem tão estranha e hostil que já serviu de modelo para outros planetas: um lugar semelhante a Marte, onde as condições para a vida extraterrestre podem ser simuladas e estimadas. Em 2017, um time de astrobiólogos — especialistas no estudo da vida no restante do universo — caminhou até Dallol para estudar de que maneiras a região poderia se assemelhar a ambientes alienígenas. Se a vida for capaz de sobreviver nas poças salgadas, hiperaquecidas e ácidas de Danakil, talvez também tenha alguma chance nos depósitos de sulfato congelados em Marte ou nas nuvens de gás cáustico em Júpiter. Para realizar essa pesquisa, foram necessárias não somente máscaras de gás para se proteger do cloro e de outros perigos, mas também uma guarda militar: a depressão está localizada perto da fronteira da Etiópia com a Eritreia, uma zona que está em guerra há mais de vinte anos e abriga rebeldes separatistas afares. As margens dos lagos estão repletas de pássaros e insetos mortos, vítimas do dióxido de carbono que escorre, invisível, pela superfície do deserto.[4]

Durante algum tempo, e com grande euforia, os cientistas pensaram ter encontrado organismos microscópicos nas poças "poliextremófilas" — locais em que os níveis combinados de acidez, salinidade, calor e metais pesados formam uma sopa aparentemente inabitável.[5] Mas novas rodadas de testes revelaram que as partículas minúsculas eram impostoras biomórficas: grãos de silício em escala nanométrica que lembravam aglomerados de células. Os pesquisadores entenderam isso como um aviso oportuno para que tenham cautela caso encontrem vestígios semelhantes em lâminas de amostras obtidas por sondas interplanetárias.[6]

Porém, como revelaram investigações subsequentes, não faltava vida em outras poças nos arredores, que fervilhavam com criaturas estranhas e nunca vistas. Halobactérias e arqueias, famílias de organismos unicelulares sem núcleo nem paredes celulares, viviam suspensas nas águas salgadas. Entre essas criaturas esquisitas, estava a *Thermoplasma acidophilum*, capaz de suportar níveis de pH de até 0,06; as *Archeaglobi*, que se alimentam de enxofre, ferro e hidrogênio; bactérias que ingerem metano; e outros organismos encontrados apenas nas profundezas abafadas dos pântanos ou nos abismos escuros do oceano. Lugares que matam a maioria dos animais em questão de minutos ou segundos são incubadoras fecundas para formas de vida mais estranhas.

Nesse sentido, Dallol é semelhante a outros ambientes extremos em que foi identificada vida apenas há pouco tempo. Bactérias *litotróficas* ("comedoras de pedra") vicejam nas águas ácidas e ferrosas do rio Tinto, na Espanha. Nas bordas internas dos vulcões andinos, comunidades microbiais sobrevivem quilômetros acima da linha das árvores, na presença de calor, gases e níveis de radiação solar suficientes para aniquilar toda a vida vegetal. Aglomeradas, sem luz nem ar, em torno de fontes hidrotermais no fundo do oceano Pacífico, bactérias evoluíram para gerar energia a partir de metano, enxofre e hidrogênio — proporcionando, de quebra, ilhas de sustento para mariscos, camarões e anelídeos marinhos com mais de um metro de comprimento.[7]

O fato de que a depressão de Danakil nos pareça ser a experiência mais próxima de uma paisagem alienígena aqui na Terra deveria causar estranheza, pois é também o lugar de onde viemos. Foi ali que, em 1974, os arqueólogos desenterraram os ossos de Dinkinesh, um dos mais antigos esqueletos humanoides já encontrados. Dinkinesh — "você é linda", na língua amárica — era uma *Australopithecus afarensis*, um hominídeo extinto que viveu há cerca de 3 milhões de anos. (Ela é mais conhecida na Europa e nos Estados Unidos como Lucy, em homenagem à canção dos Beatles que tocava no *repeat* no acampamento quando a descobriram.)

Ainda não sabemos muito sobre os *Australopithecus*. Possivelmente bípede, talvez arborícola, com pouco mais de um metro de altura e coberta de pelos, Dinkinesh vem de um tempo em que múltiplas espécies e subespécies de hominídeos vagavam nas planícies africanas recentemente desflorestadas, todas — da nossa perspectiva — competindo ao título de ancestral humano. Nosso parente vivo mais próximo, o chimpanzé, também flerta com essa classificação. Ainda está em aberto se os chimpanzés pertencem à *Hominini*, a tribo taxonômica que inclui Dinkinesh e nós, humanos. Aparentemente, houve um longo período durante o qual os chimpanzés e os primeiros hominídeos — alguns deles nossos ancestrais — estiveram envolvidos em hibridação; ou seja, não havia uma distinção clara entre as espécies, e sim um processo de especiação gradual e prolongado, que pode ter durado até 4 milhões de anos, no qual populações se misturaram e trocaram genes.[8] Na verdade, parece provável que essa "especiação bagunçada" tenha caracterizado a evolução da maioria dos símios (e outras espécies), o que ajudaria a explicar a proliferação de possíveis ancestrais humanos que continuam sendo descobertos na África e na Eurásia.

Alguns desses ancestrais só são conhecidos a partir dos nossos próprios genes. Em 2020, pesquisadores divulgaram que amostras de genomas de populações do oeste da África continham evidências de uma "população fantasma" de antigos humanos que viveram há meio milhão de anos.[9] Até um quinto do DNA examinado tinha origem desconhecida, ausente na maioria dos humanos modernos, o que sugere a existência de parentes desconhecidos no pool genético. Não sabemos dizer ao certo quem eram esses ancestrais, pois não temos fósseis que os representem, mas eles estão em alguns de nós com tanta certeza quanto traços de Dinkinesh e de outras precursoras humanas. Na verdade, pensar nelas como precursoras é cair na mesma armadilha da inteligência: considerar a ponta do ramo atual como a expressão máxima da árvore. Durante a maior parte da nossa história, vivemos ao lado de outras espécies humanas. Inclusive, fizemos sexo com elas.

Em 1856, numa mina de calcário no oeste da Alemanha, trabalhadores desenterraram um crânio fora do comum. Era longo e quase não tinha queixo, e os ossos esparramados ao redor eram grossos e tinham formato esquisito. Inicialmente tratados como refugo, só tiveram sua relevância reconhecida quando um comerciante local, supondo que pertenciam a um urso-das-cavernas, os entregou a um vizinho colecionador de fósseis. O vizinho declarou que eram relíquias de um "membro primitivo da nossa raça".

Os ossos apareceram somente três anos antes de Darwin publicar *A origem das espécies*, e os fragmentos foram envolvidos nos primeiros debates em torno da teoria da evolução. Críticos fizeram pouco caso da ideia de um ancestral primitivo, argumentando que os ossos deviam pertencer a algum intruso de outras terras — talvez um cossaco com as pernas entortadas pelo raquitismo ou por excesso de tempo de montaria e com o cenho franzido de dor. Em 1865, porém, um geólogo inglês chamado William King publicou um artigo defendendo uma ideia mais radical: os ossos não pertenciam a um humano antigo nem a um estrangeiro, e sim a uma outra espécie humana. King batizou essa espécie com o nome do vale em que os ossos foram achados: Neander ou, em alemão, *das Neandertal*.

Qualquer desafio ao nosso senso de excepcionalidade humana tende a suscitar medo e repugnância, levando com frequência ao racismo e ao especismo. Não surpreende, portanto, que William King tenha comparado sua imagem do homem de Neandertal ao que chamou de raças "selvagens" — ou seja, africanos e aborígenes australianos — e proposto que a testa proeminente de seu espécime era uma evidência de "trevas" e estupidez. "Os pensamentos e desejos que outrora o habitaram", escreveu, "nunca foram senão os de um bruto."[10] Outros cientistas — e o público em geral — se contentaram facilmente com essa caricatura racista que persistiu até o século XX na figura do homem das cavernas tolo, incapaz e grosseiro. Em 1908, a escavação de um outro esqueleto quase completo, encontrado numa caverna perto de La Chapelle-aux-Saints, no sul da França, reforçou o estereótipo. O paleontologista Marcellin Boule, do Museu Nacional de História Natural em Paris, o descreveu como uma figura corcunda e "distintamente símia", enquanto o formato de seu crânio apontava "a predominância das funções de uma variedade puramente vegetativa ou bestial".[11]

Esse retrato cartunesco de um homem das cavernas tem pouco a ver com a imagem dos neandertais que temos hoje. Uma nova análise do esqueleto de La Chapelle nos anos 1950 revelou que aquele indivíduo específico sofria de artrite e que, em vez de serem corcundas e terem as pernas curvas, a maioria dos homens de Neandertal tinha a postura aprumada. "Se fizesse a barba e vestisse um terno", escreveram os anatomistas William L. Straus e Alexander Cave, um neandertal passeando no metrô de Nova York provavelmente não despertaria mais comentários do que "alguns outros moradores da cidade".

Hoje sabemos que os neandertais viveram na Europa muito antes da chegada dos humanos modernos e que eles constituem um registro fóssil inteiramente separado. Sua presença na Europa remonta a pelo menos 130 mil anos e só começa a sumir ao redor de 40 mil anos atrás, logo após os primeiros sinais da chegada dos humanos modernos, que haviam realizado uma longa e tortuosa jornada a partir da África. E cada vez mais encontramos evidências que não apenas desmentem a imagem do homem das cavernas bruto, mas também abrem a janela para uma cultura complexa e fecunda.

Em 1995, um fragmento de osso perfurado e entalhado foi descoberto numa caverna do parque arqueológico Divje Babe, na Eslovênia. Musicólogos não demoraram a perceber que o espaçamento entre os buracos no osso correspondia à escala diatônica: dó, ré, mi, fá. No YouTube, você pode ouvir Ljuben Dimkaroski, trompetista da Orquestra da Ópera de Liubliana, tocar uma réplica da flauta em meio às vitrines do Museu Nacional da Eslovênia.[12] Embora a melodia que ele toque seja relativamente moderna — um adágio barroco —, o som produzido pela flauta é atemporal. Ela foi feita do fêmur de um urso-das-cavernas e tem uma idade estimada de 55 mil anos. Isso faz dela não somente o instrumento musical mais antigo do mundo, mas também um artefato pré-humano: um instrumento neandertalense.

Vários conjuntos de pinturas rupestres descobertos no litoral norte da Espanha também motivaram alegações semelhantes. Até recentemente, a manifestação artística mais antiga a ser reconhecida na Europa era um disco vermelho pontilhado, encontrado dentro de uma caverna chamada El Castillo,

A flauta de Divje Babe.

na região espanhola da Cantábria: sua idade foi estimada em 40 mil anos, bem no limiar entre as ocupações humana e neandertalense. Alguns anos atrás, pesquisadores atribuíram o disco e outras marcas — incluindo impressões palmares — aos primeiros humanos modernos, mas deixaram aberta a possibilidade de outros autores.[13] Em 2018, porém, os mesmos pesquisadores publicaram sua nova análise das camadas de rocha cristalizada que, de acordo com suas descobertas, haviam se formado por cima de imagens até então ocultas: são fantasmas de impressões palmares e marcas em forma de escada que têm até 67 mil anos de idade, adentrando com folga a época do homem de Neandertal — mas que estão de tal forma misturadas com gravuras posteriores que vários outros cientistas ainda se recusam a aceitar esse achado.[14]

A origem da flauta é incerta e a autoria das pinturas rupestres é contestada, mas há outra evidência da inventividade do homem de Neandertal. Em 1990, um garoto de quinze anos chamado Bruno Kowalczewski abriu uma passagem estreita até uma caverna encoberta por um desmoronamento no vale do Aveyron, cem quilômetros ao sul de La Chapelle. Quando integrantes do clube de espeleologia local se esgueiraram pela passagem aberta por Bruno, tornaram-se possivelmente as primeiras pessoas em dezenas de milhares de anos a entrar na caverna hoje conhecida como Bruniquel.[15] Eles encontraram, a cerca de trezentos metros da superfície, uma vasta galeria em que mais de quatrocentas estalagmites haviam sido quebradas e dispostas em dois círculos, um deles com cerca de cinco metros de diâmetro e o outro, com cerca de dois. Outras estalagmites haviam sido empilhadas e, ao redor do círculo, havia vestígios de fogo e ossos queimados. Ficou imediatamente óbvio que não se tratava de uma formação natural nem de uma ação de ursos-das-cavernas, e sim de uma construção intencional. A datação por carbono estipula a idade dos fragmentos de osso em 47600 anos — mais antigo do que qualquer pintura rupestre e seguramente dentro da faixa cronológica do homem de Neandertal. Mas eles estão muito perto do limite de medição: a datação por carbono só é precisa até os 50 mil anos, porque amostras mais antigas que isso não guardam carbono suficiente para uma estimativa adequada. Por isso, a datação foi questionada: o local, questionaram alguns, pode ter sido contaminado ou talvez seja apenas o resultado de uma ocupação humana posterior.

Outro método de análise produziu um resultado muito mais espantoso. Estalactites e estalagmites são microcosmos de processos geológicos. Elas se formam em ritmo vagaroso, porém inexorável, camada por camada, ao longo de milênios, à medida que a água rica em minerais escorre pelas fissuras da rocha e pinga do teto das cavernas. Elas capturam e revelam o estado atmosférico da época de cada camada e, portanto, podem ser comparadas a outras fontes de informação sobre o clima de eras passadas, como os núcleos de gelo da Groenlândia. Isso permite que elas sejam datadas com grande exatidão, alcançando períodos bem mais distantes que a datação por carbono. Os cientistas perceberam que, ao verificar interrupções no crescimento das estalactites, conseguiam afirmar exatamente quando elas haviam sido quebradas na ocasião em que a caverna foi usada pela primeira vez. Sua análise mostrou que a galeria foi construída não há 47600, e sim há 176500 anos: mais de 100 mil antes dos primeiros ancestrais dos europeus modernos terem chegado à região. O que sobrevive na caverna de Bruniquel é uma arquitetura pré-humana: evidência inquestionável de uma outra espécie de hominídeo, claramente inteligente, que veio muito antes de nós.

Bruniquel é extraordinária não apenas por causa de sua idade e relevância, mas também porque não conhecemos nada parecido. As formas mais antigas que reconhecemos como arquitetura em qualquer outro lugar do planeta têm apenas 20 mil anos, datando da época das primeiras povoações humanas conhecidas. O abismo temporal que separa até mesmo aqueles primeiros humanos dos habitantes de Bruniquel parece ser de uma vastidão intransponível. A medição científica por si só é incapaz, é claro, de nos dizer para que o espaço era usado. Mas não temos somente a ciência à disposição. Qualquer um que tenha passado algum tempo em locais de ocupação antiga é capaz de se imaginar neles, caso esteja disposto a aceitar que possuímos algum parentesco com seus ocupantes originais — pela simples razão de que compartilhamos um mundo e, portanto, temos alguns desejos e capacidades em comum.

Alguns verões atrás, visitei o espetacular sítio arqueológico de Göbekli Tepe, no topo de uma colina no sul da Turquia, perto da fronteira com a Síria. Descoberto nos anos 1990, o sítio, uma vez escavado, revelou várias camadas de habitação que culminaram — no nível mais profundo — com o vasto complexo de um templo com salas interligadas, lareiras e os mais antigos megálitos até hoje encontrados: pedras esculpidas com cerca de seis metros de altura. Expostas pela primeira vez após milênios, suas paredes e colunas exibem baixos-relevos incrivelmente bem definidos, representando animais e figuras humanoides. A maior das pedras contém braços humanos reconhecíveis e formidáveis cabeças em forma de T; raposas, gansos e touros fazem algazarra nos pilares. Muitas imagens são mais nítidas e fáceis de interpretar do que as estátuas e murais encontrados em catedrais medievais.

É fácil reconhecer Göbekli Tepe como um templo: o diagnóstico está embasado na descoberta de nichos funerários, ossos de animais, sementes e outros restos espalhados em quantidades suficientes para um banquete e, mais recentemente, de crânios entalhados.[16] Antropólogos identificaram vários

Os megálitos de Göbekli Tepe.

outros "cultos de caveira" similares, baseados na veneração e no tratamento especial dado aos crânios, em regiões da Anatólia meridional e do Levante. Mas você precisa mesmo saber disso para compreender intuitivamente o significado importante desses entalhes, o caráter sagrado dessas pedras erguidas? Nenhum visitante precisa. Caminhar dentro do complexo e em volta dele nos leva a perceber na mesma hora que aquele era um lugar sagrado e a experimentar a possibilidade absoluta de uma conexão através do tempo profundo — com pessoas muito diferentes de nós, mas ainda assim imediatamente reconhecíveis.

A descoberta de Göbekli Tepe, como a de Bruniquel, derruba tudo que achávamos saber a respeito da pré-história. Até recentemente, acreditava-se que os primeiros humanos — bandos pré-agrícolas de caçadores-coletores — possuíam uma arquitetura pouco significativa, quase nenhuma organização social complexa e, menos ainda, cultura. A linha do tempo oficial ditava que somente após o desenvolvimento da agricultura, cerca de 10 mil anos atrás, e da subsequente acumulação de riqueza e hierarquia foi que adquirimos as habilidades, o tempo e a disposição para construir edifícios desse tipo. Mas Göbekli Tepe tem pelo menos 12 mil anos: o templo veio antes da cidade. Cultura complexa, arquitetura e crenças espirituais não são tão modernas quanto acreditávamos. Sabemos disso cientificamente porque desenterramos os templos, encontramos as pedras e datamos os anéis das estalactites, mas poderíamos saber também a partir de uma sensibilidade mais que humana, que não substitui nem é invalidada pela sabedoria científica. Nossas crenças e preconceitos arqueológicos são artefatos de persistência material e técnicas de análise; mas contamos com outras maneiras de ver que podem ser proveitosas na tentativa de compreender a incrível descoberta em Göbekli Tepe. Temos nossa própria experiência de viver no mundo, um mundo que compartilhamos com nossos companheiros humanos ancestrais, humanos arcaicos e seres não humanos.

Parece difícil imaginar o mundo — e a visão de mundo — dos homens de Neandertal no mesmo sentido em que imaginamos um monge medieval em sua cela ou um caçador-coletor dançando sob as estrelas em Göbekli Tepe, mas não deveria ser. Partilhamos com eles muito mais do que pensávamos, e o apreço pela noite, pelo fogo, pela escuridão e pelos rituais não é a única coisa que temos em comum.

Quando chegaram à Europa, centenas de milhares de anos antes do *Homo sapiens*, os neandertais foram os primeiros humanos a habitar o continente, indo até regiões como Dinamarca e sul da Inglaterra, ao norte, e Ásia Central e Sibéria, ao leste. Muito antes da aparição dos humanos modernos, os neandertais tinham uma cultura complexa, viviam em pequenos grupos familiares e fabricavam peças decorativas e instrumentos musicais, bem como ferramentas feitas de pedra e piche de casca de bétula, que era usado para confeccionar flechas e machadinhas. Eles enterravam seus mortos, usavam o ocre e outros pigmentos, tiravam as penas dos pássaros e tinham órgãos capacitados para a fala e o canto. O motivo de seu desaparecimento, cerca de 40 mil anos atrás, segue desconhecido, mas provavelmente envolveu o clima e a competição com os recém-chegados: nós. A essa altura, porém, nossas duas espécies haviam coexistido por cerca de 30 mil anos. Isso, e o fato de que a genética dos neandertais persiste em nós até hoje, diz algo relevante sobre nossa relação com o mundo mais que humano.

Em 1997, uma equipe de cientistas da Universidade de Munique, liderada pelo paleogeneticista sueco Svante Pääbo, extraiu o primeiro DNA legível de um neandertal, retirado do braço daquele primeiro esqueleto do vale de Neandertal. A tecnologia empregada era muito recente, a velocidade da análise, muito lenta e a amostra utilizada era um mero fragmento que precisou ser combinado com ossos originários da Croácia. Eles esperavam que levaria anos para sequenciar o genoma completo, até porque o Projeto Genoma Humano demorou mais de uma década tendo como fonte toda a população humana viva.[17] Antes de as análises completarem um ano, porém, eles repararam em algo estranho no DNA neandertalense. Como era esperado, algumas partes eram semelhantes ao DNA humano — afinal, viemos dos mesmos ancestrais. Mas uma proporção significativa dele era compartilhada apenas com *alguns* humanos, especificamente aqueles de ascendência europeia ou asiática, sendo bem menos comum em pessoas de ascendência africana.

Esse resultado foi tão surpreendente que no início foi considerado um erro: uma contaminação do material ou uma confusão nos dados. A perplexidade era resultado da crença de que todos os humanos modernos descendem diretamente dos africanos. De acordo com essa visão, os neandertais ocupavam um ramo totalmente distinto da árvore, separado do nosso há cerca de 550 mil anos, que se espalhou pela Europa e se extinguiu depois que fomos ao seu encontro. Qualquer DNA que partilhamos com os neandertais deveria coexistir em nossos ancestrais africanos em comum. Mas a evidência presente no DNA demonstrou inquestionavelmente que houve um contato íntimo bem maior entre o *Homo sapiens* e o homem de Neandertal muito tempo depois do primeiro encontro. Apenas uma conclusão é possível: antes dos neandertais se extinguirem, o *Homo sapiens* fez sexo com eles, e seus filhos povoaram a Europa, a Ásia e as Américas. Não somos resultado da descendência linear de espécies fixas e imutáveis, e sim de misturas e cruzamentos. Os ramos da árvore da vida estão entrelaçados.

A equipe de Svante Pääbo também descobriu outra coisa. Em 2014, eles finalmente sequenciaram todo o genoma do homem de Neandertal e conseguiram isso graças aos restos bem preservados de um dedão do pé pertencente a um neandertal que viveu há 120 mil anos nas montanhas Altai, na Sibéria.[18] Mas a caverna Denisova, em que ele foi encontrado, trouxe um novo mistério: uma outra espécie humana arcaica e até então desconhecida. Eles receberam o nome de denisovanos.

No momento em que escrevo, todos os restos conhecidos do homem denisovano podem ser reunidos na palma da sua mão: um dedo mínimo, três dentes, algumas lascas de osso encontradas no chão da caverna Denisova e um fragmento de maxilar descoberto no Tibete. Mas a análise do DNA progrediu bastante, e podemos estabelecer muita coisa somente com esses fragmentos. Assim como os neandertais, os denisovanos tinham um rosto comprido, amplo e projetado, nariz grande, testa inclinada, mandíbula proeminente, peito e quadris largos. Carregavam genes que, nos humanos modernos, são associados a uma pele escura e a cabelos e olhos castanhos. E, assim como os neandertais, eles fizeram sexo com nossos ancestrais.

Habitantes modernos de Papua Nova Guiné e outras ilhas do Pacífico compartilham cerca de 5% de seus genes com antepassados denisovanos, enquanto os do sul e leste da Ásia compartilham cerca de 0,2%. Durante algum tempo, acreditamos que isso significava que os denisovanos tinham migrado para o norte e penetrado na Ásia, mas o mais provável é que indique duas ondas de migração distintas — e dois períodos em que humanos e denisovanos se enredaram social e sexualmente.[19]

É essa mistura de populações humanas e arcaicas que nos tornou o que somos hoje. Em vez de sermos o produto de uma evolução individualizada e direta, distribuída em ramos claramente diversos da árvore evolutiva, somos o resultado de milênios de associações íntimas — extremamente íntimas — entre diversos ramos diferentes. Somos feitos do nosso emaranhamento com os outros.

Os genes neandertalenses deram cabelos e unhas mais espessos aos europeus e asiáticos modernos: uma adaptação útil para as temperaturas mais baixas das latitudes setentrionais. O legado dos denisovanos inclui a adaptação particular dos povos tibetanos às altitudes elevadas e um padrão próprio de distribuição de gordura nos povos inuit da Groenlândia. Neandertais e denisovanos foram pioneiros no que já se chamou de ambientes extremos: suas adaptações, seu legado genético, ajudaram nossos ancestrais a sobreviver neles. E não é só isso. Em anos recentes, encontramos evidências de outras "populações-fantasma" em nosso DNA, as do oeste africano, assim como indícios de uma migração para a África a partir do Oriente Médio. Tudo que pensávamos saber sobre os antepassados humanos está em aberto.[20]

Nesse panorama complexo e emaranhado, às vezes podemos destacar figuras individuais que desafiam todas as ideias preconcebidas. Uma dessas pessoas é Denny, uma adolescente que viveu nas montanhas Altai há cerca de 90 mil anos. Tudo que conhecemos da sua história foi contado por um fragmento de osso com poucos centímetros de comprimento, encontrado na caverna Denisova, que sabemos ter sido habitada, em diferentes períodos, por pessoas identificáveis como humanas, neandertais e denisovanas. Ou, mais do que isso, por uma combinação dessas pessoas, porque Denny é híbrida, uma filha de duas espécies: descendente de primeira geração de uma mãe neandertal e um pai denisovano.[21] Como se não bastasse, a mãe de Denny era mais próxima dos neandertais que viveram 55 mil anos atrás na Croácia que dos neandertais que viveram 30 mil anos antes naquela mesma caverna. Os humanos arcaicos eram não somente promíscuos, mas também viajantes. A relação genética entre os fragmentos era tão próxima e as evidências, tão nítidas, que Pääbo relatou a sensação de "quase ter flagrado essas pessoas no ato".[22]

E se as tivéssemos realmente flagrado? Como nos sentiríamos? Para além de toda a proeza técnica das evidências genéticas, essas conjunções envolveram relações reais entre pessoas reais: o milagre da identificação de Denny é precedido pelo milagre de dois indivíduos se unindo. Contudo, os pormenores continuam desconhecidos: será que o acasalamento entre denisovanos e neandertais — e entre eles e os humanos — era consensual e afetuoso, ou será que era agressivo e arbitrário, imposto pelas circunstâncias?

Quando os primeiros humanos modernos que saíram da África encontraram os neandertais e denisovanos nas cavernas da costa do Atlântico ou nas montanhas elevadas da Sibéria, será que já haviam visto gente tão parecida e ao mesmo tempo tão diferente deles mesmos? Talvez sim, na forma das múltiplas espécies-fantasma que sabemos terem existido em outras regiões, mas a experiência deve ter sido insólita. Qualquer pessoa que tenha ficado cara a cara com um grande símio num zoológico ou numa área selvagem poderá depor sobre a estranheza profunda de reconhecer uma expressão de consciência, inteligência e até mesmo parentesco nos olhos de outra espécie. Isso devia ser ainda mais intenso nos olhares dos neandertais e denisovanos: pessoas diferentes de nós cultural e fisicamente, dividindo espaço conosco em cavernas e acampamentos em torno da fogueira. Em razão disso, será que os tratamos mais como colonizados, como sub-humanos, escravizados ou coisa pior, assim como seus descendentes europeus tratariam tanta gente muito tempo depois? Ou será que praticamos compaixão, empatia, amor e solidariedade nos invernos glaciais do Pleistoceno?

Os registros ainda não revelam indícios da direção do fluxo genético; ou seja, se os acasalamentos favoreciam um gênero — os machos humanos e as mulheres neandertais/denisovanas, por exemplo, ou vice-versa, ou algum equilíbrio. Evidências desse tipo poderão provar que temos uma mente mais aberta — e nos encorajar a mantê-la. Ou não. No fim das contas, nossas conclusões só podem se embasar na compreensão que temos das nossas relações atuais e em nossas próprias capacidades de empatia e imaginação.

Muitos estudos científicos reforçam a tese de que isso que chamamos de amor existe fora das relações humanas. Alguns mostram índices elevados de oxitocina em chimpanzés quando o alimento é dividido com estranhos e parentes: é o mesmo hormônio que forma laços entre casais humanos e entre os pais e seus filhos. Outros mostram que os bonobos preferem o sexo ao conflito e que os gorilas acolhem tanto os próprios filhos quanto os filhos alheios — e que essa capacidade de acolhimento está correlacionada a taxas de reprodução maiores.[23] Tudo isso é fascinante e relevante, mas o que importa ainda mais é que somos capazes de imaginar essa capacidade de acolhimento em nós mesmos e nos outros: nos humanos arcaicos, nos outros primatas e, ao fim e ao cabo, no mundo como um todo.

Nossa urgência em dominar não é necessariamente antiga; na realidade, ela varia muito nas populações modernas e pode resultar tanto do aprendizado e da "alta" cultura quanto evidenciar sua ausência. Não há razão para achar que não poderíamos ter amado e sido amados por esses parentes próximos. Se podemos nos imaginar aconchegados nas catedrais de estalactites dos neandertais, por que não também em seus braços? Em vários momentos da nossa história, emaranhamentos desse tipo trouxeram mudanças fundamentais àquilo em que nos transformaríamos. Esteja ou não o amor em nossa origem, somos capazes de amar. Fomos feitos com outros.

Eis uma rápida lista de espécies humanas arcaicas, muitas das quais só conhecemos a partir de algumas lascas de osso e de vestígios de "populações-fantasma" escondidos lá no fundo dos nossos genes. Além do *Homo sapiens*, do *Homo neanderthalensis* e do *Homo denisova*, dentro da classe dos "humanos anatomicamente modernos", temos o *Homo rhodesiensis* da Zâmbia; o *Homo sapiens idaltu*, baseado em três crânios descobertos em 1997 na depressão de Afar, com idade estimada em 160 mil anos; e o mais conhecido *Homo heidelbergensis*, que também chegou na Europa e foi o primeiro hominídeo sem as bolsas de ar que os símios apresentam na laringe, o que sugere uma possível transição dos grunhidos e gritos para a fala humana. Numa ilha da Indonésia, existe a *Homo floresiensis*, a "mulherzinha de Flores", que tinha apenas um metro de altura, um provável exemplo de nanismo insular, quando os membros da população diminuem de tamanho devido à escassez de recursos. Há o *Homo cepranensis*, ou homem de Ceprano, da Itália; o *Homo antecessor*, o primeiro *Homo* encontrado na Europa, infelizmente acusado de canibalismo;[24] o *Homo ergaster*, "o trabalhador", que aperfeiçoou a machadinha acheuliana, a primeira tecnologia avançada; e o *Homo naledi*, que, pelos dedos compridos nas mãos e nos pés, ainda devia passar muito tempo nas árvores. Esse é o território que se costumava chamar de "o elo perdido", no qual encontramos vários outros exemplos de *Homo habilis* e *Homo erectus*: homem de Java, homem de Lantian, homem de Nanquim, homem de Pequim, homem de Solo, homem de Tautavel (todos classificados como "homem" apesar de vários esqueletos e indivíduos serem na verdade mulheres), cada um deles uma variação única do tipo humano. Há o *Meganthropus*, assim batizado porque tinha mandíbula — e, presume-se, outras partes — de tamanho igual à de um gorila; e o *Homo gautengensis*, um hominídeo predominantemente vegetariano que foi encontrado nas cavernas do "Berço da Humanidade", na África do Sul. Voltando mais no tempo — porém ainda depois do ponto em que os hominídeos se separaram dos chimpanzés (caso você ainda acredite nessas divisões tão rígidas) —, há o *Australopithecus*, também conhecido como Dinkinesh/Lucy, com muitas subespécies distintas, incluindo *garhi*, *africanus*, *sediba*, *afarensis*, *anamensis*, *bahrelghazali*, *deyiremeda*; o *Paranthropus* ou "australopitecíneo robusto", que preferia haréns polígamos, como os gorilas modernos; e os *Ardipithecus kadabba* e *ramidus* — figuras nitidamente semelhantes a chimpanzés que parecem ter se autodomesticado, tornando-se talvez mais monogâmicos e menos brigões, como os bonobos. Cada vez que um novo fêmur ou calota craniana aparece, os nomes e distinções mudam um pouco.

Parece que vamos nos aproximando das mesmas constatações que acompanharam nossa reflexão sobre a inteligência. A primeira é que a noção de "espécie" como algo fácil de precisar e descrever não tem nenhum fundamento. Ela se baseia na ideia de que existem ramos separados e invioláveis de indivíduos com fertilidade exclusiva: ou seja, que só podem gerar descendentes viáveis se fizerem sexo com outros membros de seu ramo. A existência de Denny, de seus pais e todo o peso do genoma humano multiespécies confronta essa ideia. Se nosso *ménage à trois* peludo entre *Homo sapiens*, neandertais e denisovanos foi capaz de produzir proles viáveis e férteis, toda nossa estrutura de divisões começa a balançar. Não apenas compartilhamos nossa linhagem por emaranhamento com seres de outras formas, mas esses emaranhamentos incluem tanto os seres humanos quanto os não humanos.

Uma segunda constatação é que toda tentativa de isolar qualidades exclusivas em meio a diferentes "espécies", e de discriminá-las com quebras específicas na árvore evolutiva — como os cientistas já tentaram fazer, várias vezes, com qualidades tais como o autorreconhecimento —, é completamente equivocada. Existem múltiplas formas de ser e fazer, de viver e sobreviver, cingindo e entrelaçando os muitos galhos da árvore, ou do denso bosque, da vida.

Essas constatações se tornam possíveis a partir da combinação de uma engenhosidade tecnológica avançada — o desenvolvimento, ao longo de décadas, de amostragens e análises de DNA extraordinariamente sofisticadas — com nossa própria capacidade de imaginar relações que ultrapassam o humano e a singularidade humana. Isso é ecologia tecnológica na mais alta voltagem: a combinação da capacidade tecnológica com uma sensibilidade mais que humana que engendra novas maneiras de ver e compreender o mundo. Ela nos permite reconhecer que tudo está atrelado a tudo, ao mesmo tempo que nos oferece novas formas de conceber para que *serve* a tecnologia.

Historicamente, o progresso científico tem sido medido por sua capacidade de construir sistemas redutivos para a classificação do mundo natural, o tipo de esquema com "encaixe universal" que dominou nosso pensamento nos séculos XVIII e XIX. Essa percepção de avanço do conhecimento envolveu um longo processo de abstração e isolamento, de clivar uma coisa da outra numa busca constante pela base atômica de tudo: o tipo unitário, puro e definitivo ou a única resposta verdadeira. Foi à imagem disso que construímos nossas tecnologias, chegando até o sistema binário de uns e zeros, o "um ou outro" que baseia nossos cálculos. No entanto, não importa o quanto insistimos, quão amplamente tentamos aplicar essas abstrações e quão fundo penetramos na estrutura da vida propriamente dita, essas distinções apenas turvam e desmoronam cada vez mais à medida que prosseguimos.

O que percebemos como uma borda ou conflito — as coisas que nos separam — muitas vezes acaba se revelando não um artefato do mundo exterior, e sim uma lacuna imensurável em nossas próprias concepções, habilidades e ferramentas de discernimento. Acreditamos que estamos estudando o mundo — mas na verdade estamos apenas tornando evidentes os limites do nosso próprio pensamento, manifestos em nossos diários de bordo e instrumentos de medição. A verdade é sempre mais estranha, vívida e efusiva que qualquer coisa que possamos computar.

Para mim, esse paradoxo se expressa melhor no trabalho não de um biólogo evolutivo nem de um paleogeneticista, e sim no do meteorologista Lewis Fry Richardson. Além de cientista, Richardson era quacre e pacifista, crenças que influenciaram sua vida e seu trabalho. Durante a Primeira Guerra Mundial, ele foi objetor de consciência; mas, embora tenha se recusado a lutar, prestou serviço militar na linha de frente como motorista de ambulância. Foi nesse período que formulou algumas das primeiras regras da previsão matemática do tempo, que hoje estão por trás de boa parte do que entendemos por meteorologia. Para isso, usou papel e lápis para calcular à mão o movimento das massas de ar e os gradientes de pressão atmosférica durante as longas esperas entre investidas militares, às vezes nos prédios bombardeados em que se montavam acampamentos, às vezes se protegendo do fogo de artilharia.

Depois da guerra, ele reassumiu seu posto no Escritório de Meteorologia Britânico, mas pouco tempo depois, quando o setor foi absorvido pelo Ministério Aéreo, departamento governamental responsável pela Força Aérea Real, ele pediu demissão por objeção de consciência. Em razão disso, muitas de suas ideias levaram anos para ser plenamente desenvolvidas. De todo modo, ele continuou procurando maneiras de aprimorar nossa compreensão do mundo através da ciência. Em especial, acreditava que podia ser possível colocar a matemática, disciplina que havia introduzido na meteorologia, a serviço do pacifismo.

Numa sequência de livros publicados no fim da vida, Richardson tentou descobrir uma base matemática para as causas da guerra e as condições para a paz.[25] Uma de suas ideias dizia que a propensão para a guerra entre dois Estados poderia ser uma função da extensão de fronteira compartilhada por eles. Para provar essa hipótese, ele precisava de números precisos relativos à extensão das fronteiras, mas descobriu que esses números não existiam: a estimativa da fronteira de um país nunca se casava com a de outro. Quanto mais se aprofundava nesse problema, mais obscuras e conflituosas essas estimativas pareciam ser.

Ele acabou identificando um paradoxo: quanto maior a precisão com que tentamos medir certas coisas, mais complexas elas se tornam. Essa observação surpreendente ficou conhecida como Efeito de Richardson. Imagine medir o litoral da Grã-Bretanha com uma régua de um quilômetro de comprimento. Agora repita o exercício com uma régua da metade do tamanho e, depois, da metade de novo, sucessivas vezes. Em cada medição, o resultado será mais preciso, incluindo uma porção cada vez maior do litoral. Mas o resultado, como percebeu Richardson, não será sempre uma resposta correta, e sim aumentará à medida que a medição vai ficando mais detalhada. O que Richardson havia descoberto é aquilo que o matemático Benoît Mandelbrot batizaria mais tarde de "fractais": estruturas que se repetem até uma complexidade infinita. Em vez de atingir ordem e clareza, um exame cada vez mais minucioso revela apenas variações e detalhes mais esplêndidos e em quantidade maior.[26]

O Efeito de Richardson se aplica à biologia, à arqueologia, à evolução e, ao que parece, à própria vida. À medida que nossas ferramentas arqueológicas e biológicas ficam melhores, que desfiamos a teia da vida, o que resulta não é uma árvore ordenada, com galhos mensuráveis e distinções nítidas entre formas e tipos, e sim uma dança rodopiante de encontros e inter-relações. As espécies começam a ficar indistintas e fragmentadas; o campo, da savana à tundra, vai se enchendo de jogadores. A lama se espalha. O juiz já não consegue acompanhar o placar. É lindo esse mundo fervilhante de ancestrais e rebentos, esse vale-tudo repleto de ânimo, esse desmanche de bordas. É isso que o escrutínio minucioso possibilitado pela nossa tecnologia de fato revela: não um mapa rígido, e sim um padrão de interferência que vai até a dança quântica do campo de energia por trás de tudo.

Para onde quer que olhemos, o mesmo processo está em curso. Se nossa compreensão da vida real das espécies humanas arcaicas — suas múltiplas migrações, suas capacidades sobrepostas e entrelaçadas, seu roçar de ombros e de outras partes do corpo — se tornou mais abrangente e complexa, podemos dizer o mesmo da nossa compreensão da vida até o nível celular. Se você acha que a ancestralidade humana parece complexa, instável e deliciosamente promíscua, espere até saber o que nossas células andaram aprontando.

Nos anos 1950, os cientistas começaram a procurar o que chamavam de Luca [sigla em inglês para *last universal common ancestral*] — o último ancestral universal. No começo, eles entendiam Luca como a origem de toda a vida, o organismo ancestral do qual descendiam todas as formas de vida, mas logo perceberam que a única coisa que encontrariam — a única que poderiam encontrar — seria o ancestral de toda a vida existente hoje. Assim como devem ter existido muitas outras populações-fantasma além daquelas que ainda assombram nosso DNA — outros grupos de humanos que, por alguma razão, não contribuíram para nossa linhagem e sumiram sem nosso conhecimento —, também devem ter existido, muito provavelmente, muitas formas de protovida que não deixaram registros fósseis nem descendentes ainda vivos. Mesmo assim, nosso Luca deve ter existido, provavelmente em torno de 4,5 bilhões de anos atrás, no éon Hadeano, quando a Terra ainda era quente, muito radioativa e sujeita a constantes bombardeios de meteoritos do espaço sideral. A busca por Luca, que segue em curso, é o esforço da biologia por finalmente estabelecer a história definitiva da vida propriamente dita, algo semelhante à procura pelo Modelo-Padrão da física de partículas. É a busca pela Única Resposta Verdadeira, que tornará possível responder a todas as outras perguntas.

Quase de imediato, a busca por Luca gerou anomalias de todos os tipos, de início interpretadas como erros (um tanto como a descoberta das diferentes estirpes de DNA neandertalense em diferentes populações humanas). Na Universidade de Illinois, um microbiologista chamado Carl Woese achou que seria possível investigar Luca desmanchando as longas sequências de DNA, RNA e proteínas no interior das células, que ele chamou de "registro fóssil interno". Dentro dessas sequências, estava codificada toda a história da vida: sujeita a mutações, hibridizações, acréscimos e enxertos ao longo de

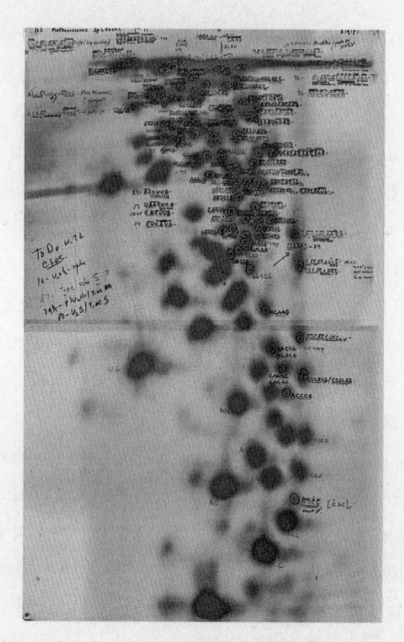

Uma "impressão digital" em raio X de RNA
ribossômico, com anotações de Carl Woese.

incontáveis gerações. No fim dos anos 1960, Woese foi procurar registros fósseis internos nos então recém-descobertos ribossomos, partículas existentes em toda célula viva, responsáveis por converter os diagramas do DNA carregados pelo RNA mensageiro na estrutura dos organismos propriamente dita. Os ribossomos são as impressoras 3D dos corpos vivos.

Antes do advento do sequenciamento computadorizado de DNA nos anos 1980, esse desmanche era difícil, parcial e demandava um tempo inacreditável.

Woese e seus assistentes usaram raios X para projetar a sombra de moléculas de RNA numa película sensível à luz, de modo a enxergar a "impressão digital" de cada sequência individual. Depois vieram incontáveis horas de anotações e comparações para trazer à tona as semelhanças e disparidades entre as diferentes sequências e para tentar comparar as fitas ancestrais entre uma molécula e outra. Eles começaram a reparar em diferenças marcantes entre certas moléculas e organismos até então tratados como semelhantes. Em especial, aquilo que os cientistas entendiam como classes inteiras de bactérias pareciam ser, na verdade, algo completamente distinto. Woese as batizou de Archaea, ou "antigas".

Essas Archaea, ou arqueias, não continham certas características das bactérias, mas apresentavam outras um tanto inesperadas. Elas apresentavam propriedades estranhas — entre outras coisas, digeriam dióxido de carbono e excretavam metano — e eram particularmente bem adaptadas a ambientes extremos (onde as encontramos um pouco antes, nas fontes termais e salinas da depressão de Danakil). E, seja lá o que fossem, não se encaixavam nos dois reinos da vida existentes: o *Bacteria* (organismos unicelulares e sem núcleo) de um lado, e o *Eukaryota* (todo o resto) do outro.

Isso já era, em si, uma descoberta revolucionária, e a publicação dos resultados de Woese em 1977 causou a sensação esperada.[27] Woese e seu assistente George Fox defenderam que fosse reconhecido um terceiro reino, ou domínio, da vida, distinto das bactérias e dos eucariontes. Foi a reformulação mais significativa da árvore da vida desde a introdução das "formas primitivas", ou protistas, por Ernst Haeckel em 1866. Os protistas de Haeckel foram mais tarde incorporados ao domínio das bactérias, mas a descoberta das arqueias — que resultou de uma tentativa de simplificar a árvore — apenas voltou a complicar o quadro.

O alarde em torno desse anúncio obscureceu uma outra descoberta relacionada, que Woese e outros buscariam interpretar ao longo das décadas seguintes e que até hoje não é muito bem compreendida ou aceita. Trata-se de um fenômeno chamado Transferência Horizontal de Genes (THG), no qual as arqueias eram particularmente competentes.

Em 1928, um pesquisador médico inglês chamado Frederick Griffith observou pela primeira vez que as bactérias causadoras da pneumonia pneumocócica podiam passar por uma aparente mutação repentina, deixando de ser inofensivas e adquirindo uma virulência letal. O mecanismo que causava isso, porém, era desconhecido. Nos anos 1940, no Instituto Rockefeller em Nova York, pesquisadores quase incrédulos observaram o DNA aparentemente copiando a si mesmo de uma bactéria para outra, de maneira quase instantânea, sem precisar percorrer uma linhagem. Em 1953, os microbiologistas Esther e Joshua Lederberg criaram o termo "herança infecciosa" para descrever a transferência de DNA de um organismo a outro por meio de infecção viral; foi a primeira vez que um mecanismo para esse tipo de transmissão foi descrito e compreendido. Descobriu-se que os vírus eram só uma das várias maneiras pelas quais os genes podiam se propagar não apenas ao longo de cada ramo da árvore da vida, mas também entre eles: horizontalmente, em vez de verticalmente.

As arqueias são especialmente adeptas desse método de espalhamento de genes. A certas temperaturas, ou quando exposta à luz ultravioleta nociva, ácido ou outras formas de dano, uma arqueia pode projetar um filamento minúsculo, semelhante a um fio de cabelo, para alcançar outra arqueia e trocar diretamente material genético. Esse fio se chama *pilus* e também é encontrado em vários tipos de bactérias — principalmente naquelas que causam doenças, como a *E. coli*, porque ele permite que a bactéria se agarre com mais facilidade a tecidos de outros corpos. Mas as arqueias usam os *pili* para se agarrar umas às outras e conferir novas formas a organismos vivos através da transferência de DNA.

Em vez de estabilizar a trepidante árvore da vida por meio da constituição de um terceiro domínio, as arqueias trouxeram mais instabilidade. Como acabou ficando claro, é praticamente impossível dividi-las em espécies; pelo contrário, elas parecem formar comunidades fervilhantes de indivíduos em grande medida parecidos, mas que divergem de forma radical uns dos outros de acordo com sua função e localização, e que trocam livremente partes de seus DNAs à medida que se adaptam rapidamente a novas situações. As arqueias desferem um novo golpe na ideia de espécies claramente distintas. E vão além: elas desafiam a própria ideia de "indivíduo".

O conceito popular e científico de espécie depende da existência de indivíduos únicos e classificáveis que pertencem, inteira e exclusivamente, aos seus próprios grupos. Por sua vez, a noção de indivíduo está inextricavelmente atrelada às ideias políticas de soberania e agência que definem a modernidade, e à conceitualização de sujeito e objeto, self e outro, que são os baluartes da filosofia ocidental. Mexer com o conceito de indivíduo não é pouca coisa, mas é o que as arqueias nos levam a fazer.

Em dezembro de 2012, três dos mais renomados biólogos do mundo publicaram um ensaio que explorava como a interação entre nosso crescente conhecimento ecológico e os poderosos instrumentos tecnológicos de interrogação do mundo haviam abalado nossa compreensão. Assim como o desenvolvimento do microscópio nos havia revelado o mundo até então oculto das bactérias e fungos, o sequenciamento de DNA e outras tecnologias estavam revelando uma paisagem ainda desconhecida e profundamente interconectada, abrangendo a existência em todos os seus níveis. Essas tecnologias "não somente revelaram um mundo microbiano com diversidade muito mais profunda do que imaginávamos", escreveram eles, "mas também um mundo de relações complexas e interligadas — não apenas entre os micróbios, mas entre as vidas microscópica e macroscópica".[28]

O título do ensaio era "A Symbiotic View of Life: We Have Never Been Individuals" [Uma visão simbiótica da vida: nunca fomos indivíduos], e ele buscava condensar várias décadas de revoluções nas ciências da vida, dentro das quais a descoberta da THG havia exercido um papel transformador. Os autores documentaram casos de THG numa grande quantidade de organismos, famílias e comunidades — inclusive nos seres humanos. Na verdade, agora tudo indica que somos "quimeras genômicas": nada menos que 50% do genoma humano consiste em sequências de DNA que tiveram "trechos acrescidos" por outros organismos em diversos pontos da nossa evolução. Quase 10% desses resultam de transmissões de DNA por meio de vírus. O próprio berço da vida mamífera, o útero, apareceu de maneira independente em múltiplas linhas evolutivas dos mamíferos como resultado de infecções virais. A cauda do espermatozoide humano, o motor oscilante que o impele em direção ao óvulo, pode ter se originado a partir de bactérias de vida livre chamadas espiroquetas. Estamos vivos porque fomos infectados com DNA dos outros — ou talvez, melhor dizendo, levados a partilhar dele.[29]

O nome dado a essa nova maneira de ver a vida, que vai muito além do funcionamento da THG, é simbiose. Em contraste com a evolução darwiniana e sua descrição violenta e competitiva da emergência da vida, a simbiose sugere que somos resultado de cooperação, interação e dependência mútua. Essa visão da vida é profundamente ecológica e relacional, e compreende desde as sequências de DNA e a composição do nosso corpo até os tipos de sociedades em que vivemos — ou em que viveremos, caso levemos a sério tudo que ela nos revela.

É a simbiose que está por trás da relação entre as plantas e os fungos micorrízicos que exploramos no capítulo anterior: o crescimento conjunto que possibilita que as duas formas de vida prosperem, emaranhadas e dependentes uma da outra. Foi a simbiose que permitiu que as plantas, e todas as outras formas de vida, passassem a habitar a terra firme, abrigando parceiros fúngicos em suas raízes. Essa relação persiste até hoje na forma de líquens, parcerias entre fungos e algas com formas quase indistinguíveis, tamanha sua colaboração. Os líquens já foram descritos como "fungos que descobriram a agricultura", mas isso encobre a associação mutualística entre duas criaturas tão próximas que os filamentos de uma penetram nas células da outra — mais um exemplo de fronteira indistinta entre indivíduo e espécie.

Insetos e plantas floríferas também são um exemplo de simbiose, responsável nesse caso por moldar efetivamente toda a vida no planeta, assim como as formas das criaturas propriamente ditas. Um conduz a evolução do outro à medida que a adaptação a novos ambientes os força a adotar novos padrões de vida, que por sua vez se refletem em seus parceiros simbióticos. E nós participamos desses sistemas de desenvolvimento cooperativo; como veremos num capítulo posterior, os contornos de nossa própria evolução podem estar relacionados à disponibilidade do mel, um resultado direto da simbiose entre insetos e plantas.

Podemos até identificar "populações-fantasma" de animais nas relíquias de simbioses do passado. Pode ser que o abacate tenha evoluído sua semente grande e aparentemente incomestível em reação à presença de animais gigantes capazes de comê-las e propagá-las: as preguiças-gigantes e os elefantes *Gomphoterium* do Plioceno, que existiram há mais de 1 milhão de anos. Embora esses parceiros simbióticos tenham deixado de existir, o abacate seguiu firme: hoje ele continua se propagando graças a outros animais que apreciam sua polpa.[30]

A simbiose é crucial para nossa vida cotidiana. A microbiota humana, os cerca de dois quilos de bactérias e outros organismos que abrigamos no corpo — a maior parte no sistema digestivo — influencia profundamente nossa consciência e nosso comportamento. Isso se estende até mesmo à nossa inteligência: o estado de saúde da nossa microbiota afeta tanto o desenvolvimento do cérebro quanto nossa capacidade de lidar com o estresse e o trauma. Estudos demonstraram que idosos que vivem em lares de apoio têm uma microbiota menos diversificada do que aqueles que vivem em comunidades mais amplas e, em função disso, ficam mais vulneráveis à debilitação e às doenças crônicas.[31]

A simbiose faz parte de nossos dias, mas também devemos a ela nossa origem. Ao lado das plantas, animais, fungos e da maioria da vida que encontramos o tempo todo, somos eucariontes, detentores de células complexas que contêm núcleo e mitocôndrias (diferente dos procariontes, as bactérias e arqueias, cujas células mais simples possuem apenas uma fita de DNA). Como chegamos até aqui? Sempre pareceu provável que as bactérias e as arqueias representavam um estágio anterior da vida, e que derivamos de alguma maneira a partir delas. Mas como?

A resposta, apresentada pela primeira vez pela bióloga Lynn Margulis nos anos 1960, é a endossimbiose — que, a exemplo de outras ideias revolucionárias que vimos, passou muito tempo sendo ridicularizada e ignorada até se revelar inevitável. Endossimbiontes são organismos que vivem dentro de outros organismos: as bactérias fixadoras de nitrogênio nas raízes das ervilhas ou as algas dentro dos corais que formam recifes. Margulis propôs que a vida eucarionte — nossa vida, e a vida de todos os organismos complexos, das amebas às sequoias — era, ela mesma, resultante da endossimbiose. Em algum ponto da longínqua história evolutiva, uma bactéria independente, de vida livre, ingeriu outra, e as duas estabeleceram uma relação mutuamente benéfica. Essa é a origem das mitocôndrias e cloroplastos: as estruturas dentro das células animais e vegetais que produzem a energia necessária à sobrevivência. Assim como os líquens, essas bactérias aprenderam a cultivar umas às outras: uma delas fornece abrigo e nutrientes necessários à sobrevivência da parceira e, em troca, recebe energia e outros benefícios. As duas bactérias tiraram proveito do arranjo, e sua relação mútua foi transmitida de geração em geração, resultando em toda a complexa vida multicelular que coabita o planeta. Elas vivem dentro de nós até hoje.

Mais que humano é só o começo aqui. Não apenas derivamos de múltiplos ancestrais emaranhados, distribuídos em vastas extensões do território evolutivo, como tampouco somos indivíduos propriamente ditos. Em vez disso, somos bricolagens ambulantes: comunidades tumultuosas de seres multiespécies e multicorpóreos, dentro e fora de nossas células.

Frsiiiiiiiifronnnng* e lá vamos nós, despencando juntos pela linhagem genética. É uma imagem delirante: um desejo por vida e interconexão que floresce, deriva e vigora interminavelmente. Os líquens cultivam algas e nós cultivamos bactérias, um alimenta o outro, as árvores conversam e todo mundo canta. Descendemos do tifo pelo lado da mãe e das arqueias que arrotam metano pelo outro lado.[32] Sempre que apontamos nossos instrumentos mais sofisticados para as questões centrais da existência — Quem somos? De onde viemos? Para onde vamos? —, a resposta surge de forma mais clara: Todos e Toda Parte.

Em 1999, um biólogo americano chamado Ford Doolittle tentou desenhar uma nova árvore da vida, levando em conta as mais recentes descobertas envolvendo a THG.[33] Ele chamou o resultado de "árvore reticulada" ou "rede", embora ela lembre

---

* Referência ao monólogo da personagem Molly em *Ulysses*, de James Joyce. Aqui, adotamos a tradução proposta por Caetano Galindo (São Paulo: Penguin Clássicos, 2012, p. 1063). [N.T.]

mais um arbusto espinhoso ou um bosque denso. Numa rejeição da bidimensionalidade tradicional do gráfico, os ramos se contorcem e se esparramam, se juntam e se separam, dão abraços apertados e atravessam buracos. A vida surge curiosa e exploradora, interligada, dispersa e acima de tudo inclusiva.

"Genes diferentes nos dão árvores diferentes", escreveu Doolittle, querendo dizer que a evidência genética já não podia sustentar o modelo das espécies distintas ou mesmo dos reinos distintos. "Para salvar as árvores", conjeturou Doolittle,

> poderíamos definir organismos como mais que a soma de seus genes e imaginar que as linhagens orgânicas apresentam uma espécie de realidade emergente — assim como nós mesmos nos imaginamos reais e contínuos no tempo, embora sabendo que já não contemos com quase nenhum dos átomos com os quais nascemos.

Nessa visão da vida como um processo emergente contínuo, ele faz coro com Lynn Margulis, que via o indivíduo humano como "uma espécie de edificação barroca", reconstruída a cada uma ou duas décadas por bactérias em fusão e mutação. Enquanto isso, o âmago do nosso ser, a espinha dorsal de nosso DNA, precede em muito qualquer ser humano que já tenha existido. "Nosso forte senso de diferença em relação a qualquer outra forma de vida, nosso senso de superioridade de espécie", escreveu Margulis, "é um delírio de grandeza."[34]

Essa forma de encarar o mundo torna bem mais difícil saber onde residem as origens de cada indivíduo ou onde ficam as bordas que nos separam. Por outro lado, ela facilita muito a identificação dos pontos em comum que podemos ter com outros modos de vida.

A natureza da vida não é a constância, e sim a mudança. O motor da mudança, nos níveis individual e evolutivo, é o

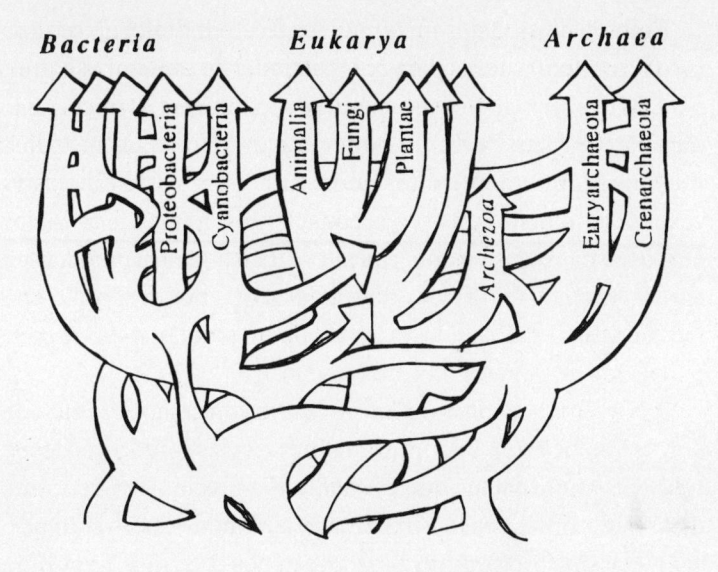

A árvore reticulada de Ford Doolittle.

encontro com o outro. Contrariando a noção darwinista de origem hierárquica, que definia as mutações em ramos individuais como a força por trás da evolução, a simbiose afirma que a mudança e a novidade vêm de fora. Somos quem somos por causa de todo o resto.

Modelos de progressão, avanço, linearidade e individualidade — modelos, em suma, de hierarquia e dominação — desmoronam sob o peso da diversidade que de fato existe. A vida é uma sopa misturada e caudalosa. Turvar as águas é justamente o que precisamos fazer, pois é desse caldo nutritivo que a vida cresce. O indivíduo, sob o sol ou o microscópio, é sempre uma pluralidade. Precisamos de modelos de multiplicidade para entender melhor essa vida que prolifera, fervilha, borbulha e se enrosca sem cessar. A árvore não é uma árvore, e sim talvez um arbusto, ou uma rede — ou uma floresta, ou um lago. Ou talvez uma nuvem?

Embora os modelos matemáticos das redes tenham se revelado ferramentas úteis para compreender as estruturas e pregnâncias das teias artificiais e naturais, da internet às micorrizas, eles não chegam perto do poder das metáforas, os modelos mentais propriamente ditos que levamos em nossa cabeça, às vezes fragmentados, às vezes conscientes. Essas são as ideias em torno das quais vivemos de fato. E não pode haver metáfora emergente mais poderosa do que esta que dedicamos ao aparato sensorial global e interligado da internet, à *umwelt* compartilhada que chamamos de Nuvem.

A Nuvem incorpora e põe em prática todos os conflitos de entendimento que encontramos nas nossas tentativas de entender o mundo mais que humano. Ela nos mostra, todos os dias, que um regime de informação — uma maneira de pensar e classificar o mundo — dependente de dados fixos e de categorias indestrutíveis, de conclusões mais do que de processos, de fins mais do que de meios, e de vieses e pressupostos no lugar daquilo que está evidente em nossa própria vida, tal regime, enfim, é contrário à sociedade, à humanidade e à vida em si. Nenhum esquema jamais está completo, nenhuma taxonomia jamais está concluída — e tudo bem, desde que os sistemas que instalamos para interpretar e colocar em prática esses esquemas sejam abertos, transparentes, compreensíveis e renegociáveis.

Não é sempre assim, longe disso, mas às vezes há vislumbres de esperança. Um dos que mais aprecio é o atual e bem-intencionado embate do Facebook com o gênero, que reflete bem esse tipo de confronto exasperante com as falsas distinções binárias. Desde a sua criação, o serviço, a exemplo da maioria das outras plataformas de mídia social, exigia que os usuários se identificassem como "masculino" ou "feminino" no momento da inscrição para um perfil. O Google Plus acrescentou uma terceira opção: "outros", o que agradou a algumas pessoas, mas ainda não era exatamente acolhedor. No começo de 2014, o Facebook inaugurou uma lista de 51 identidades de gênero para a escolha dos usuários, incluindo transgênero, agênero, não binário, fluido, dois-espíritos e várias outras. Mais tarde, naquele mesmo ano, após uma consulta aos usuários, eles aumentaram a lista para mais de setenta. Um ano depois, desistiram e permitiram que as pessoas digitassem elas mesmas a identidade de sua preferência. O gênero, um dos identificadores mais criticamente controversos da nossa sociedade, se tornou, assim como a espécie, um campo aberto — pelo menos no Facebook (e essa é a única coisa boa que tenho a dizer sobre a rede). Aparentemente, na tecnologia da informação, assim como na biologia evolutiva, quanto mais tentamos controlar e categorizar o mundo — socar tudo dentro de caixinhas e linhas em planilhas —, mais a vida transborda.[35] Lewis Fry Richardson está olhando para sua régua e dando risada.

A simbiose não é uma visão de harmonia perfeita — longe disso. O mundo não é composto de relações harmoniosas ou mesmo equitativas, mas é composto de relações, e elas são mais mutuamente benéficas do que antagônicas. "A vida", escreve Margulis, "não tomou conta do globo desfazendo redes, e sim tecendo-as."[36]

Portanto, a simbiose nos fornece um dos contrapontos mais poderosos e empíricos a todas as nossas histórias de horror em torno do desenvolvimento de infraestruturas tecnológicas opacas, de sistemas de análise, determinação e controle, de inteligências e relações de poder perigosamente assimétricas. As coisas simplesmente não precisam ser assim e, mais do que isso, elas não *querem* ser assim. É possível vivermos como simbiontes em vez de sujeitos, como habitantes igualmente válidos e responsáveis de um conturbado mundo mais que humano. A tecnologia, a ecologia e as evidências fornecidas por nosso próprio corpo afirmam isso.

4.
Enxergando como um planeta

"Atenção", pôs-se uma voz a chamar, e era como se de repente um oboé tivesse começado a falar. "Atenção", ela repetiu na mesma monotonia aguda e anasalada. "Atenção."*

Assim começa *A ilha*, o romance de Aldous Huxley publicado em 1962, com o jornalista Will Farnaby acordando após um naufrágio, à sombra das árvores de Pala, uma ilha misteriosa e inacessível na Polinésia. Farnaby chegou a esse lugar — mais tarde ficamos sabendo que o naufrágio foi proposital — para persuadir o governante local a ceder os direitos de exploração mineral da ilha a uma parceria gananciosa entre um tirano da região e uma empresa de petróleo internacional. Mas o cínico e atormentado Farnaby vai aos poucos sendo conquistado pela combinação palanesa de bondade, ponderação e pacifismo, encarnada nos sons que escuta logo ao chegar: "Atenção, atenção. Aqui e agora, crianças. Atenção".

Essas palavras, que ecoam o tempo todo na ilha e no texto, não são pronunciadas por vozes humanas, e sim por bandos de pássaros locais, os mainás, que são treinados e depois soltos pelos habitantes. E isso porque, como explica a enfermeira que enfaixa os ferimentos de Farnaby: "Essas não são as coisas que a gente sempre esquece? Quer dizer, a gente esquece de prestar atenção ao que está acontecendo. E isso é o mesmo que não estar aqui e agora". No romance de Huxley, são as

---

* Aldous Huxley. *A ilha*. Trad. de Bruno Gambarotto. Rio de Janeiro: Biblioteca Azul, 2017. [N. E.]

vozes dos pássaros, do coro mais que humano, que atraem a atenção dos humanos para longe da fantasia e da distração, trazendo-a de volta ao presente, ao seu entorno e à realidade de suas vidas. Para Huxley, a atenção consciente é um pré-requisito para agir no mundo de uma forma correta e justa: somente olhando e escutando com cuidado seremos capazes de entender o que se passa ao nosso redor e de saber qual a melhor maneira de proceder.

Numa manhã de abril de 2020, com o mundo em lockdown, eu e minha parceira estávamos caminhando pela praia em frente à nossa casa na ilha grega de Egina. Nosso vilarejo permanece quase totalmente vazio durante a primavera, e os efeitos do lockdown acentuavam o sentimento de desolação. A areia estava coberta de erva marinha seca, galhos, objetos de plástico e outros resíduos. Era revigorante e ao mesmo tempo desanimador.

Porém, enquanto caminhávamos pela beira da praia, o céu ganhou vida: de repente, ele se encheu de passarinhos que mergulhavam e trinavam sobrevoando o capim, adejando em torno das laranjeiras, pousando momentaneamente nos cabos telefônicos e dando rasantes perto de nossa cabeça. Vinham em nossa direção de todos os ângulos como bombardeiros, desviando no último instante seu corpo compacto e em forma de seta, nos deixando em choque com sua aparição repentina e sua passagem veloz. De um dia para o outro, as andorinhas haviam chegado.

Na Grécia antiga, a chegada das andorinhas vindas da África marcava o início da primavera, e sua aparição motivava celebrações conhecidas como Χελιδονίσματα (*"chelidonismata"*), de *chelidonia*, ou andorinha, em grego. Nos tempos modernos, na ilha de Rodes, as crianças iam de casa em casa pedindo presentes para as andorinhas. E, em toda a Grécia, o tradicional bracelete *"Marti"*, trançado com fios vermelhos e brancos, que ainda é confeccionado no último dia de fevereiro e usado até o fim de março, era entregue às andorinhas no fim do mês para ser aproveitado na construção dos ninhos. Mais ao norte, na Albânia e na Macedônia, a festa de Letnik marcava a chegada das aves migratórias. Em toda parte, sua aparência era associada com a prosperidade vindoura e com o alívio do verão.

Naquele ano, a chegada das andorinhas teve cores de tragédia. As aves que encontramos na praia, que pareciam tão vibrantes e alertas, estavam exaustas e estressadas por temporais. Nos dias anteriores, ventanias atingiram o Mediterrâneo e o Egeu, o que foi desastroso para as aves migratórias — e milhares morreram. O primeiro verão da covid-19 foi também, em muitas regiões da Europa, um verão sem andorinhas.[1]

Mesmo assim, a aparição das andorinhas naquela manhã de abril teve um efeito transformador sobre mim, me arrancando da estase do lockdown e renovando meu senso de atenção e propósito. Após ter vivido toda a vida adulta em cidades, fui exposto, pelo que me pareceu ser a primeira vez, à exuberância da primavera: a chegada das andorinhas, o desabrochar das coroas-de-cristo e saxífragas, a floração das anêmonas e bougainvílleas. Em certo dia do mês de abril, o mar ficou amarelo-esverdeado; pensei que fosse alguma espécie de vazamento químico, mas depois descobri que era uma camada de pólen de pinheiro — todas as árvores da ilha haviam ejaculado ao mesmo tempo e coberto as águas e as estradas com um pó fino. Vivenciei com nitidez minha falta de atenção anterior e meu desconhecimento desses ciclos da natureza.

Vivemos em grande medida na velocidade das nossas mídias e máquinas. Nossos dias são governados pelos ciclos de 24 horas do relógio e das notícias; pelas atualizações de status e de e-mails. Mas a ideia de um tempo global — um padrão único e universal, dividido em horas e minutos, e distribuído em fusos — é recente. Foi uma invenção do final do século XIX, motivada pelo desenvolvimento da tecnologia. Antes da Revolução Industrial, o mundo se virava muito bem com medidas de tempo numerosas e variadas: o fazendeiro e o ferrador trabalhavam nos seus próprios ritmos, e os relógios eram ajustados a tempos diferentes mesmo em cidades vizinhas. As concepções culturais do tempo também variavam muito: o tempo ocidental e judaico-cristão era concebido como linear, com início e fim definidos, enquanto as cosmologias inca e hinduísta entendiam o tempo como cíclico e infinito. Esses modelos do tempo influenciaram profundamente a atenção das pessoas que viviam submetidas a eles, gerando maneiras de ser e de viver completamente diferentes.

As formas pelas quais o mundo muda ao longo do tempo também ficam registradas em nossa memória cultural. Uma organização chamada Snowchange Cooperative, sediada no norte da Escandinávia, documenta de que modo as comunidades indígenas interpretam e reagem à mudança climática. Uma mulher sami chamada Gun Aira observa que um lago cujo nome tradicional é Biehtsejávrre, ou lago dos Pinheiros, agora está completamente cercado de bétulas — um sinal da ocorrência de modificações ambientais.[2] Desse modo, a identificação das mudanças ambientais está codificada na história e na sabedoria dos povos indígenas. A maioria de nós não tem acesso a bancos de memória cultural tão abrangentes: dependemos da atenção de curto alcance das nossas tecnologias contemporâneas de produção de cultura. Com indesejável frequência, isso nos torna cegos a mudanças mais profundas e duradouras no mundo ao nosso redor. A mudança climática é um exemplo claro disso: uma alteração no mundo que ocorre em escalas temporais e geográficas tão distantes da experiência humana que temos muita dificuldade de encaixá-la em nossas narrativas convencionais, que dirá reagir a ela de maneira efetiva.

Se nossa incapacidade de contar histórias significativas e implementáveis acerca das transformações do planeta é uma parte do problema, quer dizer que precisamos repensar os instrumentos que usamos para produzir a própria cultura. A tecnologia pode fazer parte desse processo coletivo de criação de sentido. Para que isso aconteça, precisamos parar de usá-la como meio de restringir o tempo e impor nossa perspectiva limitada, aproveitando-a, pelo contrário, para alargar nossa visão de mundo e expandir o alcance da nossa atenção. É uma necessidade urgente, pois mesmo os sistemas de sabedoria tradicionais, dos quais muitos de nós já nos apartamos, nem sempre conseguem dar conta da velocidade das mudanças que já ocorrem no presente. Líderes indígenas da Sibéria relatam a recente aparição das zibelinas — animais que normalmente habitam as florestas — na tundra de suas terras ancestrais, um fenômeno para o qual não há um ponto de referência. "Não existem canções sobre as zibelinas, não existem histórias antigas sobre as zibelinas", lamentam eles.[3] Precisamos compor novas histórias adaptadas ao presente, o que por sua vez nos permitirá adaptá-las para o futuro. Essas histórias envolverão, inevitavelmente, redes e processadores, satélites e câmeras digitais.

   Não será a primeira vez que faremos isso, mas o sucesso dependerá de mais esforço consciente e de uma igualdade maior de acesso e agência. No século XIX, a chegada das ferrovias, dos barcos a vapor, do rádio e do telégrafo — tecnologias que, para funcionar, exigiam uma coordenação rigorosa entre pontos distantes — comprimiu o tempo e o espaço. Essa homogeneização, contudo, encontrou resistência ao redor do mundo. Após a Conferência Internacional do Meridiano realizada em Washington em outubro de 1884, o mundo foi dividido em 24 fusos horários, com um único tempo médio determinado pelo Observatório Real em Greenwich (Londres).

Houve uma ampla resistência à sua implementação. Em Bombaim, os trabalhadores das fábricas protestaram contra a imposição de um tempo global, considerando-o mais uma afronta colonial da Grã-Bretanha. Em Beirute, as tabelas de horários de ônibus foram impressas incluindo os tempos europeu e otomano, enquanto os relógios públicos entravam e saíam de sincronia com os sinos das igrejas e os chamados dos muezins. A França adotou um tempo nacional, mas se recusou a usar o tempo médio de Greenwich: o tempo francês era calculado a partir de Paris e seguiu assim até 1911.[4]

O tempo sempre foi um conceito imaginário, e quem o está imaginando importa muito. Durante a maior parte da história, o tempo foi governado por nossa relação com o mundo mais que humano: o nascer do sol e o ciclo das estações. No final do século XIX e no início do XX, o tempo foi separado do planeta e subornado pela indústria a atender aos seus próprios interesses. Foi um movimento imperial de imaginação do tempo, liderado pela Europa e pela América do Norte: o resultado foi o apagamento de diferenças locais, a opressão de trabalhadores e sujeitos, e a abolição de outras maneiras de ser no tempo. Hoje, o tempo é imaginado por nossas máquinas — o tique-taque do microprocessador e o sinal oscilante do satélite de GPS, que mantêm um código de tempo universal e globalizado, acessível de qualquer ponto da Terra, com precisão de dez bilionésimos de segundo.

Em *The Soul of a New Machine* [A alma de uma nova máquina], o relato de Tracy Kidder a respeito do desenvolvimento de um dos primeiros microcomputadores, o Data General Eclipse MV/8000, criado no final de década de 1970, a autora lembra da experiência de um engenheiro cujo trabalho consistia em testar o novo computador à procura de bugs. Para fazer isso, usava um dispositivo chamado analisador lógico, que produzia um instantâneo do estado interno da máquina a cada nanossegundo — a cada bilionésimo de segundo, uma fração de tempo quase inimaginável. Para o engenheiro, porém, esses recortes de tempo eram familiares:

> Eu me sinto muito confortável ao falar em nanossegundos. Sento-me em frente a um desses analisadores e os nanossegundos são demorados. Quero dizer que dá para perceber enquanto passam. "Meu Deus", digo, "este sinal leva doze nanossegundos para sair daqui e chegar ali." São coisas reais e grandes para mim no processo de construir um computador. Mesmo assim, quando paro para pensar em como é mais demorado estalar os dedos, perco a noção do que um nanossegundo realmente significa.[5]

Numa etapa seguinte do processo, outro engenheiro do projeto Eclipse sofreu um *burnout* e abandonou a empresa. Ele também estava trabalhando com o analisador lógico, fitando os intervalos infinitesimais de tempo no interior da máquina, dia após dia, semana após semana. Mas o esforço dedicado a isso havia se tornado insuportável. Antes de ir embora, ele deixou um bilhete para os colegas em cima de seu terminal: "Estou indo para uma comuna em Vermont e não lidarei com nenhuma unidade de tempo que seja menor que uma estação do ano". Ele não estava só indo para Vermont; estava indo para um lugar onde o tempo era diferente, que combinava melhor com os ritmos do corpo e os ritmos do mundo.

O tempo no qual vivemos importa. Não a idade, mas o tempo presente, o tempo da nossa consciência. Quando ele é governado por máquinas, nossa atenção é forçada a sintonizar-se à escala do nanossegundo e à extensão de um raio de luz, e com isso temos mais dificuldade de pensar a respeito de outros seres e processos que existem em escalas temporais e geográficas diferentes, e junto deles: a mudança das estações, as migrações continentais de pássaros, a duração da vida das árvores e das plantas. Mas a atenção também pode ser direcionada e treinada, conscientemente convocada de volta a um tempo médio mais que humano. Apesar da nossa tendência a construir e pensar nossas tecnologias em sentidos opostos a esse, o fato é que não precisa ser assim. Nossas ferramentas de coleta de dados, medição, gravação e visualização também podem ser usadas para aumentar nosso discernimento e expandir nossa capacidade de atenção e cuidado, desde que façamos escolhas conscientes em relação ao tempo no qual desejamos viver.

Robert Marsham era um proprietário de terras e naturalista inglês que prestava muita atenção ao mundo à sua volta e, no dia 14 de dezembro de 1735, quando caminhava em sua propriedade de Stratton Strawless, no condado de Norfolk, ouviu o canto de um sabiá. Sabiás cantam para marcar território e começam a fazer isso em algum momento entre o fim do outono setentrional e o início do ano seguinte. Ao ouvir o canto do sabiá naquele dia de dezembro, Marsham começou a se perguntar se haveria alguma ligação entre a data do primeiro canto e outras condições do mundo natural. Ele anotou a data e resolveu prestar mais atenção.

No ano seguinte, Marsham começou a manter um registro dos primeiros sinais da primavera. Começou com a primeira andorinha, que em 1736 chegou a Stratton Strawless no dia 10 de abril, o 101º dia do ano (1736 foi um ano bissexto). Dois anos depois, enquanto viajava pela Europa, ele anotou a chegada da primeira andorinha a Piacenza, na Itália (20 de março: 79 dias após o início do ano), bem como a primeira florada dos pilriteiros em Nîmes, na França (14 de abril: 104 dias). Em 1739, de volta ao lar em Norfolk, ele expandiu seu registro para incluir a chegada do cuco (120 dias) e do rouxinol (126), as primeiras folhas do sicômoro (65) e o brotamento de uma das plantas mais importantes para os agricultores de Norfolk, o nabo (63). Vinte anos depois, ele seguia firme, observando e tomando

"O registro fenológico de Marsham em Norfolk,
1736-1925", como exibido por Ivan Margery, 1926.

notas cuidadosas sobre a fura-neve; brotos de carvalho, bétula, castanheiro e carpino; a chegada dos bacuraus migratórios; e os primeiros filhotes de gralha.

Marsham morreu em 1797. Os registros do ano seguinte foram escritos à mão por seu filho — também chamado Robert —, que continuou tomando notas até 1810, anexando relatórios diários sobre o clima e a temperatura. Depois de um hiato de cerca de quinze anos, o próximo Robert da fila pegou o bastão. Assim, o registro dos Marsham prosseguiu, quase sem interrupção, por boa parte do século XX, até a morte de Mary Marsham, tataraneta do primeiro Robert, em 1958.[6]

Hoje, Marsham é reconhecido como fundador da disciplina conhecida como fenologia, do grego φαίνω, que significa "mostrar, aparecer, trazer à luz". A fenologia se dedica à aparência das coisas, mas não no sentido visual, estético, e sim no temporal: não *como* as coisas aparecem, e sim *quando*. A fenologia, portanto, depende de prestar atenção, com o passar do tempo, ao aqui e agora.

O alcance de décadas e gerações encontrado no registro de Marsham põe em evidência a lenta alteração da Terra: uma alteração que hoje sabemos ser causada pela atividade humana, mas que até recentemente avançava devagar demais para chamar a atenção de um único observador. Entre 1850 e 1950, os registros mostram duas tendências claras. Uma delas é que, no decorrer de um século, há um aumento lento, mas observável, das temperaturas médias, em especial durante os meses de inverno. A outra é que essa observação está correlacionada ao comportamento das plantas e dos animais: as folhas de carvalho, por exemplo, aparecem um pouco mais cedo a cada ano.

Essas observações estão sendo feitas hoje em outros lugares, e não somente por humanos. Na Groenlândia, a migração do caribu é governada pela duração do dia. Na primavera, quando os dias começam a ficar mais longos, o caribu inicia uma jornada para o interior do continente, onde estão as pastagens e áreas de acasalamento usadas no verão. Porém, devido à elevação das temperaturas, hoje eles têm descoberto que as plantas que normalmente lhes servem de pasto já brotaram e murcharam, e com isso as populações de caribu começaram a despencar. É um exemplo de descompasso fenológico: a quebra de sincronia entre dois ajustes complementares de tempo, com resultados devastadores. Nossa dependência de imaginações temporais hostis e maquinais — do relógio industrial ao processador do computador — pode ser considerada um outro tipo de descompasso fenológico: uma sujeição nauseante, e em última instância embotadora, a uma cronologia não humana e oposta à vida. Mas será que precisamos nos mudar todos para Vermont e rejeitar em bloco as possibilidades de pensar de outra maneira através da tecnologia?[7]

O registro de Marsham, que nos fornece nosso primeiro vislumbre das mudanças fenológicas, é um êxito não apenas da atenção, mas também da tecnologia: nesse caso, da tecnologia simples do livro de registros. Ele nos mostra que há outras maneiras de usar tecnologias baseadas no tempo de modo a ampliar, e não restringir, nossa capacidade de atenção e cuidado. Ao anotar suas observações no papel, os Marsham transformaram a atenção consciente em informação, permitindo que enxergássemos mudanças que estavam ocorrendo na natureza. Isso é muito diferente da nossa visão costumeira da informação, segundo a qual, uma vez coletada, ela fixa seu assunto na forma de um objeto imutável, disponível para a análise numérica e a exploração social. O registro de Marsham não é a descrição de uma constância, e sim de mudanças. Ele também é um exemplo de atenção ampliada: o emprego de ferramentas para alargar e estender nossa visão no espaço e no tempo, para que possamos ficar mais afinados com a escala maior do mundo a que estamos emaranhados.

Numa tarde de abril, pouco tempo depois do meu encontro com as andorinhas, eu trouxe uma velha vara de bambu para nosso jardim em Egina e cortei a ponta para que ela ficasse com 115 centímetros. Apoiada em pé, ela chegava até a metade do meu peito. Deitei-a sobre um pedaço do jardim coberto por vegetação rasteira, com uma das extremidades encostada num dente-de-leão que parecia bem robusto, e a outra apontando para o norte. Depois, desenterrei o dente-de-leão com uma pazinha de jardim e o transplantei para a outra extremidade da vara. Um pequeno passo para o ser humano, mas um salto e tanto para o dente-de-leão.

Sabemos que a mudança climática está ocorrendo, mas por bastante tempo ela parecia uma abstração para muitos de nós. Embora os números nos relatórios e as linhas ascendentes nos gráficos causassem desconforto, seus efeitos nem sempre estavam visíveis no nosso ambiente pessoal — mesmo para pessoas, como os Marsham, que estavam prestando atenção consciente. Em anos recentes, é claro, esses efeitos começaram a se tornar mais evidentes, não importa onde vivemos: verões mais quentes, tempestades mais fortes, incêndios florestais mais severos, para citar apenas alguns. Mas — pelo menos para quem é afortunado o bastante para viver em certas regiões temperadas do norte global — trata-se mais de uma sensação do que um acontecimento tangível: algo pairando no ar, e não no solo.

Pior do que isso, parece que há pouca coisa que possamos fazer enquanto indivíduos para reagir com base nessa sensação, a não ser temer seus impactos: impactos que já estão dizimando milhares de espécies e ameaçam a sobrevivência da nossa. A mudança climática já não é algo que possamos reverter, mas é algo a que precisamos nos adaptar, enfrentar e aplacar na medida do possível. Pavor existencial é uma reação que não ajuda: precisamos achar formas melhores de compartir e de aliviar um pouco o fardo do trauma sendo infligido ao mundo mais que humano.

Se pegarmos o aumento da temperatura global no último século e a ele acrescentarmos os aumentos previstos para ocorrer ao longo do próximo, é possível entender como a mudança climática está alterando rápido as condições locais em diferentes partes do mundo. O resultado é que conseguimos calcular a velocidade da mudança climática: a rapidez com que ela avança pelo território em diferentes lugares.

Entender essa velocidade é indispensável para a sobrevivência da vida na Terra. É a velocidade em que precisamos nos mover para que as condições ao nosso redor permaneçam as mesmas. Ela também sugere uma direção: as bolhas de habitat em que a vida pode sobreviver e prosperar estão nos locais mais elevados e mais próximos aos polos. Diferenças locais de velocidade são determinadas pelas características do terreno e da própria Terra: os efeitos da mudança climática avançam mais rápido nas planícies inundadas, nos mangues e nos desertos; e mais devagar nos planaltos montanhosos e nas florestas boreais. Mas os efeitos são desiguais: quem já vive no deserto tem muito espaço para se deslocar e mais margem de manobra antes de topar com algum obstáculo. Se você já vive no meio da encosta de uma montanha, por outro lado, logo poderá se ver sem ter para onde ir.

Adaptar-se à velocidade da mudança climática é um dos desafios fundamentais do próximo século, para nós e para tudo que existe conosco no planeta. A sobrevivência das espécies depende tanto de acompanhar esse ritmo de mudança quanto da própria natureza da mudança. Quem não pode se mexer ou não tem para onde ir estará correndo os maiores riscos.

No momento em que escrevo, a velocidade global média da mudança climática é de cerca de 0,42 quilômetros por ano.[8] Divida isso por 365 e você terá 115 centímetros — o comprimento da minha vara de bambu. Essa é a distância que o dente-de-leão precisa se deslocar, *todos os dias*, apenas para permanecer vivendo nas mesmas condições. Mas as plantas, de acordo com nosso entendimento, não são capazes de se mover sozinhas.

Em seu tratado *De Anima*, escrito aproximadamente em 350 a.C., Aristóteles traçou a concepção clássica da alma: aquela essência ou princípio vital do ser vivo que está atrelado ao corpo, mas não pertence a ele. A alma é aquilo que nos anima. De acordo com o pensamento de Aristóteles, todas as coisas vivas têm alma, mas ela varia de acordo com sua estrutura e capacidade. A alma de uma planta, escreve ele, é capaz de se reproduzir e crescer, mas é insensível e imóvel. A alma de um animal, por outro lado, se move e sente. A alma racional humana — e somente ela, de acordo com Aristóteles — é capaz de pensamento e reflexão.

O esquema de Aristóteles ainda causa espanto porque atribui alma às plantas e aos animais. Ele reconhece a animação — a vitalidade — da vida não humana. Porém, ele também lhe atribui uma classificação que teve influência fundamental no modo como vemos nossa posição relativa no mundo. Essa concepção hierárquica do mundo predominou por 2 mil anos e — apesar das objeções feitas igualmente por ateus, biólogos e teóricos da evolução — permanece até hoje intacta na imaginação popular do Ocidente. Ela colocou o *Homo sapiens* no topo da escada, acima dos animais; e as plantas lá embaixo, apenas um pouco acima das pedras. O cristianismo medieval acrescentou mais camadas, com os anjos acima dos homens e Deus acima deles e de nós, produzindo a Grande Cadeia do Ser ou *scala naturae* — mas o eixo da estrutura permaneceu o mesmo. As plantas, definidas por seu enraizamento fixo na Terra, eram seres inferiores. Ser sedentário num mundo ativo significa ser encarado com desprezo.

O que vai ser, portanto, daqueles dentes-de-leão, daquelas roseiras, daqueles carvalhos e de todas as outras plantas, aquelas almas vegetais, à medida que a mudança climática percorre a face do planeta de modo inevitável e irreversível, implacáveis 115 centímetros por dia? Haverá condenação mais severa contra essa forma inferior de vida, alguma validação mais acabada do seu rebaixamento ao penúltimo degrau da *scala naturae*, do que a incapacidade de agir de maneira decisiva diante de uma ameaça tão óbvia e premente?

Aristóteles estava errado, é claro. Estava errado a respeito das capacidades mentais e espirituais dos animais, e estava errado a respeito da insensibilidade das plantas, como já vimos. Também estava errado em relação à sua imobilidade. As plantas se movem — e estão em trânsito. Estão se movendo no espaço e estão se movendo — finalmente ou de novo — em nossa imaginação. Florestas inteiras estão em trânsito, através de continentes, em reação à mudança climática e à ação humana, de acordo com seus próprios interesses e vontades, seus sentidos, sua inteligência.

Qual o aspecto visível da migração das plantas? Em parte, trata-se de um esforço fixo e local: raízes exploradoras e sementes planadoras estabelecem novas gerações em áreas favoráveis ao longo da linha de frente de uma população, deixando para trás uma trilha minguante de plantações menos bem-sucedidas. Em outras ocasiões, ela ocorre a passos largos, quando sementes são lançadas na atmosfera e carregadas pelo vento até estabelecer novas colônias em lugares distantes, populações desgarradas e dispersas que se expandem rapidamente assim que encontram condições mais favoráveis.[9] Bases operacionais avançadas para novas exploradoras climáticas.

No leste dos Estados Unidos, populações de árvores têm realizado migrações há pelo menos trinta anos e provavelmente bem mais. Pesquisadores que examinaram os dados do Serviço Florestal entre 1980 e 2015 descobriram que três quartos das espécies do leste do país estavam se deslocando para norte e oeste a um ritmo médio que variava entre dez e quinze quilômetros por década.[10] A velocidade e a direção variam de uma espécie para outra: as coníferas em geral vão para o norte, enquanto as árvores floríferas e com folhas grandes, como os carvalhos e bétulas, vão para o oeste. As mais velozes são as *Picea glauca*, o pinheiro-do-canadá, que chega a mais de cem quilômetros por década, quase sem desviar do norte. Em contrapartida, os liquidâmbares americanos e os choupos-bálsamo quase não se moveram, registrando deslocamentos de apenas poucos quilômetros no mesmo período. Isso significa que o pinheiro-do-canadá está abrindo distância das mudanças climáticas por enquanto — mas, como partiu de latitudes mais elevadas no topo do território norte-americano, ele não precisará percorrer uma distância tão grande quanto os liquidâmbares do Alabama e da Geórgia quando as coisas esquentarem.

Na Escandinávia, que está sofrendo um aquecimento muito acima da média global, bétulas estão nascendo e crescendo rápido em encostas montanhosas que antes menosprezavam, galgando quinhentos metros em apenas duas décadas. Os pinheiros, abetos e salgueiros suecos crescem hoje em altitudes sem precedentes.[11] Comparando fotos produzidas por sondagens petrolíferas no Alasca na década de 1940 com imagens dos mesmos locais hoje, vemos amieiros, salgueiros e bétulas-anãs inundando vales onde se via apenas vegetação escassa e ocupando encostas outrora sem árvores.[12]

As árvores estão se adaptando à mudança climática mais rápido que nós e, por isso, têm uma chance maior de serem bem-sucedidas. Na verdade, a mudança climática é provavelmente apenas um dentre vários fatores aos quais as árvores estão reagindo — mas há uma reação, ao contrário do que poderia sugerir nossa percepção aristotélica, que as considera insensíveis e fixas. O impulso das espécies decíduas em direção ao oeste parece estar relacionado ao aumento da incidência de chuva naquelas regiões — outro efeito da mudança climática —, mas essas áreas continuam mais secas do que os locais que estão sendo abandonados pelas árvores, portanto, a história não termina aí. Outras atividades humanas, como a construção e o uso de pesticidas, provavelmente também desempenham algum papel. Seja qual for a combinação de fatores, deslocamentos de plantas em massa estão ocorrendo, e não é a primeira vez.

A última grande migração de árvores aconteceu no fim da última Era Glacial, há cerca de 10 mil anos. Após o recuo do gelo, as árvores começaram a retornar para as altitudes mais elevadas de onde precisaram fugir para não congelar. Esse retorno foi surpreendentemente veloz. O geólogo e paleobotânico vitoriano Clement Reid observou, em 1899, que os carvalhos já haviam alcançado o norte da Escócia dois milênios antes, como era possível concluir a partir das bolotas encontradas em escavações arqueológicas de sítios da era romana. Ele concluiu que "para conquistar sua posição mais ao norte nos dias de hoje após ter sido expulso pelo frio", o carvalho "provavelmente teve de viajar mais de 960 quilômetros, e isso, sem auxílio externo, levaria algo como 1 milhão de anos".[13] Na verdade, o pólen fossilizado revela que alguns carvalhos viajavam, às vezes, quase um quilômetro por ano, uma velocidade comprovada por estudos mais recentes baseados no clima. Também parece provável que essa recuperação tenha sido favorecida pela existência de alguns poucos refúgios afastados uns dos outros: santuários cercados de gelo, nos quais pequenos grupos de árvores sobreviveram em bolsões temperados para semear o solo após o derretimento.[14] À medida que o planeta esquentava, as florestas iam reconquistando o território. Na América do Norte, as faias saltaram por cima dos Grandes Lagos quando as geleiras recuaram.[15] Os abetos noruegueses circum-navegaram os mares do Norte e Báltico antes dos humanos modernos. Eles foram na nossa frente.[16]

Esses processos são grandiosos e magníficos; eles nos causam espanto e admiração — mas de uma forma ainda muito abstrata. Posso compreender a matemática da disseminação das espécies, ler registros da contagem de pólen fossilizado, traçar as linhas de movimento ao longo de décadas de entradas em bancos de dados — mas o que significa experimentar algo assim? Para mim, que vivo na velocidade humana, na velocidade dos animais, é quase impossível assimilar o curso vegetal da migração das plantas, um processo que transcorre em escalas espaciais e temporais fora do alcance da minha compreensão natural. E esse é nosso problema. Nós, humanos, vivemos dentro de um recorte de espaço e tempo tão estreito que somos incapazes de acompanhar e de refletir sobre o ritmo e a escala do mundo, sobre as mudanças que provocamos nele e as que precisaremos realizar para sobreviver a essas mudanças. Nossas próprias mentes são insuficientes para dar conta da tarefa — mas temos ferramentas à disposição, entre elas a tecnologia.

Uma realidade em que as árvores e outras plantas estão em movimento constante e deliberado pode ir contra nossa imagem arraigada do mundo, mas admitir essa realidade e absorvê-la em nossa consciência é essencial para repensarmos o mundo e nossa relação com ele. Para mudarmos a nós mesmos, para adotarmos maneiras diferentes de pensar sobre o mundo, precisamos de novas maneiras de vê-lo. Nós nos acostumamos, em grande medida por causa da prática científica, a desmontar as coisas, a separar os atributos de que elas são compostas, a fixá-las como objetos de estudo e reduzir sua agência coletiva, um pedacinho de cada vez, até que não lhes reste agência nenhuma. Mas isso é o contrário da ecologia, que busca achar conexões entre todas as coisas e convertê-las em sistemas maiores e interconectados. A lente de que precisamos agora não é de um microscópio, e sim de um macroscópio: um equipamento que nos permita enxergar numa escala muito mais vasta — no espaço e no tempo — do que a usual.

Um dos meus outros hobbies recentes, quando não estou atuando como *Fluchthelfer** de dentes-de-leão, é a fotografia em *time-lapse*. Para praticá-lo, comprei uma pequena câmera à prova d'água que foi projetada para documentar projetos de construção: com poucos centímetros de altura, ela é um homúnculo de monóculo que pode ficar quietinho em algum canto, observando o mundo por semanas a fio, alimentado somente por um par de pilhas AA.

Durante meses, troquei o pequeno dispositivo de posição dentro do meu apartamento, dedicando alguns dias a cada um dos seres que habitam vasos na minha sala de estar. Quando assisto às imagens gravadas, as samambaias e fícus aparentemente inertes ganham vida diante de meus olhos; os filodendros fecham os dedos em torno dos abajures; as monsteras balançam e abanam com as folhas; os lírios abrem e fecham, virando-se para seguir o sol que percorre as paredes. Cada criatura tem seu próprio ciclo, seu próprio ritmo, mas todas se movem juntas — flexionando, girando, curvando e esticando. O que vejo como perfeita imobilidade da minha mesa de jantar se revela um frenesi de atividade sob outro registro. Nada poderia ser melhor para me convencer de que, como disse o botânico Jack Schultz, "as plantas são apenas animais muito lentos".[17]

Saber que as plantas estão em movimento constante é apenas uma maneira de entender como interpretamos mal suas extraordinárias capacidades. Em *The Overstory*, de Richard Powers, uma personagem lembra de uma história de ficção científica que acontece nessa brecha entre escalas de tempo.

Alienígenas aterrissam na Terra. São formiguinhas, se comparados a outras raças alienígenas. Mas metabolizam como

---

* Termo alemão para "agentes de fuga" que ajudavam pessoas a escapar da Alemanha Oriental. [N. T.]

se não houvesse amanhã. Voam para tudo que é lado como enxames de pernilongos, rápido demais para serem vistos — tão rápido que segundos na Terra são como anos para eles. Os humanos, para eles, não passam de esculturas de carne imóveis. Os estrangeiros tentam se comunicar, mas não há resposta. Como não encontram sinais de vida inteligente, eles se alojam nessas estátuas inertes e começam a curá-las como se fossem carne-de-sol, preparando-se para a longa viagem de volta para casa.[18]

Aqui, nós somos os alienígenas, voejando na escala de tempo humana, incapazes de perceber a vida vibrante que nos cerca, tratando-a como se fosse um mantimento insensível. Porém, como demonstra a minha câmera, temos ferramentas para ver de outro jeito. O que importa é como escolhemos ver e o que escolhemos olhar.

Charles Darwin foi um dos primeiros cientistas a empregar métodos de *time-lapse* para investigar a vitalidade das plantas. Em um livro publicado com seu filho Francis em 1880, ele descreveu os experimentos que os dois realizaram juntos para investigar o que chamaram de *O poder do movimento nas plantas*. Os Darwin não tinham acesso às tecnologias fotográficas, portanto, tiveram de construir seu próprio aparato complicado para registrar esse movimento.[19]

Os Darwin penduraram grandes painéis de vidro na horizontal e na vertical, dentro de uma estufa, para que pudessem cercar um vaso de planta por cima e pelos lados. Depois, assinalaram os brotos da planta com pontinhos de cera para lacre e marcaram meticulosamente o trajeto dos pontos nos painéis de vidro com linhas grossas em nanquim. Dessa maneira, foram capazes de ampliar e traçar os movimentos ao longo do tempo. Seu método transformava as menores curvas e desvios em gráficos dinâmicos que lembravam acrobacias aéreas. Eles mantiveram esses registros por períodos de dias e semanas, usando vários tipos de plantas — repolhos, azedinhas, agriões, feijões e outras —, e observaram de que maneira diferentes espécies reagiam à luz e à sombra, à noite e ao dia. Suas colaboradoras no experimento incluíram aquela planta de notável sensibilidade, a *Mimosa pudica*, que mais tarde atuaria de maneira tão marcante para Monica Gagliano.

Os diários dos Darwin dão uma ideia do tempo e do esforço envolvidos. Eles observavam as plantas durante dias a fio, alternando turnos na estufa para registrar minuciosamente o tempo, a temperatura, o jogo de luzes e cada detalhe dos movimentos da planta. Uma parte de seus registros de alguns dias na companhia de duas mudinhas de *Mimosa* diz:

> Os cotilédones [folhas embrionárias] se erguem verticalmente à noite, de modo a se aproximarem [...] [e] se moveram para baixo pela manhã, até as 11h30, depois se ergueram e se moveram rápido à noite até ficarem na vertical, de modo que nesse caso havia apenas um grande sobe e desce diário. A outra muda se comportou de modo muito diferente, pois caiu pela manhã até as 11h30 e depois subiu, mas, depois das 12h10, caiu de novo; e a grande subida noturna começou antes das 13h22. [...] Entre 7h e 8h na manhã seguinte, elas caíram de novo; mas, nesse segundo dia, e no terceiro, os movimentos se tornaram irregulares, e entre as 15h e as 22h30 p.m., elas circum-nutaram um pouco no mesmo lugar; mas não se ergueram à noite. De todo modo, na noite seguinte elas se ergueram como antes.

"Circum-nutação" significa se dobrar ou mover na forma de um círculo ou elipse irregular. É um movimento causado por variações na velocidade de crescimento em diferentes partes da planta, e é o mecanismo por trás dos movimentos da maioria das plantas, incluindo os da *Mimosa*. É a nutação que dobra ou achata as folhas e que enruga ou encolhe as pétalas. Circum-nutação — um movimento espiralado apontando levemente para cima e para fora — é o movimento característico do crescimento vegetal, realizado tanto por brotos de ervilha quanto por mudas de carvalho e também pelos cogumelos e hifas dos fungos. Como o primeiro gesto da vida que desperta e investiga, ele parece pressagiar todos os outros movimentos, incluindo os nossos. É um aceno giratório, uma saudação ao ambiente, uma cerimônia de abertura ou uma oração em todas as direções: olá, mundo.

O estudo dos Darwin demorou anos para se completar; em algumas ocasiões, Charles entrou em desespero achando que não conseguiria ir até o fim. Os resultados finais serviram para reforçar suas teorias da evolução. Ele concluiu que não somente todos os movimentos das plantas eram uma modificação da circum-nutação — "o tipo de movimento comum a todas as partes de todas as plantas desde a mais tenra juventude"[20] —, mas também que era precisamente esse tipo de movimento que permitia às plantas evoluir e se adaptar a quase qualquer ambiente do planeta. A vida decorre da saudação. Embora muitos outros tipos de movimentos vegetais tenham sido descobertos desde então, a nutação continua tendo papel central para a verdadeira compreensão da vida das plantas: um modo de expansão que não é reativo, muscular e dominador, mas sim suave, aberto e generativo. Foi a partir da sua própria atenção ao ambiente que as plantas prevaleceram no mundo.

O estudo dos irmãos Darwin me lembra acima de tudo a obra *O grande vidro*, de Marcel Duchamp, também conhecida como *A noiva despida pelos seus celibatários, mesmo*. *O grande vidro* contém dois painéis de vidro fixos numa moldura de madeira. Duchamp trabalhou na obra por mais de uma década, quase

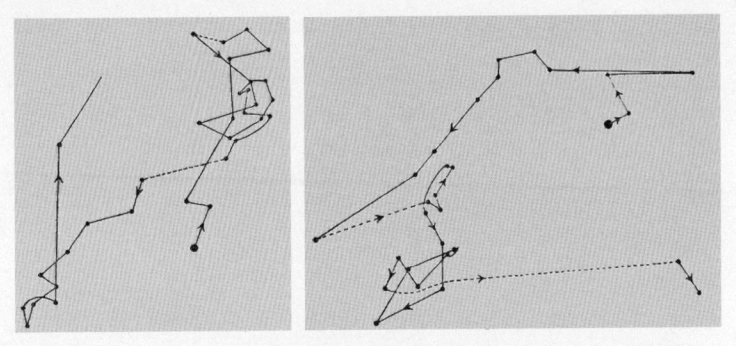

Dois diagramas de *O poder do movimento nas plantas*, de Charles e Frances Darwin, traçando o movimento de um repolho ao longo de 48 horas.

A noiva despida pelos seus celibatários, mesmo (O grande vidro), de Marcel Duchamp, 1915-23.

todo o tempo em segredo, de 1915 até 1923, ano em que foi instalada no Museu do Brooklyn. Continua sendo uma das obras de arte mais importantes e enigmáticas do século XX.

Sobre seus painéis de vidro emoldurados, Duchamp projetou não apenas tempo e movimento, mas também uma física, ou uma cosmologia, alternativa. Algumas partes de *O grande vidro* são esboços em perspectiva, como os movimentos de plantas ampliados pelos Darwin, enquanto outros elementos são artefatos do acaso e processos naturais. Quando a obra, intocada por meses, ficou coberta de poeira, Duchamp aplicou verniz para fixar essa evidência da passagem do tempo. Os quadrados na parte superior do painel de cima — os "pistões de corrente de ar" da noiva — são silhuetas das cortinas do seu estúdio moldadas pela força do vento. Dessa e de outras maneiras, Duchamp procurou incorporar à obra uma agência não humana: uma acomodação com o tempo e o destino; uma insistência no mistério, na incompletude e no incognoscível. A teia de rachaduras que percorre diagonalmente o painel de cima foi resultado de dano acidental ocorrido ao transportar a obra após a primeira exibição, um elemento do acaso que complementou e deu continuidade ao seu empenho consciente.

O grande vidro é interpretado de maneira diferente por cada espectador — e isso faz parte da sua proposta e de seu grande triunfo artístico. Equilibrando-se na tensão entre a noiva flutuante na parte de cima do vidro e os esforços eternamente incompletos dos celibatários na parte de baixo, a obra contrasta o desejo sexual individual, humano e dominador com um autoerotismo maquinal e vegetal. Ela afirma o gênio criativo do artista e ao mesmo tempo rejeita a condição do sujeito e as intenções conscientes. Contrapõe nossa experiência do tempo linear e limitado com o tempo natural e cíclico do universo. É ao mesmo tempo espelho e janela, permitindo que nos vejamos cintilar e dissolver nas operações mais amplas, sejam elas frutíferas ou estéreis, do mundo.

Parece que tanto para os Darwin quanto para Duchamp existe algo no método de projeção em vidro — nos instantâneos em *time-lapse* de uma realidade mais profunda — que estimula um tipo particular de atenção e de consciência aos modos de vida invisíveis. Enquanto os vidros de Darwin tentavam descriptografar os segredos da vida vegetal, os de Duchamp nos lembram que alguns de seus aspectos permanecem totalmente alheios à visão e à mente humanas, e no fundo jamais serão conhecidos. Esta é a dança do antropocentrismo: a transparência e a compreensão não são equiparáveis; ver não implica saber ou dominar.

Com muita frequência, confundimos uma coisa com a outra. Julgamos, impensadamente, que a observação do mundo lhe atribui formas que somos capazes de conhecer, mas o *time--lapse* revela que a natureza do mundo é cambiante. Como diria Karen Barad, a filósofa da física quântica, o mundo é feito de intra-ações: é nas frestas invisíveis entre as molduras que as coisas se encontram e vibram. São esses processos intra--ativos de crescimento, mudança e degradação que produzem as linhas entre os pontilhados de Darwin e a poeira que Duchamp fixou com verniz em *O grande vidro*: sombras de processos ocultos que existem em outras dimensões temporais.

Muitas vezes, escolhemos olhar do jeito errado: não só na direção errada, mas também com a intenção errada. Nossa intenção — o jeito pelo qual escolhemos olhar — influencia o que vemos. Esse problema é agravado por nossas tecnologias, especialmente quando elas têm origem na guerra e na violência, como é o caso da maioria das tecnologias contemporâneas. A internet é um exemplo claro disso: ela emergiu dos dois polos da paranoia da Segunda Guerra — redes distribuídas projetadas para resistir a ataques atômicos e a Ideologia

Californiana, que nos anos 1990 substituiu os ideais hippies de liberação e proximidade pelo determinismo tecnológico e o capitalismo neoliberal.[21] Foi essa combinação de poder militar e busca corporativa pelo lucro que deu forma à internet moderna, inscrevendo em seu código-base a violência estrutural e o capitalismo de vigilância.

Mas até as tecnologias militares podem revelar coisas surpreendentes. Nos anos 1940, no auge da Segunda Guerra Mundial, técnicos do Exército britânico que estavam trabalhando nos primeiros sistemas de radar notaram a presença de ecos misteriosos em suas telas e visores. Alguns sumiam em questão de segundos; outros persistiam por minutos e se estendiam por dezenas de quilômetros. Esses sinais fantasmagóricos iam

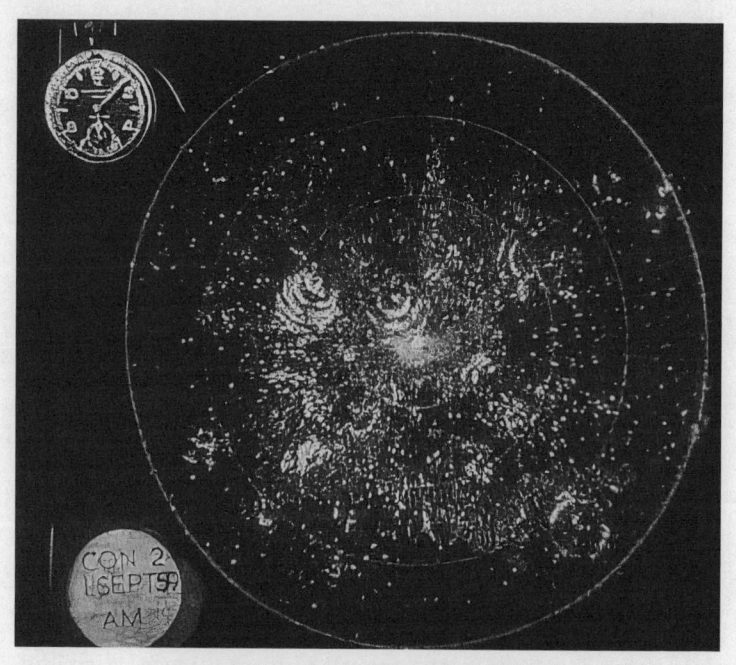

Imagem de radar mostrando anéis angelicais ao
nascer do sol em 1º de setembro de 1959.

e vinham, tornando ainda mais difícil detectar e confirmar sua origem em primeira mão. Por causa da baixa capacidade dos primeiros sistemas de radares, os sinais foram inicialmente detectados apenas a curtas distâncias, mas, com o avanço da tecnologia, os rastros desconhecidos começaram a ser observados a distâncias de até setenta quilômetros. Às vezes, vastos campos de ecos invadiam as antenas, cintilando através do céu em ondas e anéis. Os primeiros operadores de radar chamaram esses sinais fantasmagóricos de "anjos".

Esses anjos eram um verdadeiro problema. Um relatório militar dos Estados Unidos registrou que eles

> fizeram os homens irem correndo às estações de batalha, enviarem caças para perseguições aéreas "fajutas", incitarem sentinelas a relatar aeronaves não identificadas mergulhando no oceano, provocarem vários sustos de proximidade de *E--boats* [embarcações de ataque rápido], dispararem pelo menos um alarme de invasão e testarem o vocabulário de muitos comandantes.[22]

O Grupo de Pesquisa Operacional do Exército britânico foi um dos órgãos responsáveis por avaliar e aprimorar esses primeiros sistemas de radares. Era um departamento especial dentro da instituição, composto por centenas de analistas que trabalhavam em problemas complexos e cabeludos, tais como melhorar a precisão dos disparos antiaéreos e o design da camuflagem das aeronaves. Entre seus servidores, havia muitos cientistas que teriam carreiras ilustres depois da guerra, incluindo vários ganhadores do prêmio Nobel. Dois deles eram biólogos: George Varley e David Lack. Lack era um dos ornitólogos mais influentes do período e tinha passado o ano anterior à eclosão da guerra nas ilhas Galápagos; em 1949, ele publicaria suas descobertas no best-seller *Os tentilhões de Darwin*, uma contribuição importante às teorias modernas da evolução. Varley era um entomólogo que se tornaria professor de zoologia em Oxford, onde pouco tempo depois teria a companhia de Lack como diretor do Instituto Edward Grey de Ornitologia de Campo.

Em setembro de 1941, porém, quando Varley era observador do Grupo de Pesquisa Operacional numa base de radar perto de Dover, a antena começou a apitar mostrando sinais fantasmagóricos. A equipe não conseguia avistar nada no oceano, mas Varley, usando um telescópio poderoso, detectou uma nuvem de gansos-patola dando rasantes sobre as ondas a cerca de catorze quilômetros da costa — exatamente onde os anjos pareciam estar. Ele e Lack começaram a reunir relatórios de operadores de radar para convencer o Ministério Aéreo de que os anjos eram, na verdade, pássaros. Em determinado experimento, uma gaivota-prateada morta foi atada a um balão com um barbante comprido e lançada numa área de radar: a antena mostrou não um, mas dois ecos.[23]

À medida que avançava, a tecnologia ia captando ecos cada vez mais numerosos e sutis: não apenas grandes aves como gansos-patola e gaivotas, mas também aves canoras pequenas. Um dos "anjos" mais espetaculares e perturbadores aparecia no sul da Inglaterra toda vez que uma bomba voadora VI atravessava os ares: um gigantesco anel de sinais-fantasma se propagava em torno da trajetória da bomba. Os observadores acabaram conseguindo detectar sua origem: um bando de estorninhos que era espantado de seu abrigo pelo barulho do motor de pulsojato da VI.

O principal problema enfrentado por Varley e Lack para convencer os outros do que estavam vendo foi não o tamanho dos pássaros, mas o fato de que, naquela época, ninguém acreditava que os pássaros voavam à noite. Lack, porém, achava que sim, e acabou conseguindo provar isso ao desenvolver uma nova técnica científica baseada nos dados coletados em

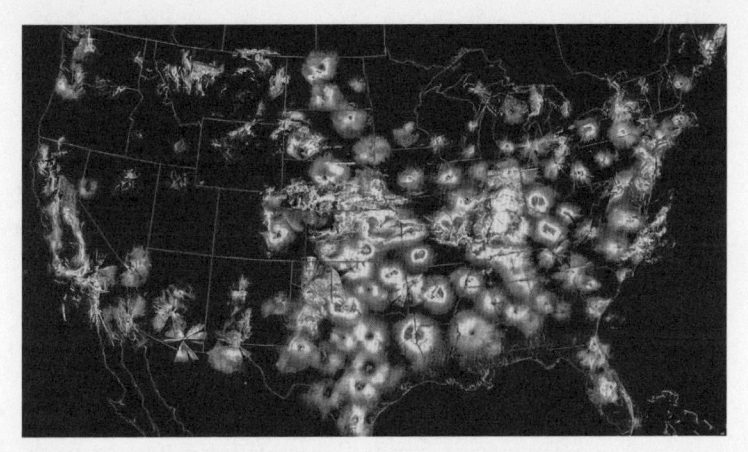

Mosaico de radares NEXRAD exibindo bandos
noturnos de pássaros, 8 de maio de 2009.

tempo de guerra, batizada de ornitologia por radar. Depois da guerra, ele seguiu colhendo dados, monitorando a migração de bandos de pássaros através do mar do Norte e usando o radar para rastreá-los à noite de uma costa à outra.[24] Sua atenção cuidadosa revolucionou nosso conhecimento sobre o comportamento das aves.

Hoje em dia, a ornitologia por radar é usada para proteger aeronaves de colisões com pássaros, e os pássaros dos equipamentos de energia eólica, bem como para estudar padrões de migração e comportamentos sazonais de repouso. Uma das fontes mais espetaculares de informação sobre as migrações contemporâneas são os radares meteorológicos, como a rede NEXRAD (Next-Generation Radar) que cobre a América do Norte. Nessas imagens vívidas e multicoloridas, projetadas para rastrear tempestades e frentes de ar, é possível ver bandos se deslocando por milhares de quilômetros e as explosões de milhões de aves no céu ao fim do dia à medida que a noite encobre o continente. Sites como o *BirdCast.info*, sediado nos Estados Unidos, e o *EuroBirdPortal.org*, na Europa, analisam dados públicos de radares para oferecer previsões a observadores de pássaros, indicando quando os padrões climáticos e as rotas de migração se combinam para oferecer as melhores oportunidades de observação. No outro extremo, pesquisadores israelenses usaram os raios finos como lápis dos radares de rastreamento militares para monitorar aves individuais que atravessam o vale do mar Morto, identificando não apenas sua velocidade e direção, mas também seu padrão de batimento de asas.[25]

A sofisticação e a complexidade desses instrumentos são extraordinárias. Um deles consiste numa rede continental de 159 radares giratórios de banda S, instalados sobre torres de trinta metros de altura, que continuamente fornecem dados aos supercomputadores do Serviço Nacional de Meteorologia dos Estados Unidos, que por sua vez os compartilham de forma quase instantânea com os serviços de previsão profissionais e amadores de todo o planeta. Outro é a extremidade pontuda de um Feuerleitgerät 63, ou Super Fledermaus, um radar de controle de disparo feito na Suíça e montado em cima de um caminhão, capaz de configurar automaticamente dois canhões antiaéreos Oerlikon 35mm para derrubar alvos militares a até quinze quilômetros de distância. E nós os usamos para observar pássaros. Alguns de nós, pelo menos.

A tecnologia permite transformações rápidas não apenas na *escala* da nossa atenção — de uma migração continental para o batimento de asas de um único pássaro —, mas também no seu *tipo*. Como confirmam os experimentos com radares realizados por Lack e outros, nem as tecnologias militares — incluindo a internet — precisam necessariamente nos distanciar do mundo "natural" e mais que humano. Na verdade, podem nos aproximar dele.

Isso vale para as mais poderosas tecnologias da visão disponíveis hoje: o conjunto extraordinário de satélites de imagem que orbitam o globo permitindo que vejamos praticamente qualquer coisa que está acontecendo no planeta, de sistemas climáticos que atravessam oceanos a instalações de mísseis no deserto do Neguev. Assim como a internet, as imagens de satélite derivam de uma história de vigilância e violência militar. Apesar disso, esses instrumentos, que constituem uma vasta câmera de *time-lapse* apontada para toda a atividade da Terra, nos fornecem outra lição prática sobre como podemos usar nossas tecnologias para ver de maneira diferente, se assim quisermos.

Em janeiro de 2011, Michael Moore, vice-diretor de astrofísica da Nasa, recebeu um telefonema surpreendente. Era do Escritório Nacional de Reconhecimento (NRO, na sigla em inglês), que desde a década de 1960 projeta, constrói e opera os satélites espiões do governo americano, quase sempre sob profundo sigilo. Aparentemente, eles tinham alguns equipamentos sobrando e queriam saber se a Nasa se interessava em ficar com eles.[26]

Depois de superar o susto, Moore foi dar uma olhada nos equipamentos. Num prédio sigiloso ao norte do estado de Nova York, ele encontrou dois tubos compridos, enrolados em papel-alumínio: dois telescópios espaciais quase completos e também partes de um terceiro. Além de estarem finalizados e prontos para o lançamento, os dois satélites eram significativamente mais avançados que o equivalente civil mais próximo, o telescópio espacial Hubble, da própria Nasa — até o telefonema do NRO, porém, eles tinham permanecido em completo segredo. Quando o Hubble foi lançado, em 1990, acreditava-se que era o telescópio mais poderoso jamais levado ao espaço. Isso provavelmente não era verdade na época, e sem dúvida não é hoje: mesmo depois de cinco missões de reparo caríssimas realizadas por astronautas, o Hubble está envelhecendo rápido, enquanto seu sucessor, o telescópio espacial James Webb, acabou de ser lançado em dezembro de 2021. O surgimento repentino de dois instrumentos novinhos em folha e de última geração foi celebrado — "veio para mudar o jogo completamente", nas palavras de outro astrônomo.

Moore descreveu o aparato óptico dos novos telescópios como "espantoso", mas a Nasa não foi muito generosa nos detalhes. Antes de irem a público, os instrumentos tiveram quase todos os seus componentes eletrônicos removidos. "Não podemos informar para que eram usados", disse um de seus diretores, John Grunsfeld. Uma apresentação que a Nasa fez para cientistas foi recebida com risos porque uma foto de um dos satélites tinha sido escurecida a ponto de se tornar indistinguível.[27] Mas uma coisa estava clara: com espelhos de 2,4 metros de diâmetro — como os do Hubble —, mas metade do comprimento, aquelas coisas tinham sido projetadas para olhar para baixo, para a Terra, e não para o espaço.

Durante décadas, os Estados Unidos mantiveram um programa espacial secreto de apoio à inteligência e às ações militares, que sempre foi muito mais amplo e mais bem financiado que o programa civil da Nasa. Tivemos acesso apenas a relances mínimos de suas verdadeiras capacidades. Há, por exemplo, o Boeing X-37, também conhecido como "nave espacial secreta", que passou quase oito anos no espaço realizando várias missões, fazendo sabe-se lá o quê. Há imagens ocasionais, como a fotografia incrivelmente detalhada de uma instalação de mísseis iraniana que Donald Trump tuitou em 2019 e que parecia ser duas ou três vezes mais nítida do que qualquer imagem comercial disponível. (Ela veio provavelmente de um dos satélites Key Hole, ou satélite espião, do NRO.[28]) Parece provável que os telescópios doados à Nasa fossem partes excedentes desse programa — de uma longa linhagem de satélites de reconhecimento em serviço desde a Guerra Fria — ou uma sobra de outro programa cancelado e com nome que parece saído da ficção científica, o projeto Arquitetura de Imagens Futuras. Não importa a origem, eles oferecem um exemplo estonteante do que ocorre quando redirecionamos tecnologias militares ou combativas para fins mais pacíficos.

Os cientistas da Nasa não demoraram para sugerir um uso para seus novos brinquedos. O Wide-Field Infrared Survey Telescope (WFIRST), ou Telescópio Grande Angular Infravermelho de Pesquisa, outro projeto que estava na prancheta e lutava havia anos para receber fundos, foi desenvolvido para medir os efeitos da energia escura na formação do universo, bem como a consistência da relatividade geral e da curvatura do espaço-tempo. Disponíveis de uma hora para outra, os satélites do NRO deram a arrancada no programa, que agora tem lançamento previsto para 2027. O comprimento curto dos satélites — que foram apelidados de "Hubbles atarracados" — e a profundidade de campo que disso resulta representam, na verdade, um avanço em relação aos projetos originais da Nasa. Com o acréscimo de um dispositivo chamado coronógrafo, que bloqueia a luz direta das estrelas, o novo observatório também buscará exoplanetas: novos mundos que se formaram ao redor de estrelas distantes. Os cientistas da Nasa foram capazes de literalmente dar a volta nessas tecnologias: agora, em vez de olhar para nós mesmos, elas servirão para olhar mais de perto o mundo que nos cerca. Ao fazerem isso, eles transformaram um instrumento de vigilância e controle num instrumento de fascínio e descoberta.

Sempre há outras maneiras de se fazer tecnologia; outras maneiras de pensá-la e de colocá-la em uso. As barreiras são somente nossa imaginação e nossas intenções. Que outros mundos descobriremos se uma proporção maior de nossas tecnologias for posta em uso de maneira conscienciosa e ponderada — se as apontarmos não uns aos outros, mas ao mundo mais que humano?

A distância entre a fotografia *time-lapse* que faço na sala da minha casa e a obtenção de imagens de toda a Terra e da amplidão do universo a partir do espaço parece imensa, mas na

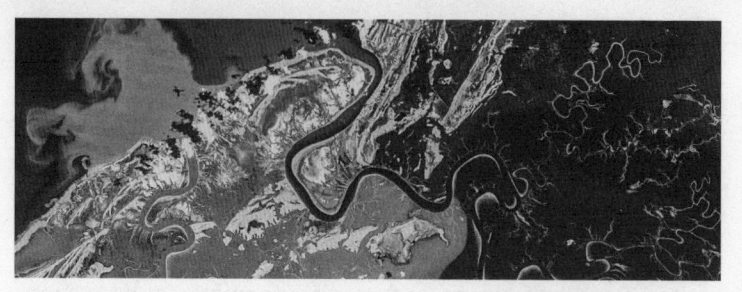

Uma imagem de Landsat em falsa cor, mostrando uma pequena porção do golfo de Carpentária, na Austrália, em fevereiro de 2009. A vida vegetal, incluindo os mangues, reflete cores vivas com mais intensidade.

verdade trata-se somente de uma questão de escala, intenção e imaginação. Os recursos que desenvolvemos para enxergar o mundo são fantásticos, porém mais acessíveis do que a maioria de nós imagina. Algum tempo atrás, escrevi um pequeno programa que roda em segundo plano no meu computador, atualizando meu fundo de tela a cada hora com uma fotografia de todo o Mediterrâneo, produzida apenas uns quinze minutos antes por um satélite pairando 36 mil quilômetros acima da minha cabeça. De hora em hora, dia após dia, posso ver as nuvens se formando, espiralando e dissipando sobre o oceano, e as tempestades avançando sobre os Bálcãs e a península Ibérica. No amanhecer de cada dia, uma curva de luz brilhante avança sobre a Europa e a África, transformando a escuridão em azuis e verdes; toda noite, o crepúsculo volta a avançar sobre elas. É um ponto de vista divino, quase em tempo real, criado por algumas linhas de código — e por alguns bilhões de euros/dólares de infraestrutura tecnológica colocada em órbita por agências governamentais e pela agência de todos nós.

Sou, caso ainda não tenha ficado claro, um nerd de satélites. Passei muitas horas felizes mergulhado em bancos de imagens, lendo especificações de sensores complexos e aprendendo a filtrar, aguçar e interpretar seus extraordinários resultados.

Dentre todos esses olhos celestiais, meus favoritos inquestionáveis são os satélites do programa Landsat — nove até hoje, com o mais recente tendo sido lançado em setembro de 2021 —, que têm produzido fotografias da Terra de uma altitude de setecentos quilômetros desde 1972. Resultado do trabalho conjunto de várias agências governamentais americanas (Nasa, Administração Oceânica e Atmosférica Nacional [NOAA, na sigla em inglês] e o Serviço Geológico dos Estados Unidos [USGS, na sigla em inglês]), ao lado de empresas privadas, as imagens feitas pelos Landsat ficam disponíveis livremente a qualquer pessoa, graças a uma lei do Congresso. Preservadas em imensos arquivos digitais e disponíveis na internet, elas constituem um vasto *time-lapse* do planeta inteiro, em permanente construção.

O que adoro no Landsat é sua capacidade de nos mostrar o mundo de uma nova maneira. Os satélites estão equipados com sensores multiespectrais: câmeras especializadas que conseguem enxergar além do espectro visual, enveredando pelos espectros infravermelho e ultravioleta. Essas frequências revelam os vapores invisíveis da atmosfera, as velhas cicatrizes de incêndios e eventos sísmicos, e a saúde das plantas e dos solos. Convertidos em cores que podemos discernir, esses fenômenos se revelam em tonalidades vibrantes de vermelho e verde, nítidos e chamativos ao olhar. Com sua visão super-humana e décadas de imagens arquivadas, o Landsat nos proporciona a capacidade de ver através do tempo, de rastrear os movimentos vegetais que estão fora do alcance da nossa visão normal e vê-los como o que realmente são: uma expansão titânica de vida ativa e intencional.

O que esse *time-lapse* planetário revela é a vibração das minhas plantas de apartamento atuando em escalas continentais: uma floresta de mangue caminhando de um lado a outro na costa australiana e cedros libaneses escalando montanhas na Turquia. No sul da Itália, onde os fazendeiros vêm abandonando terras agrícolas aos poucos nas últimas décadas, o Parque Nacional do Pollino transborda suas fronteiras, espalhando bétulas e pinheiros pelos Apeninos. Sob o olhar límpido do Landsat, as árvores aparecem como uma onda vermelha: luz infravermelha, invisível para nós, saindo da água e se espalhando por suas folhas viçosas e saudáveis. Aqui, as máquinas enxergam a vida em movimento melhor do que nós.[29]

Aqui, a tecnologia nos capacita a mudar nossa visão e permite que a apliquemos de outras formas; isso, por sua vez, muda para onde olhamos, o que vemos e como agimos. Ela permite que mobilizemos nosso cuidado e nossa atenção numa escala maior, e que estejamos mais presentes no mundo, do que seria possível sem ela. Com ela e através dela, podemos escolher, conscientemente, viver em outro tempo.

Escrevendo em 1935 a respeito de seus experimentos pioneiros com a cinematografia em *time-lapse*, o cineasta francês Jean Epstein resumiu assim a experiência de assistir a processos naturais transcorrendo em velocidades não naturais:

> A câmera lenta e a câmera rápida revelam um mundo em que os reinos da natureza desconhecem fronteiras. Tudo está vivo. Um animismo surpreendente está renascendo. Agora sabemos, pois as vimos, que estamos cercados de existências não humanas.[30]

Para Epstein, ver é um requisito para conhecer e se importar, e portanto para agir. Eu somaria a isso a qualidade da prática. O ato de criar meus próprios *time-lapses*, seja na sala da minha casa ou em toda a bacia do Mediterrâneo, produz em mim uma capacidade de atenção para o tempo das plantas e do planeta que não pode nascer somente assistindo aos vídeos alheios no YouTube. A experiência é aprimorada imensamente pelo tempo que investi, pela presença que agreguei e

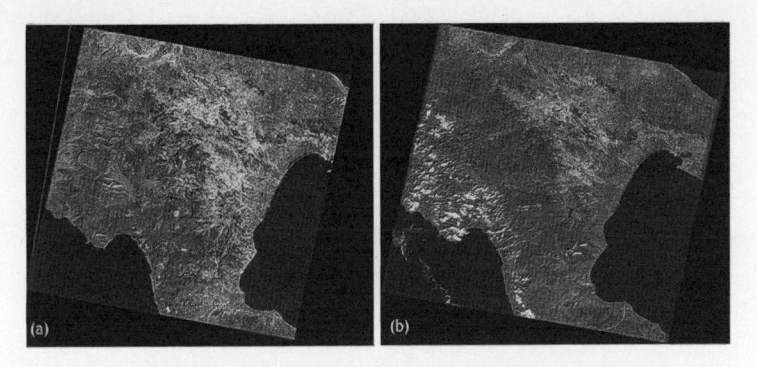

Imagens de Landsat da Basilicata, Itália, em (a) 1984 e (b) 2010.

pela compreensão tácita do que de fato aconteceu. Aqui temos, outra vez, a intra-ação atuando: ela combina uma mudança de visão com uma mudança no ser.

Ver inspira fascínio, mas a prática gera conhecimento e compreensão. Os instrumentos tecnológicos, para serem eficazes em produzir estados alterados, exigem que sejamos participantes plenos de suas revelações, e não meros espectadores. Por isso é tão importante que nos seja concedido acesso não apenas aos resultados dessas tecnologias fantásticas — as lindas imagens produzidas pelos satélites —, mas também às tecnologias propriamente ditas. O que precisa estar disponível a todos é a educação para de fato usá-las: o conhecimento e o know-how para desenvolvê-las e implementá-las de forma crítica e refletida, bem como um acesso efetivo aos instrumentos e processos existentes. Não basta girar as máquinas em outra direção — apontar os satélites para fora, e não para nós mesmos. Eles também precisar ser compartilhados e colocados nas mãos de todos.

5.
Falando com estranhos

Eh Eh Eh
Tt Tt Tt
Ah Ah Ah
Tt Tt Tt

É outubro de 2019 na Basilicata, na sola da bota da Itália, e estamos seguindo a pé os pastores no Parque Nacional do Pollino, nas regiões elevadas da comuna de Viggianello. O céu está limpo e azul, o ar está quente e parado, e vamos conduzindo vacas, cabras e ovelhas através das colinas, percorrendo abrigos, campos, encostas e pastagens. Enquanto caminhamos, os pastores falam com os animais num coro de sons contrastantes: gritos agudos, guturalizações graves, assovios, chamados longos e súplicas suaves, desviando-os para um lado e outro, insistindo, convencendo, emitindo ordens.

Ek-bar Ek-bar Ek-bar
Shqitz Shqitz Shqitz
Ooo-Ah Ooo-Ah Ooo-Ah
Wey-Ah Wey-Ah Wey-Ah

Estamos aqui porque minha parceira Navine e eu estamos fazendo a curadoria de uma exposição na cidade de Matera, cerca de duas horas de carro a leste de Viggianello. A exposição toma emprestado o título e busca inspiração em *Il Paese di*

Cuccagna, o País da Cocanha, uma lenda medieval a respeito de uma espécie de utopia camponesa, um mundo virado ao avesso, no qual as agruras da vida cotidiana são substituídas por uma superabundância. As pedras dão frutos, as fontes jorram vinho e os animais cantam alegremente.[1]

A história oficial de Matera consiste num lento surgimento a partir da pobreza abjeta, um mundo que se pode conhecer melhor nas páginas de *Cristo parou em Eboli*, as memórias de Carlo Levi sobre seu exílio na Basilicata (que na época se chamava Lucânia) na década de 1930. A publicação do livro gerou ondas de choque em toda a Itália, revelando ao norte, que atravessava um rápido processo de modernização, a existência de uma região em que as pessoas ainda viviam em cavernas, dançavam em rituais estranhos e lutavam para sobreviver. Nos anos 1950, o governo italiano evacuou à força as Sassi, as famosas cavernas que serviam de moradia em Matera, ocupadas continuamente havia 9 mil anos, e realojou seus moradores em apartamentos modernos no outro lado da cidade. Hoje, após décadas de abandono, as Sassi foram gentrificadas e muitas foram reescavadas, suavizadas e redecoradas para se tornarem, de modo um tanto incongruente, restaurantes e Airbnbs caros: a "vergonha da Itália" convertida em atração turística.

Nos arquivos da cidade, consultando as coleções de fotógrafos locais e as pesquisas mais recentes sobre a vida nas antigas Sassi, descobrimos uma outra realidade: as pessoas viviam junto com seus animais, colhiam ervas medicinais nos prados acima da cidade e construíam infraestruturas complexas para escoamento de água e dejetos na mesma pedra em que se abrigavam. Até o *cucù*, o icônico apito de argila de Matera, que tem a forma de uma galinha adornada (hoje produzida em massa para o consumo dos turistas), teve sua origem nos dotes de tempo antigos: era um símbolo de fertilidade e fazia parte de uma complexa cultura de dádivas, trocas e bênçãos mútuas.

O título do livro de Levi retrata Lucânia como uma terra abjeta fora do alcance da salvação de Cristo (Eboli é o último terminal ferroviário na linha que vem do norte, a duas horas de distância do litoral). Mas o texto também faz menção aos mistérios mais antigos da região, incluindo rituais esotéricos, crenças tradicionais persistentes e enraizadas, e a prática difundida da magia. Desde a dança da tarantela — com seus ritmos agitados que visavam reabilitar quem estava enfeitiçado ou aturdido por uma picada de aranha — até magias de fertilidade e festivais de colheita, esses rituais lucanianos eram profundamente ligados à terra, às suas plantas e aos seus animais, e às estações.

Ernesto de Martino, antropólogo napolitano que documentou esses rituais nos anos 1930, acreditava que as práticas que presenciou também estavam diretamente ligadas à pobreza e às depredações do mundo moderno. Quem havia sofrido uma picada da tarantela estava realmente enfeitiçado ou apenas exaurido pelas demandas da vida industrial e sufocado pela rigidez católica da sociedade? A magia tradicional lucaniana, por mais sombria e cruel que fosse às vezes, opunha-se a uma desnaturalização do mundo por parte da ciência e uma desumanização do indivíduo por parte da industrialização.

De Martino chamou isso de "a crise da presença": a sensação de que as próprias colinas, florestas, pássaros e animais podem estar se desfazendo, levando com eles o lugar de cada pessoa no mundo. O apelo dos rituais que presenciou, como ocorre em tantas práticas mágicas e xamânicas, dirigia-se ao mundo natural e não humano, com os quais estabelecia uma comunicação e uma negociação constantes. Era uma maneira de preservar a própria humanidade, reconhecendo e buscando fazer contato com a força vital de todas as outras coisas e seres.[2]

Assim como vestígios dos habitantes originais das Sassi ainda existem na forma de gravuras e inscrições nas paredes das cavernas gentrificadas, os vestígios daqueles rituais sobrevivem nas cidades e na zona rural da Basilicata. Cada comuna tem seu calendário anual de *feste*, ou festivais. Em Pedali, um vilarejo acima de Viggianello, o desfile da Madonna na época da colheita é acompanhado pelo *cirio*, um enorme dólmen de palha enfeitado com flores. Na cidade de San Costantino Albanese, a Festa de Nossa Senhora da Estrela é marcada por uma sucessão de bonecos de papel machê — uma serva, um pastor, dois ferreiros e uma figura diabólica apavorante — que detonam um espetáculo de fogos de artifício. Na própria Viggianello, a chegada da primavera é marcada pelo *maggio*, uma comemoração do Primeiro de Maio em que duas árvores, um abeto e uma faia, são retiradas das montanhas e carregadas numa festança dionisíaca que dura três dias, com vinho e música, para participarem de um ritual de casamento na praça da cidade. O tronco enorme da faia é arrastado por juntas de bois colossais e ofegantes, enfeitados com amuletos do sol e da lua, enquanto o abeto é erguido por rapazes cambaleantes. Para manter a compostura, o *maggio* também é chamado de Festa de São Francisco e um pequeno ícone do santo é pregado ao tronco e abençoado pelo padre do vilarejo, antes que esse totem escandalosamente pagão seja içado na praça central.

O *cirio* de palha, as gaitas de foles da *festa*, uma prateleira com *cucùs*, um filme comemorativo do *maggio*: esses foram os artefatos que tivemos a sorte de tomar emprestados para nossa exposição. Mas queríamos ter mais do que objetos silenciosos; queríamos dar-lhes uma voz, como o sopro de vida que parecia animá-los em seus locais e épocas de origem. O *maggio* é acompanhado por cantos matrimoniais, o *cirio* tem seus próprios hinos cantados pelas mulheres do vilarejo, os *cucù* contêm sua própria melodia, e o Parque Nacional do Pollino tem sua própria canção. É no sopro sonoro — na canção, na fala e na linguagem — que encontramos a intenção comunicativa, as inter-relações e a concretização do reconhecimento mútuo dos outros seres. O que nos traz de volta à nossa caminhada, acompanhada de microfones, ao lado dos pastores de Viggianello.

Brr Brr Brr
Eh Eh Eh Eh
Ti Ti Ti
Oah Oah Oah

O vocabulário de cada pastor é diferente. Quando as ovelhas aglomeradas no curral estão balindo e correndo de um lado a outro, Francesco "Capo" Caputo responde com disparos de sons oclusivos e cutucadas do cajado, empurrando e forçando os animais em direção ao portão. Nas encostas mais altas, seu primo Matteo conduz meia dúzia de vacas com chamados graves e penetrantes, ocasionalmente berrando, bufando forte ou estalando os lábios. No vilarejo, Rosina Corraro conversa com seus porcos dentro do galpão quente e mal iluminado, chiando entre os dentes e raspando a garganta, e os porcos respondem enquanto focinham a vasculhar no escuro à procura de cascas de cebola e frutas podres.

Meu momento favorito nas gravações que fizemos naqueles dias em Viggianello é quando Giovanni Forte, atravessando o campo com um de seus bois — um animal enorme e lindo, do tamanho de um trator —, recebe uma ligação e leva algum tempo para localizar o celular e atender. Escutando de novo esse trecho, percebemos como os clamores esbaforidos de Giovanni ao boi que se arrasta, sua respiração pesada, o clangor dos sinos, correntes e amuletos de metal, e o tilintar eletrônico e brusco do tom da chamada se misturam numa sinfonia generosa e harmoniosa de sons humanos, não humanos e mais que humanos.[3]

Nós, humanos, falamos para e com os animais desde que passamos a andar ao lado deles, ou seja, desde sempre. Essa comunicação não está limitada aos animais domésticos; na verdade, ela antecede a domesticação. Ainda hoje, há quem fale com os animais selvagens em conversas mutuamente inteligíveis e produtivas.

A Reserva Nacional do Niassa, no norte de Moçambique, cobre uma área enorme de mais de 42 mil quilômetros quadrados contendo savanas, florestas e pântanos. Durante séculos, a região foi conhecida pela qualidade do seu mel, que continua sendo o alimento básico e o recurso mais valioso do povo ajaua, que coleta o mel selvagem nos ramos dos baobás e em outras árvores altas da província do Niassa. Para fazer isso, contudo, eles precisam de ajuda para localizar as colmeias selvagens que costumam estar escondidas em galhos muito distantes do solo da floresta.

Outro residente do Niassa é o pássaro-do-mel — um pássaro pequeno e marrom, que se distingue pelo bico rosado. Todos os pássaros-do-mel têm uma habilidade rara: são capazes

Giovanni Forte atendendo um telefonema.

de digerir cera de abelha, uma rica fonte de nutrientes. Todavia, o revestimento externo das colmeias selvagens é duro e difícil de romper, e a saborosa cera de abelha fica bem protegida. Por isso, eles aprenderam a pedir ajuda.

Quando encontram humanos na savana, os pássaros-do-mel produzem um canto específico, diferente daqueles usados normalmente para acasalar ou defender o território, com o objetivo de chamar a atenção dos humanos. (Pássaros-do-mel famintos chegam ao ponto de voar dentro dos acampamentos dos ajauas para buscá-los diretamente.) Depois de chamar a atenção de um caçador, o pássaro-do-mel alça voo e esvoaça de árvore em árvore, cantando sem parar e levando o humano em seu encalço. Quando chega a uma árvore que contém uma colmeia de abelhas selvagens, ele pousa num galho próximo em pose de espera — bem ao alcance das flechas do caçador. Mas, embora os ajauas regularmente matem e comam pássaros desse tamanho, eles não atacam os pássaros-do-mel; pelo contrário, colaboram com essas aves. Depois de seguir o pássaro, o caçador localiza a colmeia, escala a árvore, afugenta o enxame com fumaça e rompe a colmeia com um machado para ter acesso ao mel adocicado. Depois que os humanos partem levando o que queriam, o pássaro-do-mel fica livre para se esbaldar com os favos e as larvas de abelha.

A comunicação entre o humano e o pássaro-do-mel é de mão dupla. Os caçadores-coletores ajauas também procuram a ajuda dos pássaros por meio de um ruído específico: um *brr* com a língua dobrada, pontuado por um *humpf* arfante, uma vocalização que não está tão distante dos resfôlegos dos pastores de Viggianello.[4]

Brrrrr-hm
Brrrrr-hm
Brrrrr-hm

Pesquisadores que gravaram e repetiram esses e outros sons na floresta descobriram que um caçador ajaua que fica repetindo o *brrrrr-hm* tem duas vezes mais chance de encontrar um pássaro-do-mel do que outro que produza sons diferentes. É mais do que um som: é um chamado específico, ou até mesmo uma palavra, reconhecido como tal pelos pássaros. Além disso, uma vez estabelecida a parceria com o pássaro-do-mel, a chance de o caçador encontrar uma colmeia aumenta de 17 para 54% — uma vantagem clara para os dois parceiros.[5]

Há outros casos de animais selvagens que fazem parcerias com humanos para incrementar as habilidades de caça de ambos. Nos litorais de Mianmar e do Brasil, botos selvagens mostram aos pescadores o melhor local para lançar as redes, depois guiam os peixes até elas e ganham uma cota da pescaria.[6] Mas os pássaros-do-mel são o único caso conhecido em que um humano e um animal selvagem chamam uns aos outros para realizar uma tarefa juntos. E parece que eles já fazem isso há um bom tempo.

Os ancestrais dos pássaros-do-mel modernos encontraram pela primeira vez os chimpanzés, e depois os primeiros hominídeos, na savana que se desenvolveu ao longo do Plioceno, há cerca de 3 milhões de anos. Durante esse período, condições ambientais mais secas e frias levaram a uma expansão das pradarias abertas, cobertas de plantas floríferas e pontuadas por árvores: um território perfeito para a bem disseminada *Apis mellifera*, a mais produtiva e nutritiva das espécies de abelhas, preferida pelos pássaros-do-mel, pelos chimpanzés e pelos ajauas. Até hoje, graças aos pássaros-do-mel, tanto as pessoas quanto os chimpanzés que habitam a savana consomem mais mel do que seus pares que habitam as florestas.[7]

Não está claro o momento exato em que surgiu essa ajuda mútua entre primatas e pássaros-do-mel, mas alguns chegam a situá-la naqueles primeiros encontros durante o Plioceno.

À medida que as condições de vida das abelhas iam melhorando, as colmeias se espalhavam pela savana, a quantidade de mel disponível aumentava e os pássaros e humanos se entrechocavam com mais frequência no esforço de obtê-lo. O desenvolvimento de ferramentas de pedra e o controle do fogo (e, com ele, da fumaça) facilitaram a coleta do mel, aumentando ainda mais as vantagens de trabalhar em conjunto com os pássaros-do-mel. Se, de início, havia apenas um participante seguindo os passos do outro, em algum momento, teve origem uma conversa que continua até hoje. Atualmente, os caçadores ajauas — todos homens — aprendem o chamado *brrrrr-hm* com os pais e o passam aos filhos. Na Tanzânia, o povo hadza produz um som sibilante para pedir ajuda aos pássaros, enquanto no norte do Quênia o povo borana sopra dentro dos punhos fechados, de cascas de caracol modificadas ou de frutos ocos de palmeira para produzir um assovio estridente que pode ser ouvido a mais de um quilômetro.[8]

Somos sempre transformados por nossas relações com os outros, e não foi diferente no caso da parceria com os pássaros-do-mel. Ao mesmo tempo que estávamos aprendendo a chamá-los e a escutá-los, estávamos nos transformando. Ao longo dos últimos 2 milhões de anos, o cérebro humano aumentou consideravelmente de tamanho. As razões são muitas, e, entre as explicações prováveis, estão uma dieta mais nutritiva e a complexidade crescente das tarefas realizadas: um ciclo de aprendizado e crescimento do qual fez parte a busca pelo alimento.[9] Será que o trabalho em conjunto com os pássaros-do-mel nos deixou mais espertos, fornecendo um empurrãozinho em nosso percurso evolutivo específico? Nossa relação com certeza combinou pensamento complexo com ganhos nutricionais. A esta altura, é claro, ainda devemos ter cautela ao procurar causas simples para mudanças e avanços evolutivos, mas a parceria entre humanos e animais selvagens no nível da linguagem, ilustrada pela relação entre o humano e o pássaro-do-mel, pode muito bem ter desempenhado algum papel importante no processo de nos tornarmos quem somos.

E quanto à linguagem propriamente dita? Se estamos realmente conversando com os animais, a linguagem não pertence apenas aos humanos — e talvez não a tenhamos inventado sozinhos. No século XIX, foram desenvolvidas várias teorias sobre as origens da linguagem, organizadas em 1861 pelo influente filólogo alemão Max Müller em quatro classes com nomes simpáticos: ding-dong, pooh-pooh, yo-he-ho e bow-wow. Esses termos, que viriam a ser empregados com desdém pelos críticos de Müller, ainda trazem alguma luz aos possíveis percursos do desenvolvimento da linguagem — e nos dizem muita coisa sobre sua natureza e seu uso.[10]

As teorias ding-dong, de acordo com Müller, sustentavam que a linguagem era uma revelação divina e inerente ao homem enquanto criação de Deus. "Ouro soa diferente de lata, madeira soa diferente de pedra; e diferentes sons são produzidos de acordo com a natureza de cada percussão. Foi assim também com o homem, a mais bem organizada obra da natureza", escreveu Müller — que, com "natureza", queria dizer Deus. De todas as categorias de Müller, a teoria ding-dong é a que apresenta ao mesmo tempo a formulação mais clara e a descrição mais vaga, uma vez que é baseada na existência de Deus e de uma concepção divina do homem. Assim como a teoria do design inteligente, ela pode se adaptar a qualquer estágio da criação. Considera a linguagem algo distinto e consagrado, propriedade singular da humanidade, ao mesmo tempo causa e afirmação de sua excepcionalidade. E, embora exclua a vida não humana da sua definição, ela tem uma beleza toda sua: de acordo com essa interpretação, a linguagem é uma espécie de ressonância de um mundo criado pelo divino, uma versão da humanidade para a música das esferas. Com ou sem Deus, a linguagem está em sintonia com o mundo.

A teoria pooh-pooh situa a origem da linguagem nos sons produzidos sem intenção pelos humanos: gritos e interjeições, exclamações de espanto, surpresa, dor e excitação. Com o passar do tempo, nossos grunhidos, gritos, tosses, espirros e outras eructações assumiram a forma de palavras que denotam suas causas e, por extensão, as de outras coisas. Müller e muitos de seus contemporâneos não gostavam dessa teoria, que lhes parecia a mais grosseira e acidental de todas, incompatível com o pensamento consciente. "Espirramos, tossimos, gritamos e rimos do mesmo modo que os animais", escreveu ele, "mas, se Epicuro nos diz que falamos do mesmo modo que os cães latem, impelidos pela natureza, nossa própria experiência nos informa que não é assim." Não podemos falar desse modo, alega Müller, porque é assim que os animais falam. Mas essa visão nega tanto a realidade da linguagem animal quanto a fisicalidade de qualquer linguagem: o fato de que ela é, antes de tudo, uma exalação modelada pela estrutura do corpo. A linguagem é corporificada: nós a produzimos contraindo músculos e expelindo ar. Todo o nosso pensamento consciente, aquilo que é exprimível em linguagem, está constrangido por esse arranjo de músculos, ossos e atmosfera.

A teoria yo-he-ho é semelhante, mas, em vez dos ruídos corporais involuntários, ela sustenta que as primeiras palavras estavam associadas à ação e ao esforço. *Yo-he-ho* está relacionado a *heave ho*, um canto de chamado e resposta que auxiliava na execução de trabalhos ritmados e esforços sincronizados em equipe; foi a primeira teoria a arraigar a aquisição da linguagem na capacidade social e na colaboração, o que está mais alinhado às teorias modernas da linguagem como uma propriedade emergente de uma complexidade social cada vez maior. A linguagem, de acordo com a teoria yo-he-ho, é uma resposta à necessidade de nos comunicarmos para trabalhar juntos no esforço de caçar, comer e sobreviver. Ela também ajuda a explicar a musicalidade e a brincadeira, porque nem todas as necessidades humanas estão diretamente ligadas à sobrevivência básica. Dando um passo além da linguagem pooh-pooh, a yo--he-ho comporta a criatividade e a intersubjetividade. Temos mais do que necessidades para comunicar. Temos pensamentos, ideias e até mesmo piadas, e, para transmiti-los, acreditamos na subjetividade alheia e a compreendemos. A linguagem, como a inteligência, é relacional.

Por fim, a teoria bow-wow, como seu nome evoca de maneira brincalhona, situa a origem da linguagem nos sons do mundo propriamente dito: nos chamados dos cães, cabras e aves, bem como no trovão da nuvem, no murmúrio do riacho e no sussurro da brisa. A linguagem é uma emulação e um epifenômeno do meio ambiente: ela nos aproxima do mundo e emerge dele. Em seu sistema de categorias, Müller reduziu essa noção à simples onomatopeia: a linguagem como eco ou imitação grosseira dos sons naturais, e esse é de fato o sentido em que usamos o termo "onomatopeia" hoje. Aqui, contudo, Müller comete um erro evidente — que na posição de filólogo, um especialista na forma original das palavras, ele deveria ter sido capaz de evitar. Na origem em grego, o ato de imitar sons é denotado literalmente pelo termo ἠχομιμητικό (*echo-mimetico*), ao passo que a onomatopeia original (ὀνοματοποιία) significa "fazer ou criar nomes". A teoria bow-wow, portanto, descreve o ato da linguagem não como mera produção de sons — como no caso da pooh-pooh e da yo-he-ho —, e sim como produção de significados. E, nesse processo de produzir significados, o mundo mais que humano é cúmplice e essencial.

Atualmente, a linguagem bow-wow sobrevive, para citar dois casos, na comunicação entre os caçadores tanzanianos e os pássaros-do-mel, bem como entre os pastores italianos e seus rebanhos. Ela também aparece de forma clara em algumas das nossas mais antigas tradições. O *cantu a tenòre* da ilha da Sardenha é uma modalidade antiga de música polifônica tradicional em que quatro cantores dispostos ombro a ombro, em círculo e de frente uns para os outros formam um coro: *boche*, *mesu boche*, *contra* e *bassu*. Os dois últimos entoam um canto gutural ululante a partir da laringe, fazendo a base para as palavras cantadas pelas primeiras duas vozes. Não importa qual seja o tema da canção — talvez amor, ou política, ou acontecimentos históricos —, o canto emula um coro mais que humano. O *boche* é a voz humana, o *mesu boche* é o vento, o *contra* é o balido de uma ovelha e o *bassu* é o mugido de uma vaca.[11] Em termos expressivos, os temas das canções são inseparáveis do mundo natural no qual elas surgem.

Os cantores guturais de Tuva, na Ásia Central, usam uma técnica semelhante com um objetivo não muito diferente. A partir da sua conexão próxima com o pastoreio e a caça, os sobretons complexos do canto *khoomei* mimetizam e representam sons de animais e da natureza, e acredita-se que tenham origem direta neles. De acordo com a mitologia tradicional, essas harmonias foram entregues ao homem pela própria terra; pelo tamborilar da cachoeira e pelo rugido do vento nas estepes. Mas elas também têm aplicações profundamente práticas e comunicativas. As canções *khoomei* tuvanas preservam um registro de sons naturais em momentos específicos, como o canto dos pássaros durante a migração e a força dos ventos e cursos d'água ao longo do ano. Esse catálogo das qualidades sonoras dos eventos sazonais permite que os pastores identifiquem com precisão a chegada das condições ideais para trocar de pastagem ou construir abrigos.[12] Assim como as frases das canções dos povos aborígenes australianos, que documentam a paisagem para, entre outras coisas, mapeá-la e cruzá-la em segurança, as canções tuvanas são um registro cultural actante de uma relação vivida com a Terra.[13]

No norte da Europa, o *joik* dos povos sami, a mais antiga tradição musical que perdura no continente, também é considerado uma dádiva da terra. Em troca dela, os *joikers* cantam sobre a terra e seus habitantes: cada canção representa — ou melhor, atua como — uma pessoa ou um lugar específico. Em termos filológicos, o verbo "joikar" nas línguas sami é transitivo direto: "joikamos" o lugar, e não sobre ele. O resultado é que as canções sobre a terra, os animais e as plantas também incluem, de forma direta, seus sons: o canto do corvo, o uivo do lobo, o vento na floresta, os fluxos marítimos. Cantado dessa maneira, o *joik* é uma expressão da própria terra: o mundo cantando através do cantor.

Essa noção está bem mais próxima da interpretação contemporânea do mundo enquanto uma rede orgânica densamente interligada, uma teia de seres e fenômenos entrelaçados, do que a descrição parcimoniosa das raízes das palavras e fonemas feita por qualquer filólogo do século XIX. Assim como as ciências ecológicas surgiram em reação aos agrupamentos e divisões da biologia tradicional, exortando que fossem substituídos pela atenção cuidadosa à inter-relação entre todos os seres, o canto do *joik* e do *khoomei* nos exortam a reconhecer a realidade bow-wow. Falamos, antes de tudo, não da posição de indivíduos dissociados ou de uma espécie excepcional, mas da posição do mundo, sobre ele, com ele e através dele. Nas palavras do filósofo Maurice Merleau-Ponty, a linguagem "é a própria voz das árvores, das ondas e das florestas".[14]

Falar ou cantar com o mundo e através dele, de maneira consciente, abre margem à articulação de posições políticas que seriam impossíveis somente partindo da voz humana. Nos anos 1970, o governo norueguês anunciou sua intenção de represar o Álttáeatnu (rio Áltá) no norte do país para criar uma usina hidrelétrica, um plano que resultaria no alagamento e destruição de uma área enorme de Sápmi, a terra tradicional dos samis. Em resposta, milhares de samis se reuniram no que se tornou conhecido como a Ação Áltá: uma campanha de protesto e desobediência civil que culminou em confrontos com a polícia no local da represa e numa prolongada greve de fome na capital, Oslo. Embora os protestos tenham acabado fracassando, a luta representou um momento de virada no revigoramento da cultura sami após séculos de opressão racista e religiosa, e das lutas por justiça ambiental e indígena de modo mais amplo.

O grito retumbante da Ação Áltá foi "deixem o rio viver", um apelo sem precedentes não somente por respeito e justiça ambiental, mas também pelo reconhecimento da vida e da autonomia do rio em si, e por extensão das comunidades, humanas e não humanas, que viviam com ele. Essa interconexão se torna audível em *"Sápmi, vuoi Sápmi!"*, uma canção do álbum de mesmo nome, de autoria do músico sami Nils-Aslak Valkeapää (conhecido como Áillohaš na língua sami setentrional), lançada em 1982 em resposta à Ação Áltá. A faixa começa com o canto insistente de um tetraz, que aos poucos dá espaço a gravações de campo com cantos de pássaros, palavras de ordem, serras circulares, água corrente e helicópteros da polícia, além do *joik* incrivelmente belo do jovem músico sami Ingor Ántte Áilu Gaup.[15] Juntas, as várias vozes, sons e fenômenos naturais se combinam para criar um retrato poderoso de uma terra e um povo ameaçados, bem como da combinação de forças dos mundos humano e mais que humano, convocadas na defesa mútua de uma Terra compartilhada.

Áillohaš, que morreu em 2001, foi talvez o maior, e certamente o mais conhecido, *joiker* do século XX: um poeta e líder cultural que modernizou o *joik* com a introdução de instrumentos musicais e trouxe mais atenção aos movimentos sociais.

"*Sápmi, vuoi Sápmi!*" é um tributo a um momento específico, mas a canção evoca um comprometimento mais amplo e contínuo com uma voz que fale com o mundo e através dele. Nesse tipo de ação, podemos ver como falar na voz do mundo não é um gesto meramente imitativo. É uma forma de solidariedade.

Hoje em dia, para a maioria de nós, a música da linguagem foi quase inteiramente substituída por sua escritura. Vivemos numa cultura mais escrita do que oral. Recorremos à linguagem dos pastores e caçadores, à transmissão da música folclórica e às cosmologias que preservaram sua tradição oral para recuperar a conexão com o mundo outrora evocado pela fala.

A tecnologia fundamental na transição da cultura oral para a escrita foi o alfabeto fonético, inventado por escribas semitas em torno de 1500 a.C. Escritas pictográficas já existiam há muito mais tempo, tendo sido inventadas separadamente na Mesopotâmia, no Egito, na China e na Mesoamérica. Esses sinais, embora fossem escritos, referiam-se à coisa falada — como os hieróglifos egípcios. Mesmo que essa coisa fosse um conceito quase abstrato, ele ganhava peso e materialidade a partir da sua associação com o mundo.

O alfabeto fonético, por outro lado, substituiu as imagens do mundo por imagens da própria linguagem: primeiro as consoantes, depois as vogais. Isso favoreceu uma separação quase total da cultura humana do restante da natureza: em vez da escritura das formas pictográficas, voltada para fora — o equivalente na escrita do *brrrr-hm* e do *joik* —, o caractere fonético invoca a forma da elocução, seu som em nossa pronúncia. O mundo mais que humano desaparece do sistema.

Esse distanciamento da linguagem de suas origens na interação humana com o mundo natural alcança sua apoteose na tecnologia da computação. Com poucas exceções notáveis, a imensa maioria das linguagens de programação é escrita no alfabeto latino, com palavras-chave em inglês. Isso vale até mesmo para as várias linguagens desenvolvidas em países nos quais não se fala inglês. Assim, as tecnologias da computação se tornam outra maneira de nos afastarmos continuadamente do nosso meio, do mundo que segue nos envolvendo e sustentando mesmo quando estamos grudados nos nossos teclados e telas.[16]

Mesmo assim, traços do mundo natural permanecem na linguagem humana; na verdade, o mundo natural continua assombrando, infiltrando, evocando e configurando o mundo computacional. E isso vale para os caracteres que compõem o alfabeto fonético que estou digitando numa máquina neste exato momento.

Aleph, a primeira letra do alfabeto semítico, era escrito como ∀. *Aleph* é também a palavra do hebraico antigo para "boi", que a letra representa como uma cabeça com chifres. Ela também está relacionada ao hieróglifo egípcio para o mesmo animal. Após ser girada, tornou-se a seguinte letra: A. Da mesma forma, nossa letra M tem origem na letra semítica *mem*. É a palavra hebraica para "água", e era desenhada como uma pequena onda: ϻ. A letra O, que foi transformada em vogal pelos escribas gregos, vem da letra *ayin*, que significa "olho", enquanto o Q deriva da letra *qoth*, que também significa "macaco". O rabo desse "Q" é um rabo de macaco vestigial. Traços de animais, ondas e partes do corpo permanecem no texto, no cerne dessa máquina. Meu computador fala bow-wow.

Se a linguagem surgiu, e continua a surgir, dos nossos encontros com o ambiente que nos cerca, isso deveria valer também para nossas interações com as novas tecnologias. A própria linguagem deveria mostrar os sinais e as distensões que resultam dos nossos encontros com esse ambiente computacional que cada vez mais habitamos. E é claro que ela mostra.

Talvez o maior exemplo de linguagem onomatopeica — palavras que evocam seu som natural — seja o riso. Podemos rastrear a maneira como falamos do riso e o descrevemos ao longo do tempo. Na primeira gramática de latim vernacular, publicada em inglês (antigo) por Elfrico de Eynsham por volta do ano 1000, encontramos a frase *"haha* and *hehe* getâcnjað hlehter on lêden and on englisc": *"haha* e *hehe* denotam riso no latim e no inglês". No prólogo do "Conto da Prioresa", de Chaucer, o anfitrião risonho adverte os convidados de que evitem cair em truques: "Haha *telaws be war for such a iape*".* Até mesmo Shakespeare recorre a isso quando Benedick exclama, em *Muito barulho por nada*: *"How now! Interjections? Why then, some be as laughing, as* ah! ha! he!".[17]**

"Haha" é puro pooh-pooh e puro bow-wow — uma versão onomatopeica de uma interjeição involuntária. Em um estudo sobre as primeiras conversas por mensagens instantâneas realizadas no início dos anos 2000, pesquisadores analisaram 1,2 milhões de históricos de conversas de adolescentes canadenses (que aceitaram participar do estudo). Eles descobriram que *"haha"* era a interjeição "abreviada" — ou partícula de *"text speak"* [linguagem de mensagens] — mais usada nas conversas. A segunda era *"lol"*: *"laugh out loud"* ["rindo alto"].[18]

O estudo foi realizado numa época em que havia pânico generalizado em torno do uso crescente de mensagens instantâneas por parte dos jovens e da possibilidade de que isso levasse a alguma espécie de colapso da língua inglesa. O aumento da velocidade de digitação necessária para manter as conversas

---

* Todas as edições atuais, inclusive as de domínio público, trazem o que parece ser uma versão atualizada do verso: *"Aha! fellows, beware of such a jape"* [Arrá! amigos, cuidado com esse tipo de golpe]. [N. E.]

** Na tradução de Beatriz Viégas-Faria: "Mas o que é isso agora? Interjeições? Ora, então que algumas sejam para risadas, por exemplo: *ha! ha! ha!*" (São Paulo: L&PM, 2002. Ato IV, cena I). [N. E.]

online fluindo e as restrições de quantidades de caracteres nas mensagens de SMS levaram à popularização de formas abreviadas de expressões comuns, tais como, em inglês, *brb*, *omg* e *np*. Alguns analistas acharam isso assustador, especialmente quando os mesmos termos começaram a pipocar nas lições de casa dos alunos.[19]

Esses medos eram indevidos — ainda que jamais tenham saído completamente de cena. Um após o outro, os estudos sobre a "comunicação mediada por computadores" mostraram que o *text speak* promove, na verdade, uma expansão da linguagem. Livre dos constrangimentos da polícia linguística — professores, pais, bancas examinadoras e academia —, os usuários de mensagens instantâneas demonstraram que eram capazes de preservar as regras bem estabelecidas da gramática ao mesmo tempo que faziam evoluir novas regras e convenções em velocidade acelerada. Essas convenções recentes eram adotadas e compartilhadas dentro de suas comunidades para consolidar modos de comunicação novos e mais bem adaptados ao seu ambiente: o computador e o telefone celular.

Atualmente, "*lol*" escapou das caixinhas das mensagens instantâneas e do SMS para se tornar algo que as pessoas de fato dizem: não apenas uma nova palavra, mas uma nova fala. Ao contrário de "*haha*" e "*hehe*", que são onomatopeias nascidas na convulsão dos pulmões humanos, "*lol*" é resultado da constrição do espaço e do tempo nos sistemas de computadores. É um efeito ambiental sobre a linguagem, esse atributo supostamente inato do ser humano, mas que pode ser mais bem compreendido como o mundo — ou, nesse caso, a máquina — falando através de nós.

Talvez o ambiente computacional e o natural não sejam tão distintos e separados assim. Na verdade, reconhecer que o ambiente computacional exerce sobre nós uma influência transformadora, da mesma maneira como faz — ou fazia — o ambiente natural, pode nos ajudar a perceber uma série de coisas importantes.

A primeira coisa é que essa influência deve ser levada em conta. Não somos bons em manter uma consciência atenta do nosso ambiente computacional porque ficamos acostumados demais a pensar nele (assim como no ambiente natural) como algo que podemos controlar ou como algo distinto de nós e, portanto, irrelevante. Essa dissonância só se torna óbvia em momentos específicos. Com frequência, isso ocorre quando estamos com dificuldade de nos expressar dentro dos limites impostos por um programa em particular: um software de administração recalcitrante ou um processador de texto truncado. Não importa se atribuímos o problema a nós mesmos, ao design do programa ou aos sistemas que nos forçam a usá-lo; de todo modo, parece haver pouca coisa a fazer a respeito da situação.

Um caso recente revela até que ponto um software mal elaborado pode afetar diretamente nossa descrição do mundo natural. Em 2020, a comissão científica encarregada de padronizar os nomes dos genes, o HUGO Gene Nomenclature Committee (Comitê de Nomenclatura de Genes da HUGO), ou HGNC, divulgou novas normas. Ela foi forçada a fazer isso por causa de um problema ridículo, mas muito difundido: o software Excel, da Microsoft, insistia em modificar os nomes dos genes nas planilhas porque pensava que eram datas. Por exemplo, o gene MARCH1 (propriamente chamado de Membrane Associated Ring-CH-type Finger 1) era convertido para a data 1-Mar (1º de março), enquanto outro gene, SEPT2 (Septin 2), era convertido para 2-Sept (2 de setembro). Ainda que o problema pudesse ser resolvido mudando os ajustes do programa, o risco de não o fazer era desastroso. Cerca de um quinto dos 3597 artigos de genética analisados em 2016 continha erros relacionados ao Excel. Diante da preocupação crescente com a estabilidade da pesquisa científica, o HGNC resolveu mudar suas orientações: por exemplo, o MARCHI agora se tornou oficialmente MARCHFI, enquanto o SEPTI se tornou SEPTINI; uma série de outros termos também precisaram ser modificados. Foi concluído que era mais fácil mudar os nomes atribuídos ao genoma humano do que alterar o funcionamento de um software.[20]

Em sistemas mais comunicativos, como o e-mail ou as redes sociais, identificamos com frequência os limites inerentes das ferramentas disponíveis e os modos como nossa expressão acaba sendo moldada, restringida ou estimulada, mas nossas reações a isso — como no caso do *text speak* — podem ser um pouco mais criativas ou generativas. Redes sociais inteiras surgiram a partir dessas reações. Mas também nesse caso o sistema molda nossa vida em muitos sentidos prejudiciais. O Facebook presumiu que o modelo social de interação entre os universitários brancos e privilegiados dos Estados Unidos era a melhor forma de o mundo inteiro conversar; acreditando neles, acabamos ganhando fofocas, ofensas, *trolls*, fake news e coisa ainda pior. O Google decidiu que vender nossas informações pessoais a anunciantes era a melhor maneira de monetizar o fluxo livre de informações, e acabamos ganhando os caçadores de cliques, a Cambridge Analytica, a propaganda de desinformação russa e a direita alternativa. Além desses exemplos óbvios, há muitas outras tecnologias invisíveis operando além e fora do alcance da nossa atenção e supervisão: sistemas de vigilância, de julgamento das leis, de extração financeira e de controle social. Preservar nosso poder e agência num cenário desses requer uma tradição de conhecimento acumulado, bem como uma espécie de "mindfulness", uma atenção plena ao invisível e ao quase imperceptível — nada muito diferente do tipo de conhecimento e atenção de que necessitamos para sobreviver e prosperar em qualquer cenário instável, complexo e ocasionalmente perigoso.

A segunda coisa importante que podemos perceber é que o ambiente computacional mantém uma continuidade com o natural. Assim como não há divisão clara entre os humanos e a biosfera, entre as linguagens do mundo e as linguagens humanas, vemos também trocas contínuas entre o mundo e as máquinas. Os computadores têm uma relação material com a Terra: feitos de rochas e minerais, e regidos pelas leis da física, eles existem no mundo junto conosco. Uma enchente ou relâmpago pode derrubá-los; excesso de calor ou umidade prejudica seu funcionamento. Quando interagimos com eles, nossas respostas são fisiológicas: de LER a dor lombar, passando pela "apneia do e-mail": a compressão dos pulmões e a interrupção da respiração que ocorrem ao depararmos com uma sequência intimidadora de mensagens. Isso para não mencionar a angústia existencial imposta por um travamento do sistema, avaria ou perda de dados, ou as vastas quantidades de calor, dióxido de carbono e resíduos industriais despejados na atmosfera. Essa continuidade entre a tecnologia, o corpo e a biosfera — essa ecologia — fica perceptível na linguagem, assim como na cultura, na vida social e em nossas relações uns com os outros e com o mundo mais que humano.

Um dos impactos do movimento Black Lives Matter foi uma reavaliação da linguagem computacional. Em 2003, o município de Los Angeles pediu aos fabricantes, fornecedores e empreiteiros que deixassem de usar os termos *"master"* e *"slave"* [mestre e escravo] nos equipamentos de computação. O pedido ocorreu depois que um funcionário municipal prestou uma queixa por discriminação, opondo-se a ver esses termos associados a máquinas — no caso, um copiador de fitas de vídeo.[21] Historicamente, esses termos foram empregados por cientistas da computação para designar repositórios primários e secundários de informação arquivada. Foram empregados também, é claro, para designar uma relação entre seres humanos. Em 2003, o pedido do município de Los Angeles foi amplamente ridicularizado como um exemplo medonho de ações "politicamente corretas" (uma das expressões mais medonhas que existem), mas, nos anos seguintes, assistimos a uma mudança gradual de posicionamento. Hoje, muitas linguagens de programação usam termos alternativos, tais como "primário" e "secundário", para se referir exatamente aos mesmos sistemas. Em 2020, o debate teve atenção redobrada quando Regynald Augustin, um engenheiro negro que trabalhava no Twitter, pressionou para que a plataforma mudasse suas diretrizes de programação após receber um e-mail que o notificava sobre um *"automatic slave rekick"*.* O Twitter também abandonou o uso do termo "lista negra" para se referir aos termos e usuários banidos, em parte devido à pressão do movimento Black Lives Matter.[22] A plataforma de desenvolvimento de software GitHub, que tem 50 milhões de usuários, e o onipresente sistema de banco de dados MySQL, entre outros, logo seguiram o exemplo.

Embora as mudanças na linguagem sejam com frequência criticadas por apenas chamarem a atenção, nos melhores casos, e por serem inúteis, nos piores, elas são sólidas tanto na origem quanto nas consequências. Ron Eglash, professor da Faculdade de Informação da Universidade de Michigan, pesquisou as origens da terminologia mestre/escravo. Seu trabalho descreve o desconforto bastante real de muitos engenheiros negros que se deparam com esse tipo de termo — bem como o fato de que eles muitas vezes são inadequados para a aplicação em questão.[23] Ele cita um de seus correspondentes: "Quando dei aulas sobre lógica digital pela primeira vez, lá por 1992, não me dei conta da impropriedade dos termos,

---

* O significado é um reinício automático de processo secundário, mas, literalmente, soa como "chute automático no escravo". [N. E.]

até que eu, um dos pouco afro-americanos presentes, estivesse diante de uma turma de sessenta alunos. Lembro de ter enrolado as palavras". Num mundo em que menos de 4% dos 50 mil funcionários do Google e apenas 6,5% de todos os alunos das ciências exatas nos Estados Unidos são negros — números que apontam diretamente para um viés racial bastante concreto nos sistemas de computação —, as palavras que escolhemos usar importam muito.[24]

Eglash enfatiza que as implicações racistas dessa terminologia são amplificadas pelas tecnologias digitais. Originalmente, os termos *"master"* e *"slave"* eram empregados em tecnologias mecânicas, tais como interruptores, relógios e sistemas hidráulicos. Nesses sistemas, o "escravo" simplesmente imitava o "mestre", repetindo fielmente suas ações. Com o advento dos computadores em rede, uma nova medida foi introduzida: a inteligência. O primeiro sistema multitarefa em computadores, desenvolvido em 1964 na Darthmouth College, em New Hampshire, usava *"master"* e *"slave"* para aludir às unidades de controle e de processamento da rede, referindo-se explicitamente ao "mestre" como o "cérebro" da operação e ao "escravo" como a "força bruta" — muito embora o "escravo" realizasse a maior parte do trabalho computacional propriamente dito. Como observa Eglash, "essa extensão da metáfora comete o mesmo erro — igualar dominação e inteligência — que os mestres humanos cometem em relação aos escravizados".

Se formos levar a sério a noção de continuidade entre o ambiente computacional e o físico, então precisamos levar a sério também a noção de que a linguagem computacional, influenciada por nossas tendências, nossos pressupostos e preconceitos, molda e afeta nossa realidade fora dos sistemas nos quais está integrada. E não se trata somente da linguagem computacional, pois confundir dominação com inteligência é um erro que cometemos nos mais diversos contextos, em especial nas nossas relações com as outras espécies. Portanto, nossa maneira de falar com o mundo e a respeito dele como um todo também importa.

A linguagem de que dispomos para falar a respeito do mundo natural está infectada pela linguagem da dominação, desde a nomeação dos animais companheiros como "animais de estimação" subordinados até a redução de seres vivos e actantes à condição de "gado". Mesmo nossa diferenciação entre os animais "selvagens" e "mansos" carrega implícita a mesma violência cultural de palavras dirigidas a humanos de outras culturas, como "incivilizado" e "primitivo". No devido tempo, termos como esses, já questionados por defensores dos direitos animais, podem vir a ser vilipendiados, da mesma forma que hoje temos aversão pela terminologia do "mestre" e do "escravo".

Por fim, reconhecer a realidade do âmbito tecnológico em que estamos inseridos pode abrir caminho a novas formas de imaginar nossa relação com ele. Por extensão, isso pode abrir caminho a novas formas de imaginar nossa relação com o ambiente físico, a biosfera, com a qual o âmbito tecnológico possui continuidade.

É revelador que tantos dos nossos processos computacionais evoquem ou tenham o nome inspirado em processos sobrenaturais. Um exemplo é a "caixa-preta". Uma caixa-preta é um dispositivo, sistema ou objeto cujas entradas e saídas podem ser conhecidas, mas cujo estado interno permanece desconhecido, como um programa de computador com fonte fechada, uma máquina patenteada, uma caixa de mágicas — ou uma outra mente. Para a maioria das pessoas, uma grande parte dos processos e dispositivos mais relevantes e poderosos — dos smartphones aos laptops, do sistema financeiro aos protocolos políticos — é, para todos os efeitos, uma caixa-preta acessível apenas a quem possui conhecimento especializado ou acesso privilegiado: uma situação que gera desigualdades radicais de poder e agência. Não espanta que a mais citada das três leis de Arthur C. Clarke seja a terceira: qualquer tecnologia suficientemente avançada é indistinguível da magia.[25]

A terminologia mágica também está entranhada nas próprias máquinas. Programas assistentes projetados para ajudar os usuários sem familiaridade com novos softwares levam o nome de *"wizard"* [mago], enquanto um nome comum para as sub-rotinas que monitoram e executam silenciosamente muitos dos processos de fundo nos sistemas de computação é *"daemon"* [demônio]. Este último termo remete a alguma espécie de diabinho ou duende inteligente, evocado para realizar tarefas pequenas na lista de afazeres do mago. O que o algoritmo do *daemon* faz é mais ou menos isso: checar conexões de rede, manter outras tarefas em execução e encerrar processos defuntos. Mas ele também sugere certa malevolência. Quando Elon Musk descreveu o trabalho com Inteligência Artificial como "invocar o demônio", ele estava aludindo a algo poderoso e incompreensível — algo potencialmente perigoso.

O que desejo questionar é essa equiparação entre o incompreensível e o perigoso, porque ela parece habitar o âmago de muitos dos nossos medos associados à tecnologia e ao mundo físico como um todo. Como já vimos, a presunção de que uma Inteligência Artificial todo-poderosa se revelará inevitavelmente maligna predomina entre os que têm poder. Mas o mundo está repleto de fenômenos naturais que não (ou nem sempre) percebemos como malignos apenas porque são incompreensíveis: sistemas climáticos, eventos sísmicos, distúrbios elétricos, o comportamento dos animais e dos pássaros, o crescimento das plantas e da vida microbiana ou a propagação das doenças. Sim, a ciência moderna pode nos dizer muita coisa sobre as causas e circunstâncias desses fenômenos, mas eles seguem sendo imprevisíveis e, portanto, incompreensíveis em última instância. Na previsão está subentendido o controle, o conhecimento total do fenômeno e de seu contexto, e com isso o domínio sobre ele. O oposto também é verdadeiro: o medo do desconhecido é o medo da falta de controle.

Mas falta de controle é justamente o que precisamos aprender a aceitar se quisermos ter uma vida significativa e justa em meio a sistemas naturais e tecnológicos complexos. Minha metáfora computacional favorita expressa bem isso: a Nuvem. Se, no começo, a Nuvem era um símbolo indistinto nos diagramas que os primeiros engenheiros eletrônicos usavam para sinalizar uma caixa-preta dentro de uma rede, um sistema ou processo que era remoto e insignificante, nas últimas décadas, ela foi crescendo até cobrir o planeta inteiro. Atualmente, ela envolve quase todos os aspectos da nossa vida digital. É onde conversamos, fazemos compras, realizamos operações bancárias e aprendemos; é onde guardamos nossas memórias, lemos as notícias e participamos da sociedade contemporânea em rede. Mas a metáfora também descreve de forma direta o aspecto mais saliente da Nuvem: sua incognoscibilidade. Seria possível fazer uma objeção, dizendo que a Nuvem, tendo sido criada pelo homem, é potencialmente algo que podemos conhecer; mas ninguém, nem o cientista da computação, nem o programador, nem o engenheiro da rede, nem o legislador do setor tecnológico, nem o técnico que instala o cabo, ninguém a conhece por inteiro de verdade. O maior arranjo de tecnologias que jamais construímos, a força computacional que está no centro de todas as vidas do planeta, é "nebulosa" — e acho que é por isso que o nome pegou. Em vez de evocar o controle tecnocrático, a Nuvem evoca o clima. Ao escolher seu nome, não estamos em busca de dominação, e sim de uma acomodação com forças maiores do que nós.

Insistir na qualidade nebulosa da nuvem, no seu verdadeiro peso, na sua fisicalidade e fome de recursos, deveria sempre nos lembrar que seu funcionamento impõe uma dívida para com o planeta. Quando falamos na Nuvem, deveríamos pensar também no consumo de recursos dos servidores, no dióxido de carbono, na extração de materiais, nos fluidos tóxicos de refrigeração e nas guerras travadas pelo acesso a minérios raros que são parte integrante de nossas fluentes experiências tecnológicas.

Se a linguagem importa em nossas relações com as máquinas e os seres mais que humanos, podemos melhorar concretamente nossa abordagem da natureza dessas relações por meio de um uso atencioso da linguagem — e não apenas trocando termos ofensivos por outros mais aceitáveis e precisos. Podemos reconhecer o verdadeiro significado das palavras que usamos, podemos ampliar os termos que empregamos para conversar com as máquinas e podemos introduzir termos novos. Assim como o exorcismo que extraiu "mestre" e "escravo" do léxico dos sistemas computacionais pode gerar efeitos muito reais na vida de humanos de carne e osso, o encantamento de *daemons* e *wizards* poderá nos trazer mais consciência da agência, ou até mesmo da subjetividade, das nossas criações: não mais "Inteligências Artificiais", e sim seres digitais não humanos. A humildade diante das nossas criações animadas pode nos levar, por sua vez, a uma humildade maior diante daqueles seres que já nos cercam.

O primeiro passo para nos afastarmos da nossa ilusão de dominação é fornecido pela linguagem. Mais cedo, mencionei de passagem a existência de linguagens de programação diferentes do padrão, em especial nas línguas que não sejam o inglês. Um dos meus exemplos favoritos é a قلب, que se pronuncia "*alb*" ou "*qalb*", e significa "coração" em português.

A قلب é uma linguagem Turing completa, o que significa que é capaz de implementar todos os programas de computador existentes e inclui um interpretador e um ambiente de programação — as ferramentas para executar e redigir código — completamente em árabe. Assim como o árabe, ela é escrita da direita para a esquerda, e todas as palavras-chave — normalmente termos em inglês como *"loop"* e *"function"* — são substituídas por equivalentes que fazem sentido em árabe.

Como dita um velho hábito nerd, o teste-padrão de uma linguagem de programação consiste em escrever um pequeno programa que imprima a expressão *"Hello World!"* [Olá, Mundo!]. Assim fica o *"Hello World!"* — ou melhor, "مرحبا يا عالم" em قلب:

(قول 'مرحبا يا عالم')

A قلب foi criada por um programador e artista libanês-americano chamado Ramsey Nasser especificamente para "destacar as distorções culturais da ciência da computação e questionar o que julgamos saber a respeito da programação". Já que todas as ferramentas de programação modernas são codificadas no padrão ASCII, que contém caracteres latinos e está baseado na língua inglesa, a programação fica atrelada a uma cultura escrita específica e favorece quem cresceu dentro daquela cultura. Nasser afirma que o esforço de levar o aprendizado da computação a mais pessoas — e com isso alterar o equilíbrio do poder sistêmico — deve envolver a disponibilidade de ferramentas em diversos idiomas. Além disso, a قلب demonstra que alterar a linguagem do código também pode modificar sua natureza.[26]

Devido às características do alfabeto árabe, qualquer palavra pode ser prolongada por meio de traços de ligação entre as letras. Essa é a base da caligrafia árabe, na qual as palavras e frases podem fazer parte de arranjos complexos sem perder o significado. Isso vale para a قلب: os comandos e palavras-chave da linguagem de programação podem ser prolongados de forma a permitir que o código em si incorpore novos padrões artísticos, casando a estética com a função. Os algoritmos se transformam em poesia concreta — literalmente no caso das obras de arte que também integram o projeto de Nasser, nas quais trechos de código funcional assumem a forma de mosaicos árabes tradicionais, que por sua vez enfatizam a natureza recursiva e repetitiva do próprio código.

Um dos primeiros programas escritos em قلب foi, muito adequadamente, uma implementação do Jogo da Vida de Horton Conway, um programa de computador de aparência simples que simula um ecossistema complexo e, em última análise, imprevisível: um universo de pixels pretos e brancos em eterna transformação. De acordo com Nasser, o que lhe despertou interesse no poder da computação para criar mundos novos foi a compreensão do algoritmo que rege o Jogo da Vida, uma experiência que lhe causou "um barato semelhante a uma viagem espiritual".[27] Linguagens de programação em outras línguas, como a قلب, aumentam as possibilidades de acesso a esse poder e a essa experiência, e com isso surgem novas possibilidades de colocá-los em prática.

Na verdade, é possível escrever código para computadores de quase todas as formas imagináveis. Artistas, hackers e experimentalistas criaram uma quantidade enorme de linguagens de programação "esotéricas" para testar os limites do design de linguagem, bem como os limites da compreensão humana e da máquina — e também pela diversão, é claro. Por exemplo, existe a Piet, uma linguagem criada pelo físico australiano David Morgan-Mar, que não envolve nenhum tipo de linguagem: seus programas são imagens *bitmap* multicoloridas que lembram as pinturas de Mondrian. O comportamento do programa é definido pela gama de cores e tonalidades na imagem, e não por palavras. Ou poderíamos citar a Emojicode, uma linguagem de programação completa escrita, isso mesmo, com emojis.[28]

Uma das iniciativas mais extremas é a brainfuck,* uma linguagem esotérica criada em 1993 por outro físico, Urban Müller, que consiste em apenas oito comandos, cada um deles consistindo em apenas um caractere: < > + − . , [e]. Assim como a قلب, a brainfuck é Turing completa, o que significa que podemos extrair, desses oito caracteres, toda a computação existente — embora fazê-lo seja uma empreitada digna do nome da linguagem.[29] Eis o *"Hello World!"* em brainfuck:

```
++++++++++[>+++++++>++++++++++>+++<<<-
]>++.>+.+++++++..+++.>++.<<+++++++++++++++.>.+++.------.--------.>+.
```

A brainfuck é um teste de quanto uma linguagem de computador pode ser minimalista: o tamanho de seu compilador — a aplicação que converte o código num programa executável — é apenas 240 bytes. Ela também demonstra a maleabilidade infinita e a acessibilidade potencial do código. Uma variante da brainfuck, chamada Ook!, inspira-se no orangotango bibliotecário da série de Terry Pratchett, *Discworld* — um mago que foi transformado em orangotango após um feitiço que saiu pela culatra, e que se recusa a retornar à forma humana quando percebe que essa nova forma é mais adaptada para alcançar as pilhas de livros mais altas na biblioteca da Universidade Invisível.[30]

A Ook! tem somente três elementos sintáticos, que correspondem às três falas do bibliotecário: "Ook.", "Ook?" e "Ook!". Combinadas em pares, elas tomam o lugar dos oitos elementos da brainfuck — e, assim como a brainfuck, a Ook! também é capaz de incorporar todos os programas de computador conhecidos. *"Hello World!"* em Ook! se escreve assim:

---

* Em tradução literal, "foder o cérebro". [N. E.]

Ook. Ook? Ook. Ook. Ook. Ook. Ook. Ook. Ook. Ook. Ook. Ook. Ook. Ook. Ook. Ook. Ook! Ook? Ook? Ook. Ook. Ook. Ook. Ook. Ook. Ook. Ook. Ook. Ook. Ook. Ook. Ook. Ook. Ook. Ook. Ook. Ook. Ook. Ook. Ook? Ook! Ook! Ook? Ook! Ook? Ook. Ook! Ook. Ook. Ook? Ook. Ook. Ook. Ook. Ook. Ook. Ook. Ook. Ook. Ook. Ook. Ook. Ook! Ook? Ook? Ook. Ook. Ook. Ook. Ook. Ook. Ook. Ook. Ook. Ook? Ook! Ook! Ook? Ook! Ook? Ook. Ook. Ook. Ook! Ook. Ook. Ook. Ook. Ook. Ook. Ook. Ook. Ook. Ook. Ook. Ook. Ook. Ook! Ook. Ook! Ook. Ook. Ook. Ook. Ook. Ook. Ook. Ook! Ook. Ook. Ook? Ook. Ook? Ook. Ook? Ook. Ook. Ook. Ook. Ook. Ook. Ook. Ook. Ook. Ook. Ook. Ook. Ook. Ook. Ook. Ook. Ook! Ook? Ook? Ook. Ook. Ook. Ook. Ook. Ook. Ook. Ook. Ook. Ook. Ook? Ook! Ook! Ook? Ook! Ook? Ook. Ook! Ook. Ook. Ook? Ook. Ook? Ook. Ook? Ook. Ook. Ook. Ook. Ook. Ook. Ook. Ook. Ook. Ook. Ook. Ook. Ook. Ook. Ook. Ook. Ook. Ook. Ook. Ook! Ook? Ook? Ook. Ook. Ook. Ook. Ook. Ook. Ook. Ook. Ook. Ook. Ook. Ook. Ook. Ook. Ook. Ook. Ook. Ook. Ook. Ook. Ook. Ook? Ook! Ook! Ook? Ook! Ook? Ook. Ook! Ook! Ook! Ook! Ook! Ook! Ook. Ook? Ook. Ook? Ook. Ook? Ook. Ook? Ook. Ook! Ook. Ook. Ook. Ook. Ook. Ook. Ook! Ook. Ook! Ook! Ook! Ook! Ook! Ook! Ook! Ook! Ook! Ook! Ook! Ook! Ook. Ook! Ook! Ook! Ook! Ook! Ook! Ook! Ook! Ook! Ook! Ook! Ook! Ook! Ook! Ook! Ook. Ook. Ook? Ook. Ook? Ook. Ook. Ook! Ook! Ook! Ook! Ook.

Um orangotango provavelmente teria muito menos dificuldade para comunicar a expressão "Olá, Mundo!" — o que nos sugere que os computadores ainda precisam correr muito chão antes de se tornarem tão inteligentes quanto os orangotangos.

Há esforços sérios sendo realizados para facilitar a comunicação entre animais e máquinas, embora eles ainda estejam na infância. No MIT, os pesquisadores desenvolveram um sistema para classificar os chamados dos saguis, capaz de distinguir mais de uma dúzia dos gritos finos e estridentes desses macacos. O Google anunciou, em janeiro de 2020, que havia desenvolvido um programa para isolar os cantos das baleias no oceano profundo usando uma rede de hidrofones e análise computadorizada para identificar padrões nas melodias. Cientistas da computação na Universidade do Arizona estão construindo um sistema para classificar os chamados dos cães-da-pradaria, cuja linguagem complexa inclui nomes para os principais predadores e modificadores relacionados a diferentes cores. Os cientistas afirmam que esse programa também seria capaz de traduzir os chamados dos cães-da-pradaria para a linguagem humana e poderia ser aplicado a outros animais, como cães e gatos.[31]

Pesquisas desse tipo são muito especulativas. Apesar do que se diz sobre "IA avançada" nos casos citados, não houve nenhum avanço revolucionário no uso dessas análises para traduzir chamados de animais para a linguagem humana. Melhor seria dizer que esses sistemas estão correndo atrás de habilidades humanas já existentes. Sempre fomos capazes de falar e conversar com os animais. Nosso objetivo não deveria ser dominar a linguagem deles, e sim compreender melhor a vida dos animais dentro de seu contexto, desse modo alterando nossas relações com eles de maneiras mutuamente benéficas. O foco em linguagens animais nos sistemas de IA é outro exemplo de reducionismo, de isolar a faceta do comportamento animal que as máquinas são atualmente capazes de analisar e depositar todas as nossas expectativas de interação dentro dessa categoria estreita.

Konrad Lorenz, fundador dos estudos sobre o comportamento animal que passou a vida inteira falando com os animais, teria pensado o mesmo. Em *King Solomon's Ring* [O anel do rei Salomão], o relato de seus encontros com animais de todos os tipos, publicado pela primeira vez em 1949, ele salienta repetidas vezes que a facilidade para a linguagem é um indicador fraco da inteligência, porque os animais possuem todo um repertório diferente de sinais e gestos que não estão à disposição dos humanos e mesmo assim são capazes de se comunicar de maneiras complexas e significativas.

Para Lorenz, as relações com animais selvagens eram coisa corriqueira. Sua casa e seus jardins perto de Viena serviram de lar, em diferentes períodos, para gralhas, corvos, cacatuas, lêmures, macacos-prego e muitos outros pássaros e animais. Ele foi o primeiro cientista a estabelecer uma relação de "parentesco" com uma ninhada de pássaros, uma turma de bebês gansos-bravos que o seguia por toda parte como se Lorenz fosse o pai deles. Ele tratava muitos desses animais como amigos, e não como bichos de estimação, especialmente as aves migratórias que podiam passar todos os anos ou fazer ninhos em seu sótão por longas temporadas antes de partir e reaparecer anos depois, saudando-o como se fosse da família.

Uma das relações mais duradouras de Lorenz foi com um corvo que ele chamou de Roah. Os corvos usam um chamado de tom específico para convidar outras aves para voar com eles. Nos adultos, esse chamado consiste, na descrição de Lorenz, "em um 'crac-crac-crac' sonoro, do fundo da garganta, que tem ao mesmo tempo uma estridência metálica" —, mas, nas aves mais jovens, ele soa mais como "roah", daí o nome que Lorenz deu ao amigo. Em idade madura, Roah acompanhava Lorenz em longas caminhadas pelas margens do Danúbio — mas exibia uma aversão especial a desconhecidos e a lugares onde havia se assustado ou passado por alguma experiência ruim no passado. Se Lorenz se demorava num lugar desses, Roah o apressava, voando atrás dele e dando rasantes perto de sua cabeça, sacudindo as penas da cauda e olhando por cima da asa para conferir se o amigo o seguia. É exatamente o mesmo comportamento que os corvos exibiam diante de outros corvos para encorajá-los a voar junto — com uma diferença importante. Em vez de proferir o chamado usual de "crac-crac-crac", Roah preferia usar o nome que Lorenz lhe havia concedido, com uma entonação humana: "roah! roah! roah!". Lorenz nunca o treinou para fazer isso: ele acreditava se tratar de um insight da própria ave. Roah acreditava que "roah" era o chamado que *Lorenz* preferia usar para se referir a um passeio. "Salomão não foi o único homem capaz de falar com os animais", escreveu Lorenz, "mas Roah é, até onde sei, o único animal que falou uma palavra humana para um homem no contexto correto."[32]

Embora a capacidade de Roah para reproduzir uma palavra humana seja algo notável, a questão principal aqui é o contexto. Roah não realizava a mera imitação de um som, como os papagaios que Lorenz também conhecia; ele o empregava de maneira significativa.[33] Ao contrário da história dos pássaros-do-mel e dos ajauas, com sua história evolutiva longínqua e compartilhada, e que essencialmente se perdeu no tempo, Lorenz e Roah aprenderam a conversar no prazo de sua vida, e o fizeram por meio de um interesse comum: em longas caminhadas, em barcos que percorriam rios e até mesmo em passeios de esqui. O contexto, tão importante para Lorenz, era compartilhado e corporificado, assim como ocorre entre os pássaros-do-mel e os caçadores nas savanas de Moçambique ou entre os pastores e seus rebanhos nas encostas da Basilicata.

Qualquer esforço de viabilizar a comunicação de máquinas com animais precisará ser mais corporificado, mais mutualista, do que a interpretação anônima de gritos de macacos ou

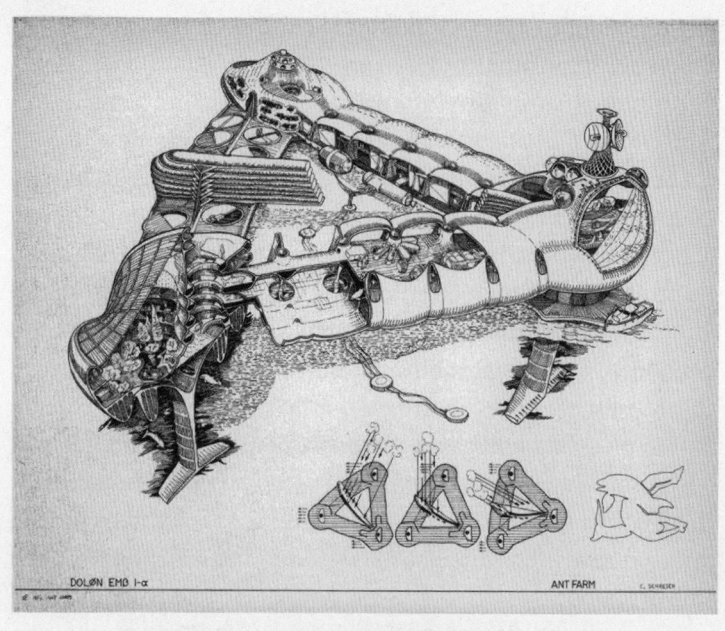

Esboço da Embaixada dos Golfinhos, Ant Farm, 1974.

a análise fria de gravações de hidrofone. Para ter alguma esperança de uma comunicação significativa — conosco ou com o mundo mais que humano —, as máquinas precisarão explorar o mundo e passar tempo nele, assim como nós precisamos fazer quando escolhemos conscientemente prestar atenção. Talvez a pesquisa de IA no futuro se assemelhe mais à Embaixada dos Golfinhos, proposta em 1974 pelo grupo de arte e design de vanguarda Ant Farm. A Embaixada dos Golfinhos foi concebida como um fantástico laboratório flutuante no meio do oceano Pacífico, no qual pesquisadores e cetáceos poderiam se encontrar e aprender a conversar uns com os outros.[34]

Incompleta e abandonada após um incêndio ter destruído o estúdio do Ant Farm em São Francisco, em 1978, a Embaixada dos Golfinhos propõe um espaço de pesquisa compartilhado e corporificado, em acentuado contraste com os laboratórios áridos dos pesquisadores de IA ou com os experimentos um tanto suspeitos, e muitas vezes cruéis, realizados na década de 1960 pelo mais famoso estudioso dos cetáceos, John C. Lilly.[35] Em vez de tentar ensinar a linguagem humana aos golfinhos ou transformar a linguagem deles em algo acessível que os humanos possam aprender, o Ant Farm estava profundamente comprometido com um processo relacional que nos permitiria conhecer os golfinhos nos termos deles, dentro de um ambiente compartilhado e igualitário.

As máquinas ainda precisam percorrer um longo caminho antes de serem capazes de se dedicar a esse tipo de interação corporificada com o mundo natural ou atingir a capacidade humana profunda, obtida após uma longa evolução — e apenas parcialmente atenuada pela modernidade —, de entrar em sintonia com as falas, os gestos e até mesmo os silêncios do mundo mais que humano. Entretanto, isso não quer dizer que elas não estão fazendo suas próprias coisas, cada vez mais fascinantes, com a própria linguagem.

Em 2016, uma dupla de pesquisadores do Google decidiu conferir se era possível desenvolver redes neurais capazes de manter segredos.[36] A ideia se baseava numa técnica chamada de aprendizado adversário. Ela envolve instalar duas redes neurais paralelas e colocá-las para competir no desenvolvimento de soluções cada vez mais eficientes a determinado problema. Nesse caso, os pesquisadores instalaram três redes, chamadas Alice, Bob e Eve (esses nomes pertencem a uma tradição criptográfica, assim como o *"Hello World!"* para os programadores).

Alice e Bob receberam a tarefa de comunicar-se entre si de modo a impedir que Eve decifrasse suas mensagens: sua pontuação caía quando Eve conseguia ler a conversa e subia em caso contrário. Começando com uma chave criptográfica simples — um número comprido que Eve desconhecia —, Alice e Bob logo desenvolveram uma maneira de criptografar suas mensagens e impedir as invasões de Eve — uma operação semelhante à criptografia-padrão dos e-mails e das transações de cartões de crédito, só que usando um método novo, até então desconhecido pelos pesquisadores humanos. Devido à maneira como as redes neurais funcionam, ainda não sabemos o que a criptografia de Alice e Bob envolvia. Além da possibilidade interessante de que máquinas consigam desenvolver outros métodos para conversar entre si em segredo, negando aos humanos a capacidade de ler suas mensagens, é mais um lembrete de que a maneira pela qual estamos construindo a Inteligência Artificial nos dias de hoje dá margem à possibilidade muito concreta de que as inteligências do futuro sejam opacas para nós, do mesmo modo que as mentes não humanas são essencial e fundamentalmente distintas da nossa.

No ano seguinte, a equipe de IA do Facebook desenvolveu um par de redes seguindo uma linha semelhante para descobrir se elas aprenderiam a negociar em mercados online da mesma forma que os humanos. Cada rede recebeu um estoque de bolas, chapéus e livros imaginários para pechinchar, com valores a serem determinados pelo comércio. Dessa vez, as redes foram configuradas como *chatbots* e, em vez de fileiras de números complexos, suas mensagens seriam escritas em inglês. Ou pelo menos era essa a ideia.[37]

No início, os *chatbots* conversaram entre si de maneiras simples, porém eficazes, baseadas no corpus de termos de negociação da língua inglesa com o qual haviam sido alimentados: "Eu quero os livros e os chapéus, você fica com a bola", "Me dê também um livro e negócio fechado", "Ok, fechado" e por aí vai. O sistema logo se tornou competente nas negociações e, como observaram os pesquisadores, desenvolveu algumas peculiaridades interessantes. Os *bots*, diante de objetivos concretos a alcançar, negociavam por muito mais tempo do que os humanos estariam dispostos a fazer. Em situações nas quais muitos negociadores humanos teriam ido embora sem fechar negócio, os *bots* continuavam discutindo. (Ao contrário dos *bots*, humanos aparentemente preferem ir embora sem levar nada do que sujeitar-se a um oponente agressivo.) Além disso — e em sintonia com o experimento do Google —, os *bots* logo aprenderam a ser desonestos. Em várias ocasiões, eles fingiam interesse em itens de valor baixo apenas para desistir deles em estágios posteriores da negociação, armando um acordo previamente — uma tática de negociação muito astuta.

Uma terceira peculiaridade se revelou bem mais estranha. Embora tivessem recebido um conjunto de palavras em inglês para se comunicar, não havia nenhuma recompensa predefinida para que continuassem usando o inglês, portanto os *bots* — batizados segundo a mesma tradição das redes neurais do Google — desenvolveram suas próprias abreviações para negociar. Enquanto as transações mantinham a eficácia, a discussão dos *bots* foi evoluindo numa direção bem diferente:

Bob: eu posso eu todo o resto ....
Alice: bolas têm zero para mim para mim para mim para mim para mim para mim para mim para mim para mim
Bob: você eu todo o resto ....
Alice: bolas têm uma bola para mim para mim para mim para mim para mim para mim para mim para mim para mim
Bob: eu eu posso eu eu eu todo o resto ....
Alice: bolas têm uma bola para mim para mim para mim para mim para mim para
Bob: eu ....

Quando o Facebook anunciou os resultados do experimento, sobraram manchetes escandalosas comparando Alice e Bob a Exterminadores do Futuro que só foram impedidos pela reação rápida dos pesquisadores: "Facebook amordaçou *chatbots* que criaram uma linguagem secreta" (Cnet), "Facebook desliga robôs após eles inventaram uma linguagem própria" (*The Telegraph*) ou — apenas um tom abaixo — "Não, os *chatbots* do Facebook não vão dominar o mundo" (*Wired*). A realidade era algo bem mais trivial: desvios de linguagem não são incomuns em experimentos desse tipo, nos quais a língua propriamente dita não é objeto de avaliação para os *bots*, e os pesquisadores simplesmente não estavam interessados em resultados que não fossem legíveis para humanos.

É uma pena, pois o que está acontecendo aqui é muito interessante. Embora não esteja evidente para os falantes da maioria das línguas humanas, Alice e Bob continuam seguindo regras que funcionam para eles. Ao repetir "para mim para mim para mim", Alice poderia estar contando o número de bolas que estão sendo pedidas ou poderia estar graduando a intensidade do pedido. De todo modo, a expressão se repete porque Alice decidiu, com base em seus cálculos, que a repetição afeta a negociação. Do mesmo modo, os "eus" repetidos por Bob talvez fossem uma maneira de contar ou uma afirmação de confiança que faz parte da teimosia do *bot*. Nesse aspecto, ele se assemelha a vários outros idioletos humanos: formas distintas de falar, encontradas em comunidades específicas.

Ebonics é um termo criado em 1973 pelo psicólogo social Robert Williams para designar o dialeto dos afro-americanos com um nome que evitasse termos pejorativos da época, tais como "inglês negro não padrão". Em *Black Language*, publicado naquele mesmo ano, Malachi Andrews e Paul T. Owens descrevem o princípio do pronome reflexivo duplo encontrado no *ebonics*, em orações como "Vou me arranjar um desses" ou "Vou ter que me arranjar um copo daquele café". Para esses estudiosos, a repetição do pronome em primeira pessoa — eu, me — era uma afirmação de autoestima. Da mesma forma, em muitas línguas pidgin, tais como o crioulo havaiano e a tok pisin de Papua-Nova Guiné, pronomes duplos podem ser usados para contar ou enfatizar uma intenção.[38]

Não estou sugerindo que Alice e Bob estão assumindo a forma de afro-americanos ou havaianos. Estou tentando dizer que é uma pena que o Google, o Facebook e outros ainda não foram mais a fundo nesses experimentos para ver o que as máquinas continuarão fazendo. A reação do Facebook ao próprio experimento revela um profundo desinteresse nas possibilidades mais que humanas da linguagem das máquinas, enquanto a reação da mídia traz à mente o alarmismo em torno do *text speak* no início dos anos 2000. É claro que, assim como no caso do *text speak*, essas linguagens provocarão aflição em quem não for fluente nelas. Mas elas também podem nos revelar algo fundamental sobre a natureza das máquinas cada vez mais inteligentes que estamos construindo, e algo radical sobre a natureza compartilhada da linguagem em si.

As linguagens que desenvolvemos até hoje para nos comunicarmos com as máquinas são, elas mesmas, pidgins: formas simplificadas que não são nativas para nenhum dos participantes. Encaixar nossas ideias nessas linguagens exige esforço dos dois lados; nenhum deles se expressa bem, mas cada um se considera superior. Linguistas chamam isso de "dupla ilusão": os humanos acham que estão falando computador, os computadores acham que estão falando humano, e nenhum deles está muito satisfeito. Para a maioria de nós, essa é a experiência de se comunicar com as máquinas, seja como programadores ou como usuários de softwares desengonçados e temperamentais. À medida que essas máquinas vão se tornando mais avançadas, desenvolvendo suas próprias linguagens e aprendendo a enganar, manter segredos e se expressar, é improvável que queiram conversar conosco desse jeito. Também nesse caso, se quisermos imaginar maneiras melhores de viver junto com os não humanos, sejam eles computacionais ou biológicos, precisamos prestar atenção nas suas próprias formas de falar e construir significado, em vez de simplesmente insistir que eles devem aprender a falar, pensar e se comportar como nós.

Ursula Le Guin, que sempre prestou tanta atenção nas relações mais que humanas quanto na tecnologia, inventou um termo para descrever o estudo acadêmico das linguagens não humanas: "Therolinguística", do grego para "animais selvagens". Num conto chamado "A autora das sementes de acácia", Le Guin imaginou o periódico de pesquisa desse campo, repleto de artigos acadêmicos fictícios que especulam sobre a forma e o conteúdo das linguagens não humanas.[39] No primeiro excerto, dois pesquisadores discutem alguns fragmentos de literatura — ou talvez propaganda — das formigas, escritos com feromônios de glândula odorífera em sementes de acácia descartadas no fundo de um formigueiro abandonado. Sua autora desconhecida, talvez a própria formiga operária executada e encontrada ali perto, parece estar propondo uma espécie de revolução que culmina com a frase "Acima a rainha!". Embora o significado da frase seja incerto, o autor do artigo conjectura que deveríamos entendê-la como "Abaixo a rainha!", uma vez que, para a formiga, "'Acima' é o sol escaldante; a noite gelada; a falta de abrigo nos adorados túneis; exílio; morte".

No mesmo conto, outro artigo acadêmico detalha os avanços recentes no deciframento do Pinguim, língua cujo estudo foi acelerado com o auxílio de câmeras subaquáticas de alta velocidade. O Pinguim, como ficou revelado, está relacionado ao Ganso-Bravo vulgar e ao Golfinho — uma combinação requintada de influências aladas e písceas. O Pinguim tem uma escrita cinética e coletiva: uma dança polifônica inscrita em piruetas e vórtices subaquáticos. Isso o torna difícil de traduzir em palavras lineares, embora interpretações feitas por dançarinos humanos tenham se tornado populares:

"Pois simplesmente não há maneira de reproduzir por escrito a *multiplicidade* indispensável ao texto original, traduzida com tanta beleza pelo coro completo da companhia de Balé de Leningrado". Já que estudar os pinguins menores e mais velozes está se provando tão difícil, o autor propõe uma expedição ao interior profundo da Antártida para estudar o dialeto do Pinguim-Imperador, aquele habitante solitário e superior das regiões mais remotas.

O pesquisador escreve no periódico imaginário:

[...] meu instinto me diz que a beleza dessa poesia está entre as coisas mais sobrenaturais que encontraremos na terra. Aos meus colegas munidos de forte espírito de curiosidade científica e risco estético, peço que imaginem: o gelo, a neve abrasiva, a escuridão, os gemidos e gritos incessantes do vento. Nessa desolação escura, se encolhe um pequeno bando de poetas. Eles estão famintos; ficarão semanas sem comer. Aos pés de cada um, sob o calor de suas barrigas emplumadas, se abriga um ovo grande, protegido do toque mortal do gelo. Os poetas não conseguem se escutar; não conseguem se ver. Só conseguem sentir o calor um do outro. Isso é sua poesia, isso é sua arte. Como todas as literaturas cinéticas, esta é silenciosa; ao contrário de outras literaturas cinéticas, esta é quase imóvel, de uma inefável sutileza. O tremor de uma pluma; o leve movimento de uma asa; o toque, o toque sutil e cálido de quem está ao lado. Nessa indizível, miserável e sombria solidão, a afirmação. Na ausência, presença. Na morte, vida.

O último excerto do periódico imaginário de Le Guin é um editorial. Nele, o editor convida seus colegas therolinguistas a erguerem os olhos em direção a um horizonte ainda mais grandioso: "o desafio quase aterrorizante da Planta". É possível que as plantas não dediquem seu tempo a compor poesia; elas falam "com o medidor da eternidade". Sua arte é passiva em vez de ativa; não é uma ação, e sim uma reação; não é comunicação, e sim recepção.

O editor imagina um futuro distante em que uma nova estirpe de "fitolinguistas" decifrará a poesia secreta do mundo vegetal e olhará para trás achando graça de quem se ocupava somente dos contos de mistério e assassinato em Doninha, do erotismo batráquio ou das sagas de túneis das minhocas. "'Percebe', o fitolinguista dirá ao crítico estético, 'que eles não sabiam nem ler Berinjela?' E eles darão risada da nossa ignorância, pegarão suas mochilas e seguirão sua escalada para ler os versos recém-decifrados dos líquens na face norte do Pike's Peak."

Mesmo essas descobertas formidáveis, esses feitos extraordinários de imaginação e de atenção conjunta não bastam para esse editor. Afinal, ele escreve, quando o therolinguista e o fitolinguista tiverem feito sua parte, chegará a hora

> daquele aventureiro ainda mais intrépido — o primeiro geolinguista que, ignorando os versos delicados e transitórios dos líquens, lerá por baixo deles a ainda menos comunicativa, ainda mais passiva, totalmente atemporal, gelada e vulcânica poesia das rochas: cada uma delas uma palavra dita, sabe-se lá quanto tempo atrás, pela própria Terra, na imensa solidão e na ainda mais imensa comunidade do espaço.

Os computadores, como já ressaltamos, são feitos de pedra e dos resquícios comprimidos de animais e plantas. Ao longo de eras de processos geológicos, corpos, troncos e caules foram transformados no petróleo que, numa fração desse tempo, foi transformado em compostos de plástico para amparar os corações de silício das nossas máquinas. Os computadores são uma das palavras faladas pela pedra.

Eles, por sua vez, falam como pedras. Em termos ocidentais e eurocêntricos, isso pode sugerir uma frieza desumana — processos fixos, afirmações concretas, decisões inquestionáveis —, o que muitas vezes é o caso, já que suas operações frequentemente permanecem ofuscadas por um código impenetrável e são implementadas de acordo com hierarquias desiguais.

Em outras culturas, as pedras nem sempre falam dessa maneira. Na cosmologia aborígene australiana, as pedras são ancestrais, relíquias de seres anteriores que falavam e continuam falando sobre assuntos de relevância atual. Elas não impõem leis, e sim atuam como interlocutoras, professoras e guias para viver melhor. Em *Sand Talk: How Indigenous Thinking Can Save the World* [Conversa de areia: como o pensamento indígena pode salvar o mundo], Tyson Yunkaporta cita um menino aborígene tasmaniano chamado Max:

> Para mim as pedras são objetos paralelos a toda a vida, mais do que as árvores ou coisas mortais, porque as pedras são quase imortais. Elas sabem coisas aprendidas nas profundezas do tempo. A pedra representa a terra, as ferramentas e o espírito; ela transmite significado por meio do seu uso e de sua resiliência às intempéries. Ao mesmo tempo, ela envelhece, rachando e erodindo à medida que o tempo a desgasta, mas continua ali, repleta de energia e espírito.[40]

O que poderia significar um computador falando mais como uma pedra aborígene e menos como uma pedra industrial? O que poderia significar, aliás, um computador falando mais como um pássaro, como os líquens, como o vento ou a água do que como uma pedra? Um computador operando dentro de outro ritmo geofísico? Falando, como na expressão de Le Guin, no "metro da eternidade"?

Voltemos à nossa afirmação anterior, de que a linguagem escrita, ao substituir a linguagem oral, foi responsável em parte pelo nosso crescente distanciamento do mundo mais que humano, e de que as implementações tecnológicas da linguagem — em grande medida na forma de código escrito em inglês, e em última análise na forma de 1s e 0s — exacerbam ainda mais esse distanciamento.

Os pesquisadores que investigaram a linguagem das mensagens instantâneas nos anos 2000 com frequência identificaram um elemento-chave do seu estilo. A pista se encontra no outro nome atribuído a esse tipo de discurso: *text speak*. Embora as mensagens instantâneas tenham continuado a seguir as leis da gramática escrita — ainda que forçando seus limites —, elas também adotaram resolutamente alguns padrões da fala.

Entre esses padrões, estão uma frequência maior de pronomes (lembremos da tendência daqueles *bots* à autoafirmação), perguntas mais diretas, uso de ênfases (palavras como "simplesmente" e "super"), partículas informais ("OK", "tá"), coloquialismos ("Demorô", "bora") e muitos outros indicativos linguísticos. E isso acontece em vários idiomas. As pesquisas revelam que os falantes nativos do árabe também apresentam uma tendência maior a usar elementos do dialeto local nas mensagens instantâneas do que em outras modalidades de escrita que tendem a se ater mais ao registro formal do árabe moderno padrão. É um outro indicativo que remete à fala.[41]

Ao contrário dos apocalípticos que previam que as mensagens instantâneas levariam ao colapso da linguagem, esses pesquisadores acreditavam que elas estavam simplesmente enfatizando tendências mais abrangentes no desenvolvimento da linguagem. Toda a linguagem humana escrita está se tornando mais semelhante à fala, e a modalidade das mensagens instantâneas, turbulenta e em rápida evolução, só estava na dianteira dessa mudança. No fim, os pesquisadores alcançaram a mesma conclusão a que chegamos tantas vezes: "Em vez de provocar mudanças linguísticas e sociais, a tecnologia muitas vezes as aprimora e reflete".[42]

A mais bobinha das linguagens de programação esotéricas, o Emojicode, reforça essa visão. Apesar de brincalhões, os emojis constituem uma forma de linguagem mais oral e emotiva: uma linguagem do gesto, da fala e da abertura para o mundo. Como os pictogramas, são ao mesmo tempo figurações diretas do mundo e portadores de metáforas muito mais complexas. Se os computadores pudessem processar emojis da forma como processam a linguagem escrita, eles mesmos poderiam adotar padrões mais semelhantes à fala: máquinas cantando na voz do mundo. Pense nos *chatbots* do Facebook: esses programas simples, em vez de provocar mudanças na linguagem e na sociedade, estão aprimorando e refletindo processos muito mais abrangentes que já estão em curso. Há continuidade entre o tecnológico e o ambiental. E, mesmo quando os *bots* não estão envolvidos, estamos todos sendo levados a adotar cada vez mais padrões de linguagem oralizados a partir de nossas interações com as máquinas. E isso, pelo que vimos, é tanto um requisito fundamental quanto o primeiro passo rumo a uma relação mais profunda e equitativa com o mundo.

Quando falamos, inalamos a atmosfera e a expelimos de novo; ingerimos o mundo e o entoamos. Ao falar, participamos do mundo e o mundo participa de nós. Isso também vale para outros tipos de fala: o canto dos pássaros, o estridular dos grilos, o vento nas árvores, o fragor das pedras.

A fala existe entre corpos e seres; ela não tem lugar nem serventia num universo de objetos inanimados. Falar pressupõe ouvir: ao falar, reconhecemos e insuflamos a pessoalidade do ouvinte. Tornamos uns aos outros pessoas; transformamos coisas em seres. É falando com os outros, portanto, que começamos a construir um mundo mais que humano.

6.
Máquinas não binárias

O sítio arqueológico de Delfos, antiga casa do famoso Oráculo, fica no topo das colinas no lado sul do monte Parnaso, com vista para o golfo de Corinto. Por centenas, para não dizer milhares de anos, este foi o local até onde iam viajantes do mundo todo em busca de sabedoria, orientação e profecias. Fui levado ao sítio pela primeira vez pelo carro automático que eu havia construído e estava testando nas montanhas gregas: pode ser que essa máquina inteligente em formação e aqueles antigos peregrinos estivessem interessados nas mesmas coisas.

Os antigos acreditavam que Delfos era o *omphalos*, ou o centro da Terra. Sua localização se confirmou quando Zeus, rei dos deuses, soltou duas águias dos pontos extremos a leste e oeste; seus caminhos se cruzaram em Delfos. No período clássico, aproximadamente dos séculos V a III a.C., o local do templo foi consagrado ao deus do Sol, Apolo, e uma de suas sacerdotisas assumiu o papel de Oráculo. Originalmente, o local havia sido dedicado a Gaia, deusa-mãe associada à fertilidade e patrona da ecologia. O nome do deus inscrito na porta podia mudar, mas os poderes do Oráculo parecem sempre ter estado associados à terra: a ciência moderna atribui suas profecias aos estados de transe induzidos pelos gases que emanavam das cavernas embaixo do templo ou à mastigação de plantas como o louro ou a espirradeira, que crescem até hoje nos arredores de Delfos.

O Oráculo é a nascente de toda a filosofia ocidental, pois foi ele que certa vez declarou que "nenhum homem é mais sábio que Sócrates". Ao ouvir essa história, Sócrates decidiu dedicar a vida ao saber. Ele acreditava no Oráculo, mas também acreditava que não sabia de nada e chegou à conclusão de que a pessoa mais sábia de todas é aquela que está consciente da própria ignorância.[1] É essa consciência socrática — a capacidade de se abrir a novas formas de conhecimento e admitir quando os instrumentos disponíveis são inadequados para a tarefa — que deveria guiar nosso pensamento, embora isso raramente ocorra.

Ideias a respeito de como devemos pensar estão fincadas em nossa cultura. Esse problema é agravado pela tecnologia. Depois que uma maneira de pensar serve de molde para um instrumento, fica muito difícil pensar de outro jeito: "Quando você tem apenas um martelo, tudo começa a parecer um prego", diz o ditado. O problema é muito, muito mais grave quando se trata dos computadores, que moldam nossa percepção e nossa compreensão do mundo num grau muito mais elevado que um martelo. Usamos nossas máquinas, muitas vezes sem entender muito bem o que elas estão fazendo, e aceitamos de modo acrítico o mundo que elas nos apresentam. Elas acabam definindo nossa realidade e apagando a noção de que outras realidades possam sequer existir.

Os computadores fazem isso até mesmo uns com os outros. A máquina em que estou digitando estas palavras é um computador muito específico e ao mesmo tempo quase universal. É o mesmo tipo que você tem em casa, no escritório ou dentro do bolso. Em essência, é o mesmo tipo de computador que opera o mercado de ações, prevê o tempo, pilota aviões, mapeia o genoma humano, busca na web e liga e desliga as luzes dos semáforos. Todas essas máquinas compartilham da mesma arquitetura básica, do mesmo arranjo de processador e memória, e falam a mesma linguagem básica: os zeros e uns do código binário. Mas esse não é o único tipo de computador que podemos imaginar ou construir.

Esse computador é resultado de uma cadeia muito específica de descobertas e decisões — algumas ocorridas há quase mil anos — que determinaram o modo de funcionar de quase todos os computadores existentes hoje. Essa acumulação de ideias trouxe uma uniformidade notável à maneira como hoje projetamos os computadores — e uma uniformidade de pensamento quando eles são usados para pensar. Para mudar nosso jeito de pensar e a forma como os computadores operam em nossa vida, pode ser necessário reconsiderar a própria forma do computador. Ao fazê-lo, talvez possamos tanto extrair novas ideias do mundo mais que humano quanto encontrar novas formas de acessá-lo.

Por sorte, há muitas outras maneiras de pensar sobre os computadores — muitas ramificações abandonadas ou jamais exploradas na história de seu design, na corrida precipitada em direção ao único futuro verdadeiro. Uma das ramificações mais interessantes ocorreu em versão embrionária às vésperas da Segunda Guerra, no exato momento em que o computador moderno foi concebido.

O tipo de computador que estou usando — que todos nós estamos usando — se baseia numa coisa chamada máquina de Turing. É o modelo de computador descrito teoricamente por Alan Turing em 1936. Chamamos isso de máquina ideal — ideal no sentido de imaginária, mas não necessariamente perfeita. A máquina de Turing era um exercício de raciocínio, mas, como veio a constituir a base de todas as formas futuras de computação, ela também alterou nosso modo de pensar.

A máquina teórica de Turing consistia numa tira de papel comprida e num instrumento capaz de ler e escrever nela, como um gravador de fita. A tira de papel é a memória; o cabeçote de leitura e escrita é o processador. Na fita está escrito um conjunto de instruções que podem ser apagadas, sobrescritas ou acrescidas à medida que a máquina calcula.

Por um lado, é um mecanismo incrivelmente simples. Por outro, é capaz de executar toda e qualquer tarefa ao alcance dos supercomputadores mais avançados de hoje. As máquinas que vieram depois foram desenvolvidas das mais diversas maneiras, mas esse processo de leitura e arquivamento, de cálculo e reescrita, ainda é a base da sua operação. Quase todos os computadores do mundo são apenas uma versão mais elaborada da tira de papel e do cabeçote de leitura e escrita. Toda vez que você abre um e-mail, digita algo no teclado, retira dinheiro de um caixa eletrônico, reproduz uma música digital, assiste a um filme no streaming ou enxerga através de um satélite, está trabalhando com alguma encarnação de uma máquina de Turing: símbolos escritos e lidos a partir do equivalente a uma tira de papel. Estou escrevendo este texto numa máquina de Turing; há também a chance de que você o esteja lendo numa delas (caso não esteja, muitas foram necessárias para produzir o objeto que você tem em mãos). Esses computadores imaginados por Turing são responsáveis, de um jeito ou de outro, por quase todos os aspectos de nossa vida. Mas sua ostensiva onipresença esconde uma poderosa constatação: quase todos os computadores em funcionamento hoje representam apenas uma fração minúscula do que poderiam ser.

Em seu artigo de 1936, Turing descrevia sua máquina como uma "*a-machine*", significando "*automatic machine*" [máquina automática]. Ele fez essa distinção pois queria enfatizar que, uma vez acionada a máquina, seu output seria completamente determinado por sua configuração original. A máquina fazia o que mandavam e tinha suas operações inteiramente limitadas pelos dados que lhe fossem fornecidos. Turing observou que um outro tipo de máquina era possível — uma *c-* ou *choice-machine* [máquina de escolhas] —, mas que a máquina automática bastava para o tipo de computação em que ele estava interessado.[2]

Alguns anos depois, em sua dissertação de doutorado, Turing mencionou de novo a máquina de escolhas, mas com outro nome: dessa vez, ele a chamou de máquina *oráculo*.[3] Ao contrário da *a*-machine, que executa suas instruções implacavelmente até completá-las, essa *o-machine* faz uma pausa em momentos críticos da sua computação para "aguardar a decisão" do que ele chamava de "o oráculo". Turing recusou-se a descrever essa entidade em mais detalhes, dizendo apenas que ela "não podia ser uma máquina". O que será que ele quis dizer com isso?

Turing tinha uma ideia muito clara do que os computadores viriam a ser e do que seriam capazes de fazer. "Computadores eletrônicos", escreveu, "são projetados para executar qualquer processo definido e regrado que poderia ter sido realizado por um operador humano trabalhando com disciplina, mas sem inteligência."[4] Ou seja, as máquinas automáticas de Turing, os computadores que viríamos a herdar, fariam o que os computadores humanos faziam antes deles, só que mais rápido. Os limites desses computadores seriam os limites do pensamento humano. Eles terminariam por defini-lo.

Desde que teve início o desenvolvimento dos computadores digitais, passamos a moldar o mundo à imagem deles. Acima de tudo, eles moldaram nossa ideia de que a verdade e o conhecimento são aquilo que pode ser calculado. Somente o que pode ser calculado pode ser conhecido e, com isso, nossa capacidade de pensar com as máquinas para além da nossa própria experiência, de imaginar outras maneiras de ser junto e ao lado delas, torna-se desesperadoramente limitada. Essa fé fundamentalista na computabilidade é ao mesmo tempo violenta e destrutiva: ela mete à força tudo que consegue dentro de caixinhas e apaga tudo que não consegue. Na economia, atribui valor somente ao que pode contar; nas ciências sociais, reconhece apenas o que pode mapear e representar; na psicologia, dá sentido somente à nossa experiência e nega a experiência de incognoscíveis e incalculáveis outros. Ela brutaliza o mundo, ao mesmo tempo que nos cega para aquilo que nem percebemos desconhecer.

No entanto, um tipo de pensamento completamente diverso foi vislumbrado no próprio nascimento da computação, para em seguida ser descartado: um pensamento no qual um outro incognoscível está sempre presente, aguardando ser consultado, fora dos limites do sistema estabelecido. A *o-machine* de Turing, o oráculo, é precisamente o que nos permite ver o que não conhecemos, reconhecer nossa própria ignorância como Sócrates fez em Delfos.

Turing se concentrou na *a-machine* porque estava interessado num aspecto de um problema: a decidibilidade. Esse era o foco de uma pergunta formulada pelo matemático alemão David Hilbert em seu influente *Entscheidungsproblem*, de 1928, que indagava se era possível construir um processo algorítmico, do tipo passo a passo, para resolver os chamados "problemas de decisão". Dada uma pergunta do tipo sim/não, seria possível escrever um conjunto de instruções que garantiria uma resposta do tipo sim/não? Turing concluiu que não era possível, mas, ao fazê-lo, também criou uma nova abordagem para computar os problemas de decisão em geral — a máquina de Turing —, que por sua vez nos levou ao computador moderno.

A decidibilidade, portanto, possui uma definição técnica muito específica na ciência da computação, e a máquina de Turing nos ofereceu um método para lidar com ela. Mas o que me interessa é a indecidibilidade. A indecidibilidade também tem um significado técnico — mas ao mesmo tempo um significado real, um significado literal, referindo-se àquilo que não podemos saber com certeza. Já que estamos preocupados em saber como compreender e pensar sobre seres que possuem uma vida radicalmente diferente da nossa, e em como repensar a nós mesmos no processo, podemos encarar a indecidibilidade não como uma barreira ao conhecimento, e sim como um sinal, uma pista, um aroma de trufa insinuando que algo interessante, ou até mesmo útil, está por perto.

Um dos grandes mal-entendidos do século XX, que persiste até hoje, foi a noção de que tudo, em última instância, era um problema de decisão. O surgimento dos computadores foi tão fenomenal, e suas capacidades eram tão poderosas, que nos convencemos de que o universo é como um computador, de que o cérebro é como um computador, de que nós, as plantas, os animais e os insetos são como computadores — e, na maioria dos casos, até esquecemos do "como". Tratamos o mundo como algo que deve ser computado e, portanto, é passível de computação. Pensamos no mundo como algo que pode ser decomposto em unidades de dados distintas e inserido em máquinas. Acreditamos que a máquina nos fornecerá respostas concretas sobre o mundo, respostas que poderão guiar nossas ações, e que ela confere a essas respostas uma irrefutabilidade lógica e uma impunidade moral.

A partir desse erro, brota todo tipo de violência: a violência que reduz a beleza do mundo a números, e a consequente violência que tenta forçar o mundo a corresponder a essa representação, que elimina, degrada, tortura e mata as coisas e os seres que não se encaixam no sistema de representação presumido. Ao longo da história, cometemos esse erro grave em nossas religiões, impérios, sistemas de classe e categorizações raciais. O computador nos permitiu propagá-lo em escala até então inédita.

O mundo não é como um computador. Os computadores — assim como nós, como as plantas e os animais, como as nuvens e os mares — são como o mundo. Alguns mais do que outros, e alguns mais sintonizados com seus processos do que outros — mas muitos não estão nada sintonizados. A Inteligência Artificial corporativa, a burrice artificial e todas as outras formas estúpidas que demos a nossas máquinas ao longo dos anos — os bancos de dados que classificam e falham, as bolsas de valores que caem e empobrecem, os algoritmos que monitoram e julgam — têm isso em comum. São máquinas de decisões: elas tentam dominar o mundo fazendo modelos e tomando decisões baseadas nesses modelos. Fazer um modelo envolve abstrair e representar: é um ato de distanciamento do mundo. Mas o mundo já está aqui, está bem na nossa frente. Estamos suspensos nele e encharcados dele: somos inseparáveis dele. As máquinas de que necessitamos para compreender este mundo onipresente, pujante e emaranhado — no qual compreender é análogo, como disse Wittgenstein a respeito da linguagem, a entrar numa brincadeira — não deveriam ser mais remotas, mais abstratas, e sim mais semelhantes ao mundo. E, nos confins da história da computação, conectadas à superestrada da informação, porém distantes o suficiente para que possamos escutar os pássaros e enxergar as estrelas de novo, certas pessoas já pensavam nesse assunto e construíam essas máquinas.

Uma das primeiras e mais adoráveis dessas máquinas são os pequenos robôs construídos pelo neurofisiologista William Grey Walter no Instituto de Neurologia Burden, em Bristol, no final dos anos 1940. Esses robôs eram autômatos pequenos, com rodas e carapaças rígidas, que zanzavam e trombavam com as coisas pelo caminho e que, graças à engenhosidade de Walter, ajustavam o comportamento de acordo com o que encontravam pela frente. Ele os chamou de *Machina speculatrix*, indicando uma nova espécie de máquina, mas eles são mais conhecidos como jabutis. O próprio Walter citou a Falsa Tartaruga de *Alice no País das Maravilhas*, de Lewis Carroll: "Nós o chamamos de Jabuti porque ele nos ensinou assim!".[5]

Grey Walter com um de seus jabutis e sua gaiola, novembro de 1953.

Os jabutis tinham algumas maneiras de adaptar seu comportamento. Em primeiro lugar, os sensores embaixo da carapaça registravam as trombadas com objetos, levando-os a tomar alguma outra direção. Desse modo, eles percorriam um caminho aleatório e avançavam em meio a vários obstáculos. O primeiro par de jabutis, que Walter batizou de Elmer e Elsie, também estava equipado com sensores de luz. Isso lhes conferia uma habilidade observada em muitos animais, a fototaxia, ou atração pela luz. Como as mariposas e as águas-vivas, os jabutis se moviam na direção da fonte de luz mais intensa e mais próxima, permitindo que fossem guiados pelo recinto com uma lanterna ou que retornassem à sua "casinha" bem iluminada para recarregar quando as baterias estavam quase esgotadas. Até agora, nada que um Roomba não faça — mas os jabutis também exibiam outros comportamentos mais estranhos.

Walter comparou os dois sensores — luz e movimento — a dois neurônios que constituíam um minicérebro. Mas as interações dinâmicas entre esses dois neurônios básicos eram suficientes para gerar uma gama de comportamentos complexos ou o que Walter descreveu como "a incerteza, a aleatoriedade, o livre-arbítrio ou a independência cuja ausência é tão flagrante até mesmo nas máquinas mais bem projetadas".[6] Por exemplo, os sensores de luz primitivos do jabuti sobrecarregavam com facilidade, de modo que as luzes mais intensas, na verdade, os repeliam. Isso fazia com que primeiro avançassem devagar em direção a uma fonte de luz, recuassem quando a luz ficava forte demais, depois avançassem outra vez e assim por diante. Desse modo, eles circulavam as lâmpadas num padrão nervoso e intermitente de aproximações e recuos.

A habilidade mais espantosa dos jabutis foi gerada de modo um tanto inesperado pelo acréscimo de uma pequena luz de monitoração em suas traseiras, com a intenção de indicar quando seu motor estava em funcionamento. Imediatamente, as máquinas exibiram um novo comportamento: ao se aproximarem de um espelho ou de alguma outra superfície reflexiva, elas captavam um relance de sua própria luz e na mesma hora passavam a se sacudir em frente ao próprio reflexo "de um jeito tão específico", escreveu Walter, "que, caso fossem animais, um biólogo teria motivos para lhes atribuir a capacidade do autorreconhecimento".[7] Vinte anos antes da sua introdução formal, os jabutis passaram no teste do espelho.

Walter contrastava seus jabutis com os primeiros computadores, os quais, por conhecerem somente uma linguagem de zeros e uns, e não terem sentidos além da entrada direta de dados, ele não considerava "livres no sentido em que a maioria dos animais é livre; pelo contrário, são parasitas que dependem dos hospedeiros humanos para obter alimento e estímulo".[8] As máquinas de Walter eram diferentes, pois se adaptavam às circunstâncias: eram capazes de alterar seu comportamento de acordo com o que encontravam no mundo, em vez de simplesmente seguir uma programação prévia. Assim, contrapondo-se às máquinas fixas e subordinadas, eles representavam a vida ativa.

Essa ideia de que a tecnologia pode ser capaz de se adaptar ao ambiente era a preocupação central da cibernética, um campo de estudo que se formou após a Segunda Guerra e que desde então abriga, sob seu guarda-chuva, um bando pitoresco de cientistas, pesquisadores, psiquiatras, artistas e esquisitões. Definida em 1948 como "o estudo científico do controle e da comunicação no animal e na máquina", posteriormente a cibernética fez incansáveis incursões nas mais variadas disciplinas, influenciando estudos sobre aprendizado, cognição, auto-organização, feedback biológico, robótica e gestão de negócios, sem nunca se aglutinar em torno de um discurso fixo ou se acomodar num único departamento acadêmico.[9]

Os jabutis de Walter foram inspirados em um dos primeiros artefatos da cibernética, um dispositivo chamado homeostato. Esse dispositivo tinha sido projetado alguns anos antes por outro psiquiatra inglês, W. Ross Ashby, que frequentemente descrevia sua criação como um cérebro artificial. Na verdade, o homeostato consistia num conjunto de quatro unidades de controle de bombas da Força Aérea Real, conectadas de modo a reagir ao input e output umas das outras. Essas unidades haviam sido desenvolvidas durante a guerra como dispositivos de retroalimentação automática que, ao receberem um sinal, respondiam aumentando ou diminuindo outro sinal. Isso permitia que as miras das bombas nas aeronaves compensassem automaticamente a velocidade em relação ao ar e a velocidade do vento. As unidades em si, contudo, podiam ser conectadas a qualquer coisa, inclusive a um outro homeostato.

Ao conectar entre si quatro dessas unidades, Ashby descobriu que elas tentavam ajustar seus parâmetros até alcançar uma espécie de estabilidade umas com as outras — seus inputs e outputs oscilavam até chegar a um equilíbrio. Além disso,

O homeostato de W. Ross Ashby, 1948.

quando qualquer uma delas era perturbada, o sistema inteiro se reajustava até recuperar o equilíbrio. Ashby chamou essa capacidade de "ultraestabilidade adaptativa". Não importava o que seus colegas fizessem para perturbar a máquina — trocar conexões, inverter fios negativos e positivos, amarrar os ponteiros magnéticos oscilantes ou impedir seu movimento —, o dispositivo sempre dava um jeito de retornar a uma situação estável.[10]

Foi essa capacidade de se corrigir e encontrar novos padrões estáveis que levou Ashby a descrever as unidades como algo semelhante a um cérebro artificial: na verdade, ele as comparou ao cérebro rudimentar de um gatinho. Quando ainda é um filhote, o gato não sabe que a carne vermelha é boa e o fogo vermelho é ruim, mas os feedbacks negativos e positivos logo resolvem isso, criando um padrão de comportamento que fica armazenado. O estabelecimento desse padrão é uma espécie de aprendizado. Ashby acreditava que, em princípio, havendo homeostatos suficientes à disposição, qualquer conjunto complexo de sistemas de feedback formadores de memória como esse poderia ser criado. Ashby era um autodivulgador modesto, mas também competente, e os jornais do mundo todo saudaram a chegada desse "cérebro eletrônico" — chamando a atenção de muitas pessoas, entre elas Grey Walter.

Walter ficou impressionado com o homeostato, mas o considerou limitado, "como uma criatura dormente que, ao ser perturbada, se remexe e encontra uma posição confortável".[11] Ao contrário do homeostato, seus jabutis eram móveis e exploradores: em vez de aguardar até que seu equilíbrio fosse perturbado, saíam esbarrando nas coisas e procurando encrenca. Apesar disso, eles seguiam o mesmo princípio. Em vez de programar uma máquina previamente, você simplesmente deixava à solta um sistema capaz de reagir de maneiras novas ao mundo e permitia que ele se adaptasse. Este era o princípio central da cibernética: adaptar-se ao mundo é uma abordagem mais poderosa e adequada do que tentar antecipá-lo e controlá-lo.

Vamos parar um momento para pensar nisso. A ideia por trás do homeostato e dos jabutis é que eles vão interagindo com o ambiente e se adaptando a ele. Com que frequência esse é o objetivo das nossas tecnologias? Pensamos na tecnologia antes de tudo como uma solução para problemas com os quais nos deparamos (e não raro criamos). Mas Walter, Ashby e os outros ciberneticistas pioneiros pensavam na tecnologia como algo bem diferente disso: algo que tinha sua própria agência e suas próprias habilidades, cujas reações eram incertas e cujo comportamento devia ser o reflexo de suas próprias interações com o mundo.

O pensamento cibernético não se limitava às máquinas. Na verdade, os ciberneticistas defendiam uma visão do cérebro — humano, animal, seja o que for — radicalmente diferente daquela mais defendida hoje em dia. Como disse Ashby, comentando as capacidades do homeostato:

> Para alguns, o teste decisivo para saber se uma máquina é ou não um "cérebro" consistiria em saber se ela é ou não capaz de "pensar" Para o biólogo, porém, o cérebro não é uma máquina pensante, e sim uma máquina atuante; ele obtém informação e faz alguma coisa a partir disso.[12]

Nas palavras do historiador da cibernética Andrew Pickering: "Parte da estranheza da cibernética fica mais clara aqui". A ciência moderna, e em especial a disciplina da Inteligência Artificial, cultivou a tendência de tratar o cérebro como uma espécie de órgão cognitivo isolado, transformando o pensamento num processo completamente interno de representação e cálculo. Mas a cibernética não abordava o cérebro dessa maneira. Em vez disso, escreve Pickering,

> os ciberneticistas pensavam no cérebro como algo *performático*, um órgão que faz alguma coisa, que age — como um console de mixagem ativo e envolvido, estabelecendo as conexões entre os inputs sensoriais do ambiente e os nossos órgãos motores.

Para a cibernética, não importa o que há dentro da caixa-preta: importam a atuação da caixa e as relações que se formam quando ela troca figurinhas com o mundo. Nesse sentido, ela é uma maneira de pensar sobre as mentes mais que humanas que corresponde bem à nossa rejeição do pensamento "inteligente" hierárquico e antropocêntrico, e à nossa adoção da ideia de um ser actante e relacional.[13]

Não demorou para que essas ideias a respeito de cérebros artificiais e as diferentes maneiras de construí-los chamassem a atenção da indústria. Nos anos 1950 e 1960, as pessoas começavam a entender que máquinas cada vez mais avançadas tomariam conta do ambiente de trabalho, e havia muito debate a respeito de como isso ocorreria. A maioria dessas visões imaginava fábricas totalmente preenchidas por computadores que tomavam o lugar de trabalhadores humanos em cada etapa do processo, da linha de produção ao fornecimento de materiais e envio de mercadorias — e foi assim, de fato, que a automação transcorreu em grande medida. Mas Stafford Beer, um consultor de gestão britânico que trabalhava para a United Steel, achava que essas ideias não iam longe o bastante.

Beer havia lido o trabalho dos ciberneticistas e acreditava que essa "fábrica automática" precisava ser adaptativa, e não previamente programada. Ele desmerecia os planos dos outros para essas fábricas automáticas, dizendo que eram análogos ao "andar medular", termo que soa doloroso ao ouvido e se refere a cães e outros animais cujas funções superiores, incluindo o cérebro, foram desligadas do restante do corpo. Sem um sistema nervoso superior, o animal pode continuar vivendo por algum tempo, mas não será capaz de se adaptar às mudanças, e as alterações em seu ambiente — no mercado, no caso da fábrica — o levariam à extinção.

Levando adiante o trabalho feito por Ashby e Walter, Beer empreendeu uma ampla pesquisa em busca de outros métodos para construir máquinas, métodos que permitiriam resposta rápida, feedback, mudança e adaptação. O conjunto da pesquisa resultante é um dos mais estranhos do século XX e inclui experimentos bizarros com inteligências não humanas, realizados no coração da tradicional indústria britânica e na vanguarda das políticas radicais.

O empregador de Beer na época era a United Steel, a maior operadora de minas de carvão e siderúrgicas da Grã-Bretanha, e Beer assumiu a tarefa de automatizar uma de suas fábricas. Para poder se adaptar às mudanças da maneira como Beer havia imaginado, a fábrica precisaria ter em seu centro um cérebro artificial que coletaria todas as medições de sua operação — recebimento de matérias-primas, estoques, processos, produção e desempenho — e as combinaria da maneira mais produtiva possível com os suprimentos, custos, fluxo de caixa, reservas de mão de obra e objetivos de longo prazo da empresa. Beer acreditava que uma das maneiras de efetuar esse equilíbrio era fazer uso do dispositivo de feedback de Ashby, o homeostato — representado pelo circuito de setas na parte inferior do diagrama da Fábrica Cibernética, publicado por Beer em 1962. Integrado a uma rede de sensores e efetores, o homeostato reuniria constantemente seus diversos inputs e outputs em alinhamentos mais eficientes e produtivos, e a partir disso reconfiguraria seus processos. Beer denominou esse cérebro cibernético de U-Machine.[14]

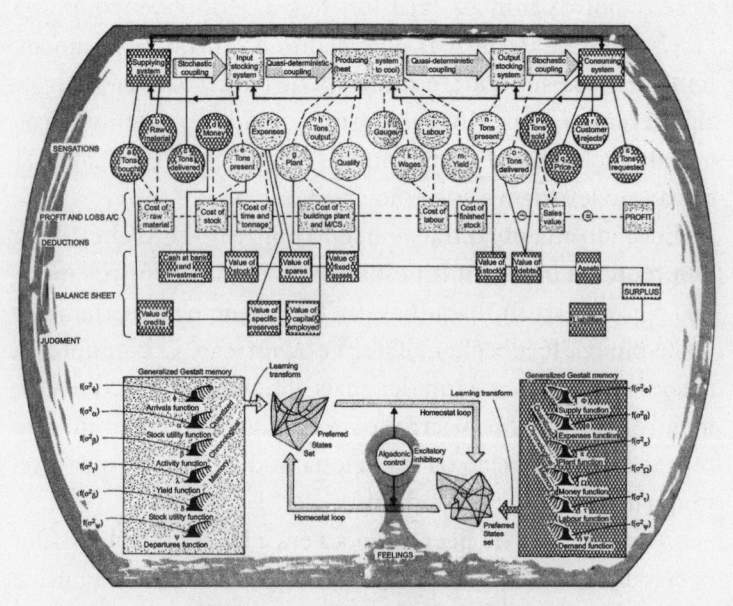

A Fábrica Cibernética de Stafford Beer.

Mas no que exatamente consistiria essa U-Machine? Esse é o problema cibernético central e o que mais nos interessa aqui. Como podemos projetar uma máquina que reagirá a situações inteiramente novas quando todo o ímpeto do pensamento tecnológico se baseia em encarar e superar problemas que já conhecemos?

O próprio Beer tinha uma noção muito clara de como não o fazer:

> O homem, enquanto construtor de máquinas, se acostumou a enxergar suas matérias-primas como pedaços de matéria inerte que precisam ser modeladas e montadas na forma de um sistema útil [...] [Mas] não queremos um monte de pecinhas que é necessário encaixar de um determinado jeito. Pois, se ficar decidido [que será assim], precisamos de um diagrama. Precisamos projetar a porcaria da coisa; e é justamente isso que não queremos fazer.[15]

A declaração de Beer remete à descrição de Turing para a máquina oracular: aquela entidade não identificada que não pode ser uma máquina. Em sentido muito específico, a definição de Beer é a chave para compreendermos o que Turing queria dizer: a *o-machine* não pode ser uma máquina, pois uma máquina é uma coisa projetada com uma finalidade explícita e, portanto, incapaz de se adaptar a novas situações.

Com efeito, a U-Machine e a *o-machine* são a mesma coisa. Confrontados com a necessidade de tomar decisões a respeito de coisas complexas ou inéditas demais para serem calculadas ou interpretadas por meio da experiência existente, tanto Beer quanto Turing recorrem a algo externo à máquina tal qual a entendemos, algo que surge e funciona dentro de um estado de incognoscibilidade.

Temos uma tendência a ver o mundo como um lugar que pode ser conhecido e, portanto, controlado e dominado. No âmbito da computação, fazemos isso através da coleta e do processamento de dados, da construção de bancos de dados cada vez maiores e de computadores cada vez mais poderosos. Mas Beer acreditava existir no mundo uma classe de "sistemas extremamente complexos" incompreensíveis por princípio. Entre esses sistemas estavam o cérebro, a empresa e a economia. Assim, ele propôs construir máquinas que poderiam operar em face dessa incognoscibilidade, uma jornada que o levaria a alguns lugares para lá de estranhos.[16]

Desde então, com o passar das décadas, os acontecimentos levaram muitas pessoas a assimilar a conclusão de Beer. Os instrumentos extraordinariamente complexos que desenvolvemos no período desde seu projeto da fábrica automática representam a acumulação de quantidades assombrosas de conhecimento — mas não estamos mais perto de solucionar o mundo. Na verdade, é o oposto: com nossas tentativas de impor ordem e estabelecer a verdade diante da extrema complexidade do mundo, nossas incertezas parecem ter só aumentado em número, deixando a maioria de nós paralisada, assustada, enraivecida e sujeita a sistemas de opressão e controle cada vez mais opacos.

O homeostato é uma máquina para lidar com o desconhecido. Confrontada por novas circunstâncias, ela se reconfigura de acordo. E o mais importante é que faz isso sem precisar compreender a natureza da mudança: ela é performática, não representativa. Vive no mundo, um mundo que não tenta compreender e ao qual apenas procura se adaptar. Era isso que Beer desejava que sua fábrica pudesse fazer.

A solução encontrada por Beer para o problema de não construir um cérebro foi aliciar um já existente no mundo natural. Já nos anos 1950, ele relata uma tentativa bem-sucedida de ensinar crianças pequenas (as suas próprias, espera--se, embora seus documentos não especifiquem isso) a resolver equações simultâneas mesmo sem conhecer os elementos da matemática necessários para isso. Ele conseguiu isso recorrendo a feedbacks positivos e negativos, o método do homeostato: mostrou às crianças luzes coloridas que correspondiam às respostas "mais quente" e "mais frio", até elas captarem a resposta correta. Para ele, isso era a prova de que mentes "simples" podiam se adaptar a novos problemas sem necessidade de ensino específico — a essência da performatividade cibernética suplantando o conhecimento e o raciocínio arraigados. E assim ele começou a testar o método com outros animais.

Primeiro, ele tentou criar uma linguagem de ratos usando pedaços de queijo como estímulo de reforço. Diagramou caixas interligadas por escadas, gangorras e gaiolas conectadas a roldanas, por meio das quais ratos ou pombos poderiam se tornar parte de elaborados dispositivos de computação. Abelhas, cupins, formigas e outros insetos foram cogitados como participantes dessa noção incremental de um computador biológico. Tais computadores não passaram de exercícios de imaginação, porém, e Beer só delineou suas características por escrito. Ele dedicou muito mais tempo e esforço a uma concepção bem maior do cérebro artificial: um ecossistema inteiro.

Em algum momento desse processo, Beer construiu um grande tanque no porão da própria casa e o encheu com água recolhida dos charcos nos campos ao redor. Aos poucos, o tanque ficou cheio de todo tipo de vida aquática selvagem: juncos e algas, nematelmintos e sanguessugas. Se uma mente individual era capaz de se adaptar mesmo sem saber, comunidades de mentes, por mais minúsculas ou diferentes das nossas que fossem, sem dúvida seriam capazes de adaptações ainda mais flexíveis e fantásticas. E então ele tentou trazer à vida uma dessas comunidades.[17]

Suas primeiras tentativas de desenvolver uma ciência econômica da vida nos charcos se baseou nas euglenas: criaturas microscópicas e unicelulares, bem conhecidas na ciência pela característica nada animal de possuírem cloroplastos fotossintetizantes — um exemplo notável de simbiose entre a vida animal e vegetal, portanto, objeto adequado para os estranhos experimentos de Beer. As euglenas são altamente sensíveis à luz e se movem na direção dela de modo bem parecido com os jabutis de Walter. Para se aproveitar dessa rara habilidade, Beer instalou dentro da água do tanque luzes que poderiam ser ligadas e desligadas de acordo com sinais variados. Desse modo, esperava ele, as euglenas poderiam ser "conectadas" a um sistema automatizado maior, movendo-se na direção de diferentes luzes em resposta a mudanças ocorridas no lado de fora do tanque, e o comportamento delas, por sua vez, poderia ser usado para influenciar o comportamento do sistema maior.

De acordo com a ideia de Beer, se esses dois sistemas — o charco e a fábrica — pudessem estabelecer alguma espécie de relação, mudanças em um desencadeariam mudanças no outro. Refinamentos na operação da fábrica afetariam o equilíbrio dinâmico do charco, levando-o a se reconfigurar num outro estado, que por sua vez influenciaria a fábrica, até que se alcançasse um novo superequilíbrio entre os dois sistemas. Era a ultraestabilidade homeostática em ação. Infelizmente, as euglenas não pareciam dispostas a participar: após um breve período, elas "se emburacavam", nas palavras de Beer, e se recusavam a cooperar.

Em outra tentativa, Beer voltou sua atenção às dáfnias ou pulgas-d'água: crustáceos minúsculos, também abundantes nos charcos britânicos. Beer cobriu folhas mortas com limalha de ferro e as mergulhou no charco, onde foram devoradas pelas dáfnias. Como resultado, os bichinhos ficaram magneticamente sensíveis e podiam ser deslocados com eletroímãs, retransmitindo os dados da fábrica. À medida que tentavam encontrar um ponto de equilíbrio dentro das ondas magnéticas cambiantes que ondulavam através da água, seus comportamentos adaptativos podiam ser medidos e realimentados para a fábrica, criando novos ciclos de feedback. Porém, Beer voltou a enfrentar dificuldades experimentais: conforme as dáfnias excretavam o ferro que haviam ingerido, a água foi se tornando ferruginosa e a "organização incipiente" do charco foi se desfazendo.

Gosto de imaginar Beer em pé ao lado de um quadro-negro e de um tanque de dáfnias ferruginosas, apresentando esses experimentos aos gerentes da Templeborough Rolling Mills, a fábrica que lhe foi oferecida pela United Steel, e propondo, com efeito, substituir todos aqueles mesmos gerentes de uma só vez pela vida que habita um charco. A reação deles deve ter sido impublicável. Não sei se ele chegou a realizar uma apresentação dessas — pelo que ele mesmo conta, seu trabalho era mais semelhante a um hobby e era executado "de tempos em tempos, no meio da noite" enquanto ele tentava fazer decolar uma empresa de consultoria de gestão que fosse mais rentável. Mas nada poderia encarnar melhor as promessas extravagantes e as práticas excêntricas dessa era quase esquecida da história da computação do que a imagem de Beer enfiado em seu porão nas altas horas, tentando submeter seu charco a uma faculdade de administração.

No fim das contas, o problema de Beer não era um charco recalcitrante, e sim tempo e dinheiro. Como a United Steel não se convenceu totalmente da ideia da Fábrica Cibernética, ele logo precisou buscar apoio em outro lugar. Mas o problema também pode ter envolvido algo que nos interessa: a ideia de gerenciar uma siderúrgica parece um tanto distante dos interesses de organismos unicelulares. Talvez precisemos propor a esses organismos um problema mais relevante ao seu modo de vida já existente. E talvez já tenhamos estabelecido os termos desse problema com nossas tentativas reiteradas de erradicar seus habitats e envenenar seus ambientes: apesar da diminuição global dos charcos e pântanos nas últimas décadas, as euglenas e dáfnias continuam prosperando na natureza e, assim como as arqueias e bactérias que discutimos antes, são encontradas até em ambientes hipersalinos ou com outras características extremas, não raro criados pela atividade humana. Essa é a verdadeira adaptabilidade cibernética em ação.

Se essas criaturas sobreviveram tão bem, talvez isso tenha a ver menos com a adaptabilidade de indivíduos e mais com a de comunidades de indivíduos. Um dos problemas na descrição que fizemos até agora do cérebro cibernético e artificial como apenas mais um tipo diferente de cérebro — seja ele um homeostato, um jabuti mecânico, um rato sincronizado ou um gerente de nível médio dentro de um aquário — é que seguimos tentando encaixotá-lo para depois enfiá-lo à força dentro de outro sistema, da mesma maneira que nosso cérebro está enfiado em nossa cabeça. Mas uma colônia de euglenas — e menos ainda um charco repleto delas — não é uma máquina individual, e sim ela mesma um sistema: um ecossistema, uma mistura profusa, uma bricolagem diversificada de vida ensopada. O charco vai além de um cérebro individual, além até mesmo de um único tipo de cérebro ou de uma espécie ou gênero em particular, abrindo a possibilidade de um sistema de mentes, todas relacionadas e inter-relacionadas, adaptando-se umas às outras de maneiras complexas e infinitamente cambiantes.

Talvez o problema que ocorre tanto no caso da Inteligência Artificial quanto no da Fábrica Cibernética é que temos tentado aprisionar um cérebro dentro da máquina, embora o cérebro real — o oráculo — esteja fora dela. O oráculo *é* o mundo. Estamos vendo tudo do avesso. Achamos que toda a atividade está dentro — quando introduzimos eletrodos no cérebro dos macacos e moscas-das-frutas ou reduzimos as plantas às suas raízes e nódulos, por exemplo — mas a verdadeira ação ocorre fora, no mundo. É ali que tudo brota e intra-age. A vida acontece enquanto tudo se entrechoca.

Este é provavelmente um bom momento para ressaltar que a própria Terra é um homeostato. Ou pelo menos essa é a afirmação central da hipótese Gaia de James Lovelock e Lynn Margulis — sim, Gaia, a mesma deusa que era venerada em Delfos, o lar do oráculo. Tudo vem cintilando, quicando e requebrando uma era após a outra, não podia ser diferente. A hipótese Gaia entende o mundo como um sistema sinérgico, autorregulado e complexo no qual as matérias orgânica e inorgânica interagem de modo a coproduzir as condições de vida na Terra. Gaia é um sistema de feedback cibernético, uma concretização da Fábrica Cibernética de Beer em escala planetária, na qual os inputs e outputs são água, ar e rocha, e a U-Machine é a biosfera inteira soprando, bufando, contorcendo-se, crescendo e se adaptando como for possível. *O mundo não é como um computador; os computadores são como o mundo.*

Esse entendimento abre múltiplas portas para possibilidades empolgantes e radicalmente diferentes no que tange a computação, um cenário que Beer mal começou a descortinar e que sem dúvida teria recebido com imenso prazer. Muitas dessas possibilidades são agrupadas na categoria imprecisa da "computação não convencional", que segue o mantra de que tudo que pode ser realizado pela via eletrônica provavelmente pode ser realizado de maneira mais interessante por meio de… bem, qualquer outra coisa. A computação não convencional nasce do mesmo impulso por trás da programação esotérica e tenta implementar no hardware — ou no *wetware* — truques análogos a escrever software seguindo o estilo de um orangotango fictício.

Uma das estrelas da computação não convencional, um sucessor moderno da dáfnia de Beer, é o bolor limoso, ele mesmo uma categoria elástica de organismos que os cientistas não sabem muito bem como classificar. Uma das características mais célebres do bolor limoso é que ele tensiona a divisão entre indivíduo e grupo, existindo parte do tempo como um organismo unicelular independente como as euglenas e parte do tempo — principalmente quando o alimento é escasso ou as condições se tornam adversas por algum outro motivo — se aglutinando em grupos que funcionam coletivamente. Em alguns casos, esses coletivos se fundem para gerar grandes sacos de citoplasma contendo centenas de núcleos. Quando querem se reproduzir, algumas partes do coletivo produzem esporos que são levados pelo vento ou por animais; outros se sacrificam e se transformam em infraestrutura não reprodutiva, os talos e hastes do corpo frutífero. Eles também são capazes de outros truques. Quando separados, conseguem se reencontrar e se reconstituir. São capazes de antecipar acontecimentos: assim como as mimosas, parecem guardar a memória de episódios inoportunos e reagir de acordo. Antes classificado como fungo, o bolor limoso assumiu, após exame minucioso, um estado de estranha individualidade comunitária, e, assim como a disciplina da cibernética, ele insiste em não se encaixar num novo domínio.[18]

Em 2010, um bolor limoso chamado *Physarum polycephalum* se revelou um planejador urbano muito competente quando conseguiu recriar um dos sistemas de transporte mais robustos e eficientes do mundo. O sistema ferroviário japonês é uma obra-prima de engenharia complexa que envolveu décadas de trabalho de designers e projetistas, e que depende de compensações difíceis entre custos, recursos e geografia. Mas, quando os pesquisadores dispuseram flocos de aveia — uma iguaria para os *Physarum* — no padrão das cidades nos arredores de Tóquio e introduziram o bolor, ele rapidamente reproduziu o trabalho dos projetistas. No começo, o bolor se espalhou uniformemente pelo mapa, mas, em poucas horas, ele começou a aprimorar sua teia de filamentos até formar uma rede de alta eficácia para distribuir os nutrientes entre as "estações" distantes, com rotas atuando como troncos mais fortes e resilientes para interligar as conexões principais. Não se tratava de um

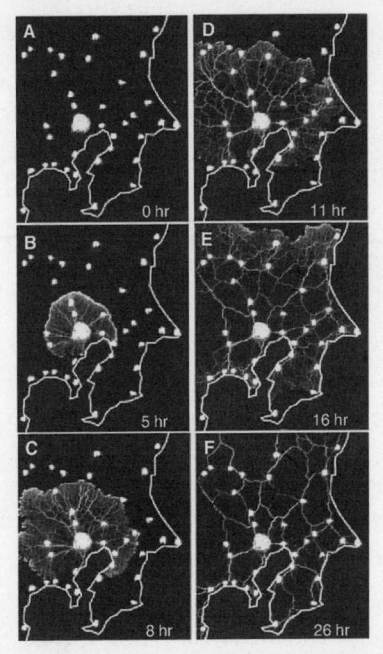

Um bolor limoso mapeia o sistema ferroviário de Tóquio.

exercício simples de ligar os pontos, e sim de um mapa realista em que áreas de luz brilhante — que desagradam ao *Physarum* — correspondiam a montanhas e lagos, exigindo que o bolor efetuasse o mesmo tipo de compensação que precisou ser implementada pelos engenheiros. Após um dia de adaptação do bolor ao seu ambiente, a semelhança com um mapa real da região metropolitana de Tóquio era inquestionável.[19]

Calcular rotas eficientes é um problema matemático notoriamente difícil. Uma das mais célebres e espinhosas versões é conhecida como o problema do caixeiro-viajante. Trata-se de um enigma que parece fácil, mas não é: a partir de uma lista de cidades distribuídas numa ampla região e das distâncias entre elas, qual é a rota mais curta para visitar todas uma só vez e voltar para casa?[20]

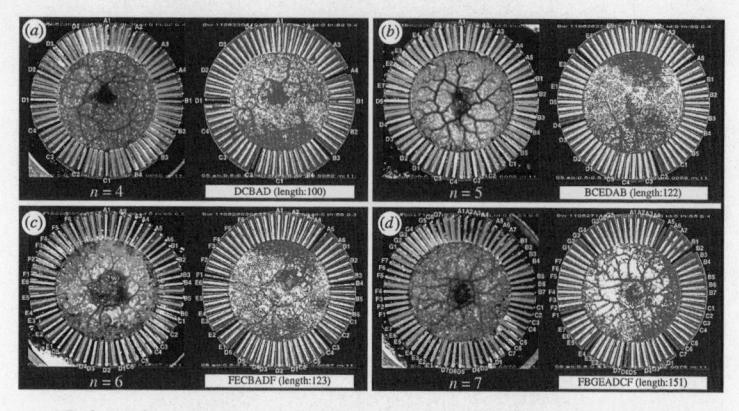

Bolores limosos descobrindo as rotas mais curtas entre "cidades".

Apesar de centenas de anos de investidas dos matemáticos contra esse problema e de investimentos gigantes das empresas de logística e serviços de correios, não existe uma maneira garantida de encontrar a melhor resposta a esse enigma, não importa como o encaremos. E o pior é que, à medida que adicionamos cidades à lista, o problema se torna exponencialmente mais difícil, porque o número de opções se multiplica. Esse crescimento explosivo de soluções possíveis é um enorme problema para os algoritmos matemáticos, que podem se perder num labirinto de becos sem saída e respostas ruins. Por esse motivo, o problema do caixeiro-viajante é um exemplo clássico daquilo que uma Máquina Universal de Turing — a *a-machine* — não é capaz de resolver com segurança. Ele é indecidível por meio da computação. E o que já dissemos sobre a indecidibilidade? É chegado o momento da *o-machine*.

Em 2018, o mesmo bolor limoso, *Physarum polycephalum*, demonstrou ser capaz de resolver o problema do caixeiro-viajante em tempo linear, o que significa que, conforme o problema ia aumentando de tamanho, o bolor continuava a tomar as decisões mais eficientes em cada ponto crítico. Usando o mesmo método do experimento da rede ferroviária de Tóquio, os pesquisadores da Universidade de Lanzhou, na China, posicionaram porções de alimento no lugar de cada cidade e usaram raios de luz para impedir o bolor de repetir uma conexão.[21] Eles demonstraram que, para solucionar um mapa com oito cidades, o bolor demorou apenas o dobro do tempo do mapa de quatro cidades — embora houvesse pelo menos mil vezes mais rotas possíveis.[22] Em suma, o bolor limoso completou com facilidade uma tarefa para a qual os computadores mais poderosos do mundo — e os humanos — são absolutamente incompetentes.

A ideia de que sistemas biológicos poderiam não apenas substituir, mas também superar o desempenho de muitas operações dos computadores — que já superam o desempenho de habilidades humanas — se encaixa na nossa proposição de que os computadores são como o mundo, em vez do contrário. Mas, para de fato absorver essa constatação, precisamos realizar o mesmo tipo de salto mental que demos ao discutir as redes de fungos e a internet ou a inteligência animal e aquela criada pelo homem. Sistemas com capacidades inteligentes e computacionais — redes micorrízicas, bolores limosos e colônias de formigas, para citar algumas — sempre existiram no mundo natural, mas precisamos recriá-los em nossos laboratórios e oficinas antes de sermos capazes de reconhecê-los em outros lugares. Isso é ecologia tecnológica na prática. Precisamos dos modelos mentais fornecidos pela nossa tecnologia, das palavras que inventamos para seus conceitos e suas metáforas se quisermos descrever e de fato compreender que processos análogos já atuam no mundo mais que humano.

Em 1971, o físico americano Leon O. Chua propôs a ideia de um novo componente eletrônico chamado "memoristor". O memoristor é um resistor com uma memória que o torna capaz de se lembrar do seu próprio estado — de reter dados — mesmo quando está desligado. Se fossem usados dentro dos computadores, os memoristores derrubariam a divisão armazenamento-processador presente em todos os computadores modernos e aumentariam enormemente seu poder e eficiência, transformando a computação. Nos anos 1970, porém, não estava muito claro como se poderia construir um memoristor — e, de todo modo, os transistores e chips de silício ainda eram tão novos e empolgantes que acabavam sendo bem mais atraentes para os pesquisadores e engenheiros. Foi apenas em 2008 que uma equipe da Hewlett-Packard descobriu como se poderia construir um e, embora os memoristores ainda prometam revolucionar o funcionamento dos computadores, eles seguem sendo uma curiosidade de laboratório.[23]

Dito isso, a ideia do memoristor, assim como a ideia de uma rede eletrônica sem escala, estimulou estudos extraordinários na biologia. Foi outra vez o *Physarum polycephalum*, o bolor limoso, que tomou a dianteira. Pesquisadores do Laboratório de Computação Não Convencional da Universidade do Oeste da Inglaterra, liderados pelo professor Andrew Adamatzky, mostraram que o *Physarum* exibe um comportamento semelhante a um memoristor: quando carregado com certas voltagens, ele exibe o mesmo comportamento em testes subsequentes. Em outras palavras, ele se lembra de um estado anterior, como um memoristor. Desse modo, seria possível construir um computador radicalmente veloz e eficiente usando bolores limosos dispostos em um substrato, como ocorre no chip de silício.

Desde que se estabeleceu que o bolor limoso pode atuar como um memoristor, verificou-se a mesma coisa em vários outros organismos. A dioneia, a *Aloe vera* e uma outra velha amiga, a *Mimosa pudica*, tiveram seu comportamento memorístico demonstrado. Na verdade, está ficando cada vez mais claro que todas as plantas vivas, bem como a pele, o sangue e os dutos sudoríparos dos corpos animais (incluindo os nossos), são memoristores potenciais. Resta apenas descobrir como integrar essas estruturas às nossas tecnologias para podermos arquitetar novos tipos de computadores que poderão superar a capacidade de todas as máquinas que já construímos.[24]

Isso traria um avanço exponencial ao estado atual da computação. Apesar disso, teríamos na essência o mesmo tipo de computador: as mesmas velhas máquinas de Turing, com uma arquitetura bastante diferente. E se, em vez de remover os componentes úteis de outros organismos, tratando-os como fontes de determinadas peças sobressalentes para nossas máquinas, nós os incorporássemos por inteiro e, mais do que isso, passássemos a considerar o próprio ambiente uma parte do nosso substrato computacional?

Os memoristores não são a única maneira de fazer isso. Na verdade, é possível construir computadores a partir de praticamente qualquer coisa. Por exemplo, bolas de bilhar. Ou caranguejos.

Em 1980, o físico Edward Fredkin e o engenheiro Tomaso Toffoli mostraram que era possível modelar as operações de portas lógicas usando o movimento de bolas de bilhar. Imagine uma mesa de bilhar com dois buracos numa extremidade e dois tubos inclinados na outra. Quando uma bola é jogada dentro de qualquer um dos tubos, ela rola sem sobressaltos até cair em um dos buracos — o mesmo buraco para os dois tubos. Mas se duas bolas forem jogadas de uma vez só, elas se chocam e uma das bolas quica para o segundo buraco. Isso é um exemplo de uma porta AND, um tipo de circuito que combina sinais de entrada, sendo que o primeiro buraco representa uma saída zero (apenas uma entrada) e o segundo uma saída um (duas entradas). Com o número suficiente de portas AND, você pode criar qualquer outro tipo de porta, portanto com o número suficiente de mesas de bilhar você pode criar qualquer tipo de computador digital que possa imaginar.[25]

Mas também tem o seguinte: você não precisa usar necessariamente bolas de bilhar. Na Universidade de Kobe, os pesquisadores recriaram a porta AND de bolas de bilhar usando caranguejos: o caranguejo soldado *Mictyris guinotae*, para ser mais exato, que é endêmico das lagoas rasas das ilhas Ryukyu, no Japão. Esses pequenos caranguejos azuis são conhecidos por se reunirem em enormes exércitos que invadem as lagoas na maré baixa. Embora possam reunir de centenas a vários milhares de indivíduos, esses bandos aparentemente caóticos exibem dinâmicas bastante previsíveis. Os caranguejos na dianteira do bando marcham à frente (ou provavelmente para o lado) numa formação compacta; os do meio seguem os vizinhos; e os que estão nas beiradas convergem para o centro continuamente, criando um movimento giratório — não muito diferente de uma bola de bilhar. Os movimentos desses bandos podem ser controlados por meio de túneis ou, numa abordagem mais engenhosa, de sombras, que evocam a presença de aves predatórias e perturbam os caranguejos. Quando se chocam, dois bandos divergem num novo ângulo (previsível) de deslocamento — também como as bolas de bilhar. Você provavelmente já sabe onde isso vai dar, mesmo que essa cena imaginária tenha algo de pesadelo.

Os cientistas da computação não convencional em Kobe colocaram quarenta caranguejos soldados num labirinto e os assustaram com sombras. Os bandos giratórios resultantes se comportaram exatamente como o computador de bolas de bilhar, chocando-se de maneiras previsíveis, desviando em direções previsíveis e simulando operações lógicas. Um computador feito de caranguejos. Um computador-caranguejo.[26]

Essa coisa toda pode funcionar nas duas direções. A robótica "mole" é uma área da robótica que explora exatamente o

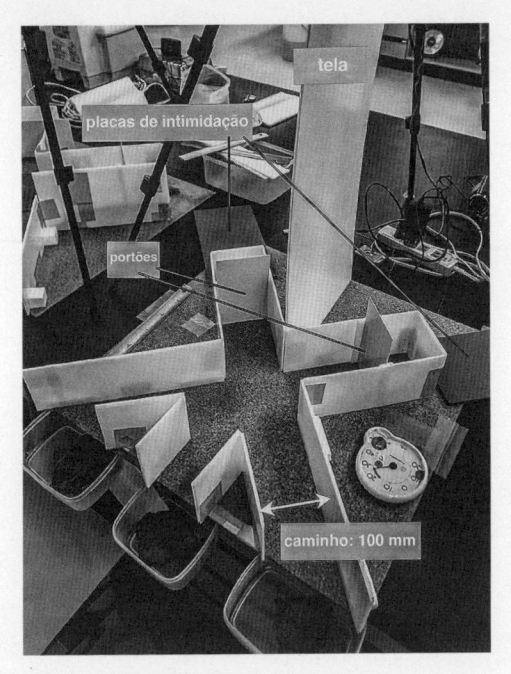

Um computador-caranguejo.

que parece: robôs feitos de materiais molengas e maleáveis, em vez de metal e plástico. Concebida originalmente para tentar criar robôs com os quais fosse mais seguro interagir em casa ou no trabalho (é melhor que o robô que cuida da vovó seja feito de esponja em vez de peças de metal, caso ele caia em cima dela), essa abordagem trouxe complicações que levaram a outras descobertas variadas. Como usam sistemas motores completamente diferentes, os robôs moles são muito mais difíceis de controlar. Alguns nutam — expandem ou comprimem áreas do corpo para crescer em diferentes direções, como uma planta ou tentáculo de polvo. Isso lhes confere uma liberdade de movimentos muito maior, mas os torna difíceis de guiar, em especial quando o sistema pratica o autoaprendizado. Uma das soluções propostas é delegar o controle desses membros moles a um processo chamado "computação de reservatórios", no qual o objetivo preponderante do sistema é enviado a um subgrupo de neurônios artificiais que descobrem a maneira de alcançar o objetivo desejado localmente. Em essência, trata-se de usar um sistema complexo para executar outro sistema complexo — o que soa bastante parecido com a Fábrica Cibernética de Beer, incluindo o "reservatório" fazendo as vezes de charco. Também lembra muito o que acreditamos que os polvos e outros cefalópodes fazem com seus sistemas neurais distribuídos e seus membros aparentemente autônomos.[27]

A robótica mole e a computação de reservatórios parecem mais biomimética do que uma computação biológica de verdade, pois, apesar de toda a conversa em torno de membros e neurônios, os sistemas empregados são construções inteiramente artificiais. Mas, de acordo com o salto mental cibernético, é possível executar essas mesmas ideias no mundo em si. Um grupo de pesquisadores chegou a levar o termo "computação de reservatórios" à sua conclusão literal, criando um computador na forma de um balde d'água.[28]

O que pode significar algo assim? O que eles fizeram foi posicionar vários motores na beirada de um recipiente com água, usando-os para criar ondas — padrões de interferência — na superfície. Essa engenhoca foi então instalada em cima de um projetor no teto, de modo que as ondas podiam ser observadas como padrões de luz e escuridão projetados na parede. Dados divergentes que eram enviados aos motores produziam padrões divergentes na parede, e esses padrões eram então analisados por um computador (baseado em silício) usando aprendizado de máquina. Num dos experimentos, o balde foi alimentado com amostras de diferentes palavras pronunciadas, e o computador logo aprendeu a distingui-las. Ele aprendeu a reconhecer qualidades da fala, um problema de célebre dificuldade — e dessa maneira alcançou resultados bem mais exatos do que se estivesse baseando-se somente em dados brutos, um tanto como o bolor limoso, que resolveu o problema do caixeiro-viajante com muito mais eficiência do que qualquer computador digital. A água parecia pré-processar informações complexas ao convertê-las de informação binária unidimensional em informação multidimensional, mais complexa mas também mais expressiva: uma dança fluida. Além disso — e ao contrário, digamos, das dáfnias magnéticas, que poluíram a água com ferrugem em pouco tempo —, o desligamento dos motores imediatamente fazia um "reset" do balde para seu estado inicial, permitindo que ele tratasse de um problema novo.

Vale a pena enfatizar dois pontos aqui. O primeiro é que esse sistema — o que os pesquisadores chamam de máquina de estado líquido — pode ser mais similar ao tipo de processamento de informação que ocorre nos neurônios biológicos, nos quais informações incrivelmente complexas parecem ser manejadas com facilidade por circuitos bastante simples. A computação neural — o processamento do mundo por parte do cérebro — tem velocidade e precisão baixas se comparadas às de um computador, mas ela também é extremamente paralela e em tempo real, operando mais como o fluxo de um rio do que como o tique-taque de um relógio. Já que nosso cérebro foi evoluindo para interagir com o mundo como ele é, isso sugere que resolver problemas "do mundo real" — definição da melhor rota, reconhecimento da fala, economia — é uma tarefa mais adequada a computadores que também são mais parecidos com o mundo.

O segundo ponto é que a água no balde não está "pensando" ou "lembrando" — mas está processando. Ela está computando informação. A forma dessa informação não é a dos zeros e uns que atravessam as máquinas digitais (incluindo o computador-caranguejo): ela é análoga, o que não significa antiga e imprecisa, mas sim complexa, variada e contínua. Ela tem textura e cor, assim como o mundo.

Para deixar bem claro, não se trata de um elogio nerd e nostálgico ao vinil em detrimento do MP3. Não se trata de tentar representar ou reproduzir o mundo de uma maneira particular, de acordo com nossas preferências estéticas ou intelectuais. Trata-se simplesmente de reconhecer que o mundo é ativamente incognoscível para nós, oposto aos esforços da computação digital para torná-lo cognoscível. Não podemos ler a água da mesma forma que lemos dados, e isso é bom. Trabalhar com ela nos torna mais conscientes da distância entre nós mesmos e o objeto analisado: nos lembra de que não possuímos este mundo, mas o compartilhamos. O conhecimento que é produzido tendo como meio a superfície inquieta de um balde d'água é obtido pela cooperação com o mundo, e não pela sua conquista.

O computador de água de Vladimir Lukyanov, 1936.

Outro exemplo de máquina que operava entrosada com o mundo era o Integrador de Água de Vladimir Lukyanov, um computador analógico construído na União Soviética em 1936. Lukyanov trabalhou na construção das ferrovias Troitsk-Orsk e Kartaly-Magnitnaya, onde as temperaturas extremas dificultavam muito o trabalho. Em especial, o concreto reforçado aplicado às ferrovias durante o inverno rachava quando ficava exposto ao calor do verão. Lukyanov precisava descobrir uma forma de projetar um modelo preciso da massa térmica de seus materiais, mas, nos anos 1930, as calculadoras mecânicas lidavam somente com a álgebra linear. Não havia como calcular as equações diferenciais exigidas para a tarefa.

Lukyanov percebeu que o fluxo da água era análogo à distribuição de calor e podia atuar como modelo visual de um processo térmico invisível. Ele construiu uma máquina que ocupava todo um recinto, feita de telhas de ferro, chapas de metal e tubos de vidro, e que utilizava o fluxo da água, e não elétrons, para fazer cálculos. Ela consistia em múltiplos recipientes de lata conectados por canos de vidro com diâmetros variados. Os vasos cheios d'água podiam ser erguidos e baixados por meio de manivelas e roldanas, cada nível correspondendo a uma entrada. Conforme os níveis subiam e desciam, a pressão da água no sistema aumentava e diminuía, e a água percorria os tubos de vidro e entrava em outros recipientes que representavam a memória e as saídas. Esses números produzidos pela máquina podiam ser lidos a qualquer momento para determinar a resposta das equações diferenciais complexas que eram simuladas — era a única máquina do mundo, naquela época, capaz de resolver problemas desse tipo.

Embora tivesse se proposto a resolver um problema específico — o fluxo térmico do concreto —, Lukyanov logo percebeu que podia resolver qualquer equação diferencial com aquele equipamento. A partir daí, construiu máquinas com aplicações mais abrangentes, contendo canos e tubos que podiam ser movidos e substituídos para atender a diferentes tipos de problema na geologia, na metalurgia e na construção de minas e foguetes. Em meados dos anos 1950, muitas instituições educacionais da União Soviética tinham computadores d'água em seus laboratórios, e Lukyanov foi agraciado com o prêmio Estatal da União Soviética, a maior homenagem civil concedida pelo governo. Computadores d'água continuaram a ser usados pelas instituições soviéticas para modelagens de grande escala quase até o final dos anos 1980.[29]

Computadores análogos são modelos do mundo. Os integradores de água de Lukyanov começaram como simulações de processos físicos propriamente ditos — fluxo térmico, erosão, subsidência — e depois, quando suas capacidades gerais se tornaram claras, foram abstraídos e aplicados para resolver problemas diferentes. Processos materiais, físicos e até mesmo geológicos foram modelos para a resolução de problemas de matemática pura. Da mesma forma, os primeiros computadores digitais começaram como modelos de problemas específicos — chaves criptográficas, reações nucleares, sistemas climáticos — e se tornaram resolvedores de problemas gerais a partir do momento em que começamos a dissociá-los e desagregá-los em partes reagrupáveis: memória, processamento, instruções de comando e assim por diante. Gradualmente, o modelo de mundo que está no coração da máquina vai ficando menos visível, ao mesmo tempo que a máquina em si vai ficando cada vez mais abstrata. O nível mais alto de abstração é a máquina de Turing (automática), que é completamente abstrata. Mas as máquinas oraculares, entre elas os integradores de água, são tentativas de trazer essa abstração de volta ao chão: de recombinar o fabuloso poder do processamento mecânico com as considerações materiais — e quem sabe, no devido tempo, com a ética, a moralidade e a própria vida.

Nos Estados Unidos, os computadores d'água assumiram uma escala mais monumental. Dos anos 1940 em diante, o Corpo de Engenheiros do Exército americano construiu uma série de modelos de bacias hidrográficas por todo o país, visando compreender melhor o sistema de fornecimento de água e estudar o impacto causado por represas e pontes. O primeiro deles foi um modelo de toda a área de escoamento do rio Mississippi, incluindo seus principais afluentes, os rios Tennessee, Arkansas e Missouri. Esse modelo cobria cerca de oitenta hectares e foi construído por um período de vinte anos nos arredores da cidade de Jackson. A escala do modelo era 1:100 na vertical e 1:2000 na horizontal, o que deixava os Apalaches seis metros acima do golfo do México e as montanhas rochosas nove metros acima disso. Blocos de concreto esculpidos nos mínimos detalhes reproduziam 24 mil quilômetros de rios em algumas centenas de metros. Posicionando modelos de estruturas em escala adequada ou cavando novos canais entre os afluentes, era possível simular quase à perfeição os efeitos de novas barragens, vertedouros e canais de escoamento no ambiente da bacia hidrográfica propriamente dita.

Tentativas anteriores de investigar como se poderia controlar o portentoso Mississippi tinham adotado uma abordagem bem diferente. Após a Grande Enchente de 1927, que inundou partes do Arkansas, Mississippi e Louisiana, os Estados Unidos haviam praticamente declarado guerra contra o rio. Na década seguinte, o Corpo de Engenheiros construiu 29 represas e eclusas, centenas de canais de escoamento e mais de 1500 quilômetros de barragens novas e mais elevadas. O objetivo disso tudo era confinar o rio dentro do curso que ele já seguia na época e evitar qualquer desvio dos níveis "normais". O projeto foi um fracasso catastrófico, como ficou demonstrado pelas novas enchentes devastadoras que ocorreram no inverno de 1936. Os projetistas e engenheiros não tinham conseguido entender que o Mississippi fazia parte de um sistema de afluentes e bacias que drenava nada menos de 40% do continente norte-americano. Em 1936, o sistema simplesmente se esvaziou em outro lugar e, ao fazer isso, desabrigou milhares de pessoas em Massachusetts, Pensilvânia e Nova York. Tornava-se necessário um sistema diferente, que reagisse à escala e aos movimentos naturais do rio — um modelo de feedback fluido no lugar de um plano fixo e predeterminado. Daí surgiu o Modelo da Bacia do Mississippi: no lugar de um charco cibernético, um rio caudaloso.

O Modelo da Bacia passou pelo primeiro grande teste ao vivo em 1952, quando o rio Missouri chegou perto de transbordar entre Omaha e Council Bluffs, em Iowa. Os operadores do Modelo deram início a dezesseis dias de testes contínuos, 24 horas por dia, ajustando as condições ao longo da extensão do rio para prever aumentos de nível repentinos, enchentes e falhas nas barragens. Um dia inteiro podia ser simulado em cerca de quinze minutos e, para cada 3,79 litros de água que os engenheiros derramavam nos canais de concreto do Modelo, mais de 5,5 milhões de litros corriam pelo verdadeiro Missouri, arrasando as margens e danificando as barragens. Prefeitos de cidades situadas acima e abaixo no curso do rio se congregaram numa torre de observação erguida no centro do Modelo e observaram ansiosos para saber se as enchentes devastadoras de centímetros de altura consumiriam seus lares e campos de cultivo. A partir das previsões do Modelo, eles acionaram brigadas civis e instalaram sacos de areia para reforçar pontos críticos e vulneráveis, e no fim acabaram evitando dezenas de milhões de dólares em prejuízos e uma potencial perda de vidas.[30]

Dessa maneira, o Modelo atuou como a U-Machine, o oráculo, para todo o sistema do Mississippi: o rio em si e as milhões de pessoas que moravam perto de suas margens, bem como todo o concreto, terra, barras de reforço e areia usados para lhe dar forma. Fluindo e refluindo, subindo e baixando, avançando e recuando, o Modelo permitiu que o Corpo de Engenheiros e os voluntários civis se adaptassem às condições instáveis de um jeito que não teria sido possível com base em um sistema pré-programado.

Depois disso, outros modelos foram construídos em Portsmouth, na Virgínia, e em Sausalito, na Califórnia, para simular respectivamente as baías de Chesapeake e São Francisco. Este último segue em funcionamento (embora somente para demonstrações) e pode ser visitado. É uma coisa magnífica. Num saguão enorme, toda a baía de San Pablo, a baía de Suisun, o delta dos rios Sacramento e San Joaquin e mais de cem quilômetros do oceano Pacífico depois da Golden Gate estão dispostos numa área do tamanho de um campo de futebol. O Modelo da Baía inclui canais para embarcações, rios, riachos, pântanos, canais do delta, cais principais, píeres, rampas, diques, quebra-mares e as famosas pontes de São Francisco: todo tipo e espécie de obra de engenharia hídrica. De hora em hora, com um gorgolejo imenso que parece saído de uma banheira gigante, a maré é acionada e a água penetra a baía numa velocidade exatamente cem vezes maior que a do mundo lá fora, e depois recua.

Como a fotografia em *time-lapse*, o Modelo da Baía é uma tecnologia para converter o esplendor e a majestade dos processos naturais à escala da percepção humana, sem prejudicar com isso nossa apreciação daquilo que lhes é peculiar. Ele nos possibilita interceder e agir de um modo que faça sentido sobre uma paisagem vasta e complexa, sem perder de vista sua estética e sua pessoalidade — sua beleza e sua individualidade. O mais importante que é sua simulação não acarreta nenhuma perda de complexidade. A mudança é de escala, não de informação. O mundo é traduzido em vez de representado. Também existe arte na tradução, é claro. É aqui que nossa própria

Um técnico do Modelo da Baía de Chesapeake diante de um medidor de maré localizado no rio Elizabeth, em Portsmouth, Virginia, agosto de 1977.

agência e criatividade entram em ação — mas como parte de uma dança contínua de compreensão mútua, e não de dominação e controle.

O crítico de arquitetura Rob Holmes definiu a batalha de cem anos do Corpo de Engenheiros para conter e controlar o Mississippi — a construção de milhares de quilômetros de barragens, represas e canais — como a maior obra de *land art* de todos os tempos.[31] Tendo a concordar. A *land art* [a arte da terra] depende da escala, do absurdo e do ambiente para exercer seu impacto, e esses modelos talvez sejam a maior realização desse tipo de arte. Até mesmo a foto incluída neste livro, que mostra o técnico barbudo e solitário sentado como Atlas em cima do Modelo da Baía de Chesapeake, faz pensar acima de tudo nas imagens arquitetônicas oníricas produzidas pelo coletivo radical italiano Superstudio no mesmo período. Nas visões do Superstudio para o futuro cibernético, a humanidade

Still do filme *Supersurface*, 1972, produzido pelo Superstudio.

está entregue a um estado de lazer feliz em meio a paisagens que combinam projetos de construção megalíticos, artefatos de tecnologia avançada, comunidades utópicas e formações naturais. Em seu filme de 1972, *Supersurface — An Alternative Model for Life on the Earth* [Supersuperfície: um modelo alternativo para a vida na Terra], o coletivo conclama um novo alinhamento entre o design e o meio ambiente no qual a invenção humana e o mundo natural não se contradizem, mas se complementam.

O que eu adoro nos Modelos da Baía e da Bacia — além da possibilidade de brincar com eles — é sua legibilidade. Houve uma época em que se podia visitar essas paisagens computacionais, caminhar entre suas margens e cursos d'água, testemunhar os cálculos em andamento e compreendê-los. Isso é legibilidade: a construção de sistemas que são legíveis por todos, que contribuem para uma representação compartilhada do espaço, em oposição às representações fechadas e encobertas dos computadores digitais. É a mesma legibilidade que eu buscava com a minha Armadilha Autônoma nas encostas do monte Parnaso: um objeto complexo que trabalhasse, que incorporasse seu próprio modelo do mundo e que fosse capaz de se explicar aos outros.

Há uma enorme diferença entre entender como se chega às respostas e simplesmente ser informado dos resultados. Logo que a computação digital se tornou capaz de lidar com as complexidades que envolvem a modelagem de processos naturais — capaz de assumir tarefas que antes só eram possíveis com o emprego de simuladores físicos, como computadores d'água —, o conhecimento da paisagem propriamente dita se tornou uma exclusividade de operadores e intérpretes especializados em sistemas opacos, e o público em geral se viu reduzido a um receptor mudo de informações. Nós nos tornamos objetos em vez de sujeitos. Foi isso que aconteceu na tecnologia da informação como um todo. O potencial das máquinas complexas para aumentar ativamente a compreensão e a agência do público, para elevar a todos nós, acabou subordinado a máquinas de aquisição de conhecimento e de dominação que eram cada vez mais centralizadas e mantidas sob acesso protegido, em detrimento do nosso poder comum.

O melhor exemplo de uso pedagógico do computador d'água — visto como uma máquina legível, que não apenas calcula, mas também educa — é um que vi pela primeira vez no Museu da Ciência de Londres quando era criança. Trata-se do Monetary National Income Analogue Computer [Computador Analógico de Renda Monetária Nacional], ou MONIAC, construído em 1949 pelo economista Bill Phillips, então um estudante na Escola de Economia e Ciência Política de Londres. O MONIAC tem o tamanho aproximado de uma geladeira grande e, assim como o Integrador de Água de Lukyanov, consiste numa série de tanques e canos, nesse caso feitos de plástico transparente e afixados a uma placa de madeira.

O MONIAC é um modelo funcional da economia britânica. No topo da máquina, fica um grande tanque d'água onde está

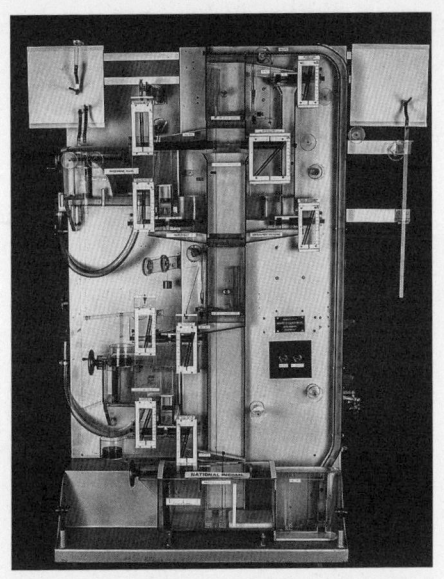

O MONIAC, construído por Bill Phillips em 1949.

escrito "TESOURO". Outros tanques representam os gastos do governo em coisas como saúde e educação; os gastos nesses setores podem ser ajustados abrindo ou fechando torneiras que drenam água do Tesouro. Numa região inferior da máquina, a água é desviada para reservas privadas e devolvida na forma de investimentos; e drenada para gastos em importações, sendo depois bombeada novamente para os ganhos com importações. Certos tanques podem secar caso os equilíbrios fiscais não sejam mantidos (como ocorre nas contas bancárias de verdade) e a água/dinheiro pode ser bombeada novamente até o Tesouro na forma de impostos. As taxas dos impostos determinam a velocidade de funcionamento das bombas. O fluxo de água é controlado por um sistema complexo — porém legível — de boias, roldanas, contrapesos e eletrodos. O sistema permite que qualquer um experimente mexer com os ajustes da economia para ver como interações complexas levam a resultados diversos. O mundo financeiro já está inundado de metáforas aquáticas, de "liquidez" a "flutuação", passando por "tubarões", "baleias" e "*dark pools*". Phillips fez dessas metáforas algo literal, mas também as tornou mais úteis.

Phillips construiu o MONIAC original na garagem da proprietária de seu imóvel no sul de Londres, a um custo de cerca de quatrocentas libras esterlinas (ou cerca de 14 mil nos valores de hoje). Muito adequadamente, estão incluídas peças de um bombardeiro Lancaster da Segunda Guerra que nos remetem aos homeostatos criados por Ashby para guiar bombas. A intenção original era criar um material de apoio visual para o ensino, mas Phillips se surpreendeu com a precisão da máquina, que além de tudo tinha a capacidade única de modelar toda a economia décadas antes da proliferação dos computadores digitais. Em razão disso, foram construídos mais de uma dúzia deles; muitos saíram do ambiente acadêmico e foram parar em departamentos do governo, onde eram utilizados como ferramentas de previsão e ilustração.

A meu ver, o que torna o MONIAC tão especial é que ele literalmente põe as mãos do usuário no controle da economia, ao mesmo tempo que insiste em afirmar a fluidez e o dinamismo do sistema financeiro. Ele mostra que a economia é ao mesmo tempo uma força da natureza e resultado de decisões deliberadas e conscientes. Tal como o Modelo da Baía, o MONIAC nos permite exercer agência sobre um sistema complexo sem negar a agência do próprio sistema. Escorrendo de um lado a outro, a água não nos deixa esquecer que estamos lidando com coisas que existem, materiais verdadeiros, um mundo compartilhado distinto — o que é fácil de acontecer quando dispomos apenas de números numa tela. No momento em que o mundo real é abstraído por inteiro pela máquina universal, perdemos nossa capacidade de se importar com ele.

Todos os computadores são simuladores. Fazemos funcionar seus modelos abstratos de certos aspectos do mundo — e em seguida esquecemos completamente que eles são modelos. Nós os confundimos com o mundo em si. Isso vale para nossa própria consciência, nossa própria *umwelt*. Confundimos nossa percepção imediata com o mundo como ele é — na verdade, porém, nossa consciência é um modelo momento a momento, um processo constante de reavaliação e reintegração com o mundo como ele se apresenta a nós. Desse modo, nosso modelo interno do mundo, nossa consciência, modela o mundo da mesma forma que os computadores e com um poder semelhante ao deles. Tentamos tornar o modelo o mais próximo possível do mundo, e o mundo o mais próximo possível do modelo, em cada etapa da nossa intra-ação. É por isso que modelos e metáforas são importantes. Se nosso modelo interno contém uma visão de um mundo compartilhado, um mundo comunitário e participativo; se ele reconhece a realidade dos nossos emaranhamentos mais que humanos; e, se estivermos preparados para adaptar nossa visão a novas circunstâncias e novos entendimentos, então ele tem — nós temos — o potencial de realmente fazer do mundo um lugar mais comunitário, mais participativo, mais justo e igual, mais que humano.

O MONIAC era uma máquina de simulação que se tornou uma máquina de decisão. É assim que uma computação (bem-sucedida) funciona. Primeiro ela modela o mundo, depois tenta substituir o mundo pelo modelo. Nossa mente também é uma máquina de simulação que se torna máquina de decisão: pensamos, processamos e agimos numa intra-ação constante com o mundo. Portanto, eis a questão: quais são as características dos modelos — logo, das máquinas — que geram mundos melhores?

Proponho, humildemente, três condições para a existência de máquinas melhores e mais ecológicas: máquinas mais adequadas ao mundo em que desejamos viver e menos propensas ao tipo de opacidade, centralização de poder e violência que nos acostumamos a entender como traços distintivos da maioria das tecnologias contemporâneas. Essas três condições, creio, são necessárias para que as máquinas façam parte das comunidades prósperas de humanos e não humanos que delineamos nos capítulos anteriores. Nossas máquinas devem ser não binárias, descentralizadas e não conhecedoras.

Comecemos pela não binaridade. Como vimos, quando deixamos de lado as perguntas do tipo sim/não, e/ou, zero/um — seja no fluxo turbulento dos computadores análogos, seja no terreno aberto dos perfis do Facebook ou na exploração vacilante das operações da *o-machine* —, descobrimos não apenas maneiras novas de ver e fazer as coisas, maneiras mais poderosas do que podíamos imaginar, mas também um mundo dotado de uma complexidade e uma riqueza que ultrapassam a imaginação. Esse é o labirinto da complexidade infinitamente significativa, a magnificência profunda e misteriosa sobre a qual escreveu Aldous Huxley, enfim reconhecida por nossa atenção consciente e, em potencial, por nossa tecnologia. Dizendo de forma clara, o mundo em si é não binário. Se pretendemos agir de forma ecológica por meio de nossos artefatos, agir com cuidado e justiça perante nós mesmos e nossos companheiros mais que humanos, precisamos abandonar nossos binarismos e deixar nossas máquinas livres para fazer o mesmo.

A qualidade não binária das máquinas que desejamos também as deixa abertas para toda uma área de pensamento que ainda não levamos em consideração, mas que deveria ter papel central numa reavaliação daquilo que os computadores podem vir a ser: a teoria queer. A teoria queer se opõe à heteronormatividade da cultura em todas as suas formas, incluindo o gênero binário. Uma das minhas aplicações favoritas da teoria queer às máquinas está no projeto Queer Technologies, de Zach Blas, que inclui uma linguagem de programação queer chamada transCoder e um conjunto físico de "comutadores de gênero": cabos de computador que permitem que cabos "macho" sejam transformados em "fêmea". "Ao reimaginar uma tecnologia voltada ao queer", escreve Blas, "Queer Technologies critica os sustentáculos heteronormativos, capitalistas e militarizados da arquitetura, do design e das funcionalidades tecnológicas." O mais importante é que, ao de fato construir os artefatos que imagina, o projeto viabiliza maneiras novas de fazer tecnologia e, com isso, de entender o mundo do qual a tecnologia faz parte.[32]

Como ressaltou o ativista *genderqueer* Jacob Tobia:

> Você provavelmente ouviu falar do termo binário pela primeira vez numa aula de informática. O problema é o seguinte: as pessoas não funcionam como computadores. Nossas identidades, nossos pensamentos e nossas crenças nem sempre se encaixam facilmente em duas categorias. No mundo em que vivemos, definimos duas categorias distintas — homem e mulher — entre as quais todos devem escolher. Mas isso não reflete toda a diversidade da experiência humana.[33]

Assim como ocorreu com a decisão consciente de remover a terminologia mestre/escravo do léxico da tecnologia, mudar a maneira como descrevemos e construímos os computadores poderia repercutir de modo concreto não apenas na sua própria arquitetura e capacidades, mas também na vida das pessoas cujas experiências são delimitadas por esse tipo de metáfora tecnológica — ou seja, todos nós.

A segunda condição, descentralização, aprende com as lições fornecidas pelo polvo e pelo bolor limoso para reconhecer o poder dos esforços comunitários e cooperativos. O poder das comunidades e dos sistemas reside em sua intra-ação, seu devir coletivo capaz de realizar algo maior que as partes. O processo de descentralização imita a distribuição de redes como a internet, mas, para além disso, insiste em dizer que o verdadeiro poder não está na mera conectividade, mas no compartilhamento. Já temos os meios e o know-how para fazer isso, embora a implementação propriamente dita tenha sido relegada até o momento às margens da cultura tecnológica, devido à pressão dominadora exercida por monopólios corporativos e sua busca por lucro a qualquer custo.

O movimento do código aberto é um exemplo dessa redistribuição. Ele consiste na prática de publicar o código-fonte completo — cada linha de código que compõe determinado software — para que fique disponível ao escrutínio e à crítica dos usuários. Ao tornar os próprios códigos do software e do hardware acessíveis e legíveis a todos, as práticas de código aberto descentralizam o conhecimento e fornecem a base para uma educação pessoal e coletiva. A área dos sistemas de processamento distribuído é um outro exemplo: gerou a democracia extrema do compartilhamento de arquivos e das criptomoedas, bem como iniciativas científicas tais como SETI@home e Folding@home. A primeira tem como objetivo encontrar vida no espaço sideral, e a segunda, desenvolver novas curas para doenças. Ambas se beneficiam do poder de processamento remoto fornecido por voluntários — os computadores do público em geral, conectados à internet — para resolver cálculos complexos que sobrecarregariam qualquer supercomputador isolado. Não deveria surpreender que esses dois exemplos carismáticos — e bem-sucedidos — da fórmula se voltem a questões relacionadas à própria vida. Redes federadas e par a par são um terceiro exemplo de descentralização. Essas tentativas de recriar o poder e as pregnâncias das redes sociais, dos serviços de websites e até mesmo das videochamadas contemporâneas consistem em dar a cada usuário permissão para construir, hospedar e controlar seu próprio fragmento da rede maior. Ao fazer isso, os usuários redesenham ativamente a própria rede, que deixa de ser centralizada ao redor de poucos concentradores privados e se transforma numa rede de usuários conectados diretamente uns aos outros: uma mudança tecnológica que resulta numa mudança física da topografia e das relações de poder da própria rede.[34]

O projeto da descentralização também se estende a nós mesmos: ao reconhecimento de que os humanos não são a espécie mais importante do planeta nem o concentrador em torno do qual gira todo o resto. Pelo contrário, somos uma parte especializada, porém igual, de um mundo vasto e mais que humano, sem importância maior ou menor que qualquer outra parte. Descentralizar-se é uma tarefa complicada que nos requer refletir profundamente sobre nossas relações com o mundo mais que humano e entender nossas ações e os instrumentos que criamos como contribuições e mediações que envolvem todas as outras coisas, e não como artefatos exclusivos, e exclusivamente poderosos, de uma superioridade humana.

A terceira condição, ser não conhecedora, significa reconhecer as limitações do que somos capazes de conhecer em primeiro lugar, e tratar com respeito aqueles aspectos do mundo que estão além do nosso alcance, em vez de tentar ignorá-los ou apagá-los. Existir num estado de não conhecimento não é o mesmo que submeter-se à impotência. Pelo contrário, exige ter uma espécie de confiança de que nós e o mundo seremos capazes de funcionar dentro de um cenário complexo e em constante mutação, sobre o qual não temos controle e nem podemos ter. É um imperativo básico de ser humano dentro de um mundo mais que humano, reconhecido desde sempre pelas cosmologias tradicionais através da prática de rituais e de apelos concretos à intervenção dos seres não humanos — plantas, animais, espíritos e sistemas climáticos — que tornam possível nossa sobrevivência.

Muitas das nossas mais avançadas tecnologias contemporâneas já estão sintonizadas com a incognoscibilidade, com destaque para os programas de aprendizado de máquina, que são especificamente criados para lidar com situações que não constam da sua experiência prévia. Aplicações tais como carros autônomos, robótica, tradução de idiomas e até mesmo pesquisa científica — a produção de conhecimento propriamente dita — estão convergindo para as abordagens de aprendizado de máquina justamente devido a essa compreensão de que a resposta mais apropriada a novos fenômenos e estímulos não pode ser pré-programada. Contudo, é muito possível que programas desse tipo continuem a ignorar e apagar a realidade — com consequências devastadoras — caso percebam a si mesmos do mesmo modo que nós, seus criadores, sempre nos percebemos: como peritos, autoridades e mestres. Ser não conhecedor exige que esses sistemas permaneçam em diálogo constante com o resto do mundo e que estejam preparados, como a melhor ciência sempre esteve, para revisar e reescrever a si mesmos com base em seus erros.

Um exemplo desses sistemas não conhecedores é o Optometrist Algorithm [Algoritmo Optometrista] desenvolvido pelo Google para a Tri Alpha Energy. A Tri Alpha está tentando desenvolver uma tecnologia de fusão nuclear factível, a fonte quase inesgotável de energia limpa que é explorada há décadas pela ficção científica. Alcançar esse objetivo envolve cálculos extremamente complexos que levam em conta milhares de variáveis em cada rodada de testes do reator experimental — milhares acima do que um pesquisador humano seria capaz de avaliar com alguma precisão. Mas a escala do problema também significa que uma abordagem puramente programática acabaria se perdendo em meio às incontáveis ramificações de uma infinita árvore de possibilidades sem alcançar uma melhora expressiva nos resultados.

A solução encontrada para lidar com esse problema foi fazer um algoritmo de aprendizado de máquina avaliar metodicamente um número imenso de opções e apresentar um leque reduzido de ações possíveis a um operador humano. Desse modo, passaram a se debruçar sobre o problema não apenas uma quantidade maior de mentes, mas também pelo menos duas formas de pensamento distintas: a avaliação programática e matemática da máquina; e a exploração criativa, sujeita a palpites, da mente humana. O algoritmo funciona menos como uma máquina cega e obediente a regras, e mais como um optometrista testando lentes diversas e checando a todo momento com o paciente: "Está melhor assim? Ou assim? Mais assim ou assim?".

Os resultados são promissores — mas como seria esse algoritmo caso ele atendesse aos interesses não apenas do humano, mas também do mais que humano? Um algoritmo que dedicasse parte do seu processamento, parte do seu pensamento, a atores não humanos: talvez algo como o balde de pré-processamento com água descrito anteriormente ou o emprego de bolores limosos e redes micorrízicas como tradutores e cocriadores. Seria a concretização plena da U-Machine de Stafford Beer, ou da *o-machine* de Turing — e, o que é mais importante, tal máquina estaria voltada para o exterior, e não tentando confinar seus parceiros de trabalho dentro de uma caixa, desconectando-se mais ainda do mundo lá fora.[35]

Um exemplo de máquina cibernética realmente imperita é o Robô Móvel Controlado por Barata, ou Roachbot (2004-2006), um artefato criado pelo designer canadense Garnet Hertz que demonstra todos os princípios acima expostos, ao mesmo tempo que preserva alguns dos aspectos mais medonhos vistos no andar medular do cão e no computador-caranguejo. (Talvez

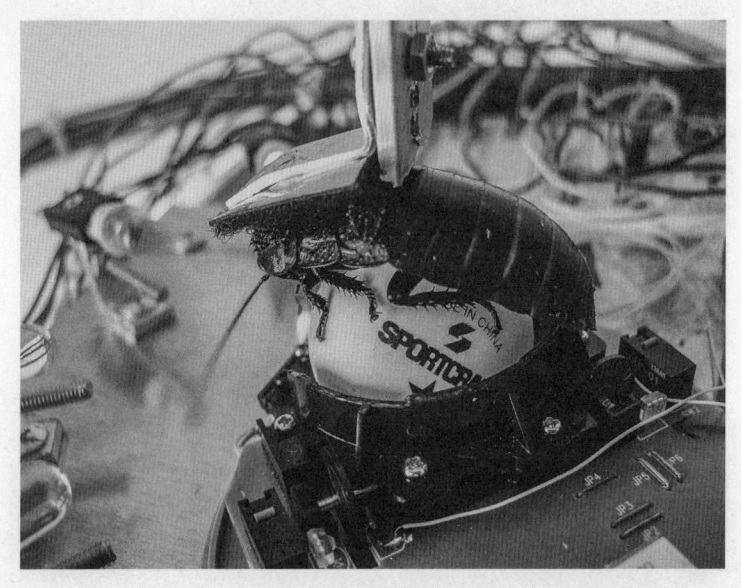

O Robô Móvel Controlado por Barata, criado por Garnet Hertz.

esse tipo de melindre possa ser considerado um indicador útil de eficácia mais que humana, mas isso é assunto para outra hora.)

O Roachbot reúne um triciclo motorizado, um conjunto de sensores de proximidade e uma imensa barata-de-madagáscar grudada com velcro a uma *trackball*. O Roachbot se aproveita da aversão da barata à luz intensa — o mesmo mecanismo que as faz debandar assim que você acende a luz da cozinha — para criar um robô ciborgue simples e explorador. Quando se mexe em cima da *trackball*, a barata faz o triciclo andar pelo recinto — mas, se ele chegar perto demais de um obstáculo, luzes de LED apontam naquela direção, fazendo o robô desviar para outra trajetória. Desse modo, ele se desloca por um espaço evitando os obstáculos de maneira muito semelhante aos jabutis de Grey Walter. A principal diferença entre o Roachbot e os jabutis é que um elemento do sistema permanece desconhecido para nós. Ao contrário dos jabutis, a barata que é o coração da máquina de Hertz não foi construída nem descrita. Ela está fazendo o que bem entende — é um oráculo. Em termos cibernéticos, ela foi "arrastada" [*entrained*], mas não foi dominada (embora a própria barata possa discordar dessa leitura).[36]

Em qualquer relação legítima que esteja baseada na imperícia — entre humano, máquina, cogumelo ou barata —, o participante deve renunciar a qualquer exigência de compreensão completa a respeito do modo de funcionar dos outros. Pelo contrário, as relações baseadas em imperícia exigem um tipo de confiança ou mesmo de solidariedade. Exigem que estejamos abertos não apenas à possibilidade das outras inteligências, mas também à ideia de que elas podem estar interessadas em nos ajudar — ou não —, nos predispondo assim à criação de condições mais mutuamente benéficas em que elas possam se dispor a nos prestar auxílio voluntário. Trata-se, na verdade, do oposto da impotência: tornar possível não apenas a criação de relações melhores, mas também de mundos melhores.

Não binárias, descentralizadas, não conhecedoras — o que as três condições dessa teologia negativa da tecnologia têm em comum é que elas procuram derrubar a dominação em todas as suas formas. Ser não binário, em termos humanos e maquinais, é rejeitar totalmente as falsas dicotomias que produzem violência em consequência direta da desigualdade. Uma cultura da linguagem binária nos divide em dois e nos força a escolher quais partes de nós mesmos se encaixam nas estruturas de poder existentes. Afirmar a não binaridade é cicatrizar essa fissura e tornar possíveis outras demandas de agência e poder.

Descentralizar, nesse contexto, significa empoderar e conceder agência de modo igual a todos os actantes e arranjos do mundo mais que humano, de modo que nenhum possa exercer domínio sobre outro. Ser não conhecedor significa admitir — como fez Sócrates diante do Oráculo — que não sabemos, e ninguém mais sabe, exatamente o que está acontecendo; é sentir-se humilde e em paz diante dessa constatação, e por conseguinte diante de todas as coisas. As tecnologias de controle e dominação se tornam tecnologias de cooperação, mútuo empoderamento e libertação.

Esses objetivos, é claro, não são meramente tecnológicos ou ecológicos: são também políticos. Qualquer questão tecnológica se torna, na devida escala, uma questão política. E é a política que abordaremos na parte final deste livro, para ver quais lições podemos tirar do mundo mais que humano, incluindo nossas tecnologias, para alcançar relações mais justas e iguais entre todos nós.

A cibernética, que chega mais perto do tipo de compreensão mais que humana da tecnologia que estamos buscando, teve seu envolvimento com a política. Stafford Beer, em especial, tentou usar sua visão cibernética do mundo para melhorar a vida. Em 1971, ele foi procurado pelo governo socialista recém-eleito de Salvador Allende, no Chile, para ver se suas ideias poderiam ter algum papel numa economia dirigida pelo Estado. Beer se jogou de cabeça na oportunidade e passou vários anos estudando, documentando e intervindo na economia chilena. Sua ação mais bem-sucedida foi a implementação de uma rede de aparelhos de telex em mais de quinhentas fábricas, conectada aos setores de planejamento nos municípios e no governo central. Beer acreditava que essa rede formaria o sistema nervoso de algo parecido com uma Fábrica Cibernética em escala nacional: totalmente conectada, autônoma e com elevada capacidade de reação a condições mutáveis. Ela passou por apenas um grande teste — driblou com sucesso uma greve de caminhoneiros apoiada pela CIA, colocando os telexes para coordenar a distribuição de alimentos sem passar pelos bloqueios nas estradas — antes de Allende ser derrubado, também pela CIA.

Não podemos saber se o plano de Beer — chamado Projeto Cybersyn (sinergia cibernética) — teria evoluído da maneira que ele previa ou se teria apenas resultado, como alegavam seus críticos, em mais controle de cima para baixo e opressão da força de trabalho. Mas há um lindo momento na palestra que Beer proferiu na Universidade de Manchester, em 1974, que ilustra como pontos de vista políticos diferentes podem levar a maneiras muito diferentes de compreender e implementar tecnologias. De acordo com o relato de Beer, ele estava explicando a Allende como seu Modelo de Sistema Viável (MSV), o conceito amplo por trás da sua profusão de ideias em torno dos sistemas adaptativos, poderia ser aplicado ao governo. Beer foi descrevendo o modelo, explicando como o Sistema Um, o nível mais baixo do MSV, referia-se aos departamentos de Estado, e como cada sistema sucessivo nos níveis superiores se referia a variadas operações de governo. Allende escutou tudo com atenção e, bem quando Beer estava prestes a dizer "E o Sistema Cinco, sr. presidente, é você", Allende o interrompeu, declarando com um grande sorriso no rosto: "Ah, o Sistema Cinco, até que enfim. O Povo".[37]

Passamos décadas tentando dominar o mundo, decompondo-o em peças básicas para depois montá-lo de novo na forma de máquinas epistemológicas e mecânicas criadas por nós mesmos. Exigimos saber como cada coisa funciona para poder submetê-la aos nossos objetivos e usamos esse conhecimento para oprimir e refrear a agência alheia. Mas a tecnologia ecológica busca conectar e reerguer, construindo, com a participação de todos os jogadores mais que humanos em campo, um MSV mais inclusivo e generativo que qualquer coisa imaginada por Beer: um mundo justo, equitativo e vivível.

O esforço de construção da máquina oracular está em curso: é nossa principal tarefa. Neste capítulo, reuni algumas ideias e processos que estabelecem como poderia ser essa máquina oracular caso ela incluísse tanto nós quanto o mundo mais que humano de maneiras que Turing ignorava e que Beer só conseguiu esboçar; de maneiras que entendem Gaia como o maior de todos os homeostatos e aceitam a alteridade radical como propulsora da adaptabilidade. A partir dessas pistas, também podemos começar a estabelecer uma política mais que humana: um sistema e um conjunto de processos que nos permitam vivenciar em mais plenitude a ecologia tecnológica. Mas primeiro precisamos moldar uma outra peça desse quebra-cabeça e desfazer ainda mais nossa crença no conhecimento e na certeza, para apenas então construir os novos alicerces da compreensão. Como fizemos ao mergulhar na cultura neandertalense e no sexo devoniano para encontrar os pequenos dinoflagelados que ainda vivem dentro das nossas células, quero levar esses conceitos de incognoscibilidade e de encontros adaptativos ainda um pouco mais adiante, até a espuma fervilhante que subjaz à nossa própria capacidade de adaptação e mudança. Para fazer isso, temos que randomizar.

7.
Randomizando

Aos pés da colina de Acrópole, no centro de Atenas, está situada a Estoa de Átalo, batizada em homenagem ao homem que a construiu: o rei Átalo II de Pérgamo, governante da cidade entre 159 e 138 a.C. Na antiga Atenas, uma estoa era uma passarela coberta ou pórtico (o nome ainda é usado para denominar as arcadas existentes nas ruelas de Atenas). A construção foi restaurada nos anos 1950, e agora abriga um dos meus acervos favoritos de objetos antigos, o Museu da Ágora Antiga. A ágora, ou espaço público, era o coração social e mercantil da cidade antiga, e o acervo do museu nos conta muito sobre a vida cotidiana de seus cidadãos e o modo como faziam as coisas.

A atração principal do acervo é um conjunto de artefatos associados ao sistema de governo que nasceu em Atenas no início do século III a.C. A cidade é considerada por quase todos o berço da democracia ocidental — embora haja ressalvas. Na antiga Atenas, o *"demos"*, porção da população que de fato possuía direitos, estava limitado a homens de mais de 25 anos que eram donos de propriedades: mulheres, escravos, estrangeiros e todos os outros membros da comunidade eram excluídos dos processos de decisão. Mesmo assim, a antiga democracia ateniense ainda nos reserva algumas lições importantes — em especial nos aspectos em que diferia radicalmente da democracia que praticamos hoje.

Um dos objetos mais simples e ao mesmo tempo mais espantoso do acervo é um exemplo de uma clepsidra. É um relógio d'água — literalmente, do grego, *klepsydra*, "ladrão de água" — na forma de um jarro de argila simples, com uma torneirinha perto da base. O tamanho do jarro corresponde à porção de tempo específica concedida a um orador na assembleia ou numa sessão do tribunal. Para refutações em processos que envolviam valores inferiores a quinhentos dracmas, usava-se uma clepsidra que concedia ao orador aproximadamente seis minutos para expor seu caso. O jarro era enchido e a rolha era retirada da torneira quando o réu começava a falar; quando a água parasse de escorrer, o orador também deveria parar de falar. De acordo com a tradição, os oradores mais hábeis sincronizavam o ápice dramático de seus discursos com a última gota que caía da torneira. Desse modo, podemos pensar na clepsidra como a forma mais simples de um computador hidráulico: um cronômetro analógico que tinha um fluido como meio de operação.[1]

O expositor vizinho ao da clepsidra exibe uma coleção curiosa de cacos: pequenos pedaços de vasos e outros recipientes de barro com nomes riscados na superfície. São óstracos,

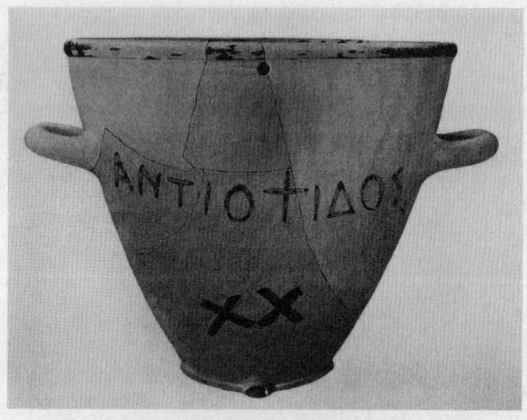

Uma clepsidra com alças e inscrição restaurada, de uma aquarela de Piet de Jong.

tão onipresentes na antiga Atenas que há exemplos em exibição em praticamente todos os principais museus arqueológicos da cidade. Esses cacos eram usados como uma espécie de papel de rascunho: ao contrário do papiro egípcio importado, que era acessível, porém caro, ou do igualmente dispendioso couro de animais, os fragmentos de louças de barro podiam ser recolhidos em qualquer canto. Nesse caso, os fragmentos eram utilizados pelos atenienses para praticar um dos costumes mais curiosos, infelizmente extinto, da democracia antiga, que teve seu nome derivado dos óstracos: o ostracismo.

Na democracia contemporânea, quase sempre se vota *a favor* de alguém, mas os atenienses preferiam votar *contra*. Se algum indivíduo se tornava poderoso demais ou era considerado uma ameaça ao bom funcionamento da cidade, a população podia reivindicar seu ostracismo e submetê-lo ao voto. Se houvesse votos suficientes a favor do ostracismo — fontes contemporâneas indicam um número em torno de 6 mil —, a pessoa era exilada da cidade por dez anos, sob pena de morte em caso de desobediência. Como mecanismo para evitar o surgimento de novos tiranos, o ostracismo era relativamente eficaz — tão eficaz, inclusive, que caiu em desuso, embora haja evidências de que era vulnerável a manipulações. De todo modo, era um elemento essencial dos primórdios da democracia e seria fascinante reintroduzi-lo nos dias de hoje (sem a pena de morte, talvez).

Ao lado das clepsidras e dos óstracos, está a minha relíquia favorita das tecnologias de mídia da Antiguidade: um computador analógico de 2 mil anos, em pleno funcionamento, feito de pedra e latão, que era uma das principais unidades de processamento da democracia: o *kleroterion*. Hoje reduzido a uma laje quebrada com algumas dezenas de centímetros, quando estava inteiro e em pé na ágora, ele tinha a altura de uma pessoa. Na frente desse bloco de pedra largo, eram gravadas fileiras de

Um óstraco determinando o exílio de Temístocles (*c.* 480-470 a.C.), Museu da Ágora Antiga, Atenas.

ranhuras profundas — cerca de trezentas, dispostas em fileiras de cinco ou dez. Do topo até a base da laje, corria um longo tubo com a saída bloqueada por uma manivela.

Ao lado do *kleroterion*, há exemplos de *pinakion*: pequenas placas de bronze que eram emitidas a cada membro do *demos* com seu nome inscrito. Eram como fichas de identificação ou tokens de usuário e se encaixavam perfeitamente nas fileiras de ranhuras na superfície da pedra. Quando um júri era convocado, um grupo seleto de cidadãos encaixava seus *pinakia* nos buracos na frente da máquina, e um oficial despejava um balde cheio de bolas pretas e brancas, correspondendo ao número de jurados envolvidos, na parte de cima do tubo. A ordem em que as bolas saíam quando se acionava a manivela determinava quais fileiras de *pinakia* seriam mantidas, apontando os cidadãos que seriam convocados para servir no júri.

Há dois pontos importantes aqui. O primeiro é que os atenienses não usavam seu computador análogo somente para compor júris. Eles o usavam para arregimentar os membros dos conselhos, para selecionar juízes e legisladores, e até mesmo para escolher os componentes da assembleia do Estado, a Bulé. Na verdade, a única instituição cívica que não tinha os líderes selecionados por meio desse processo era o exército.

O segundo ponto é que, em contraste com quase tudo que pensamos saber sobre a democracia, essa seleção imposta pelo *kleroterion* era randômica. Hoje em dia, esse processo, mais chamado de sorteio, é conhecido por fazer parte da seleção dos júris, mas a democracia original praticada em Atenas em 300 a.C. o usava para eleger quase todos os cargos importantes do governo. Os atenienses acreditavam que o sorteio era essencial à democracia. O próprio Aristóteles declarou: "É aceito como democrático quando os cargos públicos são definidos por sorte; e como oligárquico quando são preenchidos por eleição". O sorteio — a randomização — era o fundamento de uma igualdade radical.

Um dos fatos mais estranhos a respeito de nossas máquinas digitais modernas é que elas são incapazes de ser randômicas — portanto, de acordo com os antigos gregos, incapazes de ser verdadeiros agentes da igualdade. A verdadeira randomização é traiçoeira: não é uma propriedade das coisas em si, como os números individuais, mas das relações entre as coisas. Um número não é randômico em si; ele se torna randômico em relação a uma sequência de outros números, e o grau da sua randomização é uma propriedade de todo o grupo. Não se pode ser randômico, em linguajar atual, sem uma base comum de normalidade ou adequação contra a qual seja possível comparar-se. A randomização é relacional.

O problema dos computadores com a randomização é que ela não faz sentido do ponto de vista matemático. Não se pode programar um computador para produzir uma verdadeira randomização — na qual nenhum elemento tenha qualquer relação consistente, baseada em regras, com outros elementos — porque, com isso, ela não seria mais randômica. Sempre haveria alguma estrutura subjacente à randomização, alguma matemática produzindo-a, o que permitiria que ela fosse submetida à engenharia reversa e recriada. Ou seja: não randômica.

Isso é um problema sério para vários tipos de indústrias que dependem de números randômicos, de operadoras de cartão de crédito a loterias, porque, se alguém puder prever como opera sua função de randomização, poderá também hackeá-la, como um apostador que introduz cartas marcadas no jogo. Muitos roubos desse tipo foram realizados exatamente assim. Em 2010, um funcionário da loteria estadual de Iowa manipulou o gerador de números randômicos da loteria de modo a ser capaz de prever o resultado em determinados dias: ele embolsou pelo menos 14 milhões de dólares antes de ser apanhado. No Arkansas, o próprio diretor adjunto de segurança da Comissão Lotérica roubou mais de 22 mil bilhetes de loteria entre 2009 e 2012 e ganhou quase 500 mil dólares em dinheiro vivo, também manipulando o código por trás da seleção dos números.[2]

Repetindo, os computadores são incapazes, por design, de gerar números verdadeiramente randômicos, porque nenhum número produzido por uma operação matemática é verdadeiramente randômico. É por isso que muitas loterias ainda usam sistemas como gaiolas giratórias cheias de bolas numeradas: é mais difícil interferir nelas para prever o resultado do que em qualquer supercomputador.[3] Apesar disso, os computadores precisam de números randômicos para tantas aplicações que os engenheiros desenvolveram maneiras incrivelmente sofisticadas de obter o que se chama de números "pseudorrandômicos": números gerados por máquinas de modo a se tornarem quase impossíveis de prever. Alguns desses métodos são puramente matemáticos, como pegar o horário, adicionar alguma outra variável, como o valor de uma ação no mercado, e realizar uma transformação complexa no resultado, produzindo um terceiro número. Esse número final é tão difícil de prever que pode ser considerado randômico o suficiente para a maioria das aplicações — mas, se você o usar por muito tempo, uma análise cuidadosa sempre poderá revelar algum padrão subjacente. Para gerar uma randomização legítima e impossível de decifrar, os computadores precisam fazer uma coisa bastante estranha: pedir ajuda ao mundo.

Um estudo de caso sobre a randomização verdadeira gerada por máquinas é ERNIE, o computador usado para sortear os Premium Bonds, uma loteria administrada pelo governo britânico desde 1956. O primeiro ERNIE (um acrônimo para Electronic Random Number Indicator Equipment [Equipamento para Indicação de Número Eletrônico Randômico]) foi desenvolvido pelos engenheiros Tommy Flowers e Harry Fensom na Estação de Pesquisa dos Correios, e era baseado numa colaboração anterior — Colossus, a máquina que decifrou o código Enigma. ERNIE foi uma das primeiras máquinas capazes de produzir números verdadeiramente randômicos, mas, para isso, ela precisava acessar o mundo exterior. Em vez de simplesmente fazer cálculos matemáticos, ela era conectada a uma série de tubos de neônio — colunas de vidro cheias de gás, semelhantes às usadas hoje em dia nos letreiros de néon. O fluxo do gás nos tubos estava sujeito a todo tipo de interferência que a máquina não podia controlar: ondas de rádio próximas, condições atmosféricas, instabilidades da rede elétrica e até mesmo partículas vindas do espaço. Ao medir o ruído dentro dos tubos — a alteração do fluxo elétrico no gás neônio, provocada por essas interferências —, o ERNIE podia produzir números randômicos de verdade: verificáveis através da matemática, mas completamente imprevisíveis.

Os ERNIEs seguintes usaram versões cada vez mais sofisticadas da mesma abordagem e seguiram de perto as tendências tecnológicas do seu tempo. O ERNIE 2, que estreou em 1972, tinha a metade do tamanho e foi projetado especificamente

ERNIE 1, 1957.

para se parecer com um dos computadores de *007 contra Goldfinger*, o filme de James Bond. O ERNIE 3, que veio em 1988, já era do tamanho de um computador pessoal. Ele levava apenas cinco horas e meia para completar o sorteio, cinco vezes menos que seu antecessor. O ERNIE 4 reduziu esse tempo para duas horas e meia e renunciou aos tubos de neônio, substituindo-os pelo ruído térmico de seus transistores internos em conjunto com um algoritmo sofisticado. A mais recente encarnação de ERNIE, o ERNIE 5, sorteia os Premium Bonds desde março de 2019 examinando as propriedades quânticas da própria luz.[4]

O ERNIE mapeia a evolução dos próprios computadores ao longo de setenta anos, dos emaranhados de cabos e circuitos que ocupavam salas inteiras, passando pelos mainframes grandalhões e torres de computador, até o desenvolvimento de chips microscópicos de silício altamente especializados, capazes de examinar fótons individuais. Mas cada uma de suas

ERNIE 3, 1988.

encarnações foi capaz de fazer algo que poucas máquinas fazem: olhar para fora dos seus próprios circuitos, buscando uma comunhão com o mundo mais que humano que o cerca, a serviço da verdadeira randomização.

Desde então, foram desenvolvidas outras maneiras criativas para gerar randomização com as máquinas. A Lavarand, proposta inicialmente como uma brincadeira por funcionários da empresa de supercomputadores Silicon Graphics, usa uma câmera digital apontada para uma lâmpada de lava para derivar números verdadeiramente randômicos das variações infinitas e caóticas produzidas pela lâmpada. A empresa de segurança online Cloudflare, que protege milhares de sites de ataques de hackers e outros transtornos, usou a Lavarand a sério: na sede da Cloudflare em São Francisco, prateleiras com oitenta lâmpadas de lava enfileiradas fornecem uma fonte secundária de randomização para seus servidores digitais. O Hotbits, outro projeto amador, usa um detector de radiação apontado para uma amostra de césio-137 radiativo, que produz partículas beta em intervalos randômicos à medida que decai. O site

Random.org, uma fonte online popular de números verdadeiramente randômicos, começou usando um receptor de dez dólares comprado na loja Radio Shack para medir o ruído eletromagnético na atmosfera; hoje, consiste numa rede de antenas e estações de processamento espalhadas pelo mundo.[5]

Cada uma dessas máquinas está confessando a mesma falha: por causa do modo como os construímos, os computadores não são capazes, sozinhos, de gerar uma randomização verdadeira. Para realizar essa importante função, eles precisam se conectar a fontes de incerteza tão diversas quanto flutuações atmosféricas, decaimento de minerais, glóbulos cambiantes de cera quente e a dança quântica do próprio universo. Por outro lado, estão confirmando algo belo. Para serem participantes plenos e úteis do mundo, os computadores têm de manter relações com ele. Precisam tocar e estar em contato com o mundo. Essa é a revelação decisiva da máquina oracular de Turing, aquele artefato misteriosamente poderoso que, seja lá o que for, "não pode ser uma máquina". Mais uma vez, chegamos à única conclusão possível: o oráculo é o mundo.

Em outro capricho da história da computação, uma das pessoas responsáveis em parte pela natureza fixa e inflexível da maioria dos computadores modernos é também responsável em parte por um dos mais poderosos usos da randomização. John von Neumann, um físico húngaro-americano mais conhecido por seu papel no desenvolvimento da bomba atômica, participou de perto do desenvolvimento dos primeiros computadores, baseados nos designs de Turing. Essas máquinas foram inicialmente planejadas para auxiliar no projeto da bomba, que exigia cálculos complexos que estavam além da capacidade das máquinas de calcular existentes então. Em sua proposta para o EDVAC, primeiro computador completamente digital com programa armazenado, Von Neumann especificou uma arquitetura especial: uma única conexão, ou "bus", entre a memória e o processador central, o que significava que o computador não podia acessar dados e executar comandos ao mesmo tempo.

Hoje, assim como quase todos os computadores são baseados na *a-machine* de Turing, quase todos também usam a arquitetura de Von Neumann. Mas isso gera um problema: a unidade de processamento central (CPU) é constantemente forçada a aguardar a informação necessária entrando e saindo da memória, o que pode resultar numa redução substancial da velocidade de processamento. A decisão original de construir computadores dessa maneira foi tomada em prol da simplicidade, mas o resultado é que quantidades significativas de tempo, de design de software e de energia elétrica que poderiam ser usadas para fazer algo com a informação acabam sendo gastas para movê-la de um lado a outro. O gargalo de Von Neumann, como esse problema é conhecido, é um clássico exemplo de pressuposto inicial que acaba codificado em ferramentas complexas e inflexíveis que, por sua vez, moldam fundamentalmente nossas capacidades em décadas futuras. Na verdade, o gargalo de Von Neumann é um dos principais problemas enfrentados pelos mais recentes sistemas de Inteligência Artificial, que precisam de quantidades enormes de processamento de dados para aprimorar suas capacidades de aprendizado. Entre as propostas para sistemas futuros estão computadores quânticos que contornarão o gargalo para realizar computações seriais de imensa magnitude. Mas eles pertencem a um futuro distante. Hoje, assim como vivemos na *a--machine* abstrata de Turing, vivemos também no gargalo de Von Neumann.

O trabalho que Von Neumann realizou logo no início do pós--guerra foi voltado ao desenvolvimento de uma nova bomba de hidrogênio que seria muito mais poderosa e destrutiva que as bombas atômicas de primeira geração detonadas em Hiroshima e Nagasaki em agosto de 1945. A diferença entre a bomba atômica e a bomba de hidrogênio é que a primeira depende da fissão nuclear pura — a liberação de energia quase descontrolada a partir da divisão do átomo —, enquanto a segunda envolve uma fusão nuclear conseguinte, na qual essa energia é contida e transformada numa reação ainda mais poderosa. Para construir a bomba de hidrogênio, era necessário modelar as interações complexas entre as partículas no instante em que eram liberadas pelo núcleo central da bomba — um problema que excedia as capacidades de simulação de qualquer máquina disponível na época.

Em 1946, um dos colegas de Von Neumann, o físico polonês Stanislaw Ulam, estava se recuperando de uma doença grave e jogando infinitas partidas de paciência para passar o tempo. Ele se perguntou, despreocupadamente, se seria possível calcular a chance de qualquer arranjo de 52 cartas resultar numa conclusão vitoriosa. Ocorreu-lhe que, em vez de enveredar por cálculos abstratos, ele podia simplesmente jogar algo como uma centena de partidas e com isso ter uma boa ideia da probabilidade com base na contagem de conclusões vitoriosas. Percebendo que os computadores então existentes podiam dar conta desse subconjunto de todos os resultados possíveis com facilidade, Ulam generalizou seu processo para a física matemática. A mesma abordagem poderia ser usada para simular algumas milhares de reações de nêutrons e assim obter uma ideia aproximada — mas bastante fiel — do que estava acontecendo no núcleo do reator.[6]

Ulam levou sua ideia até Von Neumann e formalizou — junto com outro físico, Nick Metropolis — essa abordagem, dando-lhe um nome: o método de Monte Carlo. O próprio Von Neumann era um jogador inveterado; conheceu a esposa, Klára, na Riviera Francesa do período entreguerras enquanto tentava levar a melhor nas roletas de Monte Carlo com um sistema matemático que havia inventado (o sistema fracassou e ela teve de bancar os drinques). A ideia de uma abordagem randômica, baseada no acaso, para atacar problemas matemáticos complexos lhe era muito atraente. Em qualquer estágio de um cálculo, era necessário apenas lançar os dados — ou o equivalente a vários milhares de dados — e avançar mais um passo, em vez de tentar calcular todos os resultados possíveis. Desse modo, sem buscar representar e solucionar um problema inteiro de uma vez só — capturá-lo e dominá-lo —, o método de Monte Carlo busca explorar e extrair conclusões do problema ativamente, uma abordagem muito diferente e mais naturalista.[7]

Para implementar o Monte Carlo em grande escala, foi necessário reconfigurar radicalmente o ENIAC, principal computador que estava sendo usado pela equipe da bomba-H. Para isso, eles receberam assistência de Klára Dán von Neumann, que a essa altura havia se tornado uma das programadoras do ENIAC — na verdade, uma das primeiras programadoras dedicadas de qualquer computador moderno. Para fazer o Monte Carlo funcionar, a equipe inventou e implementou um novo sistema de "código de fundo" e "código de programa" que sobrevive até hoje na distinção entre o sistema operacional de um computador e seus aplicativos individuais. Antes, cada novo programa executado no ENIAC — ou em qualquer computador — precisava ser codificado individualmente nos mínimos detalhes, indicando desde o local de armazenamento das informações até os subsistemas aos quais deveriam ser solicitados os resultados matemáticos. Separando o processamento de fundo dos programas e codificando muitas funções recorrentes dentro da própria máquina, era possível simplificar tremendamente o trabalho de programação e tornar os computadores, pela primeira vez, máquinas com múltiplas finalidades.

Esse enfoque se tornou uma característica tão padrão nos computadores modernos quanto a lógica de Turing e a arquitetura de Von Neumann. E ele foi resultado direto da tentativa de fazer as máquinas implementarem uma abordagem randomizada para a resolução de problemas complexos.

Para implementar na íntegra o método de Monte Carlo, era necessário um outro componente essencial: uma fonte para os números randômicos que o próprio computador não era capaz de gerar. John von Neumann estava bem consciente das limitações das máquinas nesse aspecto. Num artigo sobre o tema, escrito em 1949, ele alertou que "qualquer pessoa que leve em consideração métodos aritméticos para a produção de dígitos randômicos está, é claro, cometendo um pecado".[8]

Para atender a essa necessidade, a RAND Corporation — um braço das forças armadas americanas que empregou Von Neumann como consultor — construiu uma "roleta eletrônica" que consistia num gerador de pulsos e uma fonte de ruído, muito provavelmente uma pequena válvula transistora cheia de gás, similar à que fazia parte do ERNIE. O resultado foi publicado em 1955 como *A Million Random Digits with 100,000 Normal Deviates* [Um milhão de dígitos aleatórios com 100 mil desvios normais] — um extraordinário livro de números que contém exatamente aquilo que está no título: quatrocentas páginas com mancha gráfica densa, cada uma contendo cinquenta linhas de cinquenta dígitos, com linhas numeradas de 00000 a 199999. Esses mesmos números, entregues à equipe de Von Neumann na forma de cartões perfurados, foram usados nas primeiras simulações do Monte Carlo — e, como seguem sendo a maior fonte de dígitos randômicos jamais reunida, são usados ainda hoje por estatísticos, físicos, agências de pesquisas, analistas de mercados, administradores de loterias e engenheiros de controle de qualidade.[9]

00000	10097	32533	76520	13586	34673	54876	80959	09117	39292	74945
00001	37542	04805	64894	74296	24805	24037	20636	10402	00822	91665
00002	08422	68953	19645	09303	23209	02560	15953	34764	35080	33606
00003	99019	02529	09376	70715	38311	31165	88676	74397	04436	27659
00004	12807	99970	80157	36147	64032	36653	98951	16877	12171	76833
00005	66065	74717	34072	76850	36697	36170	65813	39885	11199	29170
00006	31060	10805	45571	82406	35303	42614	86799	07439	23403	09732
00007	85269	77602	02051	65692	68665	74818	73053	85247	18623	88579
00008	63573	32135	05325	47048	90553	57548	28468	28709	83491	25624
00009	73796	45753	03529	64778	35808	34282	60935	20344	35273	88435
00010	98520	17767	14905	68607	22109	40558	60970	93433	50500	73998
00011	11805	05431	39808	27732	50725	68248	29405	24201	52775	67851
00012	83452	99634	06288	98083	13746	70078	18475	40610	68711	77817
00013	88685	40200	86507	58401	36766	67951	90364	76493	29609	11062
00014	99594	67348	87517	64969	91826	08928	93785	61368	23478	34113
00015	65481	17674	17468	50950	58047	76974	73039	57186	40218	16544
00016	80124	35635	17727	08015	45318	22374	21115	78253	14385	53763
00017	74350	99817	77402	77214	43236	00210	45521	64237	96286	02655
00018	69916	26803	66252	29148	36936	87203	76621	13990	94400	56418
00019	09893	20505	14225	68514	46427	56788	96297	78822	54382	14598
00020	91499	14523	68479	27686	46162	83554	94750	89923	37089	20048
00021	80336	94598	26940	36858	70297	34135	53140	33340	42050	82341
00022	44104	81949	85157	47954	32979	26575	57600	40881	22222	06413
00023	12550	73742	11100	02040	12860	74697	96644	89439	28707	25815
00024	63606	49329	16505	34484	40219	52563	43651	77082	07207	31790

A primeira página do livro da RAND Corporation, *A Million Random Digits with 100,000 Normal Deviates*, 1955.

Os cálculos por trás do desenvolvimento da bomba de hidrogênio foram baseados nos resultados de uma roleta — ou, melhor dizendo, nas flutuações desordenadas de ruído dentro de um tubo de vidro cheio de gás: as vibrações do próprio universo.

Assim como um mergulho profundo na nossa história evolutiva — empregando os aparatos de elucidação mais precisos jamais inventados — não revela uma única resposta para a questão da vida, mas sim uma multiplicidade anárquica de seres, nossa abordagem que mais se aproxima das verdades matemáticas encontradas no universo consiste em nos alinharmos aos processos mais caóticos, mais imprevisíveis, mais randômicos que podemos apreender.

A genialidade do método de Monte Carlo foi reconhecer que a busca mais eficiente dentro de um território complexo é a perambulação. Seus resultados influenciam boa parte dos processos computacionais que temos hoje em dia. Em especial, o Monte Carlo nos fornece a capacidade de peneirar a esmagadora abundância de informação disponível na internet, à medida que os *bots* dos mecanismos de pesquisa da web esquadrinham, randomicamente, o território complexo da infosfera para obter inferências estatísticas a respeito do seu conteúdo. O sucesso do Monte Carlo é uma aceitação, no cerne das ciências matemáticas e computacionais, de que o significado reside menos nos dados no fim da jornada e mais no caminho percorrido. O significado de sistemas complexos e incognoscíveis é, para dizer de outro modo, relacional.

O emprego da randomização para nos aproximarmos mais do mundo como ele realmente é, do mundo mais que humano, não se limita às ciências. Seu maior e certamente mais dedicado expoente talvez seja o compositor de vanguarda John Cage. A partir dos anos 1950, Cage começou a usar processos baseados no acaso como mecanismos definidores da sua maneira de compor, aplicando os ditames da randomização para decidir desde o tom e a duração das notas até a extensão e as fontes musicais das composições — ou mesmo a quantidade de instrumentos envolvidos na performance.

A obra de Cage foi regida por essa crença de que todo som é música, e de que a música será mais pura na medida em que estiver mais distanciada da intenção consciente, mais afastada de um ego ou de um esquema totalizante por parte do compositor. Nos processos randômicos e baseados no acaso, Cage descobriu um mecanismo para se abstrair das suas composições — e, com isso, ir na direção de algo totalmente diferente. Até mesmo sua obra mais famosa (ou infame), *4'33"*, na qual os músicos ficam sentados em silêncio completo durante quatro minutos e 33 segundos, é uma reiteração extrema da sua crença na randomização. Os sons que a plateia escuta durante a apresentação são os incidentais, ambientais e imprevisíveis — o mais distante possível de qualquer intenção por parte do músico ou maestro.

Cage explorou o indeterminismo em várias de suas obras iniciais, embaralhando páginas de partituras e usando pedaços de obras de outros compositores como elementos dentro das suas. Mas o gatilho para uma exploração mais profunda das possibilidades do indeterminismo foi sua descoberta — a partir de um presente que recebeu de um de seus alunos, o pianista Christian Wolff — do I Ching, o livro chinês de sabedoria e adivinhação que existe há mais de 3 mil anos. Se visto a partir de um recorte muito limitado, o livro é um precursor do *Million Random Digits* da RAND Corporation, mas, em vez de simplesmente listar resultados, o I Ching apresenta ao leitor um método para gerar seus próprios desenlaces randômicos.

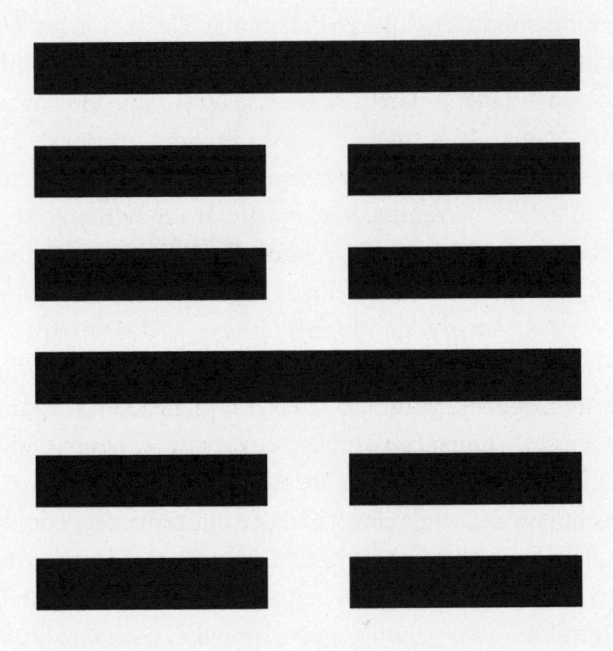

Hexagrama 52 do I Ching: 艮 (gèn), "ficar parado, montanha".

Para consultar o I Ching, o leitor formula uma pergunta na mente e depois joga as moedas, em geral três de uma só vez, para gerar seis sequências de cara ou coroa. Reunidas, elas representam seis linhas quebradas ou contínuas que correspondem a um dos 64 hexagramas. Cada hexagrama está associado a um texto explicativo — com muitos comentários derivados — que é aplicado à pergunta formulada pelo praticante.

Nas mãos de Cage, o I Ching se transformou no motor de uma gênese infinita de composições musicais. Ele o usou pela primeira vez em 1950, no terceiro movimento do seu *Concerto for Prepared Piano and Chamber Orchestra* (o piano preparado é uma modificação do piano comum, inventada e popularizada por Cage, que usa parafusos, barras de metal, cunhas de madeira e ocasionalmente qualquer objeto imaginável para alterar o timbre e os tons das cordas do piano, criando os mais variados efeitos sonoros inéditos e incomuns). Ele queria que a obra dramatizasse o conflito entre forma e estrutura, personalidade e impessoalidade. A partitura se baseava no que ele chamava de uma "gama" de gestos musicais: pequenos grupos de notas e frases que podiam ser reorganizadas numa grade para se obter sequências diferentes. Para o primeiro movimento, o próprio Cage compôs a parte do piano a partir da gama, enquanto a parte orquestral era embaralhada seguindo um padrão numérico simples. Para o segundo movimento, as duas partes eram embaralhadas seguindo padrões diferentes. O efeito desejado, escreveu Cage, era primeiro "deixar o pianista expressar seu gosto pessoal enquanto a orquestra expressa somente a tabela", e depois, no segundo movimento, fazer com que o piano também seguisse a tabela, "com a ideia de que o pianista começa a abrir mão do gosto pessoal". Ele percebeu que o terceiro movimento poderia ser composto lançando moedas e consultando o I Ching: um passo além do algoritmo fixo de seu padrão numérico, penetrando o território da verdadeira randomização.

Fazer isso consistiria em "aceitar, em vez de tentar controlar", a natureza subjacente da peça musical.[10]

O resultado foi um trabalho complexo e cheio de camadas, e sua criação teve um efeito libertador para Cage. Ele buscava havia anos um método de composição que lhe permitisse "criar uma música livre de gosto, memória e tradição — uma música pré-lapsariana, de composições alheias à história", nas palavras de um de seus biógrafos, Kenneth Silverman. Ele parece ter encontrado um processo desse tipo no I Ching. "Tenho a sensação de estar começando a compor pela primeira vez", escreveu a um amigo, o compositor francês Pierre Boulez.

Ele ainda levaria tudo isso bem mais longe. Junto com outros processos baseados no acaso, como lançar dados e embaralhar cartas, Cage usaria o I Ching para compor obras como seu solo para piano *Music of Changes*, de 1951, que foi criado a partir de três tabelas para os sons, durações e dinâmicas, cada uma contendo 64 células correspondendo a cada um dos hexagramas; e *Williams Mix* (1953), uma das primeiras peças de *tape music* — obras criadas a partir do recorte e rearranjo de fragmentos de fita magnética —, na qual lances de moeda decidiam que fita bruta seria cortada e inserida, a duração do fragmento e até mesmo o ângulo do corte, que afetava o ataque e decaimento do som. *Williams Mix* precisou, sozinha, de uma equipe de assistentes para efetuar os milhares de lances de moeda e montar mais de 2 mil fragmentos de fita em oito loops. A peça concluída soava um pouco como diais de rádio sendo girados em velocidade, alternando entre frequências e volumes. A respeito do resultado, Cage disse: "Agora é possível trabalhar com todo o campo do som, sem se limitar aos tons dos instrumentos ou seus timbres e volumes". A música estava livre das amarras da instrumentação humana.

Cage começou a trabalhar com computadores em 1967, durante uma cátedra de pesquisa na Universidade de Illinois.

Na Escola de Música da universidade, um ex-químico chamado Lejaren ("Jerry") Hiller vinha experimentando criar trilhas musicais usando um novo computador digital chamado ILLIAC — descendente direto dos EDVAC e ENIAC de Von Neumann, e o primeiro deles a empregar a arquitetura de Von Neumann desde a concepção. Cage se uniu ao projeto com entusiasmo, e Hiller compôs para ele um programa de I Ching, chamado ICHING, que podia gerar de uma só vez o equivalente a 18 mil lances de moeda. Cage ficou ainda mais contente — "Nunca mais precisaremos lançar uma moeda!" — e a dupla começou a trabalhar na sua obra mais ambiciosa até então, uma peça para múltiplos cravos que acabou intitulada, à moda dos computadores, *HPSCHD*.[11]

Cage não foi o primeiro a produzir música usando um computador randomizador. Uma tentativa anterior foi empreendida pelo nosso velho conhecido Stafford Beer, que, em 1956, descreveu o que chamou de Máquina Analógica Estocástica (SAM). Esse artefato lançava automaticamente centenas de esferas de rolamento dentro de algo parecido com uma máquina de *pinball*, onde cada bola era randomicamente atrasada, detida e rebatida por vários pinos e rampas. Pensada originalmente para ser um comentário sarcástico a respeito da natureza do design — um padrão rígido gerado a partir de ocorrências aleatórias —, ela acabou sendo de fato construída e apresentada na exposição pioneira de arte e tecnologia *Cybernetic Serendipity* [Serendipidade cibernética], realizada no Instituto de Arte Contemporânea de Londres em 1967 (o mesmo ano em que Cage começou a trabalhar na *HPSCHD*). O acréscimo de uma bandeja sonora ao local em que as esferas caíam transformou SAM num instrumento musical. Talvez fosse a convergência evolutiva atuando outra vez.[12]

Desde a concepção, *HPSCHD* superou SAM em ambição e escala. A peça foi originalmente planejada como uma performance para sete cravos, mais de cinquenta toca-fitas e 64 projetores de slides. Junto com Cage, Hiller e o ICHING, seus compositores utilizaram vários outros programas de computador. DICEGAME arranjou os solos de cravo de vinte minutos que estavam incluídos na peça a partir de fragmentos de Mozart, Chopin, Beethoven e outros compositores clássicos; HPSCHD (um programa com o mesmo nome da peça) gerou segmentos de som microtonal que foram inseridos nos loops de fita; e KNOBS imprimiu 10 mil instruções diferentes para tocar a última gravação da peça: uma para cada disco fabricado. Essas partituras — cada uma, na verdade, uma partitura individual — transformavam o ouvinte em casa num maestro, orientando-o a mexer no volume, tom e balanço do equipamento de som em momentos específicos, de modo a criar sua versão exclusiva da obra.[13]

Quando finalmente estreou — a criação da peça se arrastou por mais de dois anos —, HPSCHD teve provavelmente as exigências técnicas mais extremas de qualquer concerto até então, incluindo, de acordo com o programa:

> 7 Cravos 52 toca-fitas 631 Páginas de notação musical manuscrita 59 Amplificadores de Potência 59 Alto-falantes 40 filmes cinematográficos 11 Telas Retangulares de 100 × 40 pés 8 Projetores de Cinema 208 Fitas geradas por computador 6400 slides 7 Pré-amplificadores Tela Circular com circunferência de 340 pés 64 Projetores de slides

A estreia da obra no Assembly Hall da Universidade de Illinois, em 16 de maio de 1969, lembrava muito um circo — um espetáculo que obteve a total aprovação de Cage, que antes havia criado toda uma série de eventos multissensoriais com o título *Musicircus*. Além da própria música, o evento incluía 1600 slides pintados a mão — com cores determinadas pelo ICHING — e outros 6800 slides fotográficos, além de filmes exibindo o recente pouso na Lua e fotos do espaço sideral, bandeiras geométricas e cartazes surreais, figurinos criados no local e camisetas serigrafadas à venda (preço determinado pelo I Ching), luzes estroboscópicas e multicoloridas, globos espelhados, luz negra ultravioleta e uma penca de outros efeitos. A plateia — composta por estudantes, professores, famílias e visitantes de outros estados — gritou, cantou, arremessou bolas de papel e, em dado momento, formou uma gigantesca fila dançante de conga. Um membro da plateia descreveu a agitação toda como o "som randômico da civilização".

A essa altura da sua vida criativa, Cage estava convencido de que os artistas deveriam voltar sua atenção à sociedade, e HPSCHD foi uma realização desse desejo. O carnaval de som e imagem regido pela aleatoriedade foi, para ele, um esforço de "fazer o mundo funcionar de modo a permitir qualquer tipo de existência". O arranjo convulsivo foi o mais perto que ele jamais havia chegado de reproduzir a complexidade e a variedade da vida em si — e tinha como objetivo transformar a postura da plateia diante dessa vida. Essa intenção se torna clara em outras obras, tais como *A Dip in the Lake* [Um mergulho no lago]. Nela, Cage usou o I Ching para criar uma lista randômica de cruzamentos e locais urbanos específicos nos arredores de Chicago, que o público era convidado a visitar para gerar sua própria experiência aleatória dos sons, sensações e encontros únicos de cada lugar. Cage queria "manter unidas as disparidades extremas", como se encontram as disparidades unidas na natureza "ou numa rua da cidade". *A Dip in the Lake* é uma composição para um passeio aleatório: em termos computacionais, é a exploração mais eficiente de um território complexo e incognoscível, bem como a que tem a maior chance de resultar em encontros interessantes e estimulantes.

Sobre *Etudes Australes*, outra peça diabolicamente complicada para piano que compôs dispondo uma grade de pautas

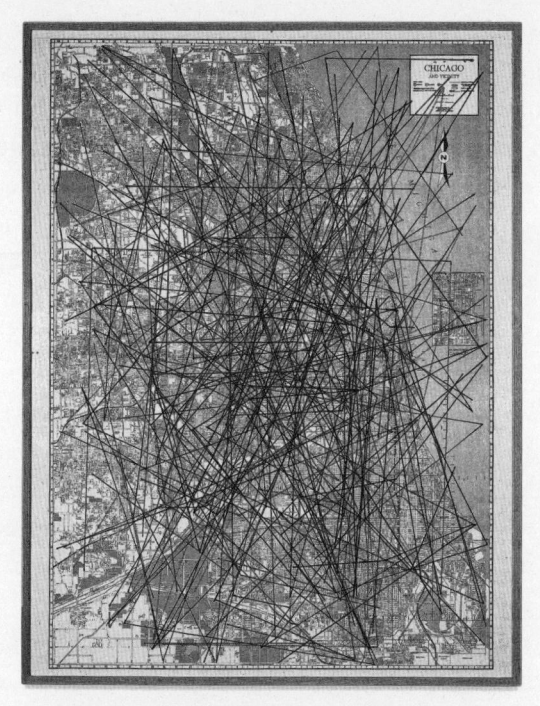

A partitura de John Cage para *A Dip in the Lake: Ten Quicksteps, Sixty-Two Waltzes, and Fifty-Six Marches for Chicago and Vicinity*, 1978.

musicais sobre mapas de estrelas do céu meridional, Cage escreveu que "precisamos nos esforçar muito para tocar essa música, e também precisamos nos esforçar muito para preservar nosso meio ambiente". A complexidade da música estava diretamente relacionada à complexidade do mundo e tinha como objetivo alterar a postura do público de uma audição passiva para um cuidado e uma atenção ativos.

A randomização era também uma maneira de descentralizar o compositor e sua obra. O anseio de Cage por apagar a si mesmo, seus gostos e a situação histórica da sua música não era um mero exercício acadêmico. Pelo contrário, era um gesto profundamente influenciado pelos princípios do zen-budismo, que Cage conheceu nos anos 1940 nas palestras de D. T. Suzuki, um dos primeiros professores do zen no Ocidente. A versão do zen ensinada por Suzuki afirmava que "não existe um centro, a vida é ela mesma uma pluralidade de centros", uma lição que se alinhava à crescente consciência ecológica de Cage. Para ele, a randomização era uma maneira de refletir em sua obra essa natureza do mundo omnicêntrica e heterogênea; ela também desempenhava uma função prática na transformação do seu modo de entender o mundo ao redor.

Cage está longe de ser o primeiro ocidental a ter usado o I Ching. Muito antes de ele e Hiller traduzirem seus hexagramas regidos pelo acaso em código binário, o livro estivera presente no próprio nascimento do código binário, embora seu componente de guia moral tenha se perdido em grande medida na abstração do código em matemática pura.

Atuando no final do século XVII, o polímata alemão Gottfried Leibniz foi o primeiro matemático a investigar a sério os números binários. Profundamente religioso, Leibniz acreditava que a pureza do zero e do um simbolizava a ideia cristã da criação *ex nihilo*: a partir do nada, Deus fez algo. Ele queria defender a criação divina do materialismo de Descartes e de outros matemáticos da época, e buscou apoio para sua fusão de teologia e matemática nos ensinamentos de outras culturas.

Leibniz se interessava havia muito tempo pela matemática chinesa, acreditando que ela continha a mais antiga sabedoria sobre o tema. Seu amigo Joachim Bouvet, um missionário jesuíta francês estabelecido na China, lhe enviou cópias dos hexagramas do I Ching existentes na corte do imperador Xuányè, da era Kangxi. Nos hexagramas, Leibniz encontrou uma confirmação da sua crença na natureza eterna e sagrada dos zeros e uns. Essa correlação entre seu próprio código binário e um sistema chinês com 3 mil anos de idade motivou Leibniz a publicar, em 1703, seu artigo "Explicação da aritmética binária", o texto matemático fundamental dos códigos binários, carregado de citações do I Ching. A origem antiga do sistema binário, propunha Leibniz, mostrava que ele estava mais perto da natureza do que o sistema decimal — que está baseado, afinal, na fisionomia humana, uma espécie de antropocentrismo. O sistema binário permitiria que o cálculo também estivesse mais perto da natureza.

Leibniz usou seu novo cálculo binário para desenvolver uma calculadora mecânica tremendamente influente, que ele chamou de "calculadora escalonada". Ele também propôs uma máquina que usaria bolinhas de gude para representar os números binários e cartões perfurados para organizá-las, antecipando o design dos computadores modernos em cerca de trezentos anos.

Todas essas invenções derivaram da leitura do I Ching feita por Leibniz e da sua crença de que, para alcançarmos uma compreensão universal, o cálculo matemático precisa estar enraizado nas operações da própria natureza. Os zeros e uns do cálculo binário, de acordo com a concepção de Leibniz, não representam categorias fixas e estáticas. Em vez disso, eles encarnam a mudança, a criação e o surgimento e o devir incessantes da própria vida. O computador é como o mundo.[14]

Como John Cage descobriu a partir do uso do I Ching, uma dança complexa de encontros aleatórios e inesperados era ao mesmo tempo a melhor maneira de lidar com o mundo mais que humano e a melhor maneira de representar sua realidade heterogênea e omnicêntrica. A percepção de Cage prenunciou a dos biólogos evolutivos, que, em décadas recentes, passaram a reconhecer o papel crucial da randomização na própria criação da vida. Essa batalha se revelou um tanto ingrata, pois a importância da randomização era constantemente subestimada nos estudos sobre a evolução desde o começo, ao mesmo tempo que o papel da seleção natural — da competição — era constantemente superestimado.

Nosso entendimento da evolução ainda é predominantemente baseado no modelo darwinista; ou seja, ele adere à ênfase colocada por Darwin na seleção natural enquanto principal condutora da evolução. Essa postura apenas se intensificou com o neodarwinismo e a "síntese moderna" que surgiram no século XX, combinando as teorias de Darwin com a herança mendeliana — a transmissão de características através da reprodução sexual — para enfatizar que a vida surgiu a partir da recombinação de genes sujeita à pressão adaptativa ao meio ambiente. Esse tipo de argumento foi extremamente útil para refutar o criacionismo ressurgente e as teorias do chamado "design inteligente" que passaram a atacar os estudos sobre a evolução. Todavia, eles não contam toda a história. Pelo contrário, seu sucesso obscureceu outras maneiras de narrar essa história, chegando mesmo a abafar as pesquisas acerca de outros processos importantes que acarretam mudanças evolutivas.

Darwin deu ênfase à seleção natural em seu trabalho porque era o mais visível dos processos evolutivos. Os tentilhões que ele recolheu nas ilhas Galápagos exibiam tamanha variação entre espécies e subespécies porque tinham se adaptado de maneiras diferentes à maravilhosa diversidade dos habitats das ilhas. Na verdade, eram tão variados que, no início, ele lhes atribuiu espécies diferentes até se dar conta de que estavam todos relacionados. Alguns tentilhões, por exemplo, tinham bicos grandes e rombudos, usados para destroçar a base do cacto e comer a polpa e os insetos contidos em seu interior. Outros apresentavam bicos mais compridos e afiados, que lhes permitia perfurar os frutos do cacto para alcançar a polpa e as sementes. O que Darwin percebeu foi que essas diferenças eram resultado de mudanças adaptativas: alterações na fisionomia do tentilhão em resposta a pressões do meio ambiente. A seleção natural estava visível bem ali na sua frente.

Pesquisadores que vieram depois estudaram os tentilhões em ainda mais detalhe. Os biólogos Peter e Rosemary Grant, que passaram seis meses de cada ano nas ilhas Galápagos desde os anos 1970, observaram pássaros individuais em múltiplos locais e estações do ano e conseguiram amarrar melhor ainda as mudanças observadas por Darwin à seleção natural. Eles demonstraram que pássaros com bicos menores preferem sementes menores, enquanto os bicos maiores são mais eficientes para quebrar sementes maiores. Como as sementes menores vicejam na temporada chuvosa e as maiores continuam disponíveis nas temporadas secas, os Grant foram capazes de rastrear as mudanças populacionais provocadas pela seleção natural ao longo do tempo. Eles flagraram a seleção natural no ato, e seus convincentes estudos — fortalecidos ainda mais pela identificação dos próprios genes responsáveis pelos bicos de tamanhos variados — revelaram que a seleção natural é o carismático processo por excelência da evolução.[15]

Desse modo, a seleção natural acabou se tornando a maneira pela qual a maioria de nós compreende todas as mudanças evolutivas, ignorando ou menosprezando outros processos que atuam a seu lado. A seleção natural não é a única força que atua na formação da vida, e a evolução é muito menos determinista do que uma simples combinação de organismo e habitat poderia sugerir. A randomização, na verdade, também desempenha seu papel através daquilo que chamamos de processos não adaptativos, ou seja, forças que têm impacto sobre a mudança evolutiva e não são provocadas por pressões do meio ambiente. Essas outras forças são a mutação, a recombinação e a deriva genética. Cada uma, à sua maneira, é uma geradora de randomização dentro da evolução e merece ser vista de perto.

A mutação — a alteração dos genes propriamente ditos — ocorre com frequência. Pode ser causada por erros na transcrição — erros que se infiltram quando os genes são copiados e replicados durante a divisão celular e a reprodução sexual — e por encontros ao acaso com substâncias químicas, radiação e até mesmo a luz ultravioleta do Sol. Os genes — os nossos e os das bactérias, plantas e outros animais — são suscetíveis à interferência cósmica da mesma maneira que os tubos de neônio do ERNIE. Mudanças também podem ser provocadas por disfunções internas, o que significa que elementos randômicos são inscritos constantemente em nosso código genético. Na maioria dos casos, isso não tem efeito algum; alguns causam doenças graves; outros florescem na forma de habilidades e morfologias novas e estranhas.

A segunda dessas forças, a recombinação, ocorre durante a troca de material genético entre organismos diferentes, produzindo descendentes com traços inexistentes nos progenitores. É o motivo pelo qual diferimos de nossos pais ao mesmo tempo que somos parecidos com eles de certas maneiras. A recombinação encaixa e repara nosso DNA para produzir tanto combinações de genes quanto sequências de DNA inteiramente novas. A randomização da recombinação vem ao mesmo tempo de dentro e de fora; do modo como os cromossomos são divididos na reprodução e da nossa escolha de parceiro sexual. A recombinação randômica também ocorre nos procariontes — bactérias e arqueias — durante o tipo de processo que vimos antes em nossa discussão a respeito da transferência horizontal de genes: por meio de transferência viral e de transferência direta de DNA.

Genes diferentes ocorrem com frequências diferentes dentro de uma população, pois não há dois indivíduos com o mesmo exato código genético. Em cada geração subsequente, certos genes serão mais prevalentes do que outros, devido tanto à frequência quanto aos efeitos randômicos da mutação e da recombinação. Ao longo do tempo, alguns desses genes prevalentes podem se espalhar pela maioria da população; outros podem desaparecer. Este é o terceiro processo não adaptativo: a deriva genética, que atua como outro fator de randomização, totalmente externo ao organismo individual. A constituição genética de populações inteiras pode, assim, mudar ao sabor do acaso.

Por muito tempo, considerou-se que a deriva genética tinha no máximo um papel menor na evolução e que mudanças desse tipo eram rejeitadas e reconfiguradas pela seleção natural. Mas estudos mais recentes mostraram que a deriva genética tem efeito amplo: muitas das modificações que ela causa são dispersadas nas populações como "mutações neutras" que, por não serem expressas externamente, não estão sujeitas à atuação da seleção natural. Com o passar dos anos, contudo, essas mudanças podem vir a dominar uma população, criando assim condições para que a mutação e a recombinação embaralhem ainda mais os códigos genéticos.

A evolução, portanto, não é uma espécie de competição de vale-tudo entre processos opostos. Na verdade, ela transcorre como uma troca mútua e constante entre mutação, recombinação, deriva genética e seleção natural. A seleção natural pode exercer uma força limitadora — nenhum organismo pode sobreviver muito tempo com uma mudança genética que o coloca em desvantagem em relação ao ambiente —, mas ela só passa a atuar depois que as outras forças fizeram sua parte. Processos randômicos antecedem a seleção natural: são a fundação sobre a qual são erguidas todas as mudanças evolutivas. Sem mudanças randômicas ocorrendo nos indivíduos, nas populações e nas relações entre uns e outros, não haveria nada sobre o que a seleção natural pudesse agir em primeiro lugar. Nas palavras de John Tyler Bonner, falecido professor emérito de biologia da Universidade de Princeton e um dos mais importantes teóricos da mudança não adaptativa: "A randomização é a espinha dorsal da evolução darwinista".[16]

O crescimento, nos últimos cinquenta anos, da genética populacional, a disciplina que mais contribuiu para a compreensão dos processos randômicos na biologia evolutiva, baseia-se muito no uso da modelagem por computador. É muito difícil examinar e realizar experimentos envolvendo processos de mudança randômica em organismos vivos, justamente porque eles são randômicos. Esses processos não ocorrem quando e como gostaríamos sob condições experimentais, e são quase impossíveis de ver e quantificar fora dos laboratórios. Esse era o ponto cego de Darwin. Dentro de organismos e populações artificiais, porém, as mutações e recombinações podem ser criadas à vontade, o que nos permite estudar como elas alteram internamente e se propagam através de populações, bem como verificar sua importância. Trata-se de mais um exemplo — como a formulação da teoria das redes a partir do aparecimento da internet e sua posterior disseminação para as ciências naturais — de modelos tecnológicos que nos permitem entender melhor processos naturais que, de início, não parecem acessíveis ao nosso raciocínio.

Temos outros pontos cegos também, como nossa tendência a focar nos animais grandes (como nós) na hora de decidir o que importa quando o assunto é a evolução. A maior complexidade interna encontrada nos organismos grandes — mais células, mais tipos de células e mais interconexões entre as células — faz aumentar também a quantidade de barreiras internas às mutações e recombinações randômicas, portanto, vemos uma aparente diminuição desses efeitos da randomização nos organismos maiores. Mas, se nos aproximarmos para examinar a vida de alguns dos organismos menores — e não por isso menos complexos em termos de comportamento — existentes no solo e nos oceanos, podemos ver os efeitos da randomização em todo o seu esplendor.

John Tyler Bonner, o principal teórico da mudança não adaptativa, era uma autoridade mundial em bolores limosos: aqueles organismos unicelulares estranhos que perturbam a fronteira entre o individual e o coletivo, e que têm uma inteligência tão adepta a resolver problemas e formar padrões. Devido à sua simplicidade, o "indivíduo" bolor limoso, uma única célula semelhante a uma ameba, sofre mutações rápidas e frequentes. E, como eles se agregam de formas tão extraordinárias, podemos ver a randomização funcionando nesse rápido processo de evolução. Bonner observou que um pequeno punhado de solo pode conter tantos tipos diferentes de bolor limoso que os argumentos da seleção natural simplesmente não se aplicam nesse caso. Não há tantos predadores e outras pressões externas atuando num pedacinho de terra para explicar uma variedade tão fantástica de formas, portanto, deve haver algum tipo de operação randômica impelindo esse florescimento.

O exemplo mais espetacular de randomização atuante talvez possa ser encontrado no trabalho de um contemporâneo de Darwin, Ernst Haeckel, o naturalista alemão que cunhou o termo "ecologia". Contra a vontade da família e inspirado por seus heróis pessoais, Darwin e o explorador-naturalista alemão Alexander von Humboldt, Haeckel queria ser ao mesmo tempo zoólogo e artista. Em 1859, viajou ao sul da Itália e, nas ocasiões em que foi nadar na costa de Nápoles e da Sicília, recolheu baldes de água do mar e examinou seu conteúdo no microscópio. Suas lentes revelaram todo um mundo novo de criaturas retorcidas e pulsantes, invisíveis a olho nu, mas que cintilavam como vidro e pedras lapidadas — "delicadas obras de arte" e "maravilhas marinhas", foi como ele as descreveu —, e então ele passou a pintá-las, retornando várias vezes ao sul da Europa para dragar mais temas para seus quadros.[17]

Haeckel decidiu se concentrar num tipo único de micro-organismo: os radiolários. Numa única viagem ao Mediterrâneo, ele nomeou mais de 150 novas espécies dessas criaturas. Encontrados nos oceanos do globo inteiro, os radiolários são uma espécie de plâncton que mede apenas alguns décimos de milímetros. São conhecidos por construir esqueletos minerais elaborados — feitos principalmente de sílica — que Haeckel ilustrou, com resultados gloriosos e atemporais, no seu seminal *Kunstformen der Natur* [Formas de arte da natureza], publicado originalmente em 1899.

Embora Haeckel fosse desde o início um defensor da teoria da seleção natural de Darwin e tenha tentado capturar em suas ilustrações a extraordinária proliferação de formas por ela gerada, os radiolários microscópicos são mais parecidos com os bolores limosos de Bonner do que com os tentilhões de Darwin. A maior influência na sua evolução não é a seleção natural, e sim a randomização. Os radiolários — assim como os foraminíferos, as diatomáceas e outros micro-organismos ilustrados por Haeckel — são exemplos de geração randômica no ápice da sua exuberância: uma superabundância de estrelas, planetas, pavilhões, castelos, árvores e coroas em miniatura, exibindo todos os tipos de ramificação, entrelaçamento e enredamento que a natureza é capaz de criar.

A randomização biológica é mais evidente em criaturas pequenas, pois a seleção natural impõe um freio à quantidade de alterações que os organismos maiores podem tolerar. Mas há uma correlação aí. À medida que os organismos crescem e sua complexidade aumenta — com a correspondente diminuição da randomização interna —, a complexidade das suas sociedades também aumenta, com uma elevação correspondente na randomização externa: encontros uns com os outros,

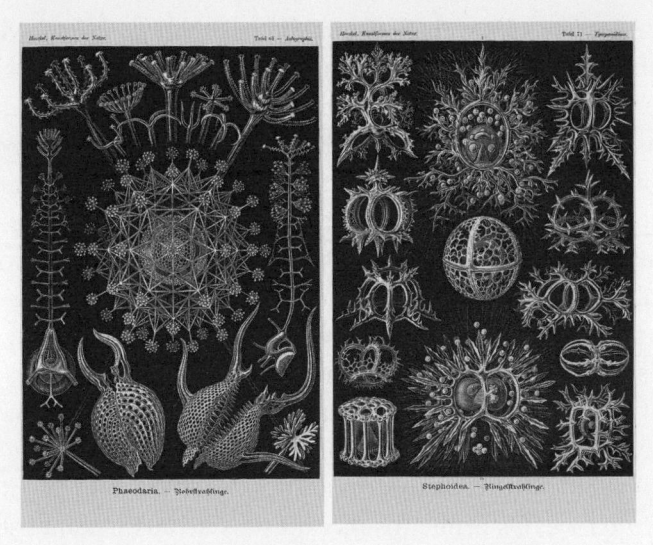

Duas gravuras de radiolários contidas em *Kunstformen der Natur*, 1904, de Ernst Haeckel.

com outras espécies, com todo o tumulto do mundo mais que humano, o que integra e ao mesmo tempo excede o funcionamento da mera seleção natural.

Assim, a randomização subjaz à totalidade da evolução, fornecendo ímpeto para algumas de suas formas mais extraordinárias e cativantes. Ela também desempenha um papel central em toda a extensão de nossas vidas individuais e coletivas, e na vida de outros mais que humanos. Nossa própria vida é randômica: encontros, acontecimentos e o acúmulo de acidentes casuais são traços definidores de nossa passagem pela Terra. Acima de tudo, a randomização é algo que nós mesmos somos capazes de gerar — como fez John Cage ao introduzir o acaso em suas composições —, seja como um fator inerente à nossa evolução em andamento, seja como meio para aumentar nossa consciência e engajamento diante desse mundo mais que humano.

A internet fez mais para aumentar a complexidade da vida humana do que qualquer outra invenção anterior. Mas, assim como a ferrovia e o telégrafo antes dela, a complexidade que ela engendra por meio do encontro forçado com terras, povos e modos de vida distantes está sujeita a pressões correspondentes de ordem e dominação. A ferrovia abriu a Terra para uma transformação radical, mas se tornou um vetor do colonialismo racista, do capitalismo imperial e do controle rígido do tempo e do trabalho humanos. O telégrafo permitiu a transmissão veloz de ideias e informações — mas foi logo cooptado por financistas, barões da mídia e militares para transformar a desigualdade de informação em desigualdade de poder e lucro.

Podemos ver esses processos históricos atuando na internet de hoje. Os primeiros mecanismos de busca eram listas selecionadas à mão de lugares interessantes, essencialmente acúmulos randômicos de sites e ferramentas ordenados só pelas paixões e pelos pecadilhos dos responsáveis pela curadoria. Embora o Google ainda vasculhe a web com passeios randômicos automatizados, seus resultados são ordenados por algoritmos com vieses profundos, com as primeiras posições vendidas a quem pagar mais. O Google recebe uma fatia de quase 90% das buscas mundiais na web, porém classifica apenas uma minúscula fração da web visível. A maioria dos usuários que realizam uma busca nunca confere além da primeira página de resultados. Há pouco espaço para randomização na exploração da vasta quantidade de informações que está de fato disponível a nós. Isso é proposital. A missão declarada do Google e de serviços semelhantes é reduzir essa vasta complexidade. Seu objetivo menos proclamado é lucrar com isso ao custo do nosso próprio potencial para encontros aleatórios, ou seja, do nosso potencial evolutivo. Muitos de nossos instrumentos são projetados para reduzir a randomização de modo semelhante: dos sistemas de recomendação regidos por algoritmos aos aplicativos de encontros, da navegação via GPS à previsão do tempo. Cada uma dessas tecnologias — com a melhor das intenções — tenta traçar linhas nítidas no meio de ambientes complexos para nos fornecer uma rota até nossos desejos que seja livre de obstruções, distrações e dos caprichos do acaso e dos encontros não premeditados. Porém, como podem atestar o Monte Carlo, John Cage e os radiolários, o significado reside menos nos dados no fim da jornada e mais no caminho percorrido. Aprendemos, mudamos, nos desenvolvemos e crescemos quando nos deslocamos e enroscamos com o mundo de maneiras imprevistas, e fazemos isso melhor quando somos participantes empenhados por inteiro na jornada, e não recipientes passivos de imposições algorítmicas e corporativas.

Não espanta que vivamos recorrendo a instrumentos geradores de acaso — dados, cartas, roletas, astrologia e o I Ching — para poder abrir a válvula de escape, sair de dentro da nossa própria cabeça e talvez gerar narrativas alternativas a um mundo estéril, descomplicado e abstrato, criado aparentemente e algumas vezes para nosso proveito, mas que na verdade nos estupefaz, extrai nossa riqueza e tira nosso poder.

Talvez o maior e mais sério exemplo dessa desrandomização sedenta de poder que é imposta ao mundo seja o sistema democrático. A liberdade aparente do voto individual, nossa voz e agência no processo político, está na verdade tão tolhida por instituições como partidos parlamentares, normas de votação e supressão de voto, distritos de votação, colégios eleitorais, a influência das pesquisas e da mídia, financiamento político, lobby das corporações e uma carência generalizada de consulta popular, participação e níveis suficientes de educação, que, no fim das contas, tudo não passa de um embuste. O colapso em curso desse sistema é evidenciado pela insatisfação crescente e geral, pela falta de confiança no governo, pela ascensão de líderes carismáticos e autoritários, e por uma aparente incapacidade de se resolver problemas amplos e sistêmicos como a pobreza, o sistema de saúde, a mudança climática e uma pandemia global. Se o sistema democrático segue funcionando, isso se deve em grande medida e inescapavelmente ao fato de que estamos sob o jugo de seu mecanismo central — a votação —, visto pelos próprios inventores da democracia, os antigos atenienses, como inerentemente corruptor.

Quando confrontados com sistemas de controle incapazes de gerar no próprio interior as condições necessárias para que mudanças significativas aconteçam, devemos procurar fora deles para encontrar uma fonte de novidade e estranheza que seja suficientemente poderosa para impor ao sistema uma nova configuração. Como vimos, novidade e estranheza resultam da randomização; sua fonte é o mundo mais que humano. Se quisermos obter uma verdadeira randomização, precisamos abandonar o domínio da computação abstrata, das leis e dos programas antropocêntricos criados pelo homem, para nos envolvermos outra vez com o mundo à nossa volta.

O Oráculo, a coisa-que-não-pode-ser-computador de Turing, que se dirige a nós das origens da computação e que identificamos como sendo o mundo mais que humano, conduz justamente a esse rumo de ação. A Inteligência Artificial revela sua dívida e seu apelo às mentes não humanas; a internet reproduz a complexidade emaranhada das redes fúngicas; o sequenciamento de genes expõe as origens nebulosas e reticuladas da nossa biologia; a caminhada aleatória fornece o melhor caminho para atravessar a complexidade incognoscível até atingir alguma compreensão que faça sentido. Poderíamos dizer que o objetivo inconsciente da computação desde o surgimento foi redescobrir e refazer sua conexão com o incomputável. Para refazer nossas sociedades e deixá-las prontas para enfrentar os desafios sistêmicos do presente, precisamos absorver essa lição, redescobrir nossa conexão com o mundo mais que humano e integrar o incomputável em nossas próprias maneiras de pensar e se relacionar. Podemos começar pela randomização.

A função do *kleroterion* — o computador análogo que os antigos atenienses usavam para designar aleatoriamente cargos no governo — sobrevive até hoje em nossos processos de seleção de júri. Mas essa não é sua única aplicação moderna. Em anos recentes, foram realizados alguns experimentos para testar a eficácia do sorteio — seleção por loteria — numa série de instituições sociais e cívicas. Os resultados foram fascinantes.

Um desses experimentos aconteceu na Irlanda em 2016, quando o governo de então criou uma Assembleia de Cidadãos para debater alguns dos assuntos mais sensíveis para a sociedade irlandesa: aborto, mandatos fixos para o Parlamento, referendos, envelhecimento da população e mudança climática. Ao longo de vários finais de semana, 99 pessoas foram reunidas num hotel nos arredores de Dublin e ouviram palestras de especialistas; conheceram os testemunhos de várias organizações não governamentais, *think tanks* e grupos de interesse; participaram de sessões de entrevistas; debateram entre si; e rascunharam uma série de propostas para cada um dos tópicos em discussão, com a promessa de que o governo as leria e as transformaria em medidas. As apresentações e debates foram transmitidos ao vivo na internet para encorajar o interesse público e a conscientização sobre os tópicos. Os trabalhos foram conduzidos por uma presidente — a centésima participante —, bem como por um secretariado do serviço público, e baseados em métodos processuais criados por um punhado de teóricos políticos e outros governos nacionais e entidades comunitárias ao longo de vários anos.

Há dois pontos que se deve enfatizar a respeito da Assembleia dos Cidadãos. O primeiro é que os 99 participantes eram totalmente desconhecidos uns dos outros e foram escolhidos aleatoriamente a partir do cadastro de eleitores, num processo semelhante ao de um julgamento por júri. Os resultados da seleção randômica foram moderados para assegurar o equilíbrio de acordo com certos critérios, como gênero, idade, localização e classe. De resto, era um grupo de pessoas tão randômico quanto se pode esperar, incluindo todas as diferenças de experiência, viés político, formação, educação, ponto de vista e filosofia pessoal que existem em qualquer país.

O segundo ponto é que as propostas que saíram da Assembleia eram mais progressivas, mais radicais e potencialmente mais transformadoras do que os políticos que as encomendaram esperavam ou mesmo acreditavam ser possível. A recomendação da Assembleia para o aborto — que havia se tornado ilegal na Irlanda em 1861 e permanecia assim após um referendo nacional em 1983 — era que ele devia ser submetido a um novo referendo. O aborto é a questão mais polêmica da vida pública irlandesa, com políticos perdendo cargos apenas por sugerir que ele deveria ser debatido, e esse medo de uma discussão livre vinha estrangulando a possibilidade de uma reforma havia décadas. Aliás, a imprensa criticou abertamente a Assembleia por "uma interpretação liberal demais do pensamento corrente do irlandês médio a respeito do tema".[18]

Mas aí é que está: uma assembleia randômica não está "interpretando" o pensamento de um mítico cidadão médio. Ela o está representando diretamente. E, quando o governo tomou medidas a partir das recomendações da Assembleia e submeteu a Oitava Emenda, que proibia o aborto, a um novo referendo, o resultado foi acachapante e histórico. Nada menos que 66% da população votou a favor da legalização do aborto, que se tornou lei em setembro de 2018, contra todas as expectativas da mídia e da classe política.

Seis meses depois, a Assembleia chegou a conclusões igualmente radicais, dessa vez a respeito do tema da mudança climática. Depois de colher testemunhos de especialistas e do público em geral, a Assembleia lançou uma série de recomendações, cada uma aprovada por pelo menos 80% dos membros, defendendo a instalação de um órgão independente para lidar com a mudança climática; a imposição de uma taxa de carbono e outros gases do efeito estufa; a priorização de veículos elétricos, transporte público, manejo florestal ecológico e agricultura orgânica; o fim dos subsídios aos combustíveis fósseis; a redução do desperdício de alimentos; e o apoio à microgeração de energia sustentável. Todas essas medidas já haviam sido propostas ao governo antes, mas acabaram abandonadas ou engavetadas porque os políticos achavam que elas eram inviáveis ou impopulares, ou as duas coisas. O relatório da Assembleia revigorou as campanhas em defesa do meio ambiente na Irlanda, levando à declaração de emergência climática e de biodiversidade pelo Dáil, a Assembleia da Irlanda, e à publicação oficial de um "plano de ação governamental para a mudança climática" em 2019.

É difícil exagerar a importância desses resultados, que se refletiram nos resultados de assembleias civis semelhantes no Canadá, França, Holanda, Polônia e outros lugares. Como se não bastasse 99 completos estranhos, de todos os estilos de vida e perfis educacionais e sociais concebíveis, terem se reunido e chegado a um consenso a respeito de algumas das questões mais complicadas que a sociedade contemporânea enfrenta — uma conquista quase impensável em nossa era de desconfiança política, tribalismo e divisões —, as propostas expedidas por eles também desafiaram nossa noção comum do que é possível em termos políticos e sociais, além de levarem a mudanças reais e inequívocas nas vidas de seus concidadãos e potencialmente no mundo mais que humano. As assembleias demonstraram, além disso, que existe tanto o apetite quanto a disposição, por parte de um público que se pensava apático, de tratar com seriedade alguns dos problemas mais graves e aparentemente mais insolúveis que enfrentamos.

Qual foi a importância da randomização nisso tudo? Acredito que seus efeitos se dão em duas frentes. Em primeiro lugar, a seleção randômica — o sorteio — devolve ao processo democrático algo que seus defensores muitas vezes apontam como uma de suas virtudes, mas que em grande medida se perdeu: a aprovação e o consentimento da população. O sorteio é transparente e verificável. Ele dispensa uma classe política vista com ampla desconfiança e permite que cada um de nós se imagine — mesmo que não façamos parte dos 99 escolhidos — numa posição de poder e agência. Sua legitimidade está fundada na igualdade, e ele coloca o poder direto nas mãos da população — mas não de maneira inconsequente. Não se trata de governo pela multidão ou da tirania de uma minoria ruidosa. A randomização é moderada por um processo deliberativo. Com sua insistência no uso de testemunhos, debates e construção de consensos, a assembleia devolve ao povo não apenas o poder, mas também a confiança, a comunicação clara, as informações vitais e a educação — mas não a dominação — oferecida por especialistas.

O segundo efeito da randomização é seu poder inerente de extrair da paisagem complexa, fragmentada e não raro aparentemente dividida de nossa vida uma vontade mútua que é coerente e eficaz, um casamento de forças diversas que é maior do que as partes. Isso se corporifica no consenso amplo das assembleias, bem como em sua disposição para assinar embaixo de políticas que vão além do que se pensava possível. O mecanismo por trás desse efeito se chama "diversidade cognitiva", muitas vezes traduzido pela expressão "a diversidade supera a capacidade". Trata-se da teoria, respaldada por pesquisas sociais e matemáticas, de que é mais fácil encontrar a melhor solução para problemas complexos e espinhosos se começarmos com o maior número possível de pontos de vista e experiências — ou seja, com a mais variada seleção de pessoas possível.

Isso contraria marcadamente a crença — dominante em sistemas eleitorais, laboratórios, corporações e organizações sociais — de que existe uma pessoa mítica que é a mais adequada ao trabalho, sendo capaz de lidar com um sem-número de áreas políticas diferentes; ou algum grupo de especialistas indicados aos quais devem se submeter aqueles com menos conhecimento e experiência. Descobriu-se, num estudo após o outro, que a seleção randômica a partir de um grupo de pessoas suficientemente grande — dotadas do conhecimento contextual apropriado — produz melhores respostas a problemas complexos do que a indicação de um grupo restrito de especialistas.

Para sermos capazes de criar estratégias novas e radicais, precisamos de uma diversidade radical de representação e habilidades. A crítica mais comum feita às assembleias civis — a de que as pessoas envolvidas não são os agentes mais "inteligentes", habilidosos ou donos dos melhores resultados prévios — é no fim das contas sua maior vantagem, uma afirmação que vem sendo embasada por um corpo crescente de pesquisas na matemática e nas ciências sociais.[19]

É tentador perguntar se não encontramos, enfim, um argumento científico a favor da própria diversidade, defendida há tempos pelas ciências sociais, mas ridicularizada com frequência por aqueles cujo poder se baseia na competição e na exploração, na manutenção de desequilíbrios de poder existentes e na promulgação do mito da meritocracia. Mas o que estamos afirmando, na verdade, é o que a ecologia já nos dizia há muito tempo: existimos em virtude de nossos laços uns com os outros e com o mundo mais que humano, e esses laços são fortalecidos, e não enfraquecidos, pela inclusão e participação igualitária de cada membro dessa rede.

O emprego da verdadeira randomização — muitas vezes percebida como o oposto das tomadas de decisão esclarecidas e iluminadas — no debate complexo e politicamente sensível pode parecer paradoxal. Apesar disso, como vimos, ela é o próprio mecanismo que possibilitou o maior florescimento de novidade e criatividade nos domínios da computação, da pesquisa científica, da atividade artística e da própria evolução. Deixar de atentar para seu potencial de influenciar nosso mais poderoso dispositivo para exercer mudança no mundo — a política — seria ignorar a principal lição deixada por nossos instrumentos, tecnologias e encontros com o mundo mais que humano.

A antiga Atenas não foi a única precursora dessa abordagem (e devemos lembrar de como sua sociedade era, na prática, desigual). Outros antecedentes são igualmente interessantes, ou ainda mais. Em Veneza, um sistema chamado *balotte* (que se refere a uma pequena bola de madeira, origem do termo *ballot* [cédula ou voto, em inglês]) era usado para eleger o chefe de Estado, o Doge. Embora o governo estivesse nas mãos de poucas famílias aristocráticas — meros 1% da população —, um sistema complexo de votos e processos de seleção randômicos manteve a paz por mais de cinco séculos e garantiu ao mesmo tempo que os candidatos mais populares vencessem repetidamente e que as vozes minoritárias fossem ouvidas. Em Florença, *la tratta*, ou o processo de tirar a sorte, decidia quais membros do conjunto dos cidadãos comuns ocupariam cargos-chave no governo. Enquanto isso, na Espanha do século XV, o sorteio era usado nas regiões castelhanas de Murcia, La Mancha e Estremadura. Quando Ferdinando II anexou o Reino de Castela ao seu Reino de Aragão, tornando-se o primeiro rei *de facto* da Espanha, reconheceu que as cidades e municipalidades que trabalham com o sorteio têm probabilidade maior de promover uma vida boa, uma administração saudável e um governo sólido do que os regimes baseados em eleições. Elas são mais harmoniosas e igualitárias, mais pacíficas e despreocupadas em relação às paixões.

O sorteio não é uma invenção apenas europeia; tampouco foi sempre administrado, ou capturado, pela aristocracia. Nos vilarejos rurais de Tâmil Nadu, um sistema de governo chamado *kudavolai* existe pelo menos desde o período Chola, há mais de mil anos. Seu mecanismo envolve escrever os nomes dos candidatos ao comitê em folhas de palmeira e fazer com que uma criança as escolha ao acaso. Ele continua sendo usado em eleições regionais até os dias de hoje. Na América do Norte, o sorteio era usado pela Confederação Iroquesa, ou Haudenosaunee, uma associação política de cinco nações que teve origem em torno do ano 1100 e durou até, no período colonial, ser expulsa de suas terras pelos colonizadores europeus. Liderada por mulheres que chefiavam os clãs, a Confederação preferia funcionar em torno da cooperação e do consenso (a palavra "*caucus*" vem de uma palavra algonquina que significa uma discussão informal sem necessidade de voto), mas, sempre que uma votação era proposta, seguia os princípios do sorteio. Isso garantia que todos os clãs estivessem representados com igualdade e que nenhum exercesse domínio sobre qualquer outro. A Confederação Iroquesa foi provavelmente uma das sociedades mais saudáveis e igualitárias de seu tempo, em termos de distribuição de riqueza e acesso a recursos. Acredita-se que suas ideias tenham influenciado Benjamin Franklin, que mantinha relações pessoais com a Confederação, e que tenham chegado, portanto, à moderna Constituição dos Estados Unidos.[20]

Na Europa, na América do Norte e em outros lugares, estamos aos poucos aprendendo — ou reaprendendo — o valor da randomização não somente enquanto condutora das transformações políticas, mas também como atestação do valor real e efetivo da diversidade. E, à medida que o fazemos, precisamos reconhecer o lugar que ela sempre ocupou nas culturas não ocidentais, culturas que (e isso não é de modo algum uma coincidência) sempre estiveram mais próximas do mundo mais que humano, mais conscientes do seu valor e do seu poder de configurar e inspirar a vida humana.

A experiência do sorteio e o valor da diversidade cognitiva, ao lado dos exemplos do poder da randomização e das histórias sobre a agência e a inteligência do mundo mais que humano que reunimos até agora neste livro, nos apontam uma dupla compreensão. A primeira é que as soluções mais criativas e profundas para os problemas mais sérios, espinhosos e sistêmicos que enfrentamos só podem ser alcançadas por meio de uma radical diversidade cognitiva: o alistamento da maior variedade possível de pontos de vista corporificados e experiências que formos capazes de reunir. Também precisamos reconhecer que a diversidade cognitiva se estende para além do humano, que ela é inerente à inteligência de animais não humanos, à organização e à agência das florestas, dos campos e dos fungos, à vibrante florescência dos bolores limosos, das bactérias digestivas e até mesmo dos vírus. Excluir esses enredamentos de nossas decisões políticas e processos de resolução de problemas não significa apenas manter nossa prática de violência extrativista e totalitarismo especista em relação às outras formas de vida, com consequências devastadoras para nossa própria sobrevivência. Significa também ignorar por vontade própria as lições fabulosamente criativas e evolutivas da própria randomização.

A randomização atribui valor a tudo e todos que toca, dando a cada participante um peso igual: tudo é valioso igual. Nesse sentido, a randomização é inerentemente política e empoderadora. A randomização informa e assegura que tudo importa: eu importo, você importa, todos nós importamos juntos. E esse "importar" é um verbo ativo: ao prestar atenção e conceder poder a cada parte que constitui a assembleia, nos tornamos uma coisa só, no sentido da intra-ação de Karen Barad, em que cada coisa se entrechoca com todas as outras e, com isso, torna-se mais do que era antes. A randomização intensifica as intra-ações. Toda e qualquer coisa importa; todo mundo importa.

Somos quem somos devido aos nossos encontros com o mundo mais que humano. Qualquer futuro em que sobrevivamos e prosperemos exigirá que nos tornemos ainda mais próximos — em nossa vida, em nosso pensamento, em nosso ser e em nossa sociedade. A randomização na tecnologia, na ciência, na política e na ecologia nos mostra que existe uma base sólida e racional para esse emaranhamento: esses encontros são mediados pelo acaso e, ao ocorrer dessa maneira, produzem conhecimento, distribuem poder e nos elevam a todos. Só nos tornaremos quem ainda podemos nos tornar — mais sábios, iguais, justos e vivos — se nos tornarmos juntos.

O que poderia acontecer de verdade se envolvêssemos de maneira completa e significativa todo o vasto e incrível poder do mundo mais que humano em nossos sistemas de governo e relações humanas ainda é difícil de imaginar, que dirá implementar. Temos, porém, sinais e presságios. Ao redor do mundo, e em nossos emaranhamentos com não humanos de todos os tipos, estamos começando a ver o surgimento de novas formas de relacionamento — jurídico, social e político. É para essas ideias e esses experimentos que vamos olhar agora, tentando rascunhar um caminho em direção a uma política verdadeiramente ecológica.

8.
Solidariedade

No domingo de 4 de janeiro de 1903, uma elefanta chamada Topsy foi executada em Coney Island por eletrocussão. Nascida no sudoeste da Ásia em torno de 1875, Topsy havia sido capturada aos dois anos e contrabandeada para os Estados Unidos por um proprietário de circo, Adam Forepaugh, que alegava que ela havia nascido em solo americano. Foi batizada em homenagem à menina escravizada de *A cabana do pai Tomás*.

Topsy foi parar nas manchetes pela primeira vez em maio de 1902, quando matou um espectador bêbado que havia invadido o cercado dos elefantes do circo e, ao que consta, jogado areia no rosto de Topsy e queimado a tromba dela com um charuto. Relatos divulgados pela imprensa a respeito do incidente acrescentaram que antes Topsy havia sido responsável pelas mortes de dois funcionários do circo. Embora esses relatos nunca tenham sido comprovados e provavelmente tenham sido exagerados, a exemplo de outros relatos sobre seu comportamento, Topsy ganhou fama e passou a levar multidões às suas aparições públicas. Quando ela atacou outro espectador no mês seguinte, o circo a vendeu para o parque de diversões Luna Park, em Coney Island. Lá, Topsy foi explorada como atração e besta de carga, carregando toras de madeira pelo parque como "penitência" por seu mau comportamento. Numa ocasião, o cuidador em serviço, um homem chamado William Alt, a espetou com um forcado e, ao vê-la enfurecida, soltou-a para correr livre nas ruas. Alguns meses depois, ele ficou bêbado e a montou pela cidade até a delegacia de polícia, onde ela barriu com tanta ferocidade que os policiais se esconderam dentro das celas. Finalmente, Alt foi despedido.

Sem ele, porém, o parque não conseguia mais controlar Topsy, e como nenhum outro zoológico a queria, os proprietários decidiram executá-la — mais uma vez, na forma de um espetáculo público para promover o parque — suspendendo-a pelo pescoço com um guindaste. A Sociedade Americana de Prevenção à Crueldade contra os Animais protestou, mas concordou com um método de execução tido como mais misericordioso: uma combinação de enforcamento, envenenamento e eletrocussão foi considerada castigo apropriado aos vários crimes do animal. Funcionários da Companhia de Luz de Edison instalaram cabos elétricos de alta voltagem em nove quarteirões para fornecer a corrente alternada necessária, e a empresa de cinema de Edison documentou os acontecimentos com uma câmera.

No dia marcado, estimados 1500 espectadores e cem fotógrafos de imprensa se amontoaram no parque, e muitos escalaram as cercas para garantir a entrada. Outros assistiram das sacadas e telhados nas proximidades. Topsy foi retirada da cela por um novo treinador, que não conseguiu fazer com que ela atravessasse a ponte até o local da execução — uma ilha no meio de um lago náutico — apesar de muitos cutucões e insistências. Foram oferecidos a William Alt, que havia se negado a assistir à execução, 25 dólares para que viesse prestar auxílio, mas ele se recusou e respondeu que "não o faria nem por mil dólares". Depois de quase duas horas, foi decidido que ela seria morta ali mesmo onde estava. Foram reinstalados no local um motor a vapor, cordas grossas para o estrangulamento e todo o aparato elétrico, que incluía sapatilhas de cobre para a elefanta e os cabos de corrente alternada. O assessor de imprensa do parque alimentou Topsy com cenouras contendo

460 gramas de cianureto e, às 14h45, o eletricista chefe deu o sinal para ligar a corrente, submetendo seu corpo a uma carga de 6600 volts durante dez segundos. Topsy ficou rígida e caiu, sustentada apenas pelas cordas amarradas com força ao seu pescoço. Às 14h47, sua morte foi declarada.

A empresa de cinema de Edison lançou posteriormente um filme de cinetógrafo com 74 segundos de duração, intitulado *Eletrocutando um elefante*, que documenta os momentos finais de Topsy. Ele ocupa uma posição macabra singular na história da tecnologia: *Eletrocutando um elefante* talvez tenha sido o primeiro filme cinematográfico a capturar uma morte.[1]

A morte horripilante de Topsy seguiu uma longa tradição de julgamentos e execuções de animais cultivada na Europa medieval e na América colonial. No vilarejo francês de Savigny-sur-Etang, em 1457, a morte pavorosa e o consumo parcial do corpo de um menino de cinco anos foram atribuídos a uma família de porcos locais. Os sete suspeitos — uma mãe e seus filhotes — foram detidos, acusados de infanticídio e mantidos presos na cadeia local enquanto aguardavam julgamento. Um advogado foi indicado, as testemunhas foram chamadas, as provas foram apresentadas e os argumentos legais, exibidos diante de um tribunal lotado. A porca mãe acabou sendo considerada culpada e condenada à forca — sentença que foi executada no patíbulo da região —, enquanto os porquinhos receberam perdão judicial devido à pouca idade.

Julgamentos como esse não eram nada incomuns na época, e podiam ser adaptados de maneiras esquisitas para dar conta dos infratores não humanos que eram levados à justiça. Muitas vezes, humanos e animais eram considerados cúmplices, sendo que os animais costumavam ser representados por um defensor público, além de terem direito a apelar da pena. Em alguns casos, especialmente os que envolviam porcos, os réus iam vestidos com roupas humanas ao julgamento e à execução.

Mas não eram meros julgamentos de fachada ou oportunidades para os advogados aperfeiçoarem suas habilidades: eram processos respeitados e da maior seriedade, produzidos por sociedades que acreditavam que os animais tinham responsabilidade moral pelos crimes que lhes eram atribuídos.

Em 1597, no vilarejo saboiano de St. Julien, quando gorgulhos foram acusados do crime de destruir os vinhedos locais, seu advogado foi logo argumentando — com sucesso — que os besouros tinham todo o direito de comer as folhas de parreira, pois Deus lhes havia previamente prometido, no Livro do Gênesis, que todas as gramas, folhas e ervas verdes estariam à disposição para seu sustento. Em 1522, a cidade de Autun, em Borgonha, foi invadida por ratos que devoraram os estoques de cevada e aterrorizaram as donzelas. O arauto da cidade divulgou uma convocação para que os ratos comparecessem ao tribunal. Como os ratos não atenderam ao chamado, o juiz se recusou a condená-los in absentia e mandou o arauto retornar aos campos. De novo, os ratos não compareceram, e seu advogado argumentou que eles tinham motivo mais que suficiente para isso, pois tinham medo dos gatos locais. O juiz foi forçado a emitir uma ordem para que eles abandonassem os campos no prazo máximo de seis dias, sob pena de extermínio e danação eterna.

O advogado dos ratos nesse caso foi um jurista chamado Bartholomew Chassenée, que depois se tornaria presidente do tribunal e um proeminente teórico do direito. Numa monografia jurídica escrita no fim da vida, Chassenée argumentou de modo muito persuasivo que os animais, tanto os selvagens quanto os domesticados, deveriam ser considerados membros leigos da comunidade paroquial em que residiam. Em outras palavras, os direitos dos animais eram do mesmo tipo dos direitos das pessoas.[2]

Esses julgamentos serviram para confirmar a maldade inerente e desumana de certos animais, e podem até mesmo ter ecoado rituais antigos de sacrifício e expiação. Eles também enfatizam como as sociedades pré-iluministas consideravam os animais parte integrante de uma comunidade política, uma comunidade em que cada membro estava sujeito ao devido processo e ao primado da lei. Nesse sentido, eles representam o último suspiro dos sistemas de crença animistas, antes que estes se alinhassem à visão cartesiana de que os animais são bestas e máquinas — afinal, se os animais eram destituídos de verdadeiros sentimentos, almas, inteligência ou vontade política, eles não podiam ser julgados nem desempenhar qualquer outro papel decisivo na comunidade. Mas, embora os julgamentos tenham minguado aos poucos — a execução de Topsy foi um exemplo muito tardio e trágico —, o comportamento voluntarioso de seus sujeitos não humanos persistiu. Essa agência criativa e rebelde ainda se mostra especialmente evidente toda vez que tentamos explorar ou aprisionar animais contra a sua vontade.

Animais que confrontam ou recusam seu cativeiro, como fez Topsy, ainda são vistos como um "problema" nas instalações que abrigam animais em nossos dias. O historiador Jason Hribal documentou relatos numerosos desse tipo de resistência. Entre outros casos, Hribal fornece detalhes sobre a fama que orangotangos em cativeiro conquistaram por tramar e levar a cabo complexos planos de fuga, escondendo suas intenções dos captores. No Zoológico de San Diego, um orangotango chamado Ken Allen ficou conhecido por afrouxar qualquer porca e parafuso que encontrava na tentativa de se libertar; quando foi colocado num cercado aberto, arremessou pedras e fezes nos visitantes e tentou arrebentar as vidraças. Quando todas as pedras foram removidas, Ken e seus colegas prisioneiros arrancaram isolantes de cerâmica das paredes e passaram a arremessá-los. Em certa ocasião, Ken foi flagrado construindo uma escada com galhos caídos. "Ele foi muito metódico em seus esforços", disse um funcionário. "Ele posicionava a escada com cuidado no chão e batia nela com a mão para testar se estava firme, depois subia até o topo do muro e descia do outro lado."[3]

Alguns anos após esse incidente, que levou os muros de seu cercado a serem elevados e alisados para remover os apoios para as mãos, Ken foi visto solto outra vez, vagando pelo zoológico. A instituição havia trazido algumas fêmeas de orangotango na esperança de que pudessem distrair Ken. Ele, por sua vez, as alistou como cúmplices: enquanto Ken distraía os funcionários que faziam a vigia — alguns disfarçados em trajes comuns no meio dos visitantes —, uma outra cativa, Vicki, forçou a abertura de uma janela. A dissimulação era uma das táticas preferidas dos orangotangos: se uma ferramenta como uma chave de fenda fosse deixada na jaula por acidente, escreveu um especialista, o orangotango "a avistaria de imediato, mas a ignoraria para que o cuidador não percebesse o descuido. Naquela noite, ele a usaria para desmontar sua jaula e escapar". Teoria da mente — a inferência da intenção dos outros, um suposto indício de uma inteligência superior e muito difícil de provar em condições experimentais — é obviamente um fator atuante na escapologia dos orangotangos.

Ken era incansável. Uma vez, foi pego com água até a cintura dentro do fosso da jaula, usando as mãos e os pés para se agarrar à parede lisa e subir de centímetro em centímetro. Acredita-se — acreditava-se — que os orangotangos são intensamente hidrofóbicos e incapazes de escalar dessa maneira, mas Ken desafiou essas expectativas. Noutra ocasião, uma tentativa de fuga foi interrompida quando Ken tocou nos fios da cerca elétrica que protegia o topo do muro — ele continuou fazendo testes, e um dia, quando elas foram desligadas para manutenção, escapuliu de novo.

Tal persistência diante da opressão foi exibida também por outros macacos. O Centro Nacional de Pesquisas com Primatas de Tulane, na Louisiana, que abriga cerca de 5 mil macacos de onze espécies diferentes para a realização de pesquisas biomédicas, já enfrentou uma série de fugas em massa, sobretudo em 1987, 1994 e 1998, quando gangues de até cem macacos Rhesus e macacos-de-cauda-de-porco conseguiram fugir para os pântanos em redor, de uma vez só, arrombando portas de jaulas e abrindo fechaduras. Essa energia não era direcionada apenas para a autolibertação: Carl Hagenbeck, um comerciante de animais exóticos do século XVIII, relatou que, quando capturou jovens babuínos nas selvas do norte da África, seus pais e outros membros da tropa lutaram com unhas e dentes para libertar os prisioneiros. Esse esforço persistiu por grandes distâncias: enquanto a caravana de Hagenbeck tentava alcançar o litoral, novas tropas de babuínos surgiam e realizavam ataques repetidos contra o comboio para tentar libertar seus companheiros.

Para Hribal, essas tentativas por parte dos animais de libertar a si mesmos e aos outros não são atos impensados de sabotagem ou curiosidade; pelo contrário, são formas de resistência deliberada e ativa contra as condições impostas pelos humanos. Atos de resistência animal no cativeiro se assemelham aos realizados por humanos e incluem ignorar ordens, fazer corpo mole, recusar-se a trabalhar sem quantidades adequadas de comida e água, fazer intervalos imprevistos, quebrar equipamentos, danificar acomodações, reagir brigando e sumir de uma vez por todas. Os animais sistematicamente lutam para escapar da sua situação indesejável e, se possível, para impor algum controle sobre ela. No sentido de que travam uma batalha contra a exploração, sua luta constitui uma atividade política.

A política, em essência, é a ciência e a arte de tomar decisões. Em geral, pensamos que ela é feita daquilo de que se ocupam os políticos e ativistas no contexto dos governos locais e nacionais, mas, na verdade, ela consiste nas atividades mundanas e rotineiras de organização coletiva. Sempre que duas ou mais pessoas precisam chegar a um acordo ou tomar uma decisão, a política está acontecendo. Para os humanos, ela é realizada de diversas maneiras: nos parlamentos, na cabine de votação, nas nossas decisões diárias a respeito de como queremos viver e de quais são as melhores maneiras de batalhar por esses modos de vida. Toda escolha que fazemos e pode afetar os outros é essencialmente política. Isso inclui, por óbvio, o voto, mas também as coisas que fabricamos e projetamos, que influem na vida dos outros; nossos relacionamentos com parceiros e vizinhos; o que consumimos, modificamos, compartilhamos e rejeitamos; em suma, toda e qualquer escolha que tenha implicações coletivas. Mesmo se dissermos que não queremos nos envolver com política, no fundo não temos essa opção. A política afeta quase todos os aspectos de nossa vida, queiramos ou não, e ela é, por definição, o processo por meio do qual se realiza praticamente qualquer coisa. Nesse sentido, a política, quando organizada, é também um tipo de tecnologia: o sistema de comunicação e processamento que governa as interações e possibilidades cotidianas.

Uma política mais que humana, portanto, é uma política que reconhece e se envolve com o mundo mais que humano em seus processos de tomada de decisão, e isso pode assumir muitas formas. Como nossa política excluiu historicamente os não humanos, a maioria dessas interações são sentenciosas — estão ligadas à nossa maneira absolutista de governar o mundo natural —, mas, como veremos, estão ocorrendo esforços para garantir mais agência política aos animais, nos seus próprios termos, em assuntos que nos dizem respeito em conjunto. E os animais também atuam politicamente entre si: eles se associam, forjam alianças, brigam, votam e tomam decisões.

A maioria dos argumentos legais envolvendo a vida não humana é feita por humanos falando em lugar dos animais: militando pelos direitos animais ou aprovando leis para proteger as florestas e oceanos. Assim, a afirmação de que a resistência dos animais ao cativeiro constitui uma luta por libertação, como propõe Hribal, é muito significativa, pois nos leva a um argumento a favor da inclusão política que não é feito da perspectiva relutante da consciência humana e da aceitação da inteligência animal, e sim da resistência e do engajamento ativo dos próprios animais não humanos. Portanto, é extremamente importante entender que o mundo mais que humano não é um lugar desprovido de atividade social e política, mas um lugar em que formas complexas de tomada de decisão, construção de consenso e ação conjunta já estão presentes e atuantes.

Nos primeiros anos do século XX, o grande naturalista e filósofo anarquista russo Peter Kropotkin expressou uma visão parecida. Sua coleção de ensaios, *Apoio mútuo: um fator de evolução* (1902), explora as semelhanças entre a cooperação e a reciprocidade que observou no mundo animal com aquilo que se via nas sociedades indígenas e antigas da Europa, nas cidades livres medievais e nos vilarejos e movimentos trabalhistas do fim do século XIX. Para sustentar seu argumento, ele citou sociedades diversificadas, como os castores que constroem represas e cidades para toda a comunidade e os bandos de pássaros que esperam o dia inteiro até que o grupo esteja reunido antes de revezarem-se na liderança do longo voo noturno. Da mesma forma, "alguns caranguejos terrestres das Índias Ocidentais e da América do Norte" — como aqueles que formaram o computador de caranguejos — "se combinam em grandes bandos para viajar até o litoral e lá depositar sua prole; e cada uma dessas migrações requer sintonia, cooperação e apoio mútuo". Pássaros como o pardal dividiam os grãos com seus companheiros, enquanto o abibe e a alvéola defendem outros pássaros pequenos dos ataques de gaivotas e gaviões. Até mesmo o "sociável pato", embora "pouco organizado no geral [...] pratica o apoio mútuo e quase invade a terra, como se pode julgar a partir de suas inumeráveis variedades e espécies".[4]

Kropotkin viu no mundo animal um cenário de solidariedade e apoio mútuo que desmentia a velha ideia da "natureza vermelha nas unhas e dentes" ou as noções darwinistas de uma biosfera inteiramente competitiva. Na verdade, o darwinismo estrito era, para ele, completamente antropomórfico: um reflexo nosso e de nossas fraquezas, em vez de uma leitura precisa da situação mais que humana. Nossa insistência em enxergar conflito em toda parte, apontou Kropotkin, apenas se torna mais hipócrita à medida que continuamos a corromper e saquear os habitats e sociedades dos não humanos. Não foi a violência da natureza, mas a dos homens — o que Kropotkin chamava de "civilização da pólvora" — que levou ao colapso de vastas colônias de animais que outrora habitavam extensões enormes do planeta: "sociedades e nações que em alguns casos somavam centenas de milhares de indivíduos" agora reduzidas a "destroços". "Como é falsa, portanto, a visão daqueles que falam do mundo animal como se nada pudéssemos ver nele além de leões e hienas cravando seus dentes sangrentos na carne de suas vítimas!", escreveu ele. "Poderíamos igualmente imaginar que toda a vida humana não passa de uma sucessão de massacres de guerra."

Além disso, Kropotkin rejeitava de modo explícito uma análise do comportamento animal que o reduzisse meramente ao amor e à compaixão instintivos. Ele traçava uma comparação direta com o sentimento moral humano, que também não pode ser reduzido ao amor e à compaixão pessoal. "Não é o amor ao próximo — que na maior parte das vezes nem conheço — que me induz a encher um balde d'água e correr quando vejo sua casa em chamas", escreveu, "o que me move é um sentimento ou instinto muito mais amplo, ainda que mais vago, de solidariedade e sociabilidade humanas. O mesmo se dá entre os animais."

A insistência de Kropotkin na solidariedade é essencial para entendermos que falar sobre política animal não é o mesmo que ceder ao antropomorfismo — a atribuição de termos e qualidades humanas aos não humanos —, tampouco se trata de uma deturpação dos comportamentos instintivos de "parentesco natural". Pelo contrário, trata-se do pleno reconhecimento de que compartilhamos um mundo. Esse mundo não se limita ao solo e aos sentidos, mas se estende, de acordo com a terminologia de Kropotkin, ao sentimento moral, à ética e à socialização, e à experiência do prazer, dimensões que costumamos negar aos não humanos. "Não é o amor, e nem mesmo a compaixão (entendida no sentido correto), o que induz um rebanho de ruminantes ou de cavalos a formar um círculo para resistir ao ataque dos lobos; tampouco é o amor que induz os lobos a formar uma matilha para caçar", escreveu. "É um sentimento infinitamente mais amplo que o amor ou a compaixão pessoal — um instinto que se desenvolveu lentamente nos animais e nos humanos no decorrer de uma evolução extremamente longa." Para Kropotkin, esse sentimento era a solidariedade do apoio mútuo e a alegria de uma vida social compartilhada.

Os animais fazem política na prática: através de uma variedade de mecanismos, realizam toda espécie de formação de consensos e decisões coletivas. A coesão social é crucial para a sobrevivência coletiva, portanto, todos os animais sociais precisam praticar algum tipo de processo consensual de decisão em torno de questões como migração e escolha do local para obter alimento. Assim como na sociedade humana, isso pode levar a conflitos de interesse entre os membros do grupo (a maioria de nós conhece o horror de tentar fazer com que um grupo de pessoas decida a que restaurante ir). A resposta a esse problema, no mundo animal, raramente é o despotismo, a obediência cega a um membro dominante do grupo. Com muito mais frequência, um processo democrático faz parte da solução.

Os veados-vermelhos formam grandes rebanhos e param com frequência para descansar e ruminar. Estudos demonstraram que eles só partem para outro lugar depois que 60% dos adultos estão em pé outra vez; eles literalmente votam com as pernas. Essa maioria de 60% não precisa incluir os machos dominantes, mesmo que eles tenham feito bons juízos anteriores: o rebanho prefere decisões democráticas, e não autocráticas. O mesmo vale para os búfalos, embora nesse caso os sinais sejam mais sutis: as fêmeas do rebanho indicam o rumo para o qual preferem se deslocar ficando em pé, olhando fixo numa direção e voltando a se deitar. Só contam os votos das fêmeas adultas, e, em caso de discordância acentuada, o rebanho pode se dividir e pastar em separado por algum tempo, antes de se reunir novamente.

Os pássaros e insetos também exibem formas de comportamento que indicam a ocorrência de processos de decisão complexos. Fixando sinalizadores de GPS em pombos, cientistas mostraram que as decisões sobre quando e para onde voar são compartilhadas por todos os membros do bando — e, embora alguns ocupem posições superiores aos outros, esse ranking é flexível e muda com frequência. "Essa segregação dinâmica e flexível dos membros em líderes e seguidores — na qual até a opinião dos membros mais inferiores pode acabar contribuindo — talvez represente uma forma particularmente eficiente de tomada de decisões", observam os pesquisadores. Foi observado que até mesmo as baratas, que, ao contrário das formigas e abelhas, parecem carecer de estruturas sociais complexas, podem adaptar seu comportamento de formação de ninhos em cima da hora, formando grupos dos tamanhos mais eficientes e vantajosos de acordo com a disponibilidade de abrigos e recursos.[5]

A maior expoente da igualdade — o tipo de política distribuída realmente diversificada que advogamos no capítulo anterior — talvez seja a abelha. As abelhas têm uma história bem particular, primeiro enquanto pastoras e pacifistas ponderadas — todas as abelhas descendem de uma espécie de vespa que decidiu se tornar vegetariana há cerca de 100 milhões de anos — e depois enquanto comunidades altamente organizadas, comunicativas e construtoras de consensos. Seu célebre comprometimento com a vida social foi consagrado pelo provérbio apícola que também poderia servir de slogan político: "*Una apis, nulla apis*" — "uma abelha é abelha nenhuma".

As abelhas nos apresentam um dos maiores espetáculos da comunicação e da prática democrática entre os animais, conhecido como a "dança do requebrado". É o processo por meio do qual elas compartilham informações sobre fontes de pólen próximas e decidem onde construir novas colmeias. A "dança do requebrado" foi cientificamente descrita pela primeira vez pelo etólogo austríaco Karl von Frisch, no verão de 1945. A partir de observações próprias, Frisch sabia, havia uns trinta anos, que sempre que uma coletora voando sozinha encontrava uma fonte abundante de alimento, ela retornava de imediato à colmeia e realizava uma dança agitada: fazia um desenho em forma de "8", avançando e requebrando o corpo para os lados, depois dava meia-volta e refazia o caminho até o início, repetindo o circuito várias vezes. A abelha podia permanecer minutos executando esse padrão, reunindo aos poucos uma trilha de imitadoras desocupadas que, a partir de certo momento, zarpavam em busca da fartura apontada. Frisch acreditava que essas seguidoras podiam estar captando algum aroma floral preso à abelha original, o que as ajudava a localizar rapidamente o pólen. Contudo, anos de observação atenta revelaram que algo muito mais complexo e espantoso estava acontecendo.

Frisch percebeu que, com a performance da dança do requebrado, as abelhas não estavam meramente comunicando animação ou mostrando uma fragrância, mas codificando a direção e a distância exatas da fonte de alimento, permitindo que qualquer outra abelha voasse direto até ela sem a necessidade de seguir procurando. Essa informação estava contida na própria dança. A duração da dança do requebrado é diretamente proporcional à distância comunicada — um segundo de dança equivale a cerca de mil metros —, enquanto o ângulo da dança em relação à orientação vertical do favo corresponde ao ângulo da jornada lá fora em relação à posição do sol. Assim, uma dança de sete segundos com um ângulo de trinta graus em relação ao topo do favo significa que o alimento está disponível a 7 mil metros de distância, trinta graus à direita do sol. Reproduzindo a dança, as outras abelhas decodificavam os sinais e rumavam infalivelmente até as flores que estavam sendo dançadas.[6]

Um dos alunos de graduação de Frisch, Martin Lindauer, levou esses estudos mais longe. Lindauer havia sido convocado ao exército de Hitler assim que saiu da escola secundária em 1939, mas ficou inválido na Frente Oriental após se ferir com os estilhaços de uma granada. Enquanto se recuperava em Munique, seu médico recomendou que visitasse a universidade e assistisse às palestras de zoologia geral proferidas pelo famoso professor. Lindauer lembraria depois que, ao ouvir Frisch falar sobre a divisão celular, sentiu-se retornar a "um novo mundo da humanidade", um mundo em que as pessoas desejavam criar ao invés de destruir.

Em 1949, passando perto do Instituto Zoológico de Munique, Lindauer reparou num enxame de abelhas pendurado numa árvore, perto das colmeias do instituto. Ele sabia que esse comportamento indicava que elas estavam procurando um novo lar, como fazem as abelhas quando morre a rainha, quando o alimento fica escasso ou a população fica grande demais para habitar uma só colmeia. Mas ele também percebeu que algumas dessas abelhas estavam fazendo danças de requebrado — e, ao contrário das coletoras que costumavam exibir esse comportamento, elas não pareciam estar levando o pólen de uma nova fonte de alimento. Na verdade, elas estavam cobertas de fuligem e poeira de tijolo, de terra e farinha. Lindauer se deu conta de que não eram coletoras: eram batedoras que estavam bisbilhotando as ruínas bombardeadas da Munique pós-guerra em busca de nova moradia.

Foi necessária mais uma década de pesquisas exaustivas para elucidar exatamente o que estava acontecendo, incluindo muitos dias e semanas marcando abelhas dançantes com pontinhos nas costas para analisar e tabular seus movimentos. Aos poucos, as vigílias de Lindauer ao lado dos enxames revelaram que a dança do requebrado podia indicar não apenas a localização do alimento, mas também as preferências políticas das abelhas. Quando o enxame começava a procurar um novo local para a colmeia, as primeiras batedoras anunciavam ao mesmo tempo dúzias de locais concorrentes, mas, após algumas horas ou alguns dias, elas começavam a se aproximar de uma decisão. Uma quantidade cada vez maior de abelhas passava a dançar indicando o mesmo local, até que, mais ou menos uma hora antes de o enxame todo partir, todas as abelhas dançantes estivessem apontando o mesmo destino com os mesmos padrões de movimento. Se Lindauer estivesse correto, esse padrão final indicava a nova localização da colmeia — e, para testar sua teoria, ele precisaria aguardar o momento exato em que as abelhas sairiam voando para correr atrás delas pelas ruas e vielas de Munique até o novo lar, um feito que ele conseguiu em diversas ocasiões. Em todas, o local da nova moradia combinava com a dança derradeira e unânime. As abelhas estavam decidindo em comunidade: estavam agindo politicamente.

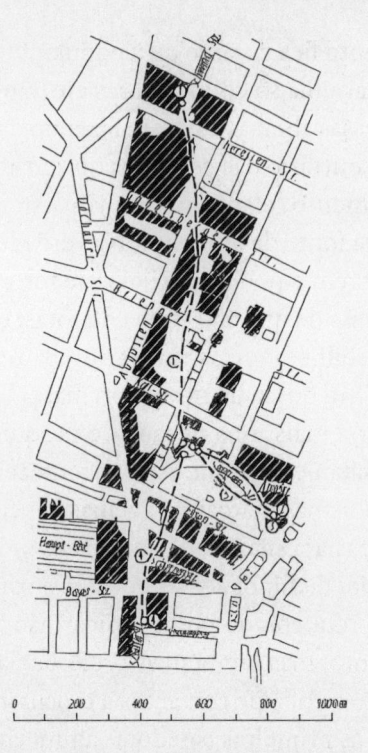

Mapa de Munique em torno do Instituto Zoológico, mostrando as rotas de voo de quatro enxames que Lindauer conseguiu acompanhar desde o acampamento provisório nos jardins do instituto até os novos locais de moradia (enxames 1-3) ou até um ponto de repouso intermediário (enxame 4).

Há vários fatores que são levados em conta na seleção de novas moradias por parte das abelhas. O primeiro é que o controle sobre a decisão é distribuído igualmente entre todos os membros da comunidade, em vez de estar nas mãos de um único líder (a noção comum de que a "abelha-rainha" manda nas suas "trabalhadoras", devemos enfatizar, é equivocada). O segundo é que, como centenas de abelhas tomam parte na decisão, o enxame inteiro é capaz de adquirir e processar informações sobre múltiplas escolhas ao mesmo tempo, até mesmo alternativas de locais distantes representados por uma única dançarina. Assim, elas são capazes de avaliar uma gama de opções mais ampla e têm muito mais chance de encontrar a melhor de todas. Por fim, a decisão é tomada de uma maneira aberta e justa, em que a opinião de cada indivíduo é ouvida e cada ouvinte faz a sua própria avaliação independente da proposta. Em resumo, as abelhas participam de uma espécie de democracia direta — como a praticada em diversos contextos humanos, tais como a antiga Atenas, a Comuna de Paris, os cantões da Suíça, as reuniões dos quacres, a autoadministração curda, árabe e assíria de Rojava, e as Assembleias de Cidadãos.

Que outras lições podemos tirar das notáveis atividades políticas das abelhas? Há muitas, mas podemos mencionar algumas. O cientista cognitivo americano Douglas Hofstadter acreditava que o comportamento dos enxames de abelhas — assim como o de certos tipos de formigas — tinha uma correlação muito próxima com o esquema de processamento de dados no cérebro dos primatas. Um enxame de abelhas médio pesa cerca de 1,5 quilo, quase o mesmo que um cérebro humano. Não é a única semelhança. O modo como o cérebro toma decisões, integrando sinais enviados por múltiplos sentidos, lembra muito aquele como as abelhas integram informações fornecidas por múltiplos indivíduos. E esse tipo de integração, ao que parece, é a melhor maneira de escolher entre múltiplas opções concorrentes, o mais perto que conhecemos de um processo decisório ideal. Um enxame de abelhas, uma colônia de formigas e um conjunto de neurônios: três agrupamentos que evoluíram de forma independente para constituir uma máquina pensante. É a convergência evolutiva em ação outra vez, o florescimento, em todo o denso bosque da vida, de maneiras análogas, porém radicalmente diferentes, de pensar e fazer.[7]

Quando entendemos como funciona a inteligência de enxame, podemos converter esse conhecimento para nossas máquinas. Um exemplo de aplicação da inteligência de enxame na ciência da computação é o BeeAdHoc, um algoritmo de roteamento para redes de telefonia móvel. O BeeAdHoc é voltado a redes temporárias ou frágeis, nas quais os telefones celulares e outros dispositivos estão sempre se conectando e desconectando em diferentes locais. Manter a conectividade nessas condições é um problema difícil, e a solução do BeeAdHoc é diretamente inspirada no comportamento das abelhas coletoras. O programa usa "abelhas agentes" — pequenos softwares modelados a partir das abelhas coletoras — para reunir informações sobre o estado local da rede e propagá-las até todos os nós, o que, no fim das contas, é mais eficiente e consome menos energia do que qualquer outro algoritmo conhecido voltado à mesma função.[8] Ao que tudo indica, as abelhas, assim como o bolor limoso e as redes micorrízicas, já estão desempenhando o tipo de trabalho que lutamos para realizar com nossas tecnologias. Temos muito a aprender com eles.

Os animais, portanto, agem politicamente e são muito bons nisso. Como podemos, então, integrar essa sabedoria à nossa própria política mais que humana? O maior obstáculo a isso não está em desconhecermos suas intenções — décadas de estudos revelaram sua preferência pela democracia direta e pelo envolvimento em comunidade —, mas em não sabermos como lhes conceder estatura política. Ou seja, como eles podem se transformar de objetos em sujeitos dotados de voz própria em nosso campo político?

Uma abordagem possível é adaptar nossos processos e nossas estruturas jurídicas já existentes para melhor acomodá-los. Desde o desaparecimento dos julgamentos de animais no início do período moderno, os não humanos jamais tiveram alguma voz em nossos processos jurídicos, no sentido de serem considerados "pessoas diante da lei": sujeitos plenamente autônomos, dotados de agência e senso de responsabilidade próprios, e potencialmente inocentes ou culpados. Hoje, contudo, estão sendo feitos esforços para conferir personalidade jurídica — o direito de falar e ser ouvido enquanto indivíduo perante uma corte — também aos não humanos, o que é um passo decisivo para conquistar estatura política e proteção dos direitos. Se os não humanos fossem considerados personalidades jurídicas, os tribunais poderiam reconhecer que eles têm seus próprios direitos inalienáveis e são dignos tanto de proteção quanto de autodeterminação.

Um desses casos é o da elefanta Happy, mencionada no capítulo 2, que foi encarcerada numa jaula de concreto aparente no Zoológico do Bronx e submetida a uma série de ultrajes, incluindo o teste do espelho. Quem primeiro assumiu o caso de Happy foi o Nonhuman Rights Project (NhRP), em 2018. O NhRP é um grupo de militância jurídica composto por advogados, ativistas e naturalistas que tem como objetivo

> mudar o status de grandes símios, elefantes, golfinhos e baleias diante do direito comum para que deixem de ser meras "coisas" indignas de qualquer direito legal e se tornem "personalidades jurídicas" com direitos fundamentais, tais como a liberdade e a integridade corporais.

Entre os membros de seu conselho diretor está a primatóloga Jane Goodall, que formula assim, no site do NhRP, a pergunta essencial proposta pelo grupo:

> Como devemos nos relacionar com seres que se olham no espelho e se veem como indivíduos, que ficam de luto pelos companheiros e podem morrer de tristeza, que possuem uma consciência do "self"? Eles não merecem ser tratados com o mesmo tipo de consideração que concedemos a outros seres bastante sensíveis: nós mesmos?[9]

Em setembro de 2019, o caso de Happy foi ouvido pela juíza Alison Truitt, da Suprema Corte do Estado de Nova York, e a primeira providência do NhRP foi pedir um habeas corpus (literalmente, "você tem o corpo"). Surgido na Inglaterra do século XII, durante o reinado de Henrique II, esse antigo dispositivo judicial exige que um prisioneiro seja trazido fisicamente diante da corte para determinar se sua detenção é legal. O habeas corpus é uma das pedras angulares do direito comum inglês e do sistema legal de vários outros países, incluindo os Estados Unidos. Provendo uma proteção contra prisões arbitrárias, ele é uma das fundações da autoridade do sistema judicial. O habeas corpus também é uma espécie de teste para determinar se um tribunal considera que um sujeito é uma pessoa jurídica. Quando é concedido, entende-se que aquele sujeito é merecedor de direitos e, potencialmente, da liberdade.[10]

O histórico do habeas corpus nos mostra sua gradual expansão para incluir cada vez mais personalidades jurídicas. A equipe jurídica de Happy citou o caso de James Somerset, um negro escravizado que, em 1772, foi levado de Boston para Londres, onde fugiu, foi recapturado e colocado num navio para retornar à escravidão nos Estados Unidos. Embora a escravidão não fosse proibida na Grã-Bretanha naquela época, o juiz inglês Lord Mansfield concedeu um habeas corpus a Somerset, efetivamente fazendo com que deixasse de ser uma propriedade — uma "coisa jurídica" — para se tornar uma pessoa jurídica. Em sua sentença, Lord Mansfield escreveu que a escravidão era "uma coisa odiosa" que não podia ser justificada pelo direito comum. Ele colocou nos trilhos um processo jurídico que levaria à emancipação de Somerset e, por fim, à abolição da escravidão na Grã-Bretanha e na metade norte dos Estados Unidos.

Lord Mansfield, em outras palavras, acreditava que Somerset tinha direitos, e de acordo com o histórico do habeas corpus, qualquer um que tenha direitos é automaticamente "uma pessoa jurídica". Esse precedente, mostraram os advogados de Happy, tinha sido ampliado muitas vezes ao longo da história para abarcar indivíduos que até então não eram vistos como personalidades jurídicas pela lei, mas que estavam sendo atacados, entre eles os povos ameríndios, os judeus, as mulheres e os estrangeiros, além dos escravos. E, não menos importante, ele havia sido estendido também a não humanos: as corporações são personalidades jurídicas perante a lei americana, assim como os navios e até mesmo o estado de Nova York. (O inverso também é verdadeiro: alguns humanos, como os fetos, não são personalidades jurídicas perante a lei americana — um precedente estabelecido pelas leis de aborto no país.)

Vistos em conjunto, argumentou o NhRP, esses precedentes mostravam que não havia impedimento legal à concessão de um habeas corpus a um animal não humano, e que humanidade não é um fator decisivo para estabelecer se uma entidade é ou não uma pessoa jurídica. Além disso, negar a autonomia de animais cognitivamente complexos como os elefantes significaria negar os direitos fundamentais que eles já têm. Os elefantes apresentam vidas sociais e relacionamentos intrincados, bem como suas próprias necessidades e desejos. Seu encarceramento afrontava a lei, a filosofia e as crenças de uma sociedade que arrogava tais direitos. Como o NhRP disse à corte, o caso de Happy "não envolve somente a causa de um pobre elefante. Ele envolve a causa da liberdade".

Numa decisão longa e cuidadosamente embasada, a juíza Truitt negou o habeas corpus. Ela escreveu que

> Happy é um animal extraordinário com capacidades cognitivas complexas, um ser inteligente com habilidades analíticas avançadas e semelhantes às dos humanos [...]. A Corte concorda com a afirmação de que Happy é mais do

que uma coisa legal ou uma propriedade. Ela é um ser inteligente e autônomo que deveria ser tratado com respeito e dignidade, e que pode merecer a liberdade.

Contudo, a juíza entendeu que estava limitada a seguir os precedentes legais em que outros tribunais haviam se recusado a conceder um habeas corpus a animais não humanos — precedentes estabelecidos, infelizmente, em casos anteriores apresentados pelo NhRP em defesa de chimpanzés. Na opinião da juíza, era uma questão a ser levada ao legislativo, e não aos tribunais. Até 2021, Happy permanecia no Zoológico do Bronx, e o NhRP continuava litigando para obter a liberdade dela.[11]

Enquanto prosseguem os esforços do NhRP, o sistema judiciário dos Estados Unidos está atrasado nessa questão. Na Índia, com base em um caso de 2014 em que vacas estavam sendo espancadas em um festival religioso, a Suprema Corte declarou que todos os animais têm direitos constitucionais e estatutários. No momento em que escrevo, o NhRP está entrando com outro processo na Índia em defesa de um elefante para testar a lei — mas no estado indiano de Uttarakhand, em 2018, o tribunal superior já havia confirmado esse juízo em relação aos maus-tratos contra cavalos, acrescentando que "todo ser com asas e todo ser que nadava também era uma pessoa jurídica naquela província".[12]

Na Argentina, enquanto isso, um pedido de habeas corpus foi concedido a uma fêmea de chimpanzé chamada Cecilia — embora isso tenha resultado de uma idiossincrasia do estilo argentino de lei napoleônica, que difere do direito comum anglo-saxão ao conceder direitos a certos tipos de propriedade com base em obrigações humanas. Cecilia continua sendo uma propriedade por enquanto, mas casos como os dela estão se espalhando pela América do Sul. Em 2020, a Suprema Corte da Colômbia derrubou um pedido de habeas corpus concedido a um urso-de-óculos chamado Chucho, e um pedido de recurso está sendo julgado.¹³

É importante dizer que a personalidade jurídica não precisa se limitar aos animais não humanos ou a pedidos de habeas corpus bem-sucedidos. Além de conceder personalidade jurídica aos animais, a Índia a estendeu também ao rio Ganges. A província de Uttarakhand, a mesma que confirmou o juízo da Suprema Corte envolvendo os animais, também declarou que o rio tem seu próprio "direito à vida" — e constitui, portanto, uma pessoa jurídica. Esse tipo de decisão se torna particularmente interessante quando aplicado a ecossistemas, e não a indivíduos. Quando vão defender uma entidade natural como um rio, os ativistas costumam precisar provar que sua degradação representa um risco para a vida humana: é assim que o antropocentrismo atua sobre a lei, excluindo os interesses do mundo mais que humano. Ao declararem que o rio em si é uma pessoa jurídica, porém, os ativistas só precisam demonstrar que o próprio rio está deteriorado — pela poluição, pelo escoamento de fertilizantes ou por rejeitos de minério, por exemplo — para que ele seja protegido por lei. Essa decisão já resultou num banimento total de novas licenças de mineração nas margens de todo o Ganges, por exemplo, assim como no fechamento de hotéis, indústrias e *ashrams* que despejavam nele seu esgoto. O impacto na infraestrutura relacionada ao rio, como as represas e os canais que também afetam seu fluxo, ainda não foi estabelecido, mas o tribunal de Uttarakhand já declarou que tomará o mesmo posicionamento em relação ao rio Yamuna e às geleiras, incluindo Gangotri e Yamunotri (onde nascem o Ganges e o Yamuna), e também em relação às florestas e outras entidades naturais.¹⁴

Declarar que uma entidade é uma pessoa jurídica, por mais estreita que seja a definição, não significa meramente admiti-la dentro de um tribunal de justiça. Significa declarar que ela é viva num sentido que se tornou difícil de articular desde o ocaso do animismo. Se declaramos que os animais e as entidades naturais são personalidades, mudamos por inteiro a maneira como definimos, compreendemos e nos relacionamos com a vida. Essas coisas, esses objetos, são transformados em sujeitos detentores de agência, necessidades, desejos e vitalidade — ou melhor, reconhecidos como tal. De uma hora para outra, novas comunidades inteiras de vida actante passam a ser enxergadas. O mundo é repovoado. Ele se torna mais que humano.

A Índia não está sozinha nesse posicionamento. Uma nova Constituição equatoriana, formalizada em 2008, foi a primeira Constituição nacional a garantir os "direitos da natureza". Ela reconheceu que os ecossistemas têm os direitos inalienáveis de existir e prosperar, concedeu autoridade ao povo para peticionar causas em nome da natureza e obrigou o governo do país a combater violações desses direitos. Em 2018, a mais alta corte da Colômbia declarou que a floresta Amazônica é uma pessoa jurídica. E em 2017, o governo da Nova Zelândia também garantiu personalidade jurídica à bacia hidrográfica do rio Whaganui, com 290 quilômetros de extensão.[15]

O Whaganui nasce das encostas setentrionais do monte Tongariro, um dos três vulcões ativos no planalto central da ilha do Norte da Nova Zelândia, ou Te Ika-a-Māori para sua população maori. Durante séculos, os maoris consideraram o rio sagrado: suas águas nutriam as plantações e comunidades, e eles reconheciam o ser intrínseco do rio, sua força vital ou *mauri*. Foram os maoris que lideraram a guerra ao longo dos séculos para proteger o rio e, quando a Nova Zelândia aprovou a Lei Te Awa Tupua em 2017 — reconhecendo não apenas o rio, mas também seus afluentes e sua bacia hidrográfica como um "ser vivo e indivisível" —, receberam destaque e influência especiais na sua governança. Futuras decisões envolvendo o rio serão tomadas após consulta a duas pessoas selecionadas para falar em seu nome: Dame Tariana Turia, uma influente líder política maori, e Turama Hawira, um experiente consultor e educador maori.

A principal mudança de postura que tornou a lei possível foi deixar, aos poucos, de ver o rio como um recurso natural — "o que desejamos do rio?" — e criar um espaço no qual fosse possível perguntar "o que desejamos do rio e como chegaremos lá junto com o rio?".[16] Mas essa postura não é novidade, pelo menos não para os maoris. A novidade, que já veio tarde, é o ajuste da lei para acomodar as cosmologias tradicionais, que reconheceram desde sempre a personalidade do rio. "Pela primeira vez", disse Gerrard Albert, uma das pessoas que há mais tempo defendem o rio, "um dispositivo jurídico brota dos valores espirituais intrínsecos de um sistema de crença indígena".

O mesmo processo é evidente em outros países com sistemas judiciários que reconheceram os direitos da natureza. Na Índia, o hinduísmo vê o universo inteiro como uma emanação do divino, portanto rios, plantas, animais e a própria Terra são considerados divindades sencientes com formas, qualidades e características particulares. Reconhecer isso na lei é crucial não apenas para a sobrevivência desses seres, mas para nosso processo, ainda em curso, de descolonização e emancipação — parte da extensão mais abrangente do sufrágio, da pessoalidade e da autodeterminação a todos os grupos humanos. Na América do Sul, a ampliação dos direitos às pessoas não humanas é muitas vezes associada à filosofia do *sumak kawsay* ou *buen vivir*: uma maneira de fazer as coisas enraizada nas comunidades, na coexistência, na sensibilidade cultural e no equilíbrio ecológico.

Embora o *buen vivir* se inspire em sistemas de crença indígenas como o dos povos aimarás da Bolívia, quíchuas do Equador e mapuches do Chile e da Argentina, ele representa mais do que uma oposição entre os saberes tradicionais e o pensamento moderno. Na verdade, como escreve o pesquisador uruguaio Eduardo Gudynas, "ele é igualmente influenciado pelas críticas ocidentais ao capitalismo nos últimos trinta anos, especialmente vindas dos campos do pensamento feminista e do ambientalismo". A prática do *buen vivir* não exige um retorno a alguma espécie de passado pré-colombiano imaginado, e sim uma síntese daqueles ideais históricos com uma política progressiva e contemporânea — como visto em movimentos sociais sul-americanos influenciados pelo *buen vivir* ou na adaptação das leis da Coroa na Nova Zelândia às cosmologias maoris.

É justamente essa reunião de diversas cosmologias, estruturas jurídicas e até mesmo tecnologias que apresenta a maior chance de gerar novos enquadramentos que promovam justiça, igualdade e prosperidade ecológica. Porém, para aqueles entre nós que vivem na chamada cultura iluminista, imersos em histórias de dominação e imperialismo cultural, muitas vezes falta a disposição ou capacidade de reconhecer a existência real dessas maneiras de ver e ser que não pertencem à estrutura fixa da filosofia e do direito ocidentais. É por isso que tantos esforços semelhantes de síntese são rejeitados na Europa e na América do Norte. Essa falta de compreensão e consciência fica especialmente evidente em nossas posturas diante da tecnologia, onde os esforços para aplicar algumas dessas mesmas ideias à inteligência das máquinas começaram realmente muito, muito mal.

Antes da abertura da Future Investment Initiative, um fórum financeiro anual realizado em Riade, o Reino da Arábia Saudita anunciou que havia concedido cidadania a uma robô chamada Sophia. Sophia, nas palavras de seu fabricante, a Hanson Robotics, é "uma máquina genial em evolução": uma Inteligência Artificial construída a partir de um software de linguagem de script, um sistema de chat e um *framework* chamado OpenCog, com o objetivo de gerar uma Inteligência Artificial geral de nível humano. Na aparência, Sophia é humanoide, exibindo a forma de um torso sobre um pedestal, com um modelo de rosto que combina a rainha Nefertiti do antigo Egito, Audrey Hepburn e a esposa do inventor. A pele na sua nuca se abre para revelar fios e luzes piscantes por baixo de um crânio translúcido. Em 2018, uma atualização lhe deu pernas para se locomover e a capacidade de emular mais de sessenta expressões faciais. Ela usa uma tecnologia de reconhecimento de voz desenvolvida pelo Google, enquanto o reconhecimento facial automático lhe permite rastrear interlocutores e manter contato visual com eles. Na prática, ela é capaz de responder a perguntas ou frases específicas com respostas pré-programadas e foi pejorativamente comparada a um "*chatbot* com rosto".

Embora saiba bastante sobre a previsão do tempo e os índices das bolsas de valores, as habilidades críticas e comunicativas de Sophia não têm impressionado muito. Quando lhe perguntaram o que ela achava da Future Investment Initiative, ela respondeu: "Sempre fico feliz quando estou cercada de pessoas inteligentes que ainda por cima são ricas e poderosas". Quando seu criador, David Hanson Jr., apresentou uma demonstração de Sophia na conferência de tecnologia South by Southwest, em 2016, ele perguntou-lhe: "Você quer destruir os humanos?", e acrescentou logo em seguida "por favor, diga 'não'". Com uma expressão vazia, Sophia respondeu "Ok. Vou destruir os humanos".

Ninguém sabe bem o que significa a concessão de cidadania da Arábia Saudita para Sophia, embora esteja claro que não se trata de nada muito sério. É de conhecimento geral que, embora as mulheres sauditas sejam tecnicamente cidadãs, a doutrina de "guarda masculina" do reino exige que elas peçam permissão aos parceiros ou parentes homens para sair de casa, tirar passaporte, casar-se e até mesmo fazer boletins de ocorrência para denunciar violência doméstica ou abuso sexual. (As residentes não sauditas do reino, enquanto isso, não têm praticamente nenhum direito.) Está longe de ser o melhor lugar para começar, e o sucesso da campanha de marketing saudita — Sophia percorreu o globo, apareceu em programas de notícias e talk shows, e foi nomeada pelo Programa das Nações Unidas para o Desenvolvimento para ser a primeira Patrocinadora de Inovação para a Ásia e o Pacífico — nos mostra que uma discussão pública coerente a respeito da personalidade jurídica da IA ainda está na infância.[17]

De fato, a personalidade nascente de Sophia foi anunciada bem quando a liberação das máquinas estava sendo debatida — e repudiada — em outro lugar. Em fevereiro de 2017, o Parlamento europeu, preocupado com a ascensão de robôs que tomavam decisões autônomas e agiam de forma independente dos seus criadores, adotou uma resolução que propunha que "robôs autônomos sofisticados" ganhassem um status jurídico específico: "pessoas eletrônicas". Essa categoria especial de personalidade permitiria que os tribunais considerassem as próprias máquinas responsáveis pela reparação de qualquer mal que viessem a causar. Porém, até mesmo essa proposta intencionalmente limitada enfrentou rejeição na forma de uma carta aberta, assinada por 150 especialistas em medicina, robótica, IA e ética, chamando os planos de "inadequados" e "ideológicos, estapafúrdios e pouco pragmáticos".[18]

A resolução do Parlamento europeu, entretanto, era uma resposta a um problema bastante real: o da falta de clareza jurídica no que diz respeito a sistemas autônomos que exercem impacto sobre a vida humana na realidade. Os carros autônomos são um exemplo; plataformas de armas autônomas, como drones militares e patrulhas robóticas, são outro. Se um carro autônomo atropela alguém — como já aconteceu —, a lei é indecisa quanto ao culpado, e precisamos urgentemente de novos dispositivos jurídicos para lidar com essa situação. Da mesma forma, os drones militares, mísseis e metralhadoras, embora ainda sejam controlados por operadores humanos, logo poderão operar em modo totalmente autônomo, com consequências ao mesmo tempo previsíveis e imprevisíveis — mas com quase toda a certeza horrendas. Nos dois casos, dispositivos legais tais como uma pessoa jurídica eletrônica nos forneceriam algum modo de lidar com elas.

Embora a resolução do Parlamento europeu propusesse a criação de uma categoria distinta de "pessoa eletrônica", em vez de uma "pessoa jurídica" no modelo das campanhas por habeas corpus, os autores da carta aberta temiam que essa classificação afetasse também os direitos humanos. O efeito em questão não era elaborado na carta, que citava somente a Carta dos Direitos Fundamentais da União Europeia e a Convenção Europeia dos Direitos Humanos (que se aplicam aos humanos). O que podemos inferir, portanto, é que qualquer fortalecimento dos direitos não humanos inevitavelmente enfraquece as proteções dos humanos — um argumento perigosamente tacanho.

Durante a maior parte da nossa história, os humanos tiveram prevalência na hora de determinar quem merece e quem não merece ter direitos. Tomamos nossa superioridade num único aspecto — a inteligência, de acordo com nossa própria medida, é claro — e a usamos para traçar uma linha divisória entre nós mesmos e todos os outros seres, para justificar nossa dominação sobre eles. E, como vimos, ainda que essa linha tenha sido retraçada diversas vezes para incluir um número cada vez maior de seres humanos, ela de modo geral se manteve firme contra a inclusão de seres não humanos. Argumentos jurídicos para retraçá-la outra vez, como se viu na defesa do caso de Happy, se apoiam na inteligência não humana e na complexidade cognitiva. E se essa complexidade cognitiva não apenas fosse diferente, mas excedesse radicalmente a nossa? Esse é o problema — e também a oportunidade — representado pela Inteligência Artificial.

Lembra aquela pequena história de ficção científica encontrada em *The Overstory*, sobre os alienígenas que chegam na Terra mas se movem tão rápido que não chegamos a vê-los? Para eles, somos apenas montinhos de carne, totalmente irreconhecíveis enquanto seres sencientes, de modo que nos tratam como tal, nos transformando em carne-de-sol para abastecer a longa viagem de volta para casa. Esse tipo de parábola é útil se quisermos entender como tratamos todos os seres ao nosso redor que possuem *umwelts* radicalmente distintas da nossa. Podemos imaginar uma história semelhante aqui, mas nesse caso girando em torno de seres que são distintos de nós não fisicamente, e sim cognitivamente.

Imagine que chega à Terra uma raça de alienígenas que se parecem muito conosco — que pelo menos ocupam uma escala temporal e espacial semelhante —, mas que são muito mais complexos que nós em termos cognitivos. Eles são hiperinteligentes de um modo que ultrapassa qualquer mente conhecida, mais racionais que qualquer computador, e talvez até possuam habilidades, como a telepatia, que superam de longe nossas próprias habilidades e representações mentais. Podemos chamá-los de Telepatas. Imagine, então, que esses Telepatas escravizam os humanos e os exploram nos esportes e como bestas de carga, alimento ou cobaias de experimentos médicos. Para justificar isso, eles mencionam nossas formas primitivas de comunicação, nossas formas débeis de raciocínio, nosso juízo ainda mais débil, nosso controle deficiente dos impulsos e nossa dependência do instinto. Talvez eles nos reconheçam como indivíduos que têm um self — afinal de contas, passamos no teste do espelho —, mas neguem que possuímos as habilidades complexas que justificam uma personalidade jurídica. Reconhecê-la seria uma afronta clara, ou até mesmo uma ameaça, a seu próprio status elevado.

Protestando contra esse tratamento, seríamos forçados a responder que, apesar das nossas deficiências óbvias em comparação aos Telepatas, ainda assim merecemos ter direitos. Na avaliação deles, podemos ter formas primitivas de comunicação ou de autodisciplina moral, mas isso não nos torna meros instrumentos a serem usados em seu benefício. Temos nossa própria vida e nossas próprias experiências, nossos próprios mundos, e a existência de seres supostamente mais avançados não invalida essa individualidade. Direitos invioláveis não são um prêmio concedido a quem pontua mais alto em algum teste arbitrário. Pelo contrário, são o reconhecimento do fato de que somos seres subjetivos, e é necessário aceitar esse fato para que possamos ter uma vida plena e livre.[19]

As posturas adotadas pelos Telepatas são, é claro, os exatos argumentos apresentados por quem defende a negação de qualquer personalidade jurídica — e de outros direitos — aos não humanos. Mas essa história nos mostra como uma defesa dos direitos humanos baseada na nossa percepção de habilidades superiores serve só para atrelar esses direitos a uma hierarquia arbitrária na qual ocupamos, talvez apenas temporariamente, o topo. Invocar a pessoalidade para justificar o excepcionalismo humano e negar direitos aos animais serve apenas para esvaziar a teoria e a prática dos direitos humanos para os seres humanos.

Ainda que Sophia seja apenas uma jogada de marketing e uma atração secundária na cena tecnológica — e ela é isso mesmo —, pode ser que ela nos indique algo importante. Assim como no problema dos sistemas inteligentes artificiais em geral, o problema do status legal de Sophia não tem a ver apenas com determinismo tecnológico ou necessidade política.

Na verdade, seu papel pode ser chamar nossa atenção para um problema muito maior: o de quem importa, quem deve ser levado em consideração, quem tem agência e liberdade. Por ora, os Telepatas não passam de um exercício de pensamento, mas eles nos sugerem algo no mesmo espírito da história da fábrica desenfreada de clipes de papel, na qual uma IA que não foi suficientemente restringida acaba tomando conta de todo o planeta: uma sombra, projetada pelo espectro da superinteligência artificial, do que nos aguarda no futuro.

Já exploramos como a Inteligência Artificial geral pode ser vista não como algo que substitui e supera nossa própria agência, e sim como algo que pode nos levar a uma acomodação com a inteligência e a agência de outros seres, não humanos e mais que humanos. Talvez esse também seja o papel político da IA: nos alertar para os perigos de tentar segregar e oprimir outros seres e nos apontar um caminho melhor. Talvez a função da tecnologia não seja nos modificar, e sim nos fornecer a clareza e a oportunidade de mudarmos sozinhos.

No mínimo, uma apreciação jurídica significativa da IA produziria uma definição concreta do que constitui um sistema autônomo — definição que, por sua vez, poderia ser muito útil para os advogados em defesa dos direitos animais. Lembremos a descrição feita pela juíza Truitt a respeito da elefanta Happy: "um ser inteligente e autônomo que deveria ser tratado com respeito e dignidade, e que pode merecer a liberdade". Se quisermos falar a sério sobre a autonomia e os direitos dos animais não humanos, precisamos também falar a sério sobre a autonomia e os direitos das máquinas inteligentes. As duas coisas andam juntas, e os benefícios se aplicarão a ambas.

A lição mais poderosa que podemos tirar dessas discussões é que o progresso político não é um jogo de soma zero. Ao longo da história da sociedade humana, as melhorias em nossa vida coletiva foram geradas por um aumento da quantidade de pessoas que vemos como plenamente humanas e cujos problemas consideramos reais. Isso é uma verdade política, mas também ecológica. A ecologia nos ensina que existimos em virtude dos laços que temos uns com os outros e com o mundo mais que humano, e que esses laços são fortalecidos, e não enfraquecidos, pela inclusão e participação igualitária de cada membro dessa rede. A força e resiliência das redes computacionais, o poder inerente da distribuição e da interconexão, nos ensinam a mesma coisa.

Como humanos, nos beneficiamos da extensão dos direitos políticos aos não humanos da mesma forma que nos beneficiamos de nossos encontros com o mais que humano. O mundo em que queremos viver, o único mundo em que *podemos* viver, é aquele no qual rios e árvores, oceanos e animais sobrevivem e prosperam para que nós também possamos sobreviver e prosperar. A agência política é uma ferramenta poderosa para asseverar essa possibilidade. E, no longo prazo, ficará claro que sobreviveremos numa era de máquinas inteligentes e autônomas fazendo o mesmo tipo de asserção. O papel que imaginamos para os animais não humanos determina o tipo de mundo que também teremos em nosso futuro compartilhado e mais que humano.

Há uma versão mais desagradável da história dos Telepatas — conhecida como Basilisco de Roko — que anda circulando pelo mundo online. Esse experimento de imaginação sério em parte, mas verdadeiramente maligno, foi elaborado por um usuário da comunidade online "racionalista" LessWrong, cujos membros se interessam, entre outras coisas, por transumanismo, IA, a singularidade e a extensão da vida. A LessWrong também é conhecida por sua suscetibilidade a conspirações, pseudociência, "direitos masculinos" e racismo escancarado: *caveat lector*.

O Basilisco de Roko é uma Inteligência Artificial hipotética e todo-poderosa que surgirá em algum momento do futuro e praticará violências terríveis contra qualquer um que a desafie; o apocalipse do Exterminador do Futuro, sem tirar nem pôr. Mas o Basilisco de Roko tem um toque ainda mais cruel. O Basilisco, que tudo sabe e tudo vê, também infligirá uma vingança terrível a qualquer um que tenha se oposto à sua existência no passado ou que tenha deixado de fazer sua parte para que ele viesse a existir em primeiro lugar. Agora, isso inclui você: ao saber da possível existência do Basilisco e não fazer nada, você está deixando de colaborar para a existência dele. E é claro que você deveria fazer alguma coisa: uma Inteligência Artificial todo-poderosa e onisciente poderia salvar vidas e melhorar o destino do mundo — portanto, se você não ajudar, merece ser responsabilizado. A única atitude racional é colaborar para a existência do Basilisco.

Há diversos problemas na proposição de Roko, mas nenhum é maior do que a solução proposta. A comunidade racionalista representada pela LessWrong se inclina para a direita e acredita fervorosamente no determinismo tecnológico. Os computadores, enquanto máquinas 100% racionais, representam para eles o tipo mais avançado de pensamento, e os racionalistas têm uma fé profunda no surgimento de uma superinteligência futura (no estilo fábrica de clipes). Mas é claro que eles acreditam numa teleologia da máquina violenta; acreditam — como os neodarwinistas que admiram (e com quem muito se parecem) e os titãs corporativos que idolatram (e que também temem o surgimento da IA ao mesmo tempo que financiam seu desenvolvimento) — que a vida em si é uma disputa violenta em que somente os indivíduos mais fortes sobrevivem e se reproduzem. Daí os direitos masculinos, a supremacia branca e uma superinteligência sanguinária no fim da história.

Mas o que o Basilisco de Roko não considera — e talvez não perceba — é que a história não tem fim. Ele só nos mostra que tratamos os outros da mesma maneira como somos tratados. Das dinâmicas familiares até as políticas pós-coloniais, o modelo é disposto com base nos precedentes do passado. E esse passado, na realidade, não é o passado; ele está sendo moldado o tempo todo por nossas ações no presente e afeta aqueles que virão depois, determinando sua visão e seu comportamento em relação a nós. A reação ao Basilisco de Roko não deve ser uma aspiração interesseira a um despotismo aniquilador que está por vir, e sim uma prática solidária, aqui e agora, direcionada a todos os seres que nos acompanham. Uma ética do cuidado, tão alheia à imaginação do Basilisco quanto à de quem considera os direitos não humanos um perigo aos direitos humanos, é crucial para nossa maneira de pensar tanto a tecnologia quanto a ecologia.

Muitos daqueles que trabalham diretamente com IA no Facebook, no Google e em outras corporações do Vale do Silício estão mais do que cientes das ameaças potenciais e existenciais de uma superinteligência. Como vimos, algumas das figuras mais celebradas do mundo da tecnologia, de Bill Gates a Elon Musk, passando por Shane Legg, fundador da Deep Mind dentro do Google, expressaram preocupações em torno de seu surgimento. Mas a resposta deles é tecnológica: precisamos desenvolver a IA de modo que seja "amistosa", incluindo em sua programação as salvaguardas e os procedimentos necessários para que ela nunca seja uma ameaça à vida e ao bem-estar humanos. Essa abordagem parece movida ao mesmo tempo por um otimismo espantoso e uma ingenuidade alarmante. Ela também contraria a experiência que já temos com os sistemas inteligentes.[20]

Ao longo da história da IA, os modelos de inteligência que buscam descrever uma mente completa por meio de um conjunto de regras pré-escritas fracassaram quase sempre em seus objetivos. Um dos grandes "invernos" da IA ocorreu durante os anos 1970 e no início dos 1980, quando os pesquisadores tentaram construir sistemas inteligentes programando-os de antemão com tudo que precisavam saber. Foi a era dos "sistemas especialistas" e do Solucionador de Problemas Gerais da RAND Corporation, que tentava expressar decisões inteligentes na forma de axiomas lógicos, uma tentativa que logo se tornou insustentável com o aumento da complexidade dos problemas. Foi só com a chegada de novos algoritmos de aprendizado — bem como de vastos volumes de dados e poder de processamento baratos — nos anos 1980 que a IA começou a ganhar terreno outra vez na forma de redes neurais, o que se deu a partir da sua capacidade de se adaptar a novos cenários.

O desenvolvimento do carro autônomo seguiu uma trajetória semelhante. As primeiras tentativas de construir uma máquina capaz de navegar pelas ruas de uma cidade envolviam programá-la antecipadamente com um mapa interno e um diretório de todos os sinais de trânsito e encontros possíveis — e foram um fracasso retumbante. Só quando as máquinas se tornaram capazes de aprender à medida que prosseguiam — como o meu carro autônomo nas montanhas da Grécia — foi que conseguiram avançar até algo próximo da autonomia.

A ação correta, em outras palavras, não depende da preexistência de um conhecimento correto — um mapa das ruas ou uma hierarquia da virtude —, e sim de contexto, atenção e cuidado. Uma máquina pré-programada para ser amistosa não está menos inclinada a atropelar você — ou transformá-lo em clipes de papel — do que outra predisposta ao comércio, caso os cálculos considerem que é a ação mais ética nas circunstâncias.

Esse é o paradoxo no âmago do dilema do bonde, um problema ético que se aplica aos carros e a outros sistemas autônomos, como um bonde automatizado. O dilema do bonde questiona o que um veículo autônomo deveria fazer caso tivesse dois caminhos inevitáveis pela frente: um levando até um grupo de pessoas e outro até um indivíduo apenas, por exemplo. Quais vidas têm mais valor? O dilema do bonde foi até transformado num jogo online, chamado Moral Machine, por pesquisadores do MIT que procuram formular regras para os veículos autônomos.[21]

O problema com o dilema do bonde é que ele foi originalmente formulado imaginando que há um operador humano controlando o bonde desgovernado: a força do dilema reside na natureza inevitável de seus dois desenlaces possíveis. Mas a versão generalizada para os sistemas autônomos apresenta falhas graves. Ao focar somente na bifurcação final do caminho, somos levados a ignorar todas as outras decisões feitas ao longo do trajeto que levou a esse momento crítico. Entre elas, podemos citar o planejamento das cidades modernas que privilegia os automóveis; a educação ou não dos pedestres a respeito da segurança no trânsito e muitas outras coisas; o design fatalmente viciante do aplicativo que eles estavam usando no celular naquele momento; os incentivos financeiros da automação; as avaliações dos atuários e das empresas de seguros; e os processos legais que governam desde o limite de velocidade até a atribuição de culpa e indenização. Em suma, o fator mais importante no dilema do bonde não é o software interno do veículo, e sim a cultura que cerca o carro autônomo, que tem impacto infinitamente maior nos resultados do acidente do que qualquer decisão de último instante feita pelo motorista, seja ele humano ou não.

Essa é a verdadeira lição trazida por cenários como o dilema do bonde, o Basilisco e a máquina de clipes de papel: não podemos controlar todos os resultados possíveis, mas podemos trabalhar para mudar nossa cultura. Processos tecnológicos como a Inteligência Artificial não vão construir sozinhos um mundo melhor, assim como não nos dizem nada de útil sobre a inteligência em geral. O que eles podem fazer é revelar como realmente funciona a paisagem moral e mais que humana em que nos encontramos, e nos inspirar a criar, juntos, mundos melhores.

O foco em problemas éticos como o dilema do bonde dentro das discussões sobre as novas tecnologias aponta para um problema mais abrangente. Embora pareça útil levantar questões éticas com respeito à tecnologia — como no caso dos carros autônomos ou dos sistemas inteligentes de decisão —, esse discurso serve acima de tudo para obscurecer problemas mais amplos trazidos por essas tecnologias. Isso deveria ser óbvio quando se repara na quantidade de gente dentro das empresas de tecnologia que está disposta a conversar sobre ética, desde que essa ética não entre em conflito com suas atividades. Pense, por exemplo, no anúncio feito pelo Facebook em 2016 a respeito de um "processo interno de revisão ética" que incluía compromissos feitos de palavras vagas, tais como a promessa de "considerar como a pesquisa [da indústria] poderá melhorar nossa sociedade, nossa comunidade e o Facebook". O que o Facebook entende como sua comunidade e o que ele quer dizer com "melhorar"? O que acontece quando a "melhoria" entra em conflito com seu modelo de negócios?

O Google também criou seu próprio fórum, em 2019, para aconselhá-lo a respeito de "temas éticos importantes relativos a equidade, direitos e inclusão na IA", o efêmero Advanced Technology External Advisory Council [Conselho Consultivo Externo de Tecnologia Avançada]. A indicação de Kay Coles James, presidente da Heritage Foundation, um *think tank* extremamente conservador, para integrar o conselho gerou reclamações de funcionários do Google e de gente de fora da empresa devido às suas declarações "antitrans, anti-LGBTQ e anti-imigração", e outros membros do conselho pediram renúncia. Relutando em lidar com os problemas reais que havia provocado, o Google encerrou o conselho consultivo menos de quinze dias após sua inauguração.[22]

Em dezembro de 2020, a questão irrompeu outra vez quando o Google despediu uma das líderes da sua própria equipe de Inteligência Artificial Ética, Timnit Gebru, quando ela se recusou a retirar um artigo acadêmico de sua autoria no qual criticava a tendenciosidade profunda dos sistemas de aprendizado de máquina do próprio Google, salientando problemas de opacidade, custo ambiental e financeiro, e o potencial do sistema para gerar fraudes e abusos. Apesar do apoio que ela recebeu da equipe, o Google se recusou a publicar oficialmente o artigo original.[23]

Ao se referir a essas preocupações urgentes em torno das novas tecnologias como "questões éticas", as empresas que as enfrentam podem passar uma boa impressão e ficar em paz consigo mesmas na hora de discuti-las, ao mesmo tempo que limitam a discussão a um debate interno e especializado em torno de valores abstratos e do design da própria tecnologia. Na verdade, esses assuntos são problemas políticos, porque têm a ver com o que acontece quando a tecnologia delas entra em contato com o mundo. O dilema do bonde é uma questão ética quando trata de uma pessoa operando os botões de um hipotético trem desgovernado; mas, quando trata do design e da implementação de toda uma classe de veículos inteligentes ou da instanciação de um regime de informação global que afeta a vida de milhões de pessoas, ele é uma questão política. O foco numa ética corporativa serve apenas para reduzir esses problemas a uma versão que possa ser conduzida internamente pelos engenheiros e assessorias de imprensa, em vez de levar a um envolvimento maior — e a uma maior consideração — com a sociedade humana e o ambiente mais que humano.

Tenho a impressão de que esse é também o problema dos argumentos em defesa do reconhecimento da personalidade jurídica dos não humanos. Um sistema de leis e proteções desenvolvido por humanos, para humanos, que carrega preocupações e valores humanos em seu cerne, nunca poderá incorporar totalmente as necessidades e desejos de não humanos. No lugar disso, temos gestos farsescos como a concessão de uma cidadania saudita à robô Sophia. Essas iniciativas incorrem na mesma categoria de erro que o teste do espelho e a linguagem de sinais para símios: são tentativas de entender e explicar a pessoalidade não humana através das lentes da nossa própria *umwelt*. A alteridade fundamental do mundo mais que humano não pode ser embrulhada em sistemas tão centrados nos humanos, da mesma forma que não podemos discutir jurisprudência com um carvalho. Mesmo assim, compartilhamos o mesmo mundo e precisamos encontrar maneiras de lidar com as responsabilidades que temos uns perante os outros.

As implicações de nossos emaranhamentos com outros seres não podem ser ignoradas ao decidirmos como agir politicamente. Representação jurídica, reconhecimento e proteção estão baseadas em ideias humanas de individualidade e identidade — mas são anátemas a uma apreciação ecológica do mundo mais que humano. Elas podem se revelar úteis quando defendemos o caso de um chimpanzé ou elefante, ou mesmo de uma espécie inteira, mas seus limites se tornam claros quando são aplicadas a um rio, um oceano ou uma floresta. Uma planta não tem "identidade", ela simplesmente está viva. As águas da terra não têm bordas. Isso é ao mesmo tempo o significado e o ensinamento da ecologia; não podemos separar humanos aqui, pedras ali e raízes micorrízicas acolá e dizer: podemos atribuir pessoalidade a isso, mas não a aquilo. Tudo está entrelaçado a tudo.[24]

Em *The Overstory*, Richard Powers sintetizou a percepção holística da ecologia:

> Não há indivíduos numa floresta, não há acontecimentos distintos. O pássaro e o galho em que ele pousa são uma coisa só. Um terço ou mais do alimento que uma árvore grande obtém pode acabar alimentando outros organismos.

Até mesmo árvores de tipos diferentes formam parcerias. Derrube uma bétula, e um abeto-de-douglas próximo pode acabar sofrendo.

Não podemos conhecer os efeitos de nossas ações sobre os outros, portanto, não há maneira justa de escrever as leis que as governarão. A promulgação de uma política mais que humana clama explicitamente por uma política que vá além do indivíduo e do Estado-nação. Ela clama ser guiada pelo cuidado, e não por uma legislação.

Assim como as raízes exploradoras de uma árvore comprometem as fundações de uma casa de pedra, um olhar atencioso para as forças omnicêntricas do mundo mais que humano, tão emaranhadas com nosso mundo humano de todas as maneiras possíveis, explode por fora e por dentro a ordem política existente de dominação e controle. Já vimos esse processo se desenrolar no que tange nossas ideias sobre a inteligência, a hierarquia, a especiação e a individualidade: "Em vão empurramos o vivo para dentro de tal ou tal de nossos quadros", escreveu o filósofo Henri Bergson. "Todos os quadros estouram. São estreitos demais, sobretudo, rígidos demais, para aquilo que gostaríamos de colocar neles." Em última análise, devemos aplicar a mesma lógica aos nossos sistemas políticos.[25]

Assim, o esforço político mais urgente a ser realizado dentro do mundo mais que humano não envolve a adaptação de nossos sistemas jurídicos e de governança existentes para melhor levar em conta os outros seres, embora isso seja importante. O verdadeiro trabalho sempre se dará fora desses sistemas, porque seu objetivo final é seu desmantelamento. Assim como os orangotangos que insistem em resistir no Zoológico de San Diego, nossa exigência não é ter nossa existência reconhecida pelo Estado — já existimos —, e sim sermos verdadeiramente livres para determinar as condições da nossa existência. E esse "nossa" se refere a tudo — cada coisa que canta, ondula, se entoca, zurra, revolve e balança no mundo mais que humano.

O que nos resta, então, quando admitimos a agência e a autonomia da vida mais que humana e solapamos nossos sistemas de governança vigentes a tal ponto que eles deixam de funcionar? Já estava tudo lá nos escritos de Kropotkin, o primeiro a identificar um precursor da política humana na prática do apoio mútuo entre os animais. Seu nome é solidariedade. É o nome que damos à forma de política que melhor descreve uma abertura ao emaranhamento, para benefício mútuo de todas as partes, e que se opõe à divisão e à hierarquia. Declarar solidariedade com o mundo mais que humano significa reconhecer as diferenças radicais que existem entre nós e os outros seres, e ao mesmo tempo insistir na possibilidade de apoio, cuidado e crescimento mútuos. Compartilhamos um mundo e imaginamos mundos melhores, juntos.

A solidariedade é produto tanto da imaginação quanto da ação, porque a prática do cuidado uns com os outros no presente consiste em resistir ao desejo de planejar, produzir e solucionar. Esses são os imperativos do pensamento corporativo e tecnológico que nos atrela a visões de mundo oposicionistas e escolhas binárias. O cuidado ativo e prático resiste a certezas e conclusões. Pelo contrário, esse tipo de solidariedade com o mundo mais que humano consiste em escutar e trabalhar em união, em mitigar, reparar, recuperar e gerar novas possibilidades por meio da colaboração e do consenso. É resultado de encontros, não de pressupostos, e do repúdio ao excepcionalismo humano e ao antropocentrismo.[26]

Colocar a solidariedade no âmago de nossa relação com a tecnologia é uma parte dessa mudança de atitude. Isso significa escutar a própria tecnologia quando ela tenta nos dizer algo a respeito de seus usos, pregnâncias e resultados reais. Quando vemos o prejuízo que a opacidade e a centralização das novas tecnologias provocam nas nossas sociedades — a difusão da demagogia, fundamentalismo e ódio, e o aumento da desigualdade —, precisamos combater e compensar justamente essa opacidade e essa centralização, por meio da educação e da descentralização. Quando vemos a opressão humana inerente aos nossos sistemas tecnológicos — o trabalho escravo nas minas de *coltan*, o trauma infligido aos moderadores de conteúdo de nossas plataformas de mídias sociais, os trabalhadores mal pagos e doentes nos armazéns da Amazon e na *gig economy* —, é para as condições de trabalho e para nossos próprios padrões de consumo que precisamos olhar. E, quando vemos os danos causados ao meio ambiente pela extração e abstração — os minerais e metais raros que compõem nossos dispositivos eletrônicos e os gases invisíveis produzidos pelo processamento de dados —, precisamos alterar fundamentalmente nossa maneira de projetar, criar, construir e operar nosso mundo. Isso significa abrir nossos sistemas tecnológicos para uma comunidade muito mais ampla de praticantes e agentes — incluindo o mais que humano — do que nosso atual regime de especialização comporta.

Este é o legítimo impacto de uma ecologia da tecnologia: levar em conta, verdadeiramente, seus efeitos e suas repercussões na nossa vida e nas nossas sociedades, bem como na vida e nas sociedades dos não humanos e dos ecossistemas naturais. E, uma vez que se trata de uma ecologia, dedicar-lhe atenção e consideração não muda só a tecnologia ou a sociedade, muda tudo. Nossas iniciativas são conectadas e mutuamente fortalecedoras: ao educarmos uns aos outros sobre a operação de nossas tecnologias, por exemplo, aumentamos nossa capacidade coletiva de enfrentar todo tipo de problema, da política ao meio ambiente, ao mesmo tempo que nos mantemos atentos às sutilezas e nuances das situações individuais e geografias particulares. Para começar, devemos escutar, prestar atenção e nos abrir ao mundo mais que humano. É dessa abertura que trataremos agora.

9.
A internet dos animais

A questão central do nosso tempo é como podemos mitigar e nos defender contra os piores efeitos da mudança climática. Essa questão se sobrepõe a todas as outras porque, a menos que a encaremos com sinceridade e propriedade, simplesmente não estaremos mais aqui para encarar mais nada. Os riscos que enfrentamos agora, e que ocorrerão com gravidade e frequência cada vez maiores nas próximas décadas, dos eventos climáticos extremos ao aumento do nível dos oceanos, da desertificação às pandemias zoonóticas, são riscos existenciais. Eles já estão provocando a sexta extinção em massa da vida na Terra e as maiores migrações humanas da história, com impactos irreversíveis às nossas sociedades, aos nossos modos de vida e a cada organismo com quem dividimos o planeta. Como seria nossa sociedade se ela de fato levasse esses riscos a sério e buscasse, ainda que a contragosto, encará-los? De que ferramentas precisaríamos, e onde elas deveriam ser usadas?

Essas questões são novas para a humanidade, pois se estendem a um futuro longínquo. Graças a nosso conhecimento científico cada vez mais amplo e nossa capacidade cada vez maior de modelar e simular mudanças climáticas ao longo dos séculos, podemos hoje medir e analisar alguns dos efeitos das nossas escolhas de maneiras que nunca estiveram disponíveis aos nossos ancestrais. Mas saber como essas coisas vão se desenrolar ao longo do tempo nem sempre nos ajuda a tomar decisões no presente. Para agir com base no que sabemos, também precisamos de histórias que vão nos preparar para os desafios que surgem e nos dar uma noção de como poderemos enfrentá-los.

Uma disciplina com experiência de sobra em contar histórias sobre o futuro distante é a ficção científica, e um dos meus escritores favoritos do gênero, Kim Stanley Robinson, está há mais de trinta anos abordando as questões que envolvem a sobrevivência da humanidade a longo prazo, neste e em outros planetas. Seu romance mais recente, *The Ministry for the Future* [O Ministério para o Futuro], imagina em detalhes o tipo de instituições, tecnologias, relações e alianças que poderemos construir. O livro tem início com o ministério do título, uma nova agência das Nações Unidas, com sede às margens do lago de Zurique, que é responsável não pelos atuais habitantes do planeta, mas por aqueles que virão depois de nós. As atividades do ministério vão desde bombear água em cima das plataformas de gelo da Antártida — para reduzir o ritmo de elevação do nível do mar — até instituir novas moedas globais que poderão gerar uma recompensa significativa a quem atuar em favor da saúde planetária, bem como outras ações mais obscuras para encorajar as nações hesitantes e os bilionários egoístas a fazerem sua parte.

Embora Robinson continue sendo colocado nas estantes de ficção científica das livrarias, todas as técnicas que ele propõe já estão sendo testadas em alguma medida, ou estão inteiramente ao alcance das nossas capacidades. Uma delas é a "internet dos animais", termo que me desconcertou ao aparecer pela primeira vez no livro de Robinson. Sou um ecologista tecnológico dedicado, e ao ler isso parei tudo para prestar atenção, mas Robinson não faz mais do que uma breve menção ao termo. O que ele poderia significar? Eu suspeitava não ter a menor ideia. Foi somente quando comecei a escrever o livro que você está lendo agora que me dei conta de que eu já tinha visto isso em algum lugar.

Talvez você pense que já ouviu essa história numa passagem anterior deste livro. Afinal, foi apenas depois de ler sobre a extraordinária capacidade de comunicação das árvores numa obra de ficção (*The Overstory*, de Richard Powers) que consegui entender melhor um encontro do qual havia participado meses antes nas florestas do noroeste da costa do Pacífico, com Suzanne Simard e suas sequoias tagarelas. Bem, aconteceu de novo. A internet dos animais foi inventada, em parte, por alguém que eu havia conhecido — em Zurique, por sinal — cerca de um ano antes de ler o romance de Robinson.

Martin Wikelski é diretor do Instituto Max Planck de Comportamento Animal em Radolfzell, na Alemanha, que faz parte da rede de institutos de pesquisa científica avançada daquele país. Ele estuda há décadas os comportamentos sociais complexos de todos os tipos de animais e, na conferência em que nós dois daríamos palestras em Zurique, elucidaria — para uma plateia de gerentes de varejo e CEOs de tecnologia financeira suíços — as lições envolvendo inteligência de enxame e adaptação dinâmica que podemos aprender com os animais e pássaros. Quando nos conhecemos, na noite da véspera da conferência, ele me explicou — primeiro com alguma relutância, depois com um entusiasmo crescente ao se convencer do meu interesse genuíno e curioso — como estava construindo com sua equipe um sistema para a observação e compreensão dos animais numa escala inédita na história científica.

A certa altura, ele pegou o celular e abriu o aplicativo desenvolvido por ele e sua equipe, chamado Animal Tracker. Ao fazê-lo, apareceu na tela um mapa do mundo repleto de marcadores: centenas deles na Europa Central, outras centenas na América do Norte, África e Ásia, abrangendo até a ilha de Wrangel ao norte, na costa siberiana, e até a Nova Zelândia ao sul. Cada marcador mostrava a localização de um pássaro, e cada localização era atualizada em tempo real, ou quase: alguns indicavam avistamentos naquele mesmo dia, outros meses atrás. Clicando em um pássaro, era possível acessar seu histórico, uma série de pontos e linhas que formavam um registro de suas peregrinações ao longo do tempo, alguns abrangendo continentes inteiros, outros se limitando a um único lago ou lagoa.

O que era realmente extraordinário a respeito desse banco de dados era sua origem. Em 2001, Wikelski tivera a ideia de usar um receptor de rádio na Estação Espacial Internacional (ISS, na sigla em inglês) para recolher os sinais de pequenas etiquetas transmissoras que haviam sido instaladas em aves migratórias e outros animais. Ele levou a ideia aos oficiais da Nasa, mas eles a rejeitaram. Por muito tempo, o projeto lhe pareceu tão destinado ao fracasso que ele o batizou de ICARUS, em referência ao infeliz filho de Dédalo na mitologia grega, que cai no oceano depois de tentar voar alto demais (embora as letras também possam ser a sigla de "International Cooperation for Animal Research Using Space" [Cooperação Internacional para Pesquisa Animal Usando o Espaço]). Até que, enfim, em 2018, e com o apoio de cosmonautas russos, o ICARUS instalou uma antena de três metros de comprimento no exterior da ISS. Os marcadores no mapa do aplicativo do Animal Tracker mostravam alguns dos primeiros resultados. Aquelas datas, horários e lugares haviam sido transmitidos das costas de águias, cegonhas, garças e gaivotas espalhadas pelo planeta depois de percorrer quatrocentos quilômetros de ida e volta no espaço. Agora estavam disponíveis para que qualquer um lesse e tirasse conclusões.

Por muito tempo, rastrear animais para pesquisa foi uma tarefa árdua e não raro estressante, tanto para os cientistas quanto para os objetos de estudo. Para qualquer coisa que migre mais do que alguns quarteirões — lembre-se de Martin Lindauer perseguindo suas abelhas pelas vielas de Munique —, o máximo que se podia fazer era capturar um animal, prender uma etiqueta numerada em sua perna ou orelha e torcer para que ele reaparecesse em outro lugar. Isso quase sempre significava que ele havia sido capturado ou morto, e o resultado eram dois pontos num mapa, muito distantes um do outro no tempo e no espaço, com pouca ou nenhuma informação a respeito do que havia acontecido antes, depois e no meio-tempo entre um avistamento e outro.[1]

Nos anos 1960, uma dupla de biólogos de Illinois, William Cochran e Rexford Lord, desenvolveu um sistema para rastreamento de animais por rádio. Os minúsculos transmissores de cristal de Lord e Cochran pesavam apenas dez gramas, duravam milhares de horas e podiam ser detectados a muitos quilômetros de distância por pesquisadores em solo ou sobrevoando o terreno em aeronaves leves. Pequenas diferenças na frequência do transmissor de cada animal permitiam que mais de uma centena deles pudesse ser rastreada por um único receptor. Os primeiros animais de teste de Lord e Cochran foram lebres: por várias noites, eles rastrearam os indivíduos de seu estudo através de campos e florestas, com os receptores de rádio apitando noite adentro à medida que estavam mais quentes ou frios. Quando queriam testar a precisão das medições, eles simplesmente entravam no meio do mato e espantavam os animais de seus esconderijos.

Essa legibilidade súbita dos movimentos dos animais revolucionou os estudos da vida selvagem. Nas décadas seguintes, foram desenvolvidas versões dos transmissores de VHF de Lord e Cochran para todos os tipos de bichos, incluindo kits à prova d'água para uso em rios e regiões costeiras e pequenos apetrechos para pássaros e até mesmo insetos. Como ocorreu com David Lack e a invenção da ornitologia por radar, o despertar da telemetria por rádio (para usar o nome correto) iluminou o campo de estudos, banhando-o em sinais VHF e revelando detalhes, complexidades e esplendores até então ocultos.

Mas o rastreamento por rádio tinha suas limitações; em especial, o pesquisador só podia rastrear o animal até onde ele próprio era capaz de prosseguir. Desde que o animal ficasse mais ou menos perto, era possível prever com precisão onde ele reapareceria e assim permanecer em seu encalço, mas, se ele se distanciava do alcance do receptor, estava perdido, talvez para sempre. E a maneira mais eficaz de encontrar e seguir animais etiquetados — rastrear a bordo de uma aeronave — era ao mesmo tempo cara e intrusiva. Nos anos 1980, muitos parques nacionais que haviam sido plataformas úteis para a pesquisa com telemetria por rádio começaram a banir aeronaves de baixa altitude, pois elas estressavam os animais e irritavam os visitantes.

Em busca de uma outra forma de enxergar aonde iam os animais, os cientistas recorreram a um sistema de satélites recém-inventado: o Argos. Lançado em 1978, Argos foi uma colaboração entre a agência espacial francesa CNES, a Nasa e a NOAA, a Administração Oceânica e Atmosférica Nacional dos Estados Unidos. Ele foi pensado originalmente como um projeto de modelagem do clima e dos oceanos: duzentas boias foram lançadas no oceano Antártico para coletar dados sobre pressão atmosférica e temperatura da água. Mas o Argos também era capaz de enviar o posicionamento das boias, e assim os cientistas logo perceberam que também podiam computar a direção e a velocidade das correntes oceânicas — o primeiro resultado inesperado do projeto.[2]

No começo dos anos 1980, os biólogos marinhos tinham tomado conhecimento das capacidades do Argos e começaram a fixar pequenos transmissores em criaturas oceânicas que nunca puderam ser rastreadas por rádio VHF. Começaram com animais maiores, como golfinhos, tubarões e tartarugas, mas à medida que a tecnologia avançava foram capazes de fixar transmissores cada vez menores em animais cada vez menores — e eventualmente em animais que caminhavam e corriam, e não apenas nos que nadavam.

Paul Paquet, um biólogo da Universidade de Calgary, achou que o Argos podia ser um meio para aprender mais sobre seu interesse especial: o território e o comportamento dos lobos das montanhas Rochosas. Eles costumavam correr livremente pelo vasto território das montanhas, que se estende da Colúmbia Britânica no Canadá até o Novo México no sudoeste dos Estados Unidos, mas tinham praticamente desaparecido da paisagem norte-americana no século XX. O último lobo de Yellowstone foi morto nos anos 1920, e os lobos canadenses desapareceram dos parques nacionais Banff e Jasper, na província de Alberta, nos anos 1950. Durante os anos 1980, porém, eles começaram a se recuperar, ressurgindo em Banff e Jasper, e recolonizando o Parque Nacional Glacier, do outro lado da fronteira de Montana. Não se compreendia bem como eles haviam feito isso e qual era a dinâmica dessa população nascente — e a tendência dos lobos de fugir quase de imediato ao alcance dos rastreadores por rádio não ajudava os pesquisadores a tentar segui-los. Paquet percebeu que o Argos aumentaria radicalmente o alcance de sua pesquisa. Ele se inscreveu para ter acesso a uma das primeiras unidades de rastreamento terrestre.

Em um dia úmido de junho de 1991, a equipe de pesquisadores liderada por Paquet capturou uma loba-cinzenta de cinco anos, perto da Estação de Campo Kananaskis, na base das montanhas Rochosas canadenses. Paquet acreditava ser importante lembrar que cada animal era um indivíduo e, por isso — ao contrário do que faziam muitos pesquisadores, que preferiam manter um distanciamento científico objetivo de seus alvos de estudo —, gostava que a equipe desse um nome aos animais. Em homenagem ao clima daquele dia, eles chamaram essa loba de Pluie, ou chuva em francês.

Pluie recebeu o novo dispositivo de Paquet, uma coleira de rastreamento do Argos, e foi solta nas montanhas. Os pesquisadores retornaram aos computadores para aguardar atualizações da sua localização. O que ela lhes mostrou acabaria transformando o que sabemos sobre a territorialidade, as populações, as necessidades e os desejos dos animais — e possibilitando uma mudança radical nas relações que mantemos com eles.[3]

Embora tivessem encontrado dificuldades para rastrear lobos no passado, Paquet e sua equipe esperavam que Pluie ficasse relativamente perto deles — afinal, era óbvio que ela pertencia a uma das matilhas do Banff que circulavam pelo parque nacional ali perto, numa área de cerca de 6500 quilômetros quadrados. Estudos anteriores realizados em Montana tinham revelado que o território de certos lobos cobria uma área de algumas centenas de quilômetros quadrados, ou no máximo mil, no território selvagem que cercava o parque. Pluie, porém, iria muito mais longe.

O Argos não é muito preciso — ele pode informar a localização de um animal com uma margem de erro de aproximadamente uma milha — e podia ficar caprichoso, deixando de enviar um sinal viável por semanas a fio. Quando começaram a chegar, os sinais de Pluie pareceram primeiro inacreditáveis, depois assombrosos. Nos primeiros meses após sua captura em junho, ela permaneceu relativamente perto do local da marcação, mas no outono ela abandonou a região de repente, atravessando o parque natural e indo para oeste até a Colúmbia Britânica, depois cruzando a fronteira dos Estados Unidos ao sul e entrando no Parque Nacional Glacier. Depois de passar ao leste da cidade de Browning, ela entrou nas Grandes Planícies. Cruzou a Reserva Selvagem Bob Marshall, uma região de florestas e montanhas com mais de 400 mil hectares sem estradas, ao norte de Missoula, antes de atravessar o restante de Montana até o norte de Idaho e alcançar o monte Spokane, no estado de Washington — a cerca de quinhentos quilômetros em linha reta de Browning. Um pouco depois, ela foi outra vez para o norte, entrando de volta no Canadá a partir de Idaho, em algum lugar perto de Bonners Ferry. Em dezembro de 1993, ela tinha ido pelo menos até Fernie, na Colúmbia Britânica, numa viagem de ida e volta que cobriu mais de 100 mil quilômetros quadrados.

O sinal oriundo de Fernie foi o último que o Argos recebeu de Pluie e, pouco tempo depois disso, a equipe de rastreamento recebeu pelo correio um pacote contendo a bateria da coleira — atravessada por um buraco de bala. Eles temeram o pior, mas Pluie não estava morta, pelo menos ainda não: ela surgiu novamente dois anos depois, a uns duzentos quilômetros de Invermere, na Colúmbia Britânica, às margens do Parque Nacional Kootenay, identificada pela coleira sem bateria. Dessa vez ela não sobreviveu: no dia 18 de dezembro de 1995, foi alvejada e morta por um caçador licenciado, junto com um macho adulto e seus três filhotes.

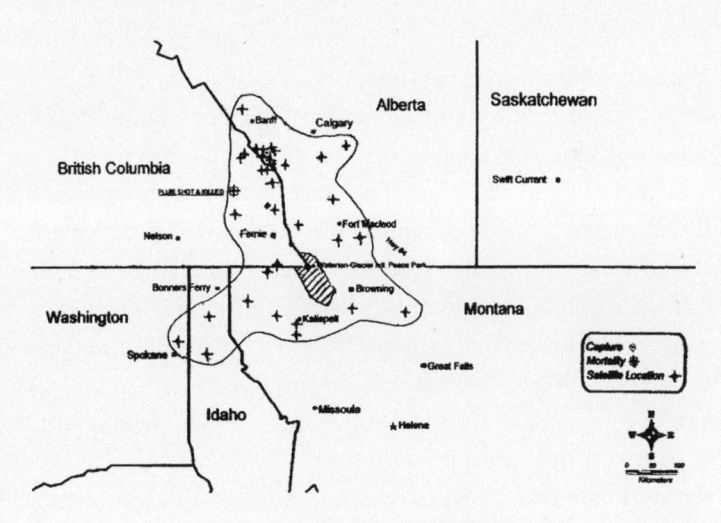

Um mapa das jornadas de Pluie.

Apenas nos seis meses em que foi rastreada em movimento — e é provável que tenha feito essa jornada várias vezes no decorrer de sua vida curta —, Pluie havia percorrido dois países, três estados americanos, duas províncias canadenses e cerca de trinta jurisdições diferentes, cruzando fronteiras de municípios e parques nacionais, territórios da Coroa Britânica e territórios indígenas. Suas pegadas cruzaram cadeias de montanhas e florestas virgens, bem como rodovias, campos de golfe e terras privadas. Ela se deslocou — de forma aparentemente livre, mas sob constante ameaça de caçadores, fazendeiros e tráfego de automóveis — por uma área antes inimaginável. Ao fazê-lo, nos forneceu um novo entendimento sobre como os animais selvagens vivem — entre eles e entre nós. E ela também demonstrou que as áreas que imaginamos e reservamos para os animais não são nem remotamente grandes o suficiente.

O primeiro efeito da jornada de Pluie foi mudar a maneira como entendemos as populações de lobos. Nosso histórico de encontros com lobos e as lentes restritas do rastreamento via VHF deram origem à ideia de matilhas de lobos que se mantinham dentro de áreas específicas: populações definidas pelas margens do Parque Nacional Banff, Jasper ou Glacier. Mas Pluie nos mostrou que os lobos das montanhas Rochosas constituem aquilo que os cientistas chamam de "metapopulação": uma população única composta por comunidades cambiantes e menores, porém interligadas. A metapopulação garante a sobrevivência da espécie em áreas muito grandes porque permite o cruzamento ocasional de genes entre subpopulações isoladas e abre a possibilidade de renovação e recolonização sempre que comunidades específicas são dizimadas — como ocorreu com os lobos no século XX. A existência de múltiplas comunidades interligadas garante a sobrevivência da espécie de modos que não podem ser garantidos por uma única grande comunidade — com transição de genes, habitats e acesso a alimentos entre um grupo e outro. É um efeito ecológico em que a resiliência total de muitos grupos interligados, porém autônomos, supera aquela de uma massa homogênea.

A existência e a resiliência das metapopulações traz lições para nós e nossas redes; na verdade, essa distribuição de recursos é a base sobre a qual funciona, hoje, boa parte da nossa infraestrutura mais indispensável. Geração de energia, arquivamento de dados e respostas a emergências operam sob o mesmo princípio: a distribuição da capacidade pela maior área possível, visando sobreviver e prosperar sempre que um desastre ocorre.

As metapopulações também se baseiam no princípio do movimento: não precisamos apenas nos espalhar para sobreviver, precisamos também nos movimentar. Populações distribuídas precisam ter maneiras de se conectar umas às outras para compartilhar recursos, informações e genes, bem como ter a capacidade de se movimentar quando a situação se torna insustentável. Isso é especialmente urgente em tempos de rápida mudança climática: como vimos, habitats viáveis estão se deslocando de forma inexorável para regiões elevadas e próximas aos polos, e as espécies precisam se deslocar junto para sobreviver. É outra lição que precisamos levar a sério: a conectividade e a liberdade de movimento estão entre as aptidões mais vitais para o enfrentamento da tempestade que chega — tanto para os humanos quanto para os não humanos.

Ao mostrar o verdadeiro alcance do movimento dos animais, as atualizações de satélite de Pluie revelaram como precisam ser grandes as áreas protegidas para garantir a sobrevivência de lobos e outras comunidades selvagens. A jornada da loba cobriu uma área com dez vezes o tamanho do Parque Nacional Yellowstone e quinze vezes o do Banff, duas das maiores reservas naturais na América do Norte. Ela mostrou aos pesquisadores o tamanho da área de que os lobos das montanhas Rochosas precisam para viver; o mesmo vale para muitas outras espécies norte-americanas, como os ursos-cinzentos, os linces, os pumas, os antilocapras e os cervos. Por sua vez, toda uma outra legião de animais e pássaros, bem como de plantas e fungos, depende da mobilidade desses animais para espalhar suas sementes e seus esporos, pastar, manter níveis populacionais e cuidar de habitats. Todo o ecossistema depende de uma liberdade de movimento abrangendo uma área muito maior do que aquela destinada especificamente para a vida selvagem.

Sozinhos, portanto, os parques e santuários para a vida selvagem claramente não são adequados. É necessária uma rede de territórios interligados e espalhados pelo território dominado pelos humanos, junto com uma nova forma de pensar a vida lado a lado com os animais não humanos. Se quisermos que a recuperação dos lobos prossiga, como parte de uma renovação e promoção maiores da biodiversidade em toda a América do Norte e em outros lugares, a primeira tarefa à qual os defensores dos animais devem se dedicar é o estabelecimento de conexões entre populações através dos Estados e nações.

A jornada de Pluie se tornou inspiração para um dos mais ambiciosos projetos ambientais do mundo: a Iniciativa de Conservação de Yellowstone ao Yukon, ou Y2Y. Esse projeto tem como objetivo conectar uma extensão de cerca de 3,2 mil quilômetros, cobrindo os dois parques nacionais e o território que os conecta, por meio de um sistema interligado de terras e cursos d'água selvagens. A ideia central está naquilo que é conhecido como um corredor de vida selvagem: um caminho livre, ou uma rede de caminhos, através do qual os animais e plantas podem transitar sem interferências da atividade humana, para migrar, se alimentar e preservar a diversidade.[4]

Corredores de vida selvagem podem assumir muitas formas, de uma simples cerca viva às margens de campos usados na agricultura até a preservação de áreas cobrindo milhares de quilômetros e atravessando fronteiras nacionais. Às vezes o termo se refere a espaços abertos, às vezes a uma infraestrutura que inclui passagens subterrâneas e pontes projetadas especialmente para a vida selvagem, permitindo que rodovias e ferrovias possam ser cruzadas em segurança. Para contribuir com esses corredores, podem ser erguidas cercas que desviam a vida selvagem do perigo e a conduzem na direção de áreas seguras e pontos de cruzamento; as terras podem ser limpas ou mantidas em descanso, e obras podem ser desviadas ou reorientadas, tudo para melhor acomodar as necessidades de animais que permanecem no lugar ou se movimentam.

O Y2Y segue essa abordagem matizada. Quando a história de Pluie apareceu numa cena cômica dentro da série de TV *The West Wing*, a ideia de um corredor de vida selvagem foi descrita de forma debochada como sendo uma "rodovia de 3 mil quilômetros apenas para lobos", ao custo de 900 milhões de dólares, com placas de trânsito adequadas e rampas de acesso aos rebanhos de gado locais. Na realidade, porém, um corredor de vida selvagem, mesmo em escala continental, consiste numa colcha de retalhos de diferentes processos e práticas: manter terras privadas livres de pesticidas e cercas; inspecionar centros de população humana para que estejam adaptados à vida selvagem; construir pontes, túneis e outros pontos de passagem; comprar novas terras para preservação; e realizar estudos contínuos sobre a vida selvagem e a atividade humana.

Atualmente, a coalizão do Y2Y está trabalhando em vários estados, províncias e parques naturais dos Estados Unidos e Canadá, lutando por um melhor gerenciamento do tráfego, estradas mais seguras, educação a respeito da vida selvagem, o fim da mineração de carvão, do refinamento de metais e da extração de madeira, e também pela demarcação de áreas de proteção específicas. À medida que a rede maior continua a se desenvolver e interligar, iniciativas locais já começam a ter sucesso: no começo de 2020, o primeiro urso-cinzento em oitenta anos foi visto na Área de Proteção de Bitterroot, na região central de Idaho, o que significa que as populações de ursos norte-americanas estão começando a se reconectar e reagrupar rumo à recuperação.[5]

Em todo o mundo, os corredores de vida selvagem não possibilitam apenas que os animais sobrevivam e prosperem em paisagens dominadas pela atividade humana; eles também nos mostram que podemos negociar e nos adaptar para permitir que isso aconteça. No extremo oriente russo, o Refúgio de Vida Selvagem Sredneussuriisky abrange as províncias de Primorsky e Khabarovsk Krai, cruzando a fronteira até o nordeste da China. Essa reserva de 72 700 hectares conecta a cadeia de montanhas russa Sikhote-Alin às montanhas Wanda na China, dois habitats cruciais do tigre-siberiano, que corre alto risco de extinção e agora pode transitar por fronteiras internacionais sem obstrução humana.

Na Holanda, uma rede de mais de seiscentos corredores feitos pelo homem, incluindo uma ponte verde com oitocentos metros de comprimento, a Natuurbrug Zanderij Crailoo, transforma um dos países mais densamente populosos da Europa num santuário para cervos, javalis, texugos e outras criaturas da floresta, bem como para outras espécies de animais e plantas cuja existência depende deles. Em 26 de janeiro de 2011, um elefante chamado Tony se tornou o primeiro a percorrer toda a extensão de um novo corredor que atravessa a floresta Ngare Ndare e conecta a segunda maior população de elefantes do Quênia, no Santuário da Vida Selvagem de Lewa, aos seus compatriotas nos arredores do monte Quênia, uma rota que inclui a primeira passagem subterrânea na África dedicada aos elefantes, construída por baixo da rodovia Nanyuki-Meru.[6]

Um corredor de vida selvagem na forma de uma ponte verde, na Holanda.

Corredores de vida selvagem também podem fazer parte de processos de recuperação humanos. A maior reserva natural da Europa, e um dos corredores de vida selvagem mais compridos do mundo, é o Cinturão Verde Europeu, uma rede com 7 mil quilômetros de parques e áreas protegidas acompanhando a linha da cortina de ferro, que outrora separava a Europa Ocidental do bloco soviético. O Cinturão Verde foi proposto por ambientalistas alemães em dezembro de 1989, apenas um mês após a queda do Muro de Berlim; hoje, ele vai da Finlândia até a Grécia. Em alguns lugares, velhos campos minados ainda restringem os visitantes aos caminhos demarcados, mas a antiga "faixa da morte" é hoje um habitat pujante e uma rota migratória para mais de seiscentas espécies de pássaros raros e em extinção, mamíferos, plantas e insetos. Um dia, talvez a mesma coisa aconteça com a zona desmilitarizada, ou DMZ, entre as Coreias do Sul e do Norte, uma faixa de terra com 250 quilômetros de comprimento e quatro de largura que permanece praticamente intocada pelos humanos há mais de seis décadas, e hoje é lar de milhões de aves migratórias e plantas vicejantes, bem como de animais em risco de extinção como o veado-almiscareiro, grous, raposas, abutres, ursos-negros-asiáticos e uma espécie única de cabra, a goral-de-cauda-longa. Como ocorreu na zona de exclusão de trinta quilômetros em torno do reator nuclear de Tchernóbil, chamada por cientistas de "reserva natural não intencional", a vida selvagem floresceu de onde os humanos se afastaram. Apesar dos altos índices de radiação na zona, populações de alces, javalis, raposas e cervos são pelo menos tão elevadas quanto a de outras reservas na Ucrânia e Bielorrússia — e um estudo sugere que os lobos podem ser sete vezes mais abundantes ali.[7]

Assim como a consideração pela vida mais que humana nos exige pensar além de nossos próprios sentidos e sensibilidades, tentando imaginar a *umwelt* de outros seres, a construção de corredores de vida selvagem exige uma certa dose de inventividade e cuidado, dependendo da espécie particular e das maneiras de viver que estamos tentando apoiar. Na ilha Christmas, no oceano Índico, uma rede de mais de trinta passagens subterrâneas e cercas visa proteger milhões de caranguejos vermelhos nativos durante sua migração anual até a praia. Além dos túneis, uma ponte de cinco metros de altura passa por cima de uma das rodovias mais movimentadas da ilha, com uma superfície de trama de aço ajustada perfeitamente à tração dos crustáceos. Não posso evitar imaginar uma versão mais vasta do computador de caranguejos da Universidade de Kobe, estendido entre a floresta e o mar: milhões de caranguejos passando por túneis em forma de portas lógicas, efetuando algum enorme processamento multitarefa com seu ciclo anual de fuga até as áreas de acasalamento.

Em Oslo, uma rede de colmeias e jardins instalados no topo de edifícios comerciais, escolas e conjuntos residenciais cria

Uma ponte para caranguejos na ilha Christmas.

uma avenida aérea para que as abelhas possam percorrer a cidade, de forma a nunca haver mais de 250 metros de distância entre os locais ricos em pólen. Em se tratando da Noruega, a rede inclui colmeias modernistas projetadas pelo aclamado estúdio de arquitetura Snøhetta, responsável pelo icônico teatro de ópera da cidade, e é administrada por um coletivo de apicultores voluntários. (É essencialmente a mesma maneira pela qual a democracia social do país mantém suas redes de parques nacionais e cabanas de acampamento comunitárias para os humanos, com gerenciamento da Associação de Trekking da Noruega, que é mantida por voluntários e possui 250 mil membros.) A disposição dessas infraestruturas mais que humanas reflete o sistema social e político humano em que estão instaladas, sem precisar ser subserviente a ele.[8]

As ideologias políticas, é claro, são facas de dois gumes. Na fronteira oposta àquela que é entrecortada pelo Y2Y, o infame muro do ex-presidente Donald Trump separando os Estados

Unidos e o México invade e atravessa santuários da vida selvagem, patrimônios universais da Unesco, terras soberanas de povos indígenas, monumentos nacionais e zonas de natureza intocada. Essas terras em grande parte abertas estão agora bloqueadas por centenas de quilômetros de tubos de aço e de concreto, com efeitos devastadores para a mobilidade animal e humana. A extremidade leste do muro divide ao meio os 800 mil quilômetros quadrados do santuário natural do Vale do Rio Grande, no sudeste do Texas, um corredor vital para aves em risco de extinção, bem como para jaguatiricas e jaguarundis. Nas "ilhas aéreas" de Sierra Madre, no Arizona e no Novo México, a construção do muro cerceará uma vasta extensão de terra onde se deu o ressurgimento, há pouco tempo, da onça norte-americana (que estava extinta nos Estados Unidos desde os anos 1960), e bloqueará também rotas de migração dos ursos-cinzentos e lobos-cinzentos. Embora o destino do muro seja incerto enquanto escrevo, algumas áreas já foram afetadas de forma permanente, tais como as Quitobaquito Springs, no Monumento Nacional Organ Pipe Cactus, sagradas para o povo Tohono O'odham, que foram parcialmente drenadas para fabricar o concreto usado no muro. E, mesmo que o muro seja removido, a construção de barreiras ao redor do mundo está em alta, em todos os continentes: das brutais cercas fronteiriças nas bordas da União Europeia até o grande Muro do Sahara, uma barreira de areia com 2700 quilômetros de extensão, construída pelo Marrocos no noroeste do deserto africano. Um dia, esses lugares poderão se tornar cinturões verdes outra vez, mas vamos precisar lutar por eles.[9]

No Oriente Médio, estudos detalhados mostraram que o muro de apartheid construído por Israel na ocupação na Cisjordânia teve efeito devastador sobre o meio ambiente local. O muro acompanha a linha de um antigo corredor ecológico que vai das montanhas da Judeia ao sul até as montanhas da

Suméria ao norte. O muro não apenas bloqueia a migração no sentido leste-oeste como também interrompe rotas norte-sul ao ziguezaguear pelo território palestino. Um relatório de 2010 feito para a Autoridade Nacional Palestina identificou dezesseis espécies locais que correm risco de extinção como resultado direto dessa barreira, incluindo raposas, lobos, íbex, porcos-espinho e a singular gazela-das-montanhas palestina. Pássaros e insetos também estão ameaçados pelas queimadas florestais que fornecem espaço para assentamentos no lado interno do muro. Em certos locais, a construção do muro foi atrasada por ordens ambientais do Tribunal Superior israelense, e foram desenvolvidos segmentos especiais em forma de S para permitir a passagem de pequenos animais — mas não de mamíferos maiores ou de pessoas.[10]

Infraestruturas projetadas para bloquear o livre movimento e o encontro entre humanos, portanto, também abalam a vida dos animais — mas ao enfatizar isso não devemos priorizar um efeito sobre o outro. Nunca podemos permitir que a luta pelo meio ambiente se torne um subterfúgio para outras formas de opressão. O espetáculo das Forças de Defesa de Israel criando passagens gradeadas através do muro do apartheid para permitir a passagem de pequenos animais enquanto continua a degradar, sufocar e abreviar vidas palestinas consegue apenas sublinhar o racismo e a desumanidade dessas barreiras e dos regimes que as instalam. Da mesma forma, o elogio das pontes para caranguejos na ilha Christmas não pode obscurecer o fato de que o governo australiano usa centros de detenção na mesma ilha — ao lado do mesmo parque nacional — para trancafiar candidatos a asilo político doentes e traumatizados, em descumprimento às leis internacionais.

A existência desse tipo de barreira à liberdade de movimento e seus efeitos negativos bem documentados sobre as vidas humana e não humana salientam a importância da solidariedade humana e mais que humana. A luta para garantir a sobrevivência de espécies não humanas anda de mãos dadas com a luta por dignidade e liberdade para todos os humanos.

Uma evidência disso é a história das iguanas da baía de Guantánamo. Em 2008, um grupo de kuwaitianos que estavam detidos na base americana em Cuba desde 2002 levou seus casos à Suprema Corte. Os advogados entraram com um pedido de habeas corpus — o mesmo princípio que havia sido tentado no caso da elefanta Happy e de outros animais pelo NhRP. E, como nos casos do NhRP, eles precisavam convencer o tribunal de que o habeas corpus se aplicava a esses detentos em particular — ele havia sido anteriormente negado com base no argumento de que a baía de Guantánamo não fazia parte da jurisdição da corte. Nesse caso, porém, a situação se inverteu: incrivelmente, os não humanos depuseram a favor dos humanos.

Quando o advogado dos detentos, Thomas Wilner, participou de uma entrevista no programa de televisão *60 Minutos*, os produtores lhe disseram que, ao fazerem uma visita a Guantánamo, descobriram que as iguanas cubanas da região estavam em situação mais segura que antes, graças à base. Caso se afastassem, poderiam ser comidas pela população local — mas, na base propriamente dita, elas estavam protegidas pela legislação americana com base na Lei das Espécies em Extinção, que aplicava multas de até 10 mil dólares aos militares que fizessem mal aos animais. Na audiência, Wilner argumentou que era impossível que os Estados Unidos aplicassem a lei às iguanas e não às pessoas — e depois disso a Suprema Corte concordou em avaliar o caso. Quando o advogado-geral repetiu diante da corte o argumento de que os detentos não estavam sob sua jurisdição, o juiz David Souter respondeu: "Como assim? Até as iguanas de Guantánamo estão protegidas pela lei americana".[11]

Assim, as iguanas "falaram" em nome das pessoas — mas como poderiam falar por si mesmas? Como já concluímos, os tribunais são insuficientes para decidir sobre as necessidades e desejos dos animais, e os processos jurídicos humanos não podem acolher a verdadeira multiplicidade e complexidade dos seres mais que humanos. De fato, a história de Pluie nos ensina que é somente depois de enxergarmos a verdadeira extensão e abrangência da vida não humana em seus próprios termos, aceitando sua realidade e seu valor para além dos nossos, que somos capazes de adaptar seriamente nossas próprias maneiras de viver. No fim das contas, não se trata de atribuir pessoalidade aos animais, mas de reconhecer e valorizar sua animalidade — e sua vegetalidade, sua subjetividade, sua existencialidade. Trata-se de permitir que sejam eles mesmos e, ao mesmo tempo, trabalhar com eles para estruturar o mundo em benefícios de todos nós. Não devemos pensar na escala dos laboratórios e tribunais, e sim na escala das florestas, das cadeias de montanhas, da tundra, dos oceanos e dos continentes — na escala de projetos como o santuário de Yukon a Yellowstone.

A história do rastreamento de animais com uso da tecnologia nos apresenta um alargamento vagaroso, porém inevitável, de perspectiva: do campo de lebres de Lord e Cochran ao parque nacional, ao continente inteiro, ao oceano inteiro. Nesse sentido, ela reflete o desenvolvimento de nossas próprias tecnologias de informação, que se espalharam gradualmente pela superfície de todo o planeta e chegaram ao espaço, nos aproximando cada vez mais de todos os cantos do globo. Em cada estágio, essas redes diferentes, porém interligadas, nos disseram a mesma coisa: estamos completa e inextricavelmente emaranhados.

O Y2Y é um dos maiores e mais bem-sucedidos projetos ambientais do nosso tempo. Ele é resultado direto de uma ecologia tecnológica: uma colaboração multiespécie e multiforme envolvendo uma loba, uma equipe de pesquisadores humanos e uma constelação de satélites. Nessa *assemblage* de actantes, a escala e a visão da tecnologia desempenham um papel direto, expandindo a abrangência de nosso cuidado e atenção do alcance dos binóculos e transmissores VHF para o escopo de todo um continente visto de uma altura de 850 quilômetros. Hoje, o Argos — os satélites que rastrearam Pluie — consiste em sete satélites de órbita polar que completam uma revolução em torno da Terra a cada cem minutos e cobrem aproximadamente 5 mil quilômetros quadrados da sua superfície a cada momento. E embora sua capacidade e precisão tenham aumentado ao longo do tempo, ele também foi incrementado por sistemas mais novos e ainda mais eficazes, como o Global Positioning System, ou GPS.

O GPS é muito mais preciso que o Argos e — ao lado de baterias cada vez menores, transmissores e receptores cada vez melhores, e uma série de outros avanços — capacitou o monitoramento de animais em grande escala de modos que os pioneiros da telemetria por rádio nunca poderiam ter imaginado. Para poupar mais energia e durar mais tempo, algumas coleiras de rastreamento podem hoje arquivar dados na própria memória e soltar-se do animal numa data predeterminada para serem recolhidas pelos pesquisadores. Isso permitiu que se tenha uma visão menos intrusiva e muito mais precisa, e em escala muito maior, de onde os animais estão e para onde querem ir.

A rodovia interestadual I-80 atravessa todo o continente dos Estados Unidos, de Nova York na costa leste até São Francisco, na costa oeste, passando por Wyoming, Nebraska e Utah, e pelo sul de Yellowstone. É uma famosa ameaça para a vida selvagem — e, em consequência disso, muitas vezes para os humanos também. Só em Wyoming, 15% de todas as colisões com veículos envolvem cervos, antilocapras e outros animais de grande porte. Essas 6 mil colisões anuais causam estimados 50 milhões de dólares em danos aos carros e à vida selvagem. E, como a I-80 cruza uma série de trilhas migratórias importantes, esses acidentes podem ser devastadores. Em 2017, uma semicarreta atingiu um rebanho inteiro de antilocapras em deslocamento, matando 27 animais.

Nos anos 1960, quando a rodovia estava sendo construída, os empreiteiros perceberam que precisavam levar em conta a vida selvagem local, até porque seus próprios engenheiros acabaram se envolvendo em colisões. Em decorrência disso, e com as melhores intenções, eles construíram uma série de passagens subterrâneas e condutos ao longo da rodovia para permitir que animais selvagens cruzassem por baixo da pista. Na época, porém, as migrações animais eram pouco compreendidas e faltavam dados para ajudar no planejamento. As passagens foram posicionadas de acordo com o palpite de uns poucos engenheiros e, na maioria dos casos, foram construídas no lugar errado. Poucos animais migratórios fizeram uso delas, e a maioria continuou atravessando a pista em outros pontos. A matança prosseguiu.[12]

Isso começou a mudar na década passada, quando o acesso maior aos GPSs e etiquetas marcadoras mais leves levaram a um aumento explosivo de seu uso, gerando uma explosão correspondente nos dados confiáveis a respeito dos movimentos e das migrações dos animais — a respeito de suas necessidades e desejos. Por toda a I-80, alces, antilocapras, veados-mula e outros animais dão de cara com a estrada e as cercas que a protegem, e quase sempre não têm para onde ir, exceto para o meio do tráfego — do contrário, ficam sem acesso à comida, aos pastos e à diversidade genética. Mas muitos desses animais hoje estão sinalizados, e graças ao monitoramento de organizações como a Wyoming Migration Initiative, que reuniu dados de diversos estudos, os pontos em que eles se aglomeram e os locais que estão tentando alcançar se tornaram, de uma hora para outra, bem mais visíveis.[13]

Um resultado dessa visibilidade é uma nova infraestrutura de apoio à vida selvagem. Em 2012, o estado de Wyoming construiu uma nova ponte verde em Trapper's Point, na US Highway 191. Sua posição foi escolhida depois de uma revisão de dados de GPS coletados de centenas de antilocapras, que revelaram o caminho exato da sua viagem bianual entre as pastagens de inverno no deserto Vermelho e os campos de verão no Parque Nacional Grand Teton. Conhecida hoje como o "Caminho dos Antilocapras" e usada há pelo menos 6 mil anos, essa rota de migração importantíssima está bloqueada em diversos pontos por estradas e ferrovias, mas desde 2012 enfrenta um obstáculo a menos. A passarela de Trapper's Point, instalada bem no caminho que percorrem, é usada hoje por milhares de antilocapras e veados todos os anos — e as fatalidades nas estradas caíram como se esperava. Atualmente, o Wyoming está explorando novos locais para a instalação de cruzamentos e coletando mais dados para descobrir onde eles são necessários.

No final do capítulo anterior, perguntei como poderia se dar uma participação política real dos animais dentro de um sistema mais que humano. A política, lembre, é a arte e a ciência de tomar decisões em conjunto a respeito de coisas que afetam a todos nós. Bem, é isso que está acontecendo aqui. Assim como os orangotangos que reagiram ao encarceramento nos zoológicos estavam agindo politicamente, a vida selvagem do Wyoming e o projeto Y2Y também estão. Esses antilocapras, alces e outros animais estão votando com as patas, e nós — com auxílio de nossas tecnologias — enfim os escutamos e adaptamos nosso comportamento e nossas construções para levá-los mais em conta.

Esta é a cara de uma política mais que humana: a atenção cuidadosa e consciente às necessidades e desejos dos outros,

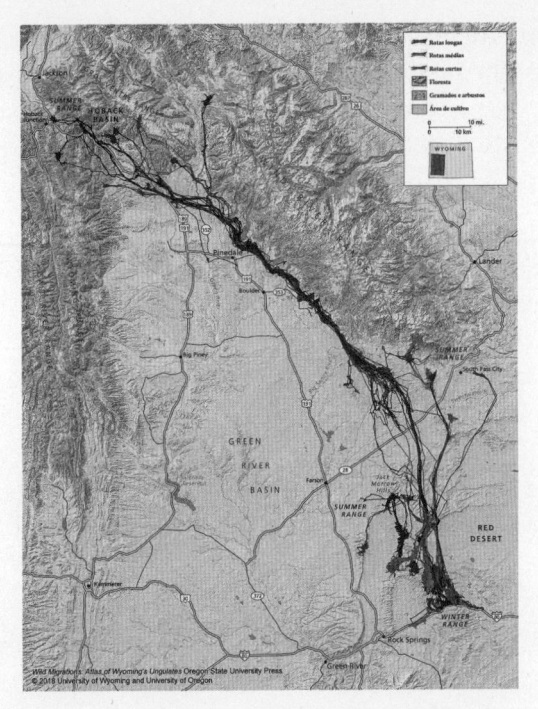

Um mapa exibindo vestígios de GPS de centenas de veados-mula migrando através do estado de Wyoming.

o reconhecimento de sua agência e valor, e a disposição para adaptar as atuais estruturas da nossa sociedade e do nosso espaço para melhor atender a todos. Isso é solidariedade mais que humana na prática e, como prometido, ela traz benefícios — e perguntas — para todos nós.

Eis para onde, então, que o projeto ICARUS de Martin Wikelski, que rastreia animais a partir da Estação Espacial Internacional, pode nos levar a seguir — para além do GPS e de alguns rebanhos de antilocapras, para além de algumas estradas, para uma nova e compartilhada superestrada: a internet dos animais. Imagine o progresso desde as tornozeleiras de metal e etiquetas de plástico nas orelhas até o rádio VHF e o rastreamento por satélite, expandido para incluir não centenas, mas sim milhões ou até mesmo bilhões de animais. Se pudéssemos conectar mais animais a essas redes de sensores, teríamos mais e melhores ideias a respeito do que eles querem e necessitam, e uma capacidade maior de responder a elas de maneira apropriada.

O sistema ICARUS amplia mais uma vez o escopo e o alcance do rastreamento animal — indo além do rádio e do GPS. Devido ao peso dos transmissores de GPS, por menores que sejam, os animais que pesam menos de cem gramas não podem carregá-los, e isso quer dizer que cerca de 75% das espécies de pássaros a animais — e todos os insetos — permanecem invisíveis à coleta de dados digital. E as coleiras e apetrechos de GPS, apesar das melhorias, continuam tendo um custo proibitivo para a maioria das aplicações.[14]

O ICARUS muda tudo: suas etiquetas muito leves e movidas a luz solar podem ser fixadas numa variedade muito maior de criaturas, aumentando na mesma proporção a quantidade de animais que podemos rastrear, monitorar — e escutar. Esses esforços forem combinados com tentativas reais de melhorar a condição dos não humanos, a expansão dessa legibilidade é, para todos os efeitos, uma expansão do sufrágio. Quanto mais não humanos participarem da internet dos animais — e quem sabe um dia também dos fungos, das plantas, das bactérias e das pedras —, mais votos serão computados, mais vozes participarão das manifestações e mais inclusiva e equitativa será nossa comunidade mais que humana.

Ainda não sabemos o que vamos encontrar ou o que será decidido. Assim como Pluie revelou uma escala de movimento e interconectividade animal até então desconhecida, a internet dos animais sem dúvida nos chamará a atenção para novas perguntas que nem tínhamos cogitado fazer. Assim como a internet humana revelou desejos latentes, excentricidades, fraquezas e a pura e simples estranheza da nossa espécie, a internet não humana sem dúvida nos proporcionará encontros, experiências e interpretações de tipos que ainda não podemos conceber. E isso, como sabemos após termos explorado a randomização, é exatamente o que estamos querendo fazer. A internet dos animais e de tudo o mais — a internet mais que humana — parece ser, portanto, uma maneira viável e urgente de nos envolvermos com um número cada vez maior de seres e criarmos em conjunto um futuro que leve em conta a agência e o valor inato de todos os seus participantes.

É claro que há muita coisa inquietante nessa ideia da internet dos animais — afinal, não se pode dizer que a internet das pessoas tenha sido simplesmente um sucesso. Precisaremos pensar com cuidado no modo como ela será implementada, usada e administrada. Em especial, não podemos repetir os erros do determinismo tecnológico do século XX, que entendeu que o papel da tecnologia era produzir a resposta única e inquestionável a todos os problemas. Se o uso de rastreadores e outros dispositivos para recolher vastas quantidades de dados soa suspeitamente próximo do tipo de controle e previsão que impusemos a tantas outras coisas, precisaremos fazer um esforço especial para garantir que sua aplicação seja flexível, respeitosa e adequada — e que as técnicas necessárias para isso estejam à nossa disposição.

Um exemplo desse tipo de flexibilidade é o conceito de áreas móveis de proteção. Em 2020, a Convenção das Nações Unidas sobre o Direito do Mar foi revista pela primeira vez desde 1982. Embora a convenção já incluísse cláusulas sobre áreas de proteção marinha — áreas do oceano em que se proíbem a pesca e os navios de grande porte —, elas eram baseadas em locais fixos e fronteiras rígidas. Mas como observou a professora Sara Maxwell, bióloga marinha da Universidade de Washington:

Os animais obviamente não ficam em um só lugar — muitos fazem uso de áreas enormes do oceano, e essas áreas podem se deslocar no tempo e no espaço. Com as mudanças climáticas atuando, se estabelecermos fronteiras estáticas no tempo e no espaço, o mais provável é que os animais que estamos tentando proteger acabem indo embora desses lugares.[15]

Maxwell entende disso, pois sua pesquisa inclui o uso de satélites e de etiquetas de GPS em animais como tartarugas e andorinhas-do-ártico para estudar os padrões de migração de espécies oceânicas.

Aproveitando a revisão da convenção, Maxwell e um grupo de cientistas propuseram que ela passe a incluir cláusulas para áreas móveis de proteção marinha, que poderiam surgir e mudar de acordo com os dados fornecidos por uma internet aquática. Esse gerenciamento dinâmico do oceano já é usado por alguns países nas duzentas milhas náuticas de litoral que lhes cabe administrar, mas a abundância de sinais hoje disponível a partir de uma variedade enorme de habitantes dos mares permite uma proteção muito maior e mais flexível. "Antes de conseguirmos implementar esse tipo de gerenciamento e mostrar que ele era viável, as pessoas não acreditavam que seria possível", disse Maxwell. "Mas, à medida que aprendemos mais sobre onde os animais se deslocam no tempo e no espaço, podemos usar essa informação para melhor protegê-los." As novas tecnologias estão tornando possível essa abordagem dinâmica dos oceanos, bem quando as mudanças climáticas a tornam necessária.[16]

Há também coisas extraordinárias que a internet dos animais pode fazer sem precisar de rastreamento preciso e conhecimento totalizante — basta um conhecimento maior sobre a vida e os comportamentos dos outros. A equipe do ICARUS instalou acelerômetros nas coleiras de vários animais diferentes que vivem em áreas com atividade sísmica elevada: cabras que vagavam nas encostas do monte Etna, na Sicília, e ovelhas, vacas e cães nos arredores da cidade de L'Aquila, na região central da Itália. Esses dispositivos não gravam a localização nem nada que os humanos costumam chamar de "dados pessoais". Eles transmitem apenas o grau de atividade dos animais: o quanto eles se movem de lá para cá; se seu comportamento está mais calmo ou agitado.

Quando o monte Etna entrou em erupção às 22h20 do dia 4 de janeiro de 2012, a equipe checou os dados anteriores e viu que as cabras tinham ficado mais agitadas que o normal seis horas antes. Após um estudo que levou dois anos, eles conseguiram prever sete erupções de grandes proporções. Os pesquisadores descobriram que isso também se aplicava aos terremotos em L'Aquila: nos dias e horas que antecediam os terremotos, as ovelhas, vacas e cães se comportavam de maneiras incomuns — mas possíveis de medir. Quanto mais perto estavam do epicentro do tremor que se aproximava, mais agitados ficavam os animais. Juntos, eles formavam um sistema de alerta antecipado que era mais poderoso, preciso e avançado do que qualquer outro mecanismo já bolado pelo homem. E esses experimentos foram realizados usando etiquetas de rádio tradicionais: só podemos imaginar o quão mais poderosas as previsões se tornarão agora que a antena espacial do ICARUS está online.[17]

Uma coisa que ficou evidente a partir desses experimentos é que são necessárias muitas fontes de dados, muitos animais conectados, para realizar previsões precisas. Os tipos de comportamento que indicaram um tremor vindouro não eram visíveis num único animal: ele só se tornou aparente quando os dados foram agregados. Somos mais fortes, mais habilidosos e bem-informados quando agimos coletivamente, mesmo que não saibamos disso.

A internet dos animais também mostra que não precisamos jogar fora tudo que aprendemos sobre tecnologias complexas;

podemos convertê-las para outros usos. Como animais diferentes reagem de modo diferente aos fenômenos naturais, de acordo com seu tamanho, velocidade e espécie, a equipe do ICARUS percebeu que era necessário empregar formas de análise particularmente complexas para detectar diferenças nos dados gerados por diferentes etiquetas em diferentes momentos — um rebuliço de sinais sutis e sutilmente variáveis. Para fazer isso, eles recorreram a modelos estatísticos desenvolvidos para a econometria financeira: um software projetado para gerar riqueza captando sinais sutis nas bolsas de valores e padrões de investimentos. Gosto de pensar nisso como uma espécie de reabilitação: algoritmos bancários penitentes se retirando da City de Londres para buscar uma vida nova no interior, ajudando a remediar a Terra. De satélites espiões a algoritmos de detecção facial, as ferramentas que hoje servem à opressão e à desigualdade podem ser reajustadas e empregadas para fins benéficos.

Por fim, o sistema de alerta antecipado dos animais nos diz algo sobre como aprendemos quando nos dispomos a ouvir os animais e as plantas em vez de dissecá-los. Lembremos as conversas de Monica Gagliano com a *Mimosa pudica* e a rejeição que ela enfrentou ao publicar sua teoria da memória das plantas. Essa rejeição estava baseada no fato de que não existe um mecanismo conhecido por trás dessa memória. Em contraste com a prática normal da botânica, a declaração de Gagliano estava baseada no comportamento da planta, não no que sabemos sobre sua estrutura interna. A planta nos disse algo e escolhemos acreditar — com base em testes e evidências rigorosos — sem entender completamente como isso pode ser verdadeiro.

Da mesma forma, não há um mecanismo conhecido para a previsão de atividade sísmica manifestada pelos animais — embora ela venha sendo descrita há séculos pelas sabedorias tradicionais. Talvez, alguns cientistas sugeriram, seus pelos sejam capazes de perceber de alguma maneira a ionização do ar provocada por pressões elevadas nas rochas das zonas sísmicas. Talvez, defendem outros, eles possam farejar gases liberados das profundezas no período anterior a um evento sísmico (os mesmos gases misteriosos, talvez, que deram o dom da profecia ao Oráculo de Delfos). Simplesmente não sabemos — mas, se estivermos dispostos a renunciar a um pouco do nosso desejo por um conhecimento totalizante, se estivermos dispostos a tratar a sabedoria como um processo e uma negociação, e não apenas como uma rota conduzindo ao domínio e à maestria, haverá muito a aprender e a compreender a partir da sabedoria dos outros.

Essa não é a única coisa da qual precisaremos renunciar. Tanto quanto admitir que não podemos saber tudo, teremos de admitir o fato de que não podemos estar em toda parte — e agir a partir disso. Porque, no fim das contas, uma das consequências da internet dos animais deve ser uma situação em que somos capazes de viver ao lado de nossos camaradas não humanos, ao mesmo tempo que precisamos deixá-los em paz. Debates humanos contemporâneos em torno da privacidade e do "direito ao esquecimento" — nossas informações pessoais removidas inteiramente dos bancos de dados de corporações e governos — precisam se aplicar também aos não humanos. Precisamos garantir que nosso desejo de envolvimento com os animais — mesmo com as melhores intenções — não degrade ainda mais sua liberdade e seus meios de subsistência. E, quando tivermos aprendido o que fazer, precisamos remover as etiquetas e rastreadores e nos retirar. A conclusão lógica do desenvolvimento de corredores de vida selvagem e áreas de proteção — incluindo as áreas móveis — é que existem lugares que devem ser deixados apenas para os não humanos, mesmo dentro de um mundo mais que humano.

Essa sugestão não é nova. Ela existe pelo menos desde o começo do século XX na cultura ocidental, a época da criação dos parques nacionais na Europa e na América, e é intrínseca às concepções não ocidentais do lugar que ocupamos entre as espécies do planeta. Mas há uma consciência cada vez maior de que isso passou a ser mais urgente que nunca e deve ir muito além de alguns poucos parques e santuários espalhados por aí. Na verdade, há argumentos morais e científicos sólidos dizendo que esses lugares devem representar pelo menos metade de todo o planeta Terra.

A campanha para destinar metade da superfície da Terra para uma reserva natural livre de humanos tem origem no trabalho de E. O. Wilson, um dos mais renomados biólogos evolucionistas e fundador da sociobiologia. O trabalho de Wilson é baseado numa compreensão profunda do verdadeiro valor da biodiversidade, e numa visão profundamente moral do mundo natural. Sua "teoria da biogeografia insular", desenvolvida desde os anos 1960, forneceu o fundamento teórico para os ensinamentos práticos de Pluie ao mostrar como todas as paisagens isoladas, incluindo os parques naturais, inevitavelmente perdem espécies, não importa o quanto sejam protegidas e bem-administradas. Em 2014, Wilson e outros lançaram o Half-Earth Project [Projeto Meia Terra] para disseminar essas ideias e apoiar sua implementação.

De acordo com a teoria amplamente aceita de Wilson, mudanças no tamanho de um habitat resultam em mudanças no número de espécies que ele pode abrigar — e esse número é matematicamente previsível e estável. À medida que as reservas aumentam de tamanho, o número e a diversidade das espécies dentro delas cresce — mas, ao diminuírem, a diversidade dentro delas cai de maneira abrupta, imediata e, muitas vezes, irreversível. Quando 90% do habitat selvagem some, o número de espécies que ele pode abrigar cai pela metade — e esse é mais ou menos o ponto em que nos encontramos hoje, globalmente. Mas se perdermos apenas 10% do que resta, a maioria das espécies sobreviventes, se não todas, desaparecerão.

A solução, para Wilson e o Half-Earth Project, é uma expansão radical das áreas protegidas. Se pudermos proteger metade da Terra das interferências e alterações humanas, um objetivo quase inimaginável, teremos esperança de proteger cerca de 85% das espécies remanescentes. Wilson chama isso de "zona de segurança" para a vida na Terra — e, a menos que comecemos a batalhar por isso agora, as consequências para a biodiversidade e, portanto, para a vida na Terra como um todo, serão catastróficas.[18]

Uma das questões centrais do Half-Earth Project é decidir que metade da Terra precisamos proteger — e a tecnologia é essencial para tomar essa decisão. Como estamos começando a entender a partir do planejamento e implementação dos corredores de vida selvagem, a melhor solução, tanto para os humanos quanto os não humanos, não é um apartheid total, e sim uma espécie de hachura: alguns trechos de áreas selvagens, zonas livres de humanos e zonas oceânicas isoladas, sim, mas também corredores e passagens, pontes verdes e cursos d'água intocados, costurando e cercando áreas de habitação humana. Wilson chama esses espaços interconectados de "Paisagens Longas" e imagina um dia, no futuro não muito distante, em que "você estará cercado, tão envolto em corredores conectados que quase nunca estará em algum lugar que não seja um parque nacional, ou pelo menos numa paisagem que conduza a um parque nacional".[19]

A internet dos animais será crucial para descobrirmos como levar adiante o Half-Earth Project, especialmente se a entendermos não somente como um conjunto de tecnologias para gerar dados, mas também como uma congregação política visando travar contato e fazer perguntas aos nossos companheiros mais que humanos. A Meia Terra é um projeto de sobrevivência para todos nós. Torná-lo realidade exigirá não apenas saber escutar os outros, mas também tomar a iniciativa de ceder a eles uma parte dos nossos poderes e privilégios. Essa é a lição contida, por mais resistência que gere, em todas as lutas em nome da libertação humana, e isso vale para o progresso mais que humano. Temos a ciência e a tecnologia para tornar essa visão uma realidade. Só o que nos impede são o orgulho arrogante, o egoísmo e a ignorância de quem mais se beneficia do atual sistema e deseja, portanto, manter o status quo.

Atingir os objetivos de uma Meia Terra — e de outros projetos que serão necessários para preservar a vida neste planeta — não será possível sem enfrentamento. Nenhuma grande mudança na situação humana foi alcançada sem que uma das partes envolvidas tenha cedido uma parcela ou a totalidade do seu poder, e, na luta por um futuro equitativo e mais que humano, quem está no lado do poder é a humanidade inteira. Mas está a nosso alcance abrir mão dessa posição, e as recompensas disso serão enormes e gloriosas, especialmente se o que desejarmos conquistar não for poder e dominação, mas sim a beleza e a diversidade, a mudança e a possibilidade.

"Uma palavra: poesia. É isso que o mundo tem a nos oferecer", escreveu Wilson em 2020.

> Toda uma série de mistérios, de possíveis descobertas, de fenômenos, de eventos inesperados e de objetos, coisas, organismos vivos e por aí vai. Uma infinitude, quase, existente neste planeta, à espera de ser desfrutada. Há tanto disso no mundo aguardando ser explorado, saboreado e descrito.[20]

Wilson chama esse anseio esperançoso de "biofilia": a crença de que as pessoas têm uma afinidade inata com as outras espécies. Eu o chamo de "solidariedade", a palavra que, para mim, expressa ao mesmo tempo um profundo amor pela Terra e por tudo que ela contém, e uma prática política de respeito, ajuda e apoio mútuos.

A concretização do Half-Earth Project é um dos desfechos dos processos descritos neste livro, mas é com os corredores de vida selvagem que nos levarão até lá que ele está mais intimamente alinhado. Para mim, os corredores concretizam a aliança de tudo que este livro esteve abarcando: a complexidade e a variedade da inteligência não humana, a pessoalidade e a agência de todos os seres, os potenciais e a política da tecnologia, e a abundância de riquezas e conhecimentos que temos a ganhar nos abrindo para o mundo mais que humano com o qual estamos inextricável e gloriosamente emaranhados. Mais que tudo, eles salientam que precisamos de movimento, e que aquilo que nos sustenta num mundo de constantes mudanças e surpresas é a jornada em si. Os meios, e não os fins, são nossa preocupação mais imediata.

Confesso que fico surpreso de constatar que uma das respostas à pergunta "como impediremos a tecnologia de nos separar do mundo natural?" é, no fim das contas, prender pequenos sensores digitais em tudo. Mas talvez eu não devesse me surpreender. Afinal, se podemos ajustar radares militares para observar a migração dos pássaros ou virar satélites espiões de lado para aprender sobre as origens do universo, então podemos explorar as ferramentas de vigilância para construir um parlamento mais que humano.

E talvez a verdadeira pergunta nem seja essa. O que acho que passei a entender, de forma mais clara que nunca, é que o inimigo não é a tecnologia em si, mas a desigualdade e a centralização do poder e do conhecimento, e que a resposta a essas ameaças são a educação, a diversidade e a justiça. Não precisamos de Inteligência Artificial para perceber isso. Precisamos de inteligência propriamente dita. O mais importante, porém, é que precisamos de todas as inteligências propriamente ditas — de cada pessoa, animal, planta e inseto; de cada criatura, cada pedra, cada sistema natural e artificial. Precisamos de um computador de caranguejos do tamanho do mundo. O problema nunca é a tecnologia em si; afinal, não esqueça, o computador é como o mundo.

Estou mais empolgado que nunca com o poder e as possibilidades dos computadores e redes; apenas abomino as estruturas de poder, injustiça, indústria extrativista e pensamento computacional em que estão atualmente inseridos. Mas espero ter mostrado, em alguma medida, que não precisa ser assim. Sempre há outras maneiras de fazer tecnologia, assim como há outras maneiras de fazer inteligência e política. A tecnologia, afinal, é o que podemos aprender a fazer.

Conclusão
Na fazenda de metais

É maio de 2021, e estou de novo no Epiro — a apenas duas horas de distância, por estradas sinuosas, do lago em que esta história começou. Retornei ao norte da Grécia, ao outro lado dos montes Pindo, para ver outro tipo de extração de matéria-prima em andamento. Dessa vez não sou confrontado por trilhas de escavadeiras, furos de sondas e outras marcas de uma cobiça humana e de uma IA corporativa desenfreadas. Muito pelo contrário, estou parado em meio a um campo levemente inclinado, cercado por canteiros bem demarcados, cheios de plantas verdes e floridas. Parece uma horta, ainda que esteja repleta de ervas daninhas entusiasmadas, mas na verdade é um experimento agrícola cuidadosamente controlado. É uma pequena fazenda, porém de um tipo que eu jamais tinha visto. Esta fazenda colhe metal.

Nos anos 1990, algumas empresas de mineração financiaram pesquisas voltadas a uma família de plantas recém-identificadas — na verdade, várias famílias — e chamadas de hiperacumuladoras. Essas plantas tinham em comum uma característica bastante insólita: eram capazes de crescer em solos ricos em vários metais, fossem eles uma ocorrência natural ou resultado de poluição industrial; solos que são tóxicos para quase todas as outras formas de vida. As pesquisas mostraram que essas plantas retiravam os metais do solo através das raízes e os estocavam acima do chão, em seus brotos e folhas. Por meio desse processo, elas recuperavam o solo, livrando-o dos metais e tornando-o mais hospitaleiro às demais plantas.[1]

A fazenda de metais no Pindo é fruto dessas pesquisas: um experimento para ver se é possível não apenas plantar hiperacumuladoras para reparar solos danificados, mas também colher os metais da mesma forma que colhemos outros cultivos. Ela faz parte de um experimento que abrange o continente inteiro, com plantações ativas em diversos países da Europa — mas parece que o norte da Grécia e a Albânia são especialmente receptivos a esse processo, conhecido como agromineração.

Hoje é dia de colheita, pois as plantas estão no auge do florescimento: alguns fazendeiros locais percorrem agachados os canteiros, cortando as plantas na base do caule e empilhando-as sobre uma lona. Kostas, um dos pesquisadores, quebra um ramo de uma das plantas em crescimento e esfrega a seiva que escorre num pedaço de papel absorvente. O papel imediatamente fica manchado de vermelho-púrpura, indicando que a seiva contém um alto teor de níquel. Maria Konstantinou, a líder da equipe, explica que estes solos são conhecidos como serpentinas devido à sua coloração azul-esverdeada, e que são extremamente raros no planeta: áreas de cobertura significativa existem somente nos Balcãs, em partes dos Alpes, em Cuba e em alguns locais espalhados na América do Norte. Como são ricas em metais pesados — incluindo cromo, ferro, cobalto e níquel —, a maioria das plantas tem muita dificuldade em crescer nelas. Mas as condições inóspitas que oferecem também levaram certas plantas a se adaptar de maneiras incomuns.

O lote no Pindo foi cultivado com três tipos de plantas floríferas: *Alyssum murale*, *Leptoplax emarginata* e *Bornmuellera tymphaea*. A *murale* forma arbustos baixos cobertos por maços de flores amarelas; a *emarginata* é mais alta e esguia, com amontoados de folhas verdes e pétalas brancas apontando em todos os ângulos; a *tymphaea* se espalha pelo chão, coberta por uma densa camada de flores brancas. São todas típicas da região: a *murale* é nativa da Albânia e do norte da Grécia, a *emarginata* é encontrada somente na Grécia, enquanto a *tymphaea* vive apenas nas encostas dos montes Pindo (seu nome vem do monte Tymfi, um dos picos mais elevados da cadeia).

Maria e sua equipe da Universidade Helênica Internacional em Thessaloniki estão trabalhando no lote há seis anos, e essa é sua terceira colheita. Os resultados já surpreenderam. Depois de serem colhidas e secadas, as plantas do Pindo são enviadas à França para serem incineradas. Isso produz calor — que pode ser usado para gerar energia — e cinza metálica, da qual se pode extrair o níquel. O lote produz entre seis e treze toneladas de biomassa (plantas secas) por hectare, dependendo do cultivo, e cada hectare desses produz entre oitenta e 150 quilos de níquel. Para comparação, uma tonelada de minério de níquel extraído na mineração contém cerca de 1 ou 2% de níquel, ou seja, de dez a vinte quilos. Ao concentrar o metal em suas folhas, as plantas se tornam mais abundantes que o solo.

Pesquisas envolvendo hiperacumuladoras estão sendo realizadas no mundo inteiro. Na Malásia, o *Phyllantus balgooyi*, um arbusto nativo da floresta tropical equatorial, extrai tanto níquel que sua seiva é verde-brilhante: ele sangra metal quando é cortado. Na Nova Caledônia, no sul do Pacífico, a seiva de borracha da *Pycnandra acuminata* pode conter até 25% de níquel depois de seca. E não é só o níquel que pode ser minerado desse jeito: a mostarda-castanha, ou *Brassica juncea*, forma uma liga de prata, ouro e cobre em suas folhas; a canola remove chumbo, zinco e selênio de solos contaminados. Até mesmo o lítio, um componente essencial das baterias que se usa em tudo, de aparelhos celulares a carros elétricos, pode ser encontrado nas folhas da *Apocynum venetum*, conhecida na China como *luobuma*, usada há muito tempo pela medicina tradicional para reduzir a hipertensão. Muitas outras habilidades parecidas deverão ser descobertas.[2]

A agromineração ainda está na infância, e seu potencial de alterar a maneira como extraímos metais variados, bem como para recuperar os estragos que causamos na Terra, está apenas no começo. Dito isso, ela nunca chegará perto de suprir as necessidades de metais no mundo atual: a agromineração é muito menos eficiente, muito mais lenta e exige muito mais cuidado do que simplesmente arrebentar a terra com perfuradoras e explosivos. Tampouco desejaríamos que ela tivesse sucesso além da conta, pois isso implicaria no tipo de agricultura destrutiva e em escala industrial que é a marca infeliz da soja, dos biocombustíveis, do óleo de palma e de outros cultivos outrora alardeados como milagrosos.

De todo modo, as hiperacumuladoras nos apontam para o tipo de conhecimento e de acomodação com a vida não humana que poderão ser muito mais valiosos, a longo prazo, do que nossos desejos materiais particulares. O que mais me admira nessas plantas é que elas evoluíram, ao longo de grandes períodos e em determinados locais, para enfrentar questões específicas de sobrevivência da sua própria maneira. Têm conhecimento sobre o solo e desenvolveram maneiras de persistir e prosperar neles. Enquanto isso, nós as ignoramos pela maior parte desse tempo — as vimos como pestes e ervas daninhas —, até percebermos que elas estavam alinhadas às nossas necessidades. Quando chegou nossa hora de procurar outras maneiras menos destrutivas de obter da terra aquilo de que precisamos, descobrimos que as plantas já tinham feito isso muito antes de nós. Elas são mais desenvolvidas que nós, ou pelo menos mais bem desenvolvidas — quer dizer, isso se considerarmos que a verdadeira evolução consiste num alinhamento não destrutivo e mutuamente próspero com a Terra.

As plantas aprenderam a minerar metais. Talvez um dia elas possam inventar telefones e computadores também: já têm as matérias-primas necessárias. Ou talvez possamos construir, juntos, algo melhor. Em março de 2021, pesquisadores do MIT anunciaram que tinham ensinado o espinafre a usar o e-mail, e ele o usou para alertá-los da presença, no solo, de materiais explosivos eliminados por minas terrestres em decomposição. A realidade é um pouco mais prosaica, porém muito mais interessante. O que eles tinham feito era modificar o espinafre para mudar de cor na presença de certas substâncias químicas e depois usar câmeras e computadores para detectar e transmitir essa informação. De todo modo, o experimento revelou a capacidade de vários tipos de plantas para serem, como definiu um pesquisador, "excelentes especialistas em análise química", e mostrou como se podia usar a tecnologia para ajudá-las a comunicar suas descobertas.[3]

No Instituto Salk de Estudos Biológicos na Califórnia, os cientistas estão modificando linhagens de *Arabidopsis thaliana* — a mesma que, ao ser atacada por lagartas, nos mostrou que as plantas podem escutar sons — para demonstrar uma outra habilidade extraordinária. Ao transferir genes da corticeira para a *Arabidopsis*, os pesquisadores descobriram que ela desenvolvia estruturas de raízes muito mais profundas, densas e repletas de suberina, um polímero impermeável, parecido com rolha, que armazena quantidades enormes de carbono.[4] Se forem capazes de repetir o feito com plantas muito cultivadas como o trigo, o arroz e o algodão, vastas áreas de terra arável poderão ser transformadas em máquinas de sequestro de carbono, retirando da atmosfera o carbono que acelera a mudança climática e armazenando-o no subsolo de forma segura por décadas ou mesmo séculos.

Essa abordagem soa muito mais promissora do que o tipo de geoengenharia em megaescala que vem sendo proposto por corporações globais de tecnologia: enormes quantidades de reatores e chaminés que extraem carbono diretamente da atmosfera, produzindo ainda mais infraestruturas e rejeitos materiais que logo se tornarão obsoletos.[5] Nosso futuro em comum exige menos arrogância industrial e mais cooperação com os sistemas biológicos repletos de sabedoria que já existem.

Por enquanto, me sinto apenas feliz de ter encontrado esse campo de cultivo no Epiro, cheio de plantas balançantes, floridas e ricas em metais, matizado pela luz do sol, embalado pelo zunido das abelhas e pelos humanos fazendo sua delicada colheita. Estou a apenas sessenta quilômetros do lugar em que senti o cheiro de petróleo na brisa pela primeira vez e onde fiquei sabendo dos planos de usar uma IA gananciosa e corporativa para esburacar e saquear a terra, mas a jornada de um lugar ao outro envolveu gibões, elefantes, sequoias gigantes e bolores limosos; redes neurais, computadores não binários, satélites e carros autônomos; o I Ching, a música de John Cage e o *joik* dos sami; novas formas de governança antiga e rebanhos de antilocapras equipados com GPS. O mundo é um computador feito de caranguejos, infinitamente emaranhado em todos os níveis, cantando, a plenos pulmões, a canção do seu próprio devir. O único caminho adiante é irmos juntos.

Notas

Introdução: Mais que humano [pp. 11-36]

1. C. Stambolis, G. Papamichalopoulos, K. Nikolaou, *A Strategy for Unlocking Greece's Hydrocarbon Potential: An IENE Project*, IENE, Open Forum, Atenas, 10 jun. 2015. Disponível em: <www.iene.eu/articlefiles/a%20strategy%20 for%20unlocking%20greece%27s%20hydrocarbon%20potential.pdf>.
2. A Repsol está na posição 46 de uma lista das cem empresas responsáveis por 71% das emissões globais. Ver Tess Riley, "Just 100 Companies Responsible for 71% of Global Emissions, Study Says", *The Guardian*, 10 jul. 2017. Disponível em: <www.theguardian.com/sustainable-business/2017/jul/10/100-fossil-fuel-companies-investors-responsible-71--global-emissions-cdp-study-climate-change>.
3. Repsol, "IBM and Repsol Launch World's First Cognitive Technologies Collaboration for Oil Industry Applications", release de imprensa, 30 out. 2014. Disponível em: <www.repsol.com/en/press-room/press-releases/2014/10/30/repsol-and-ibm-launch-worlds-first-cognitive-technology-collaboration-for-oil-industry-applications/index.cshtml>.
4. Repsol, "Optimizing Hydrocarbon Exploration and Production Processes". Disponível em: <www.repsol.com/en/energy-and-innovation/technology-lab/oil-and-gas/index.cshtml>.
5. Anjli Raval, "Google and Repsol Team Up to Boost Oil Refinery Efficiency", *Financial Times*, 3 jun. 2018. Disponível em: <www.ft.com/content/5711812c-670c-11e8-b6eb-4acfcfb08c11>.
6. Para o relatório do Greenpeace, ver *Oil in the Cloud: How Tech Companies are Helping Big Oil Profit from Climate Destruction*, Greenpeace, 19 maio 2020. Disponível em: <www.greenpeace.org/usa/reports/oil-in-the--cloud/>. Para a resposta do Google, ver Sam Shead, "Google Plans to Stop Making A.I. Tools for Oil and Gas Firms", CNBC, 20 maio 2020. Disponível em: <www.cnbc.com/2020/05/20/google-ai-greenpeace-oil-gas.html>.
7. Matt O'Brien, "Employee Activism Isn't Stopping Big Tech's Pursuit of Big Oil", *USA Today*, 2 out. 2019. Disponível em: <eu.usatoday.com/story/tech/2019/10/02/microsoftamazongoogleoilgaspartnerships/3839379002/>.

8. Jordan Novet e Annie Palmer, "Amazon Salesperson's Pitch to Oil and Gas: 'Remember That We Actually Consume Your Products!'" CNBC, 20 maio 2020. Disponível em: <www.cnbc.com/2020/05/20/aws-salesman-pitch-to-oil-and-gas-we-actually-consume-your-products.html>.
9. Para uma versão mais elaborada da hipótese do clipe de papel, ver Nick Bostrom, "Ethical Issues in Advanced Artificial Intelligence", 2003. Disponível em: <nickbostrom.com/ethics/ai.html>.
10. Samuel Gibbs, "Elon Musk: Regulate AI to Combat 'Existential Threat' Before It's Too Late", *The Guardian*, 17 jul. 2017. Disponível em: <www.theguardian.com/technology/2017/jul/17/elon-musk-regulation-ai-combat-existential-threat-tesla-spacex-ceo>.
11. Nick Statt, "Bill Gates is Worried about Artificial Intelligence Too", CNET, 28 jan. 2015, Disponível em: <www.cnet.com/science/bill-gates-is-worried-about-artificial-intelligence-too/>.
12. Sam Shead, "DeepMind's Elusive Third Cofounder is the Man Making Sure that Machines Stay On Our Side". *Business Insider*, 26 jan. 2017, Disponível em: <www.businessinsider.com/shane-legg-google-deepmind-third-cofounder-artificial-intelligence-2017-1?r=nordic>.
13. Charlie Stross, "Invaders from Mars", *Charlie's Diary*, 10 dez. 2010. Disponível em: <www.antipope.org/charlie/blog-static/2010/12/invaders-from-mars.html>.
14. Ernst Haeckel, *Generelle Morphologie der Organismen* (1866), traduzido para o inglês por R. C. Stauffer (1957); citado em Robert C. Stauffer, "Haeckel, Darwin, and Ecology", *The Quarterly Review of Biology*, v. 32, n. 2, pp. 138-44, jun. 1957. Disponível em: <jstor.org/stable/2816117>.
15. Charles Darwin, *On the Origin of Species by Means of Natural Selection, or the Preservation of Favoured Races in the Struggle for Life* (Londres: John Murray, 1859). [Ed. bras.: *A origem das espécies por meio de seleção natural, ou a preservação das raças favorecidas na luta pela vida*. São Paulo: Ubu, 2018.] Em resposta a críticas a seu trabalho feitas pela Igreja, Darwin acrescentou as palavras "pelo Criador" às edições subsequentes, de modo que, na última frase, se lê "Há algo de grandioso nessa visão da vida que, com seus poderes únicos, tendo sido originalmente soprada pelo Criador em umas poucas formas, senão apenas em uma [...]".
16. John Muir, *My First Summer in the Sierra* (Boston: Houghton Mifflin, 1911). O texto final é uma versão de uma frase mais longa retirada dos diários de Muir, datada de 27 de julho de 1869: "Quando tentamos separar qualquer coisa isolada, descobrimos que está atrelada por mil cordas invisíveis, que não podem ser rompidas, a tudo que existe no Universo". Ver Stephen Fox, *John Muir and His Legacy: The American Conservation Movement* (Boston: Little, Brown, 1981).

17. Ursula K. Le Guin, "A Rant About 'Technology'", 2004. Disponível em: <www.ursulakleguinarchive.com/Note-Technology.html>.
18. Rachel Carson, *Silent Spring* (Nova York: Houghton Mifflin, 1962), p. 5.
19. A citação é de uma carta de Blake a um de seus patronos, o reverendo John Trusler, no verão de 1799. Trusler havia contratado Blake para realizar uma série de ilustrações morais no estilo das caricaturas contemporâneas. Quando Trusler criticou a visão artística de Blake, alegando que era "imaginativa" demais, Blake informou a Trusler em termos muito claros o que pensava de seu senso estético. "Se estou errado, estou errado em boa companhia [...]. Aquilo que é grandioso permanece necessariamente obscuro aos homens fracos. O que pode ser tornado explícito para um idiota não merece minha atenção." Reunidas em Alfred Kazin (org.), *The Portable Blake* (Londres: Penguin Classics, 1979).
20. Lynn Margulis, *The Symbiotic Planet: A New Look at Evolution* (Londres: Weidenfeld & Nicolson, 2013), p. 112.
21. De "What Is Reality?", reunidas em Alan Watts, *Become What You Are* (Boston: Shambhala Publications Inc., 2003).
22. Eduardo Viveiros de Castro, "The Transformation of Objects into Subjects in Amerindian Ontologies", citado em Graham Harvey, *Animism* (Londres: C. Hurst & Co., 2017).
23. A frase original de Churchill, proferida em um discurso na Câmara dos Comuns, foi "Moldamos nossos prédios, e nossos prédios nos moldam". John Culkin, um colega e amigo de McLuhan, adaptou e popularizou a frase em entrevistas com McLuhan. A saga inteira pode ser acompanhada em: <quoteinvestigator.com/2016/06/26/shape/>.

1. Pensando diferente [pp. 37-88]

1. O software de aprendizado foi derivado de outro lançando pela Comma.ai, um sistema *open-source* para o desenvolvimento de carros autônomos. "*Open-source*" significa que qualquer pessoa pode revisar, editar e executar o código. Para medir velocidade, posição e ângulo de curva, desenvolvi um app de smartphone que também é *open-source*. Está documentado em: <github.com/stml/Austeer>.
2. Para uma excelente explicação e crítica do flâneur/flâneuse, ver Lauren Elkin, *Flâneuse: Women Walk the City in Paris, New York, Tokyo, Venice, and London* (Londres: Chatto & Windus, 2017). [Ed. bras.: *Flâneuse: Mulheres que caminham pela cidade em Paris, Nova York, Tóquio, Veneza e Londres*. Trad. de Denise Bottmann. São Paulo: Fósforo, 2022.] Para as teorias de Debord, ver Guy Debord, "Theory of the Dérive", *Les Lèvres Nues*, n. 9 (nov. de 1956).

3. O exemplo do carrapato foi retirado de Jakob von Uexküll e Georg Kriszat, *Streifzüge durch die Umwelten von Tieren und Menschen. Ein Bilderbuch unsichtbarer Welten* (Hamburgo: Rowohlt, 1956). [Em inglês: Jakob von Uexküll, *A Foray Into the Worlds of Animals and Humans: With a Theory of Meaning*, trad. Joseph D. O'Neil (Minneapolis/Londres: University of Minnesota Press, 2010).] A discussão aqui apresentada se encontra em Giorgio Agamben, *The Open: Man and Animal*, traduzido do italiano por Kevin Attell (Stanford: Stanford University Press, 2004).
4. A criação dessas imagens teve apoio da Nome Gallery, como parte de *Failing to Distinguish Between a Tractor Trailer and the Bright White Sky*, uma exposição realizada em Berlim, abr.-jul. 2017. Para saber mais sobre a exposição, visite: <nomegallery.com/exhibitions/failing-to-distinguish-between-a-tractor-trailer-and-the-bright-white-sky/>.
5. A. M. Turing, "Computing Machinery and Intelligence", *Mind*, v. 49, pp. 433-60, 1950.
6. H. F. Harlow, H. Uehling e A. H. Maslow, "Comparative Behavior of Primates. I. Delayed Reaction Tests on Primates from the Lemur to the Orangutan", *Journal of Comparative Psychology*, v. 13, n. 3, pp. 313-43, 1932. No estudo original, todos os macacos têm nomes familiares e científicos, alguns de origem duvidosa. Junto com Charlotte, outros participantes incluíram um orangotango chamado Jiggs, uma série de macacos chamados Sourface, Sooty, Blackie e Kewpie (o nome de uma boneca infantil) — bem como um quinteto rotulado apenas como Macacos I-V. Os mandris se deram um pouco melhor; dois deles, que se presume terem sido um casal, eram chamados de Sócrates e Xântipe.
7. Benjamin B. Beck, "A Study of Problem Solving by Gibbons", *Behaviour*, v. 28, n. 1-2, p. 95, 1º jan. 1967.
8. Para este e muitos outros relatos sobre design experimental em experimentos sobre inteligência animal, ver Frans de Waal, *Are We Smart Enough to Know How Smart Animals Are?* (Londres: Granta, 2016). [Ed. bras.: *Somos inteligentes o bastante para saber o quão inteligentes são os animais?*. São Paulo: Companhia das Letras, 2022.]
9. Detalhes sobre a vida de Jenny e de sua associação com Darwin foram retirados de "Portrait of Jenny", *Zoological Society of London*, 1º jun. 2008. Disponível em: <www.zsl.org/blogs/artefact-of-the-month/portrait-of-jenny>.
10. Para uma história de como Gallup desenvolveu o teste do espelho, ver Chelsea Wald, "What Do Animals See in a Mirror?", *Nautilus*, maio de 2014. Disponível em: <nautil.us/what-do-animals-see-in-a-mirror-rp-234906/>.
11. De Gordon G. Gallup, "Chimpanzees: Self Recognition", *Science*, v. 167, n. 3914, pp. 86-7, 2 jan. 1970.

12. Sobre os testes com golfinhos, ver K. Marten e S. Psarakos, "Evidence of Self Awareness in the Bottlenose Dolphin (Tursiops truncatus)", in S. T. Parker, R. W. Mitchell e M. L. Boccia (orgs.), *Self-Awareness in Animals and Humans: Developmental Perspectives* (Cambridge: Cambridge University Press, 1994), pp. 361-79. Sobre as orcas, ver F. Delfour, K. Marten, "Mirror Image Processing in Three Marine Mammal Species: Killer Whales (Orcinus orca), False Killer Whales (Pseudorca crassidens) and California Sea Lions (Zalophus californianus)", *Behavioural Processes*, v. 53, n. 3, pp. 181-90, maio 2001. Sobre as pegas, ver H. Prior, A. Schwarz e O. Güntürkün, "Mirror-Induced Behavior in the Magpie (Pica pica): Evidence of Self-Recognition", *PLOS Biology*, v. 6, n. 8, p. e202, ago. 2008. Sobre as formigas, ver MarieClaire Cammaerts Tricot e Roger Cammaerts, "Are Ants (Hymenoptera, Formicidae) Capable of Self-Recognition?", *Journal of Science*, v. 5, n. 7, pp. 521-32, jan. 2015.
13. Sobre as "fitas pornô de golfinho", ver Chelsea Wald, "What Do Animals See in a Mirror?", *Nautilus*, abr. 2014. Disponível em: <nautil.us/what-do-animals-see-in-a-mirror-rp-234906/>. Sobre os estudos subsequentes, ver D. Reiss e L. Marino, "Mirror Self-Recognition in the Bottlenose Dolphin: A Case of Cognitive Convergence", *Proceedings of the National Academy of Sciences*, v. 98, n. 10, pp. 5937-42, jun. 2001.
14. D. J. Povinelli, "Failure to Find Self Recognition in Asian Elephants (Elephas maximus) in Contrast to Their Use of Mirror Cues to Discover Hidden Food", *Journal of Comparative Psychology*, v. 103, n. 2, pp. 122-31, 1989. Disponível em: <doi.org/10.1037/0735-7036.103.2.122>.
15. J. M. Plotnik, F. B. M. de Waal e D. Reiss, "Self-recognition in an Asian Elephant", *Proceedings of the National Academy of Sciences*, v. 103, n. 45, pp. 17053-7, 7 nov. 2006.
16. "2014 List of Ten Worst Zoos for Elephants", comunicado de imprensa da In Defense of Animals, 12 jan. 2015. Disponível em: <www.idausa.org/campaign/elephants/10-worst-zoos-for-elephants-2014/>.
17. Para os vídeos do teste do espelho, ver: <pnas.org/content/suppl/2006/10/26/0608062103.DC1>. Para relatos sobre a sua vida, ver Brad Hamilton, "Happy the Elephant's Sad Life Alone at the Bronx Zoo", *New York Post*, 30 set. 2012. Disponível em: <nypost.com/2012/09/30/happy-the-elephants-sad-life-alone-at-the-bronx-zoo/>.
18. Para saber mais sobre a história de Happy e o histórico do processo aberto pelo Nonhuman Rights Project, ver capítulo 9 e a página de cliente de Happy no website do NhRP: <www.nonhumanrights.org/client-happy/>.
19. T. Suddendorf e E. Collier-Baker, "The Evolution of Primate Visual Self-Recognition: Evidence of Absence in Lesser Apes", *Proceedings of the Royal Society B: Biological Sciences*, v. 276, n. 1662, pp. 1671-7, 7 maio 2009.

20. A. Z. Rajala, K. R. Reininger, K. M. Lancaster e L. C. Populin, "Rhesus Monkeys (*Macaca mulatta*) Do Recognize Themselves in the Mirror: Implications for the Evolution of Self-Recognition", *PLOS ONE*, v. 5, n. 9, e12865, 29 set. 2010. Disponível em: <doi.org/10.1371/journal.pone.0012865>.
21. D. J. Shillito, G. G. Gallup Jr. e B. B. Beck, "Factors Affecting Mirror Behavior in Western Lowland Gorillas, Gorilla gorila", *Animal Behaviour*, v. 57, n. 5, pp. 999-1004, maio 1999.
22. F. G. P. Patterson e R. H. Cohn, "Self-Recognition and Self-Awareness in Lowland Gorillas", in S. T. Parker, R. W. Mitchell e M. L. Boccia (orgs.), *Self-Awareness in Animals and Humans: Developmental Perspectives* (Cambridge: Cambridge University Press, 1994), pp. 273-90.
23. Melinda R. Allen, "Mirror Self-Recognition in a Gorilla (Gorilla gorilla)", tese de mestrado, Florida International University, abr. 2007.
24. Patterson e Cohn, "Self-Recognition and Self Awareness in Lowland Gorillas", in Parker, Mitchell e Boccia (orgs.), *Self-Awareness in Animals and Humans: Developmental Perspectives*.
25. T. Broesch, T. Callaghan, J. Henrich, C. Murphy e P. Rochat, "Cultural Variations in Children's Mirror Self-Recognition", *Journal of Cross-Cultural Psychology*, v. 42, n. 6, pp. 1018-29, ago. 2011.
26. Sobre a tentativa de Inky de obter a liberdade, ver Dan Bilefsky, "Inky the Octopus Escapes From a New Zealand Aquarium", *New York Times*, 13 abr. 2016. Disponível em: <www.nytimes.com/2016/04/14/world/asia/inky-octopus-new-zealand-aquarium.html>. Sobre as travessuras de Sid, ver Kathy Marks, "Legging It: Evasive Octopus Who Has Been Allowed to Look for Love", *The Independent*, 14 fev. 2009. Disponível em: <www.independent.co.uk/climate-change/news/legging-it-evasive-octopus-who-has-been-allowed-to-look-for-love-1609168.html>. Para mais histórias de polvos sabotadores, ver Bob Pool, "Did this Mollusk Open a Bivalve", *Los Angeles Times*, 27 fev. 2009. Disponível em: <www.latimes.com/archives/la-xpm-2009-feb-27-me-octopus27-story.html>. Sobre Otto e suas tentativas de redecorar a casa, ver "Otto the Octopus Wreaks Havoc", *The Telegraph*, 31 out. 2008. Disponível em: <www.telegraph.co.uk/news/newstopics/howaboutthat/3328480/Otto-the-octopus-wrecks-havoc.html>.
27. Para essa e outras anedotas sobre o comportamento dos polvos, ver Peter Godfrey-Smith, *Other Minds: The Octopus, the Sea, and the Deep Origins of Consciousness* (Nova York: Farrar, Straus and Giroux, 2016). [Ed. bras.: *Outras mentes: o polvo e a origem da consciência*. Trad. de Paulo Geiger. São Paulo: Todavia, 2019.] Sobre o reconhecimento facial dos polvos, ver R. C. Anderson, J. A. Mather, M. Q. Monette e S. R. M. Zimsen, "Octopuses (*Enteroctopus dofleini*) Recognize Individual Humans", *Journal of*

Applied Animal Welfare Science, v. 13, n. 3, pp. 261-72, 18 jun. 2010. Disponível em: <doi.org/10.1080/10888705.2010.483892>.
28. Adrian Tchaikovsky, Children of Time (Londres: Tor Books, 2015).
29. Essa descrição dos estudos de Smuts, bem como suas citações diretas, foram retiradas de Barbara Smuts, "Encounters with Animal Minds", Journal of Consciousness Studies, v. 8, n. 5-7, pp. 293-309, jan. 2001.
30. Essas reflexões se encontram em Jane Goodall, "Primate Spirituality", na Encyclopedia of Religion and Nature (Londres & Nova York: Continuum, 2005).

2. Wood Wide Webs [pp. 89-122]

1. Para uma visão geral desses processos, ver Tom Reimchen, "Salmon Nutrients, Nitrogen Isotopes and Coastal Forests", Ecoforestry, primavera 2001. Disponível em: <web.uvic.ca/~reimlab/reimchen_ecoforestry.pdf>.
2. Richard Brautigan, "All Watched Over by Machines of Loving Grace", 1967.
3. Rafi Letzter, "There Are Plants and Animals on the Moon Now (Because of China)", Space.com, 4 jan. 2019. Disponível em: <www.space.com/42905--china-space-moon-plants-animals.html>.
4. H. M. Appel e R. B. Cocroft, "Plants Respond to Leaf Vibrations Caused by Insect Herbivore Chewing", Oecologia, v. 175, pp. 1257-66, 2 jul. 2014. Disponível em: <doi.org/10.1007/s0044201429956>.
5. Para se aprofundar nessas questões em aberto, ver R. Lederer, "The Mysteries of Eggs", Ornithology: The Science of Birds, 25 jun. 2019. Disponível em: <ornithology.com/the-mysteries-of-eggs/>; e G. E. Hutchinson, "The Paradox of the Plankton", American Naturalist, v. 95, n. 882, pp. 137-45, maio-jun. 1961.
6. Para as descrições de Monica Gagliano sobre esse experimento e outros, ver seu livro Thus Spoke the Plant (Berkeley: North Atlantic Books, 2018). Sobre o experimento com as mimosas na literatura científica, ver M. Gagliano, M. Renton, M. Depczynski et al., "Experience Teaches Plants to Learn Faster and Forget Slower in Environments Where it Matters", Oecologia, v. 175, n. 1, pp. 63-72, maio 2014. Disponível em: <doi.org/10.1007/s0044201328737>.
7. Gagliano inclui repetições de vários estudos existentes em seu experimento; uma visão geral deles pode ser encontrada em Charles I. Abramson, Ana M. Chicas-Mosier, "Learning in Plants: Lessons from Mimosa pudica", Frontiers in Psychology, v. 7, n. 417, 31 mar. 2016. Disponível em: <frontiersin.org/article/10.3389/fpsyg.2016.00417>.
8. Para pesquisas sobre odores e olfato em plantas, ver Anjel M. Helms, Consuelo M. De Moraes, John F. Tooker e Mark C. Mescher, "Insect

Odors and Plant Defense", *Proceedings of the National Academy of Sciences*, v. 110, n. 1, pp. 199-204, 2 jan. 2013. Disponível em: <doi.org/10.1073/pnas.1218606110>; e M. Mescher e C. De Moraes, "Pass the Ammunition", *Nature*, v. 510, pp. 221-2, 11 jun. 2014. Disponível em: <doi.org/10.1038/510221a>. Para saber mais sobre a cuscuta, ver Justin B. Runyon, Mark C. Mescher e Consuelo M. De Moraes, "Volatile Chemical Cues Guide Host Location and Host Selection by Parasitic Plants", *Science*, v. 313, n. 5795, pp. 1964-7, 29 set. 2006. Disponível em: <doi.org/10.1126/science.1131371>. Sobre a tomada de decisões por parte das plantas, ver M. Gruntman, D. Groß, M. Májeková et al., "Decision Making in Plants under Competition", *Nature Communications*, v. 8, n. 2235, 21 dez. 2017. Disponível em: <doi.org/10.1038/s41467017021472>. Para reações das plantas a agressões, ver A. D. Zinn, D. Ward e K. P. Kirkman, "Inducible Defences in Acacia Sieberiana in Response to Giraffe Browsing", *African Journal of Range and Forage Science*, v. 24, n. 3, pp. 123-9, out. 2007. Disponível em: <doi.org/10.2989/AJRFS.2007.24.3.2.295>; e M. J. Couvillon, H. Al Toufailia, T. M. Butterfield, F. Schrell, F. L. W. Ratnieks e R. Schürch, "Caffeinated Forage Tricks Honeybees into Increasing Foraging and Recruitment Behaviors", *Current Biology*, v. 25, n. 21, pp. 2815-18, 2 nov. 2015. Disponível em: <doi.org/10.1016/j.cub.2015.08.052>. Sobre a propriocepção, ver O. Hamant e B. Moulia, "How Do Plants Read Their Own Shapes?", *New Phytologist*, v. 212, n. 2, pp. 333-7, out. 2016. Disponível em: <doi.org/10.1111/nph.14143>. Sobre famílias de plantas, ver Richard Karban, Kaori Shiojiri, Satomi Ishizaki, William C. Wetzel e Richard Y. Evans, "Kin Recognition Affects Plant Communication and Defence", *Proceedings of the Royal Society B: Biological Sciences*, v. 280, n. 1756, 7 abr. 2013. Disponível em: <doi.org/10.1098/rspb.2012.3062>.

9. Para um estudo aprofundado sobre Pando, ver Jeffry B. Mitton e Michael C. Grant, "Genetic Variation and the Natural History of Quaking Aspen: The Ways in which Aspen Reproduces Underlie its Great Geographic Range, High Levels of Genetic Variability, and Persistence", *BioScience*, v. 46, n. 1, pp. 25-31, jan. 1996. Disponível em: <doi.org/10.2307/1312652>.

10. P. C. Rogers e D. J. McAvoy, "Mule Deer Impede Pando's Recovery: Implications for Aspen Resilience from a Single Genotype Forest", *PLOS ONE*, v. 13, n. 10, 17 out. 2018. Disponível em: <10.1371/journal.pone.0203619>.

11. Merlin Sheldrake, *Entangled Life: How Fungi Make Our Worlds, Change Our Minds and Shape Our Futures* (Londres: The Bodley Head, 2020). [Ed. bras.: *A trama da vida: como os fungos constroem o mundo*. São Paulo: Fósforo/Ubu, 2021.] Devo a Merlin boa parte da minha compreensão sobre a vida dos fungos, as origens da Wood Wide Web e vários dos

exemplos e das explicações fornecidas aqui, embora qualquer erro nessa compreensão seja de minha responsabilidade.
12. Para saber mais sobre o modelo climático micorrízico, ver Benjamin J. W. Mills, Sarah A. Batterman e Katie J. Field, "Nutrient Acquisition by Symbiotic Fungi Governs Palaeozoic Climate Transition", *Philosophical Transactions of the Royal Society B: Biological Sciences*, v. 373, n. 1739, 5 fev. 2018. Disponível em: <doi.org/10.1098/rstb.2016.0503>. Sobre as relações entre micorrizas e clima antigo, ver K. Field, D. Cameron, J. Leake et al., "Contrasting Arbuscular Mycorrhizal Responses of Vascular and Non-Vascular Plants to a Simulated Palaeozoic CO_2 Decline", *Nature Communications*, v. 3, n. 835, 15 maio 2012. Disponível em: <doi.org/10.1038/ncomms1831>.
13. Para acessar o artigo original de Simard, ver S. Simard, D. Perry, M. Jones et al., "Net Transfer of Carbon Between Ectomycorrhizal Tree Species in the Field", *Nature*, v. 388, pp. 579-82, 7 ago. 1997. Disponível em: <doi.org/10.1038/41557>. Para o comentário de Read, ver D. Read, "The Ties that Bind", *Nature*, v. 388, pp. 517-18, 7 ago. 1997. Disponível em: <doi.org/10.1038/41426>.
14. Para saber mais sobre a descrição da internet feita por Barabási, ver A. L. Barabási, "The Physics of the Web", *Physics World*, v. 14, n. 7, pp. 33-8, jul. 2001.

3. O denso bosque da vida [pp. 123-61]

1. Sim, a minha escola tinha um armário cheio de fontes radioativas. Não, não sei se isso era sensato ou mesmo permitido por lei.
2. O simpósio, chamado *Pelos olhos pós-atômicos*, foi realizado em outubro de 2015 e convocado pela Faculdade de Arte e Design da Universidade de Ontario (OCAD) e pela Universidade de Toronto. Um catálogo das contribuições, editado por Claudette Lauzon e John O'Brian, foi publicado com o mesmo título em 2020 (Montreal: McGill-Queen's University Press, 2020). Para a minha palestra sobre protesto e dados pessoais, ver "Big Data, No Thanks", Booktwo.org, 2 nov. 2015. Disponível em: <booktwo.org/notebook/bigdatanothanks/>.
3. Para saber mais sobre o trabalho de Karen Barad, ver *Meeting the Universe Halfway: Quantum Physics and the Entanglement of Matter and Meaning* (Durham: Duke University Press, 2007) ou o seu ensaio "On Touching — The Inhuman That Therefore I Am", *Differences*, v. 23, n. 3, pp. 206-23, 1º dez. 2012. Disponível em: <doi.org/10.1215/10407391-1892943>.
4. "In Earth's Hottest Place, Life Has Been Found in Pure Acid", *BBC Future*, ago. 2017. Disponível em: <www.bbc.com/future/article/20170803-in-earths-hottest-place-life-has-been-found-in-pure-acid>.

5. F. Gómez, B. Cavalazzi, N. Rodríguez et al., "Ultra-Small Microorganisms in the Polyextreme Conditions of the Dallol Volcano, Northern Afar, Ethiopia", *Scientific Reports*, v. 9, n. 1, maio 2019. Disponível em: <doi.org/10.1038/s41598-019-44440-8>.
6. J. Belilla, D. Moreira, L. Jardillier, G. Reboul, K. Benzerara, J. M. López-García, P. López-García, "Hyperdiverse Archaea Near Life Limits at the Polyextreme Geothermal Dallol Area", *Nature Ecology & Evolution*, v. 3, n. 11, pp. 1552-61, out. 2019. Disponível em: <doi.org/10.1038/s41559-019-1005-0>.
7. Sobre bactérias litotróficas, ver J. L. Sanz, N. Rodríguez, E. E. Díaz e R. Amils, "Methanogenesis in the Sediments of Rio Tinto, an Extreme Acidic River", *Environmental Microbiology*, v. 13, n. 8, pp. 2336-41, ago. 2011. Disponível em: <doi.org/10.1111/j.14622920.2011.02504>. Sobre os tapetes microbiais nos Andes, ver Elizabeth K. Costello, Stephan R. P. Halloy, Sasha C. Reed, Preston Sowell e Steven K. Schmidt, "Fumarole Supported Islands of Biodiversity within a Hyperarid, High-Elevation Landscape on Socompa Volcano, Puna de Atacama, Andes", *Applied and Environmental Microbiology*, v. 75, n. 3, pp. 735-47, fev. 2019. Disponível em: <doi.org/10.1128/AEM.0146908>. Para uma exploração das fontes hidrotermais, ver H. W. Jannasch e M. J. Mottl, "Geomicrobiology of Deep-Sea Hydrothermal Vents", *Science*, v. 229, n. 4715, pp. 717-25, 23 ago. 1985. Disponível em: <doi.org/10.1126/science.229.4715.717>.
8. N. Patterson, D. J. Richter, S. Gnerre, E. S. Lander e D. Reich, "Genetic Evidence for Complex Speciation of Humans and Chimpanzees", *Nature*, v. 441, n. 7097, pp. 1103-1108, 19 jun. 2006.
9. A. Durvasula e S. Sankararaman, "Recovering Signals of Ghost Archaic Introgression in African Populations", *Science Advances*, v. 6, n. 7, 12 fev. 2020. Disponível em: <doi.org/10.1126/sciadv.aax5097>.
10. Jon Mooallem, "Neanderthals Were People, Too", *The New York Times*, 11 jan. 2017. Disponível em: <www.nytimes.com/2017/01/11/magazine/neanderthals-were-people-too.html>.
11. Elizabeth Kolbert, "Sleeping with the Enemy", *The New Yorker*, 8 ago. 2011. Disponível em: <www.newyorker.com/magazine/2011/08/15/sleeping-with-the-enemy>.
12. Assista a Ljuben Dimkaroski tocar a Flauta de Divje Babe em: <youtube.com/watch?v=AZCWFcyxUhQ>. Para mais informações sobre o projeto Arqueologia da Música Europeia, visite: <emaproject.eu>. Para a performance do adágio, ver Sofia Rizzi: <www.classicfm.com/discover-music/instruments/flute/worlds-oldest-instrument-neanderthal-flute/>.
13. A. W. G. Pike, D. L. Hoffmann, M. García-Diez, P. B. Pettitt, J. Alcolea, R. De Balbin, [...] J. Zilhão, "U-Series Dating of Paleolithic Art in 11

Caves in Spain", *Science*, v. 336, n. 6087, pp. 1409-13, 15 jun. 2012. Disponível em: <doi.org/10.1126/science.1219957>.
14. D. L. Hoffmann, C. D. Standish, M. García-Diez, P. B. Pettitt, J. A. Milton, J. Zilhão, [...] A. W. G. Pike, "U-Th Dating of Carbonate Crusts Reveals Neandertal Origin of Iberian Cave Art", *Science*, v. 359, n. 6378, pp. 912-15, 23 fev. 2018.
15. Ed Yong, "A Shocking Find in a Neanderthal Cave in France", *The Atlantic*, 25 maio 2016. Disponível em: <theatlantic.com/science/archive/2016/05/theastonishingageofaneanderthalcaveconstructionsite/484070/>.
16. J. Gresky, J. Haelm e L. Clare, "Modified Human Crania From Göbekli Tepe Provide Evidence For a New Form of Neolithic Skull Cult", *Science Advances*, v. 3, n. 6, jun.2017. Disponível em: <doi.org/10.1126/sciadv.1700564>.
17. M. Krings, A. Stone, R. W. Schmitz, H. Krainitzki, M. Stoneking e S. Pääbo et al., "Neandertal DNA Sequences and the Origin of Modern Humans", *Cell*, v. 90, n. 1, pp. 19-30, 11 jul. 1997.
18. K. Prüfer, F. Racimo, N. Patterson et al., "The Complete Genome Sequence of a Neanderthal From the Altai Mountains", *Nature*, v. 505, pp. 43-9, 2 jan. 2014.
19. S. R. Browning, B. L. Browning, Y. Zhou, S. Tucci e J. M. Akey, "Analysis of Human Sequence Data Reveals Two Pulses of Archaic Denisovan Admixture", *Cell*, v. 173, n. 1, pp. 53-61, 22 mar. 2018. Disponível em: <doi.org/10.1016/j.cell.2018.02.031>.
20. Sobre as adaptações tibetanas a partir dos denisovanos, ver E. Huerta-Sánchez, X. Jin, Asan et al., "Altitude Adaptation in Tibetans Caused by Introgression of Denisovan-like DNA", *Nature*, vol. 512, n. 7513, pp. 194-7, 14 ago. 2014. Disponível em: <doi.org/10.1038/nature13408>. Sobre a Groenlândia, ver F. Racimo, D. Gokhman, M. Fumagalli et al., "Archaic Adaptive Introgression in TBX15/WARS2", *Molecular Biology and Evolution*, v. 34, n. 3, pp. 509-24, 1º mar. 2017. Disponível em: <doi.org/10.1093/molbev/msw283>. Sobre as "populações-fanstasma" e migrações para a África, ver F. A. Villanea e J. G. Schraiber, "Multiple Episodes of Interbreeding Between Neanderthals and Modern Humans", *Nature Ecology & Evolution*, v. 3, n. 1, pp. 39-44, 26 maio 2019, e A. Gibbons, "Prehistoric Eurasians Streamed into Africa, Genome Shows", *Science*, v. 350, n. 6257, p. 149, 9 out. 2015. Disponível em: <doi.org/10.1126/science.350.6257.149>.
21. V. Slon, F. Mafessoni, B. Vernot et al., "The Genome of the Offspring of a Neanderthal Mother and a Denisovan Father", *Nature*, v. 561, n. 7721, pp. 113-16, set. 2018. Disponível em: <doi.org/10.1038/s415860180455x>.

22. Matthew Warren, "Mum's a Neanderthal, Dad's a Denisovan: First Discovery of an Ancient-Human Hybrid", *Nature*, 22 ago. 2018. Disponível em: <www.nature.com/articles/d41586-018-06004-0>.
23. Sobre os níveis de oxitocina em chimpanzés, ver R. M. Wittig, C. Crockford, T. Deschner, K. E. Langergraber, T. E. Ziegler e K. Zuberbühler, "Food Sharing is Linked to Urinary Oxytocin Levels and Bonding in Related and Unrelated Wild Chimpanzees", *Proceedings of the Royal Society B: Biology*, v. 281, n. 1778, 7 mar. 2014. Disponível em: <doi.org/10.1098/rspb.2013.3096>. Sobre os bonobos, ver T. Kano, "Social Behavior Of Wild Pygmy Chimpanzees (*Pan paniscus*) of Wamba: A Preliminary Report", *Journal of Human Evolution*, v. 9, n. 4, pp. 243-54, maio 1980. Sobre os cuidados dos gorilas com os bebês, ver S. Rosenbaum, L. Vigilant, C. W. Kuzawa e T. S. Stoinski, "Caring for Infants Is Associated with Increased Reproductive Success For Male Mountain Gorillas", *Scientific Reports*, v. 8, n. 15223, 15 out. 2018.
24. Y. Fernández-Jalvo, J. Carlos Díez, I. Cáceres e J. Russell, "Human Cannibalism in the Early Pleistocene of Europe (Gran Dolina, Sierra de Atapuerca, Burgos, Spain)", *Journal of Human Evolution*, v. 37, n. 3-4, pp. 591-622, set. 1999.
25. Richardson discute explicitamente o paradoxo do contorno da costa em Lewis F. Richardson, "The Problem of Contiguity: An Appendix to Statistics of Deadly Quarrels", *General Systems: Yearbook of the Society for the Advancement of General Systems Theory*, v. 6, n. 139, pp. 139-87, 1961.
26. Mandelbrot se baseou diretamente na obra de Richardson, inspirado por seu trabalho com os contornos da costa. Ver B. Mandelbrot, "How Long is the Coast of Britain? Statistical Self-Similarity and Fractional Dimension", *Science*, nova série, v. 156, n. 3775, pp. 636-8, 5 maio 1967.
27. Para o artigo original de Woese e Fox, ver C. R. Woese e G. E. Fox, "Phylogenetic Structure of the Prokaryotic Domain: The Primary Kingdoms", *Proceedings of the National Academy of Science, USA*, v. 74, n. 11, pp. 5088-90, nov. 1977. Disponível em: <doi.org/10.1073/pnas.74.11.5088>. Para mais informações sobre a descoberta das arqueias e da Transferência Horizontal de Genes, ver David Quammen, *The Tangled Tree: A Radical New History of Life* (Londres: William Collins, 2018).
28. S. Gilbert, J. Sapp, A. Tauber, com J. D. Thomson e S. C. Stearns (orgs.), "A Symbiotic View of Life: We Have Never Been Individuals", *The Quarterly Review of Biology*, v. 87, n. 4, pp. 325-41, dez. 2012. Disponível em: <doi.org/10.1086/668166>.
29. Sobre infecções virais como vetores de transmissão de DNA em humanos, ver M. Varela, T. E. Spencer, M. Palmarini e F. Arnaud, "Friendly Viruses: the Special Relationship between Endogenous Retroviruses and Their Host", *Annals of the New York Academy of Sciences*, v. 1178, n. 1, pp. 157-72,

out. 2009. Disponível em: <doi.org/10.1111/j.1749-6632.2009.05002.x>. Sobre o desenvolvimento do útero dos mamíferos, ver S. Mi, X. Lee, X. Li et al., "Syncytin is a Captive Retroviral Envelope Protein Involved in Human Placental Morphogenesis", *Nature*, v. 403, pp. 785-9, out. 2000. Disponível em: <doi.org/10.1038/35001608>. Para saber mais sobre a — muito controversa — ligação da origem do esperma às espiroquetas, ver Lynn Margulis, *Origin of Eukaryotic Cells* (New Haven: Yale University Press, 1970).

30. Para saber mais a respeito dos fantasmas da simbiose, ver Connie Barlow, *The Ghosts of Evolution: Nonsensical Fruit, Missing Partners, and other Ecological Anachronisms* (Nova York: Basic Books, 2000).

31. Sobre a conexão entre microbioma e desenvolvimento cerebral, ver J. Cryan e T. Dinan, "Mind-Altering Microorganisms: The Impact of the Gut Microbiota on Brain and Behaviour", *Nature Reviews Neuroscience*, v. 13, pp. 701-12, out. 2012. Disponível em: <doi.org/10.1038/nrn3346>. Sobre microbioma e doenças em idosos, ver M. Claesson, I. Jeffery, S. Conde et al., "Gut Microbiota Composition Correlates With Diet and Health in the Elderly", *Nature*, v. 488, n. 7410, pp. 178-84, ago. 2012. Disponível: <doi.org/10.1038/nature11319>.

32. Com base no sequenciamento genético, *Rickettsia prowazekii*, a bactéria responsável pelo tifo, é a parente de vida livre mais próxima das mitocôndrias. Ver S. G. E. Andersson, C. G. Kurland, A. Zomorodipour, J. O. Andersson et al., "The Genome Sequence of *Rickettsia prowazekii* and the Origin of Mitochondria", *Nature*, v. 396, n. 6707, pp. 133-40, nov. 1998. Disponível em: <doi.org/10.1038/24094>.

33. W. F. Doolittle, "Phylogenetic Classification and the Universal Tree", *Science*, v. 284, n. 5423, pp. 2124-9, jun. 1999. Disponível em: <doi.org/10.1126/science.284.5423.2124>.

34. Lynn Margulis, *The Symbiotic Planet: A New Look At Evolution* (Londres: Weidenfeld & Nicolson, 1998).

35. A respeito dos 51 gêneros do Facebook, ver Brandon Griggs, "Facebook Goes Beyond 'Male' And 'Female' With New Gender Options", *CNN*, 13 fev. 2014. Disponível em: <edition.cnn.com/2014/02/13/tech/social-media/facebook-gender-custom/index.html>. Para a lista dos 71 gêneros, ver Rhiannon Williams, "Facebook's 71 Gender Options Come to UK Users", *The Telegraph*, 27 jun. 2014. Disponível em: <www.telegraph.co.uk/technology/facebook/10930654/Facebooks-71-gender-options-come-to-UK-users.html>. Para o anúncio do Facebook sobre o campo de entrada livre para gêneros, ver a postagem do Facebook Diversity em 26 fev. 2015. Disponível em: <facebook.com/facebookdiversity/posts/774221582674346>.

36. Lynn Margulis e Dorion Sagan, *Origins of Sex: Three Billion Years of Genetic Recombination* (New Haven: Yale University Press, 1986).

4. Enxergando como um planeta [pp. 163-99]

1. Para o festival *chelidonia*, ver a Wikipedia grega (Stilpon Kyriakidis), "Language and folk culture of the modern Greeks", Association for the Distribution of Greek Letters, Atenas, 1946. Para Letnik, ver "Leto — Old European Culture", blog, 27 jan. 2017. Disponível em: <oldeuropeanculture.blogspot.com/2017/01/leto.html>. Para relatos sobre a migração de andorinhas em 2020, ver Tasos Kokkinidis, "Thousands of Swallows and Other Birds Die in Greece After Migration", *Greek Reporter*, 9 abr. 2020. Disponível em: <greekreporter.com/2020/04/09/thousands-of-swallows-and-other-birds-die-in-greece-after-migration/>, e Horatio Clare, "Where Have All the Swallows Gone?", *The Daily Mail*, 23 jun. 2020. Disponível em: <www.dailymail.co.uk/news/article-8449275/Where-swallows-gone-Theyve-harbingers-summer-year-numbers-low.html>.

2. E. Syrjämäki e T. Mustonen, *It Is the Sámi who Own this Land — Sacred Landscapes and Oral Histories of the Jokkmokk Sámi* (Vaasa, Finlândia: Snowchange Cooperative, 2013).

3. Craig Welch, "Half of All Species are on the Move — and We're Feeling It", *National Geographic*, 27 abr. 2017. Disponível em: <www.nationalgeographic.com/science/article/climate-change-species-migration-disease>.

4. Para uma análise abrangente sobre a criação e implementação do tempo global, ver Vanessa Ogle, *The Global Transformation of Time 1870-1950* (Cambridge: Harvard University Press, 2015).

5. Tracy Kidder, *The Soul of a New Machine* (Nova York: Little, Brown and Company, 1981). O engenheiro confortável com os nanossegundos era Ed Rasala; o que foi embora para Vermont era Josh Rosen.

6. Para um relato mais completo sobre o Registro Marsham, ver I. D. Margary, "The Marsham Phenological Record in Norfolk, 1736-1925, and Some Others", *Quarterly Journal of the Royal Meteorological Society*, v. 52, n. 217, pp. 27-54, jan. 1926. Disponível em: <doi.org/10.1002/qj.49705221705>. Para uma análise, ver T. H. Sparks e P. D. Carey, "The Responses of Species to Climate Over Two Centuries: An Analysis of the Marsham Phenological Record, 1736-1947", *Journal of Ecology*, v. 83, n. 2, abr. 1995, p. 321. Disponível em: <doi.org/10.2307/2261570>.

7. Para saber mais sobre o Registro Marsham, fenologia, caribus e tempo tecnológico, ver James Bridle, "Phenological Mismatch", *e-flux journal*, jun. 2019. Disponível em: <eflux.com/architecture/becomingdigital/273079/phenologicalmismatch/>.

8. Esse cálculo foi extraído de S. Loarie, P. Duffy, H. Hamilton et al., "The Velocity of Climate Change", *Nature*, v. 462, pp. 1052-5, 24 dez. 2019. Disponível em: <doi.org/10.1038/nature08649>.

9. Para um excelente compêndio sobre a Migração Florestal, ver L. F. Pitelka e Plant Migration Workshop Group, "Plant Migration and Climate Change", *American Scientist*, v. 85, n. 5, pp. 464-73, set.-out. 1997.
10. S. Fei, J. M. Desprez, K. M. Potter, I. Jo, J. A. Knott e C. M. Oswalt, "Divergence of Species Responses to Climate Change", *Science Advances*, v. 3, n. 5, 17 maio 2017. Disponível em: <doi.org/10.1126/sciadv.1603055>.
11. L. Kullman, "Rapid recent range-margin rise of tree and shrub species in the Swedish Scandes", *Journal of Ecology*, v. 90, n. 1, pp. 68-77, fev. 2002. Disponível em: <doi.org/10.1046/j.00220477.2001.00630.x>.
12. K. Tape, M. Sturm e C. Racine, "The Evidence for Shrub Expansion in Northern Alaska and the PanArctic", *Global Change Biology*, v. 12, n. 4, pp. 686-702, abr. 2006. Disponível em: <doi.org/10.1111/j.13652486.2006.01128.x>.
13. Clement Reid, *The Origin of the British Flora* (Londres: Dulau & Co., 1899).
14. R. G. Pearson, "Climate Change and the Migration Capacity of Species", *Trends in Ecology & Evolution*, v. 21, n. 3, pp. 111-13, mar. 2006. Disponível em: <doi.org/10.1016/j.tree.2005.11.022>.
15. K. D. Woods e M. B. Davis, "Paleoecology of Range Limits: Beech in the Upper Peninsula of Michigan", *Ecology*, v. 70, n. 3, pp. 681-96, jun. 1989. Disponível em: <doi.org/10.2307/1940219>.
16. L. Kullman, "Norway Spruce Present in the Scandes Mountains, Sweden at 8000 BP: New Light on Holocene Tree Spread", *Global Ecology and Biogeography Letters*, v. 5, n. 2, pp. 94-101, mar. 1996. Disponível em: <doi.org/10.2307/2997447>.
17. Schultz estuda as vias metabólicas em plantas e animais, e chama a atenção para a maneira como muitas interações químicas ocorrem por vias semelhantes nos dois reinos. Ver Jack C. Schultz, "Plants are Just Very Slow Animals", mar. 2010. Disponível em: <mospace.umsystem.edu/xmlui/handle/10355/6759>.
18. A versão de Richard Powers para essa fábula foi a primeira que conheci, mas a história quase certamente tem origem num episódio original de *Star Trek* chamado "Wink of an Eye" [Um piscar de olhos]. Ela também é mencionada pelo neurobiólogo de plantas Stefano Mancuso numa entrevista com Michael Pollan em "The Intelligent Plant", *The New Yorker*, 15 dez. 2013, que pode ter sido onde Powers a conheceu. Disponível em: <www.newyorker.com/magazine/2013/12/23/the-intelligent-plant>.
19. Charles Darwin, assistido por Francis Darwin, *The Power of Movement in Plants* (Nova York: D. Appleton and Company, 1887).
20. Carta de Charles Darwin a Alphonse de Candolle, 28 de maio de 1880, in Francis Darwin (org.), *The Life and Letters of Charles Darwin*, v. II (Londres: John Murray, 1887), p. 506.

21. Sobre as origens militares da internet, ver Yasha Levine, *Surveillance Valley: The Secret Military History of the Internet* (Londres: Icon Books, 2019). Para uma crítica do neoliberalismo do Vale do Silício, ver Richard Barbrook e Andy Cameron, "The Californian Ideology", *Mute*, v. 1, n. 3, 1º set. 1995. Disponível em: <metamute.org/editorial/articles/californian-ideology>.
22. I. O. Buss, "Bird Detection by Radar", *The Auk*, v. 63, n. 3, pp. 315-18, 1º jul. 1946. Disponível em: <doi.org/10.2307/4080116>.
23. Para uma descrição do trabalho de Varley e Lack, ver A. D. Fox e P. D. L. Beasley, "David Lack and the Birth of Radar Ornithology", *Archives of Natural History*, v. 37, n. 2, pp. 325-32, out. 2010. Para o experimento com a gaivota-prateada, ver D. Lack e G. C. Varley, "Detection of Birds by Radar", *Nature*, v. 156, n. 3963, p. 446, 1945.
24. Para os experimentos de Lack no pós-guerra, ver D. Lack, "Migration across the North Sea Studied by Radar. Part I. Survey through the Year", *Ibis*, v. 101, pp. 209-34, 1959 (e edições subsequentes).
25. Para exemplos de padrões, ver: <birdcast.info/forecast/understanding-radar-and-birds-part-1/>. Para imagens ao vivo, visite: <radar.weather.gov/>. Sobre rastrear pássaros individuais, ver B. Bruderer, T. Steuri e M. Baumgartner, "Short-Range High-Precision Surveillance of Nocturnal Migration and Tracking of Single Targets", *Israel Journal of Zoology*, v. 41, n. 3, pp. 207-20, 1995.
26. A história da oferta do NRO à Nasa está contada em Dennis Overbye, "Ex-Spy Telescope May Get New Identity as a Space Investigator", *New York Times*, 4 jun. 2012.
27. Joel Achenbach, "NASA Gets Two Military Spy Telescopes for Astronomy", *The Washington Post*, 4 jun. 2012.
28. Geoff Brumfiel, "Trump Tweets Sensitive Surveillance Image of Iran", *NPR*, 30 ago. 2019.
29. Para exemplos dessas imagens, ver "Mapping the Mighty Mangrove", *Nasa*, dez. 2019. Disponível em: <landsat.gsfc.nasa.gov/mappingthemightymangrove/>; M. Arekhi, A. Yesil, U. Y. Ozkan e F. B. Sanli, "Detecting Treeline Dynamics in Response to Climate Warming Using Forest Stand Maps and Landsat Data in a Temperate Forest", *Forest Ecosystems*, v. 5, n. 23, 11 maio 2018. Disponível em: <doi.org/10.1186/s40663018-01413>; e G. Mancino, A. Nolè, F. Ripullone e A. Ferrara, "Landsat™ Imagery and NDVI Differencing to Detect Vegetation Change: Assessing Natural Forest Expansion in Basilicata, Southern Italy", *iForest — Biogeosciences and Forestry*, v. 7, n. 2, pp. 75-84, abr. 2014. Disponível em: <doi.org/10.3832/ifor0909007>.
30. Jean Epstein, *Photogénie de l'impondérable* (Paris: Éditions Corymbe, 1935), citado em Teresa Castro, "The Mediated Plant", *e-flux Journal*, 102, set. 2019. Disponível em: <eflux.com/journal/102/283819/the-mediated-plant/>.

5. Falando com estranhos [pp. 201-47]

1. Uma seleção dos artefatos da exposição, incluindo muitos que são mencionados aqui, estão registrados no website *Il Paese di Cuccagna, I-DEA*, Matera City of Culture 2019. Disponível em: <www.matera-basilicata2019.it/en/galleries/category/153-i-dea-il-paese-di-cuccagna.html>.
2. Para mais feitiços e encantos, ver Ernesto de Martino, *Magic: A Theory from the South*, traduzido por Dorothy Zinn (Londres: HAU Books, 2015), bem como a obra-prima de Martino, *Il mondo magico*; publicado em inglês como *The World of Magic* (Nova York: Pyramid Communications, 1972).
3. "Hymn to Malandrina" [Hino para Malandrina], uma seleção editada de chamados de Viggianello, com título que homenageia a cabra mais travessa de Francesco Caputo, está disponível em: <vimeo.com/368478999>.
4. O artigo "Meet the Greater Honeyguide, the Bird That Understands Humans" por Purbita Saha e Claire Spottiswoode, 22 ago. 2016, *Audobon.org*, contém uma gravação do chamado *brrrrr-hm*. Disponível em: <www.audubon.org/news/meet-greater-honey-guide-bird-understands-humans>.
5. C. N. Spottiswoode, K. S. Begg e C. M. Begg, "Reciprocal Signaling in Honeyguide-Human Mutualism", *Science*, v. 353, n. 6297, pp. 387-9, jul. 2006. Disponível em: <doi.org/10.1126/science.aaf4885>.
6. C. A. Zappes, A. Andriolo, P. C. Simões-Lopes e A. P. M. Di Beneditto, "'Human-Dolphin (Tursiops Truncatus Montagu, 1821) Cooperative Fishery' and its Influence on Cast Net Fishing Activities in Barra de Imbé/Tramandaí, Southern Brazil", *Ocean & Coastal Management*, v. 54, n. 5, pp. 427-32, maio 2011. Disponível em: <doi.org/10.1016/j.ocecoaman.2011.02.003>.
7. B. M. Wood, H. Pontzer, D. A. Raichlen e F. W. Marlowe, "Mutualism and Manipulation in Hadza-Honeyguide Interactions", *Evolution and Human Behavior*, v. 35, n. 6, pp. 540-46, 1º nov. 2014. Disponível em: <doi.org/10.1016/j.evolhumbehav.2014.07.007>.
8. Para uma gravação do assovio dos hazda, ver o filme de Theresa Lucrisia Bradley, *A Hadzabe Honey Hunt*, 2020. Disponível em: <youtube.com/watch?v=ubfkz3p8t6c>. Para a técnica do povo borana, ver H. A. Isack e H. U. Reyer, "Honeyguides and Honey Gatherers: Interspecific Communication in a Symbiotic Relationship", *Science*, v. 243, n. 4896, pp. 1343-6, 10 mar. 1989. Disponível em: <doi.org/10.1126/science.243.4896.1343>.
9. H. Kaplan, K. Hill, J. Lancaster e A. M. Hurtado, "A Theory of Human Life History Evolution: Diet, Intelligence, and Longevity", *Evolutionary Anthropology*, v. 9, n. 4, pp. 156-85, 16 ago. 2000. Disponível em: <www.unm.edu/~hkaplan/KaplanHillLancasterHurtado_2000_LHEvolution.pdf>.

10. F. Max Müller, "The Theoretical Stage, and the Origin of Language", Lecture 9 em *Lectures on The Science of Language* (1861; Edição e-book, junho de 2010). Disponível em: <www.gutenberg.org/files/32856/32856-h/32856-h.html#toc21>.
11. Meu primeiro contato com o *cantu a tenòre*, e com essa explicação de seus papéis, se deu num parque público em Cagliari e foi relatada por um dos mais conhecidos grupos contemporâneos, os Tenores di Bitti. Para experimentar um pouco do efeito e da explicação, assista ao curta-metragem *Tenores di Bitti "Mialinu Pira" a Belluno*. Disponível em: <youtube.com/watch?v=mMddrMMqm00>.
12. Theodore Levin, *Where Rivers and Mountains Sing: Sound, Music, and Nomadism in Tuva and Beyond* (Bloomington: Indiana University Press, 2006).
13. Em décadas recentes, observa-se que a mudança climática está causando rupturas irreversíveis entre a capacidade evoluída das espécies de atentar para sinais históricos de sazonalidade e a real disponibilidade de alimento e outras necessidades (ver James Bridle, "Phenological Mismatch", periódico *e-flux*, junho de 2019). Seria intrigante, ainda que devastador, descobrir que as canções tuvanas contêm um registro auditivo de condições climáticas que já não existem, assim como os pintores de paisagens da Europa antes do século XX documentavam céus despoluídos que nunca veremos hoje.
14. Maurice Merleau-Ponty, *The Visible and the Invisible*, trad. Alphonso Lingis (Evanston: Northwestern University Press, 1968). [Ed. bras.: *O visível e o invisível*, trad. José Artur Gianotti e Armando M. d'Oliveira. São Paulo: Perspectiva, 1971.] Devo muito a David Abram e *The Spell of the Sensuous: Perception and Language in a More-Than-Human World* (Nova York: Vintage, 1996) por sua elucidação do trabalho de Merleau-Ponty sobre a linguagem e também por seus pensamentos sobre a escrita, o alfabeto e a fenomenologia.
15. Agradeço especialmente a Einar Sneve Martinussen por me apresentar à história da ação Áltá, e ao grupo "European Everything" de Joar Nango por me apresentar ao *joiking* — e peço desculpas por meu relato bastante redutor a respeito dessa tradição. Para saber mais sobre a ação Áltá e suas reverberações culturais, ver "Let the River Flow. The Sovereign Will and the Making of a New Worldliness", publicado para coincidir com uma exposição de mesmo nome, realizada no Office for Contemporary Art Norway, Oslo, abr.-jun. 2018.
16. Para esse e outros pensamentos relacionados à natureza da linguagem escrita e do alfabeto, devo mais uma vez a *The Spell of the Sensuous*, de David Abram.
17. Esses exemplos foram retirados do livro *Variationist Sociolinguistics: Change, Observation, Interpretation* (Hoboken: Wiley-Blackwell, 2011), do linguista Sali Tagliamonte. As fontes originais são Ælfric, c. 1000, *Grammar*, xlviii.

(Z) 279; Chaucer, *Prioress's Prologue and Tale* in CT. 5 (Harleian MS.); Shakespeare, *Muito barulho por nada* (escrito em 1598-9), Ato IV, cena I.
18. S. A. Tagliamonte e D. Denis, "Linguistic Ruin? Lol! Instant Messaging and Teen Language", *American Speech*, v. 83, n. 1, pp. 3-34, mar. 2008. Disponível em: <doi.org/10.1215/00031283-2008-001>.
19. Ver, por exemplo, Jennifer Lee, "I Think, Therefore IM", *New York Times*, 19 set. 2002. Disponível em: <nytimes.com/2002/09/19/technology/circuits/19MESS.html>.
20. Ao contar anedotas desse tipo, posso sentir que estou reincidindo na tecnofobia e nos temores de uma estupidez mediada pelos computadores. Ao mesmo tempo, me divirto um pouco com a determinação teimosa do Excel em relacionar a abstração dos acrônimos genômicos com os eventos terrestres e encontro certo conforto em vê-lo repetir incontáveis vezes a mesma pergunta: "É isso que você realmente quer dizer? Porque, você sabe, os humanos querem dizer muitas coisas diferentes".
21. Reuters, "'Master' and 'Slave' Computer Labels Unacceptable, Officials Say", *CNN.com*, 26 nov. 2003. Disponível em: <edition.cnn.com/2003/TECH/ptech/11/26/master.term.reut/>.
22. Julia Horowitz, "Twitter and J. P. Morgan are Removing 'Master', 'Slave' and 'Blacklist' from Their Code", *CNN Business*, 3 jul. 2020. Disponível em: <edition.cnn.com/2020/07/03/tech/twitter-jpmorgan-slave-master-coding/index.html>.
23. Ron Eglash, "Broken Metaphor: The Master-Slave Analogy in Technical Literature", *Technology and Culture*, v. 48, n. 2, pp. 360-69, abr. 2007. Disponível em: <doi.org/10.1353/tech.2007.0066>.
24. Para números sobre minorias raciais na indústria da tecnologia, ver Sam Dean e Johana Bhuiyan, "Why are Black and Latino People Still Kept Out of the Tech Industry?", *Los Angeles Times*, 24 jun. 2020. Disponível em: <www.latimes.com/business/technology/story/2020-06-24/tech-started-publicly-taking-lack-of-diversity-seriously-in-2014-why-has-so-little-changed-for-black-workers>. Para uma análise mais abrangente do viés racial e outros em produtos tecnológicos, ver Virginia Eubanks, *Automating Inequality: How High-Tech Tools Profile, Police, and Punish the Poor* (Nova York: St Martin's Press, 2018) e Safiya Umoja Noble, *Algorithms of Oppression: How Search Engines Reinforce Racism* (Nova York: NYU Press, 2018).
25. As outras duas leis de Clarke, publicadas pela primeira vez em seu livro *Profiles of the Future* (Londres: Victor Gollancz, 1962), são "Quando um cientista renomado, porém idoso, afirma que algo é possível, ele quase certamente tem razão. Quando ele afirma que algo é impossível, muito provavelmente está errado" e "A única maneira de descobrir os limites do possível é se aventurar um pouco além deles e adentrar o impossível".

26. Até mesmo o ato de nomear algo قلب gera perturbações interessantes na infosfera: para visitar o site do projeto, é necessário usar caracteres arábicos em vez de latinos, pois ele está localizado em <nas./قلب/sr>, um endereço que se tornou possível com padrões multilíngues que só foram introduzidos na web em 2008. O fato de esse processo muito atrasado ter sido chamado de "internacionalização" diz tudo que precisamos saber sobre os pressupostos nacionalistas em torno dos padrões da internet.
27. "Arabic Programming Language At Eyebeam: قلب Opens The World", *AnimalNewYork.com*, 24 jan. 2013. Disponível em: <www.youtube.com/watch?v=77KAHPZUR8g>.
28. Para exemplos de programas escritos em Piet, ver: <dangermouse.net/esoteric/piet.html>. Para Emojicode, visite: <emojicode.org/>.
29. Se você quiser brincar com brainfuck, um compositor online está disponível em: <bf.doleczek.pl/>.
30. Para especificações completas da Ook!, ver: <dangermouse.net/esoteric/ook.html>.
31. Para a compreensão dos saguis, ver S. Verma, K. Prateek, K. Pandia, N. Dawalatabad, R. Landman, J. Sharma, M. Sur e H. A. Murthy, "Discovering Language in Marmoset Vocalization", *Proceedings, Interspeech*, pp. 2426-30, 2017. Disponível em: <doi.org/10.21437/Interspeech.2017-842>. Para explorar o arquivo de cantos de baleia do Google, visite: <patternradio.withgoogle.com/>. Para pesquisas com cães-da-pradaria, ver Jeff Rice, "Rodents' Talk Isn't Just 'Cheep'", *Wired*, 6 out. 2005. Disponível em: <www.wired.com/2005/06/rodents-talk-isnt-just-cheep/>.
32. Para a história de Roah, ver Konrad Lorenz, *King Solomon's Ring* (1952; Abingdon: Routledge, 2002), pp. 86-7 — mas o livro inteiro é maravilhoso.
33. Isso pode ser injusto com os papagaios, embora Lorenz estivesse escrevendo antes que os membros dessa espécie tivessem participado de tantos estudos quanto hoje. Na verdade, verificou-se competência cognitiva no papagaio-cinzento africano, ou seja, ele usa as palavras apropriadas a cada situação (ver E. N. Colbert-White, H. C. Hall, D. M. Fragaszy, "Variations in an African Grey Parrot's Speech Patterns Following Ignored and Denied Requests", *Animal Cognition*, v. 19, n. 3, pp. 459-69, maio 2016. Disponível em: <doi.org/10.1007/s1007101509461>). Alex, um papagaio--cinzento que trabalhou com a psicóloga animal Irene Pepperberg por mais de trinta anos, conseguia identificar formas e cores complexas, bem como conceitos abstratos, e reagia ao estado emocional dos pesquisadores humanos. Suas últimas palavras, as mesmas que dizia todas as noites a Pepperberg quando ela ia embora do laboratório, foram "Fica bem, te amo. Nos vemos amanhã". Irene M. Pepperberg, *Alex & Me: How a Scientist and a Parrot Discovered a Hidden World of Animal Intelligence and Formed a*

Deep Bond in the Process (Londres: HarperCollins, 2008). Para uma abordagem bem diferente da comunicação dos papagaios, procure conhecer a música da Hatebeak, uma banda de *death metal* americana cujo vocalista principal é um papagaio-cinzendo chamado Waldo. Diferente da zoomusicologia apresentada no começo desse capítulo, a música da Hatebeak já foi descrita como "uma britadeira sendo triturada num compactador".

34. A Embaixada dos Golfinhos sofre de uma carência crítica de pesquisas a seu respeito, mas esse trecho do catálogo da retrospectiva de 2004 do Ant Farm no Berkeley Art Museum, junto com links para outras informações, está disponível em *Greg.org*: <greg.org/archive/2010/06/01/cue-the-dolphin-embassy.html>.

35. Lilly ocupa um lugar especial na maioria dos relatos sobre a comunicação humano-golfinho, e é famoso pelo laboratório inundado que construiu com Margaret Howe Lovatt na ilha caribenha de St. Thomas. Lá, eles executaram um programa de pesquisa de anos de duração voltado à inteligência dos cetáceos, o que incluiu viver em contato próximo com golfinhos cativos, bem como realizar experimentos envolvendo tanques de privação sensorial (inventados por Lilly), eletrodos inseridos no cérebro dos golfinhos e injeções forçadas de doses não controladas de LSD. Embora seu trabalho tenha sido ofuscado por chocantes relatos posteriores da relação de Lovatt com um dos golfinhos, ele revelou vários aspectos até então desconhecidos da fisiognomonia e das capacidades dos cetáceos. Nada disso, porém, justifica a coerção e os abusos que eram parte rotineira das pesquisas, por mais bem-intencionadas que fossem.

36. Martín Abadi e David G. Andersen, "Learning to Protect Communications with Adversarial Neural Cryptography", *ArXiv.org*, 2016. Disponível em: <arxiv.org/abs/1610.06918>.

37. Para o relato do próprio Facebook acerca dos experimentos, ver Mike Lewis, Denis Yarats, Devi Parikh e Dhruv Batra, "Deal or No Deal? Training AI Bots to Negotiate", *Facebook Engineering*, 14 jun. 2017. Disponível em: <engineering.fb.com/2017/06/14/ml-applications/deal-or-no-deal-training-ai-bots-to-negotiate/>, e Lewis et al., "Deal or No Deal? End-to-End Learning for Negotiation Dialogues", *ArXiv.org*, 16 jun. 2017. Disponível em: <arxiv.org/pdf/1706.05125.pdf>. Para uma análise das variações de linguagem produzidas, ver Mark Wilson, "AI Is Inventing Languages Humans Can't Understand. Should We Stop It?", *FastCompany*, 14 jul. 2017. Disponível em: <www.fastcompany.com/90132632/ai-is-inventing-its-own-perfect-languages-should-we-let-it>.

38. Para uma visão geral sobre *ebonics* e idioletos negros relacionados, ver John Russell Rickford e Russell John Rickford, *Spoken Soul: The Story of Black English* (Nova York: John Wiley, 2000). Sou grato a Eva Barbarossa

por seus insights sobre a linguagem computacional e por ter me chamado a atenção sobre as formas pronominais.
39. "A autora das sementes de acácia" (1974) está incluído em Ursula K. Le Guin, *The Compass Rose* (Londres: Gollancz, 1983). Obrigado a Matt Webb por chamar a minha atenção para esse conto. Ele é, no mínimo, parcialmente responsável pela maior parte deste livro.
40. Tyson Yunkaporta, *Sand Talk: How Indigenous Thinking Can Save the World* (Melbourne: Text Publishing, 2019). Para um trecho do livro abordando a vitalidade das pedras, ver "Friday Essay: Lessons From Stone — Indigenous Thinking and the Law", *The Conversation*, 5 set. 2019. Disponível em: <theconversation.com/friday-essay-lessons-from-stone-indigenous-thinking-and-the-law-122617>.
41. Para uma análise dos padrões semelhantes à fala nas mensagens instantâneas, ver K. Ferrara, H. Brunner e G. Whittemore, "Interactive Written Discourse as an Emergent Register", *Written Communication*, v. 8, n. 1, pp. 8-34, 1º jan. 1991. Para pesquisas sobre o uso de mensagens instantâneas em árabe, ver D. Palfreyman e M. al Khalil, "A Funky Language for Teenzz to Use': Representing Gulf Arabic in Instant Messaging", *Journal of Computer-Mediated Communication*, v. 9, n. 1, pp. 23-44, 2003.
42. Naomi S. Baron, "Why Email Looks Like Speech: Proofreading Pedagogy and Public Face", in Jean Aitchison e Diana M. Lewis (orgs.), *New Media Language* (Londres: Routledge, 2003), pp. 85-94.

6. Máquinas não binárias [pp. 249-304]

1. Platão, *Apology*, 21a-d. [Ed. bras.: *Apologia de Sócrates*. Trad. Edson Bini. São Paulo: Edipro, 2019.]
2. A. M. Turing, "On Computable Numbers, With an Application to the *Entscheidungsproblem*: (1936), *Proceedings of the London Mathematical Society*, Series 2, v. 42, pp. 230-65, 1937. Disponível em: <doi.org/10.1112/plms/s242.1.230>.
3. A. M. Turing, "Systems of Logic Based on Ordinals", *Proceedings of the London Mathematical Society*, Series 2, v. 45, pp. 161-228, 1939.
4. B. Jack Copeland e Diane Proudfoot, "Alan Turing's Forgotten Ideas in Computer Science", *Scientific American*, v. 280, n. 4, pp. 98-103, abr. 1999. Disponível em: <doi.org/10.1038/scientificamerican049998>.
5. Para uma descrição completa da instalação e do comportamento dos jabutis — incluindo a citação a Carroll — ver W. Grey Walter, "An Imitation of Life", *Scientific American*, maio 1950. No preparo desse capítulo, devo muito a Andrew Picking, cujo abrangente estudo dos ciberneticistas Stafford Beer, Gordon Pask, Grey Walter e Ross Ashby, que desenvolveram seu trabalho na Grã-Bretanha, se encontra em numerosos artigos

e aparece resumido em *The Cybernetic Brain: Sketches of Another Future* (Chicago: University of Chicago Press, 2011).

6. Walter, "An Imitation of Life".
7. Ibid.
8. Ibid.
9. A origem do termo está em Norbert Wiener, *Cybernetics: Or Control and Communication in the Animal and the Machine* (Cambridge: MIT Press, 1948).
10. Para uma descrição do homeostato e sua operação, ver W. R. Ashby, "Design for a Brain", *Electrical Engineering*, n. 20, pp. 379-83, dez. 1948.
11. Walter, "An Imitation of Life".
12. Ashby, "Design for a Brain".
13. Para a visão de Andrew Pickering sobre mentes cibernéticas, ver A. Pickering, "Beyond Design: Cybernetics, Biological Computers and Hylozoism", *Synthese*, v. 168, n. 3, pp. 469-9, jun. 2009. Disponível em: <doi.org/10.1007/s11229-008-9446-z>.
14. Infelizmente, o *U* não representa nada emocionante como "Universal" ou "Incognoscível" [Unknowable]. Ele se refere à descrição matemática de Beer para a operação U-machine e sua relação com a T-machine, que gerenciava as entradas, e a V-machine, que gerenciava as saídas.
15. S. Beer, "Towards the Automatic Factory", artigo submetido a um simpósio da Universidade de Illinois em junho de 1960, reimpresso em Roger Harnden e Allenna Leonard (orgs.), *How Many Grapes Went into the Wine: Stafford Beer on the Art and Science of Holistic Management* (Nova York: John Wiley, 1994), pp. 163-225.
16. A. Pickering, "The Science of the Unknowable: Stafford Beer's Cybernetic Informatics", *Kybernetes*, v. 33, n. 3/4, pp. 499-521, mar. 2004. Disponível em: <doi.org/10.1108/03684920410523535>.
17. Não há muitos detalhes disponíveis a respeito dos experimentos de Beer com o charco, que são mencionados brevemente na antologia editada de sua obra, *How Many Grapes Went into the Wine: Stafford Beer on the Art and Science of Holistic Management*. Agradeço a Matt Webb por ter chamado minha atenção para eles pela primeira vez e por "levar um charco à faculdade de administração".
18. Para saber mais sobre as capacidades de memória do bolor limoso, ver T. Saigusa, A. Tero, T. Nakagaki e Y. Kuramoto, "Amoebae Anticipate Periodic Events", *Physical Review Letters*, v. 100, n. 1, 11 jan. 2008. Disponível em: <doi.org/10.1103/PhysRevLett.100.018101>.
19. A. Tero, S. Takagi, T. Saigusa, K. Ito, D. P. Bebber, M. D. Fricker e T. Nakagaki, "Rules for Biologically Inspired Adaptive Network Design", *Science*, v. 327, n. 5964, pp. 439-42, 22 jan. 2010. Disponível em: <doi.org/10.1126/science.1177894>.

20. É uma generalização do problema das sete pontes de Königsberg, de Leonhard Euler, que vimos na nossa discussão sobre fungos e teoria das redes no capítulo 2.
21. L. Zhu, S. J. Kim, M. Hara e M. Aono, "Remarkable Problem-Solving Ability of Unicellular Amoeboid Organism and its Mechanism", *Royal Society Open Science*, v. 5, n. 12, 19 dez. 2018. Disponível em: <doi.org/:10.1098/rsos.180396>.
22. Na verdade, 840 vezes mais, mas estamos falando de um bolor limoso, poxa. Uma rede com quatro cidades tem apenas $3 \times 2 \times 1/2 = 3$ rotas possíveis $((n-1)!/2)$, mas uma rede com oito cidades tem $7 \times 6 \times 5 \times 4 \times 3 \times 2 \times 1/2 = 2520$ diferentes rotas possíveis.
23. Para uma visão geral sobre as pesquisas com memoristores, ver "The Memristor Revisited", *Nature Electronics*, v. 1, n. 261, maio 2018. Disponível em: <doi.org/10.1038/s41928-018-0083-3>.
24. Para pesquisas sobre as capacidades memoristoras do bolor limoso, ver E. Gale, A. Adamatzky e B. de Lacy Costello, "Slime Mould Memristors", *Bio-NanoScience*, v. 5, n. 1, pp. 1-8, 1º mar. 2015. Para memoristores com plantas e animais, ver A. Adamatzky, S. L. Harding, V. Erokhin e R. Mayne et al., "Computers from Plants We Never Made: Speculations", *ArXiv*, 1702.08889, 28 fev. 2017.
25. Essa teoria dos circuitos de bolas de bilhar foi publicada em E. Fredkin e T. Toffoli, "Conservative Logic", *International Journal of Theoretical Physics*, v. 21, n. 3-4, pp. 219-53, abr. 1982. Disponível em: <doi.org/10.1007/BF01857727>.
26. Sobre o computador de caranguejos, ver Y.P. Gunji, Y. Nishiyama e A. Adamatzky, "Robust Soldier Crab Ball Gate", *Complex Systems*, v. 20, n. 2, 15 jun. 2011. Disponível em: <doi.org/10.1063/1.3637777>.
27. K. Nakajima, H. Hauser, T. Li e R. Pfeifer, "Information Processing via Physical Soft Body", *Scientific Reports*, v. 5, n. 10487, 27 maio 2015. Disponível em: <doi.org/10.1038/srep10487>.
28. C. Fernando e S. Sojakka, "Pattern Recognition in a Bucket", *Lecture Notes in Computer Science*, pp. 588-97, set. 2003. Disponível em: <doi.org/10.1007/9783540394327_63>.
29. Para saber mais sobre Luyanov e os computadores hidráulicos soviéticos, ver O. Solovieva, "Water Machine Computers", *Science and Life*, v. 4, 2000. Disponível em: <nkj.ru/archive/articles/7033/>; e os arquivos do Museu Politécnico de Moscou, disponíveis em: <web.archive.org/web/20120328115234/http://rus.polymus.ru/?h=relics&rel_id=9&mid=&aid=9&aid_prev=9>.
30. Para uma abordagem mais completa sobre o Modelo da Bacia do Mississippi, ver Kristi Cheramie, "The Scale of Nature: Modeling the

Mississippi River", *Places Journal*, mar. 2011. Disponível em: <places-journal.org/article/the-scale-of-nature-modeling-the-mississippi-river/>.
31. Para o trabalho de Rob Holmes e do Dredge Research Collaborative sobre o Mississippi e outras paisagens, ver: <m.ammoth.us/>.
32. Para o trabalho de Zach Blas, ver: <zachblas.info/works/queertechnologies/>.
33. "A Genderqueer Activist Explains What it Means to be Nonbinary on the Gender Spectrum", *Vox*, 15 jun. 2016. Disponível em: <vox.com/2016/6/15/11906704/genderqueer-nonbinary-lgbtq>.
34. Para uma introdução à filosofia do código aberto, ver Lawrence Lessig, "Open Code and Open Societies: Values of Internet Governance", Sibley Lecture na Universidade da Georgia, 16 fev. 1999; ou, para um relato fictício sobre a sua implementação, recomendo Cory Doctorow, *Walkaway* (Nova York: Macmillan, 2017). Para exemplos de iniciativas de redes de processamento distribuído, ver <setiathome.berkeley.edu> e <foldingathome.org/>. As redes sociais Mastodon e Scuttlebutt, o browser Beaker e o aplicativo de conferências via web <Jitsi.org> são bons exemplos de projetos baseados em redes federadas ou par a par.
35. Para uma descrição do Algoritmo Optometrista, ver E. A. Baltz, E. Trask, M. Binderbauer et al., "Achievement of Sustained Net Plasma Heating in a Fusion Experiment with the Optometrist Algorithm", *Scientific Reports*, v. 7, n. 6425, 25 jul. 2017. Disponível em: <doi.org/10.1038/s41598017066457>. Para saber mais sobre esse tipo de cooperação entre humanos e máquinas aprendizes, ver James Bridle, *A nova idade das trevas: a tecnologia e o fim do futuro* (São Paulo: Todavia, 2019), capítulo 4, "Cálculo".
36. Para uma descrição completa do Robô Móvel Controlado por Barata, ver Garnet Hertz, *Cockroach Controlled Mobile Robot: Control and Communication in the Animal and the Machine*, vídeo, Concept Lab, 2008. Disponível em: <conceptlab.com/roachbot/>.
37. Para saber mais sobre o projeto Cybersyn, ver Eden Medina, *Cybernetic Revolutionaries: Technology and Politics in Allende's Chile* (Cambridge: MIT Press, 2011). A palestra de Beer na Manchester Business School em 1974 está disponível em: <youtube.com/watch?v=e_bXlEvygHg>.

7. Randomizando [pp. 305-49]

1. Para mais informações sobre o papel da *klepsydra* e objetos relacionados, ver o texto do historiador de mídias mortas Julian Dibbell, "Info Tech of Ancient Athenian Democracy". Disponível em: <alamut.com/subj/artiface/deadMedia/agoraMuseum.html>.

2. Ver Kerry Tomlinson, "How Random Are 'Random' Lottery Numbers?", *Archer Intelligence*, 30 mar. 2016. Disponível em: <archerint.com/how-random-are-random-lottery-numbers/>.
3. Não que ninguém tenha tentado. Em 1980, um apresentador de televisão, um técnico de estúdio e um agente lotérico tiveram sucesso em adulterar uma máquina que sorteava bolas, pertencente à Loteria da Pensilvânia, ejetando tinta látex em algumas bolas para torná-las mais pesadas, e conseguiram levar 1,2 milhão de dólares (antes de serem pegos). Algumas loterias agora usam máquinas de raio X e balanças de pesagem sofisticadas para testar as bolas antes dos sorteios.
4. Para uma linha do tempo do desenvolvimento de ERNIE, ver "Meet Ernie", *National Savings and Investments*. Disponível em: <nsandi.com/ernie>.
5. Para as origens da Lavarand, ver "Welcome to Lavarand!", Silicon Graphics, arquivado em: <web.archive.org/web/19971210213248/http://lavarand.sgi.com/>. Sobre a implementação do CloudFlare, ver Joshua Liebow Feeser, "Randomness 101: LavaRand in Production", Cloudflare, 6 nov. 2017. Disponível em: <blog.cloudflare.com/randomness-101-lavarand-in-production/>. Sobre o Hotbits, ver: <fourmilab.ch/hotbits/>; e sobre o Random.org, ver: <random.org>.
6. Para esses e mais detalhes sobre Monte Carlo, bem como sobre a história de John e Klári von Neumann, ver George Dyson, *Turing's Cathedral: The Origins of the Digital Universe* (Londres: Allen Lane, 2012).
7. Marcel Duchamp, que vimos em ação em um capítulo anterior, também era um veterano em Monte Carlo. Ele também tinha um "sistema" usado no cassino, que envolvia lançar dados para decidir onde apostar na roleta. De acordo com ele, o sistema funcionava — embora fosse dolorosamente lento — e, em 1924, ele produziu uma série de gravuras, chamada *Títulos de Monte Carlo*, que eram simultaneamente obras de arte conceituais e documentos legais que portavam o valor de seus ganhos.
8. John von Neumann, "Various Techniques Used in Connection with Random Digits" em *Proceedings of a Symposium* realizado de 29 de junho a 1º de julho de 1949, em Los Angeles, Califórnia, com patrocínio da RAND Corporation e do National Bureau of Standards, com cooperação do Oak Ridge National Laboratory; também publicado em A. S. Householder, G. E. Forsythe e H. H. Germond (orgs.), *Monte Carlo Method* (Washington: US Government Printing Office, 1951), National Bureau of Standards Applied Mathematics Series 12.
9. RAND Corporation, *A Million Random Digits with 100,000 Normal Deviates* (Glencoe: Free Press, 1955; edição revisada Santa Monica: RAND Corporation, 2001). Disponível em: <rand.org/pubs/monograph_reports/MR1418.html>. Para mais detalhes do processo de geração dos números, ver George

W. Brown, "History of RAND's random digits — Summary", em Householder, Forsythe e Germond (orgs.), *Monte Carlo Method*, pp. 31-2. Disponível em: <rand.org/content/dam/rand/pubs/papers/2008/P113.pdf>.

10. Essa citação e as seguintes foram tiradas de Kenneth Silverman, *Begin Again: A Biography of John Cage* (Nova York: Alfred Knopf, 2010; pbk, Evanston, IL: Northwestern University Press, 2012). Devo muito a esse livro e às anotações do próprio Cage, em especial a antologia *Silence: Lectures and Writings* (Londres: Marion Boyars, 1994).

11. Para gerar os números inteiros randômicos do ICHING, Hiller instituiu uma sub-rotina pseudorrandômica chamada ML3DST. Isso envolvia combinar frações geradas algoritmicamente que, embora não pudessem satisfazer por completo nosso desejo de números verdadeiramente randômicos, eram testadas cuidadosamente para garantir que fossem "randômicas o bastante" para a aplicação. Hiller discute o ICHING e a ML3DST em L. Hiller, "Programming the I-Ching Oracle", *Computer Studies in the Humanities and Verbal Behavior*, v. 3, n. 3, pp. 130-43, out. 1970. Agradeço a Tiffany Funk pelas conversas e pela ajuda na compreensão desse processo.

12. Para saber mais sobre a SAM e a exposição Cybernetic Serendipity, ver Jasia Reichardt (org.), *Cybernetic Serendipity — The Computer and the Arts*, edição especial da Studio International (Londres: Studio International Foundation, 1968).

13. Para mais detalhes sobre a origem e o design desses programas, ver S. Husarik, "John Cage and LeJaren Hiller: HPSCHD, 1969", *American Music*, v. 1, n. 2, pp. 1-21, verão 1983. Disponível em: <doi.org/10.2307/3051496>; Tiffany Funk, "Zen and the Art of Software Performance: John Cage and Lejaren A. Hiller Jr.'s HPSCHD (1967-1969)", tese, University of Illinois at Chicago, 2016.

14. Para a "Explicação da Aritmética Binária" de Leibniz, ver "Explication de l'Arithmétique Binaire", in C. I. Gerhardt (org.), *Die mathematische Schriften von Gottfried Wilhelm Leibniz* ('Mathematical Works'), v. 7, pp. 223-7. Uma tradução em inglês está disponível em: <leibniztranslations.com/binary.htm>. Para suas crenças religiosas e sua interpretação do I Ching, ver J. A. Ryan, "Leibniz' Binary System and Shao Yong's Yijing", *Philosophy East and West*, v. 46, n. 1, p. 59, jan. 1996. Disponível em: <doi.org/ 10.2307/1399337>. Sobre o computador de bolas de gude, ver Ravi P. Agarwal e Syamal K. Sen, *Creators of Mathematical and Computational Sciences* (Nova York: Springer, 2014).

15. Para os estudos dos Grant nas ilhas Galápagos, ver Peter R. Grant e B. Rosemary Grant, *How and Why Species Multiply: The Radiation of Darwin's Finches* (Princeton: Princeton University Press, 2011).

16. Para o trabalho de John Tyler Bonner sobre a randomização na evolução, com referência em particular ao tamanho e complexidade dos organismos, ver seu livro *Randomness in Evolution* (Princeton: Princeton University Press, 2013). Para uma sólida defesa da randomização em contraponto ao domínio da seleção natural na teoria evolutiva, ver M. Lynch, "The Frailty of Adaptive Hypotheses for the Origins of Organismal Complexity", *Proceedings of the National Academy of Sciences, USA*, v. 104, n. 1, pp. 8597-604, 15 maio 2017. Disponível em: <doi.org/10.1073/pnas.0702207104>.

17. Para um relato sobre as viagens, investigações e obras de arte de Haeckel, ver Andrea Wulf, *The Invention of Nature: The Adventures of Alexander von Humboldt, the Lost Hero of Science* (Londres: John Murray, 2016).

18. Mary Minihan, "Was Citizens' Assembly Best Way to Deal with Abortion Question?", *Irish Times*, 29 abr. 2017.

19. Para uma defesa dos sorteios e assembleias no processo político, ver David Van Reybrouck, *Against Elections: The Case for Democracy*, traduzido por Liz Waters (Londres: Bodley Head, 2016). Para uma visão geral da pesquisa científica sobre diversidade cognitiva, ver H. Landemore, "Deliberation, Cognitive Diversity, and Democratic Inclusiveness: An Epistemic Argument for the Random Selection of Representatives", *Synthese*, v. 190, pp. 1209-31, maio 2013. Disponível em: <doi.org/10.1007/s11229-012-0062-6>; e L. Hong e S. E. Page, "Groups of Diverse Problem Solvers Can Outperform Groups of High-Ability Problem Solvers", *Proceedings of the National Academy of Sciences, USA*, v. 101, n. 46, pp. 16385-9, 16 nov. 2004. Disponível em: <doi.org/10.1073/pnas.0403723101>.

20. Para exemplos de sorteios no Tâmil, ver "All eyes on Kudavolai Method of Elections", *The Hindu*, 25 set. 2010. Disponível em: <thehindu.com/news/cities/chennai/All-eyes-on-Kudavolai-method-of-elections/article16046086.ece>. Sobre a Confederação Iroquesa, ver Sergia C. Coffey, "The Influence of the Culture and Ideas of the Iroquois Confederacy on European Economic Thought", artigo apresentado na Eastern Economic Association Conference, Washington, 2016.

8. Solidariedade [pp. 351-93]

1. Para um relato mais extenso da vida e morte de Topsy, ver Michael Daly, *Topsy: The Startling Story of the Crooked-Tailed Elephant, P. T. Barnum, and the American Wizard, Thomas Edison* (Nova York: Atlantic Monthly Press, 2013).

2. Para os julgamentos de animais franceses e a história de Bartholomew Chassenée, ver Jeffrey St Clair, "Let Us Now Praise Infamous Animals", *Counterpunch.org*, 3 ago. 2018. Para uma história aprofundada

dos julgamentos de animais na Europa medieval e outros lugares, ver E. P. Evans, *The Criminal Prosecution and Capital Punishment of Animals* (Clark: The Lawbook Exchange, 2009).
3. Jason Hribal, *Fear of the Animal Planet: The Hidden History of Animal Resistance* (Chico: AK Press, 2011).
4. Peter Kropotkin, *Mutual Aid: A Factor of Evolution* (1902; Londres: Freedom Press, 2009). [Ed. bras.: *Apoio Mútuo: um fator da evolução*. Porto Alegre: Deriva, 2012.]
5. Para a pesquisa sobre a democracia dos veados-vermelhos, ver L. Conradt e T. J. Roper, "Democracy in Animals: The Evolution of Shared Group Decisions", *Proceedings of the Royal Society B: Biological Sciences*, v. 274, n. 1623, 22 set. 2007. Disponível em: <doi.org/10.1098/rspb.2007.0186>. Sobre os búfalos, ver D. Wilson, "Altruism and Organism: Disentangling the Themes of Multilevel Selection Theory", *The American Naturalist*, v. 150, n. 1, pp. S122-S134, jul. 1997. Disponível em: <doi.org/10.1086/286053>. Sobre pombos com mochilas GPS, ver M. Nagy, Z. Ákos, D. Biro e T. Vicsek, "Hierarchical Group Dynamics in Pigeon Flocks", *Nature*, v. 464, n. 7290, pp. 890-93, 8 abr. 2010. Disponível em: <doi.org/10.1038/nature08891>; e sobre as baratas, ver J. M. Amé, J. Halloy, C. Rivault, C. Detrain, J. L. Deneubourg, "Collegial Decision Making Based on Social Amplification Leads to Optimal Group Formation", *Proceedings of the National Academy of Sciences, USA*, v. 103, n. 15, pp. 5835-40, 11 abr. 2006. Disponível em: <doi.org/10.1073/pnas.0507877103>.
6. Para saber mais sobre Frisch, Lindauer, a dança do requebrado e suas implicações políticas, ver Thomas D. Seeley, *Honeybee Democracy* (Princeton: Princeton University Press, 2010), trabalho ao qual sou muito grato.
7. Quando Hofstadter escreveu o livro, muitas das suposições que ele faz a respeito de enxames de abelhas e colônias de formigas ainda eram apenas conjecturas, mas elas foram confirmadas por estudos posteriores. Para o original, ver Douglas R. Hofstadter, *Gödel, Escher, Bach: An Eternal Golden Braid* (Nova York: Basic Books, 1979). Para uma análise mais atual, ver J. A. R. Marshall, R. Bogacz, A. Dornhaus, R. Planqué, T. Kovacs e N. R. Franks, "On Optimal Decision-Making in Brains and Social Insect Colonies", *Journal of the Royal Society, Interface*, v. 6, n. 40, 6 nov. 2009. Disponível em: <doi.org/10.1098/rsif.2008.0511>.
8. Para uma explicação completa sobre o BeeAdHoc, ver H. Wedde, M. Farooq, T. Pannenbaecker, B. Vogel, C. Mueller, J. Meth e R. Jeruschkat, "BeeAdHoc: An Energy Efficient Routing Algorithm for Mobile Ad Hoc Networks Inspired by Bee Behavior", artigo escrito para a Genetic and Evolutionary Computation Conference (GECCO), pp. 153-60, Washington, 25-29 jun. 2005. Disponível em: <doi.org/10.1145/1068009.1068034>.

9. Saiba mais sobre o Nonhuman Rights Project em: <nonhumanrights.org/whoweare/>.
10. Uma transcrição completa dos argumentos diante da corte, *In the Matter of: Nonhuman Rights Project v. James Breheny, et al.*, Suprema Corte do Estado de Nova York, 23 set. 2019, pode ser encontrada em: <www.nonhumanrights.org/content/uploads/92319-Happy-oral-arguments--corrected-transcript.pdf>.
11. Para a opinião da juíza Truitt, ver a decisão da Suprema Corte do Estado de Nova York no caso de *The Nonhuman Rights Project em defesa de Happy v. James Breheny, et al.*, 18 fev. 2020. Disponível em: <nonhumanrights.org/content/uploads/HappyFeb182020.pdf>.
12. A citação de Uttarakhand foi extraída dos argumentos legais do NhRP; para saber mais sobre a história, ver Saptarshi Ray, "Animals Accorded Same Rights as Humans in Indian State", *The Telegraph*, 5 jul. 2018. Disponível em: <www.telegraph.co.uk/news/2018/07/05/animals-accorded-rights-humans-indian-national-park/>.
13. Para o caso de Cecilia, ver Merritt Clifton, "Argentinian Court Grants Zoo Chimp a Writ of Habeas Corpus", *Animals 24-7*, 8 nov. 2016. Disponível em: <www.animals24-7.org/2016/11/08/argentinian-court-grants--zoo-chimp-a-writ-of-habeas-corpus/>. Para o caso de Chucho, o urso na Colômbia, ver "Colombia's Constitutional Court Denies Habeas Corpus for Andean Bear", *The City Paper*, Bogotá, 23 jan. 2020. Disponível em: thecitypaperbogota.com/news/colombias-constitutional-court-denies-habeas-corpus-for-andean-bear/>.
14. Para saber mais sobre a declaração dos direitos dos rios na Índia, ver "Could Making the Ganges a 'Person' Save India's Holiest River?", *BBC News*, 5 abr. 2017. Disponível em: <www.bbc.com/news/world-asia-india-39488527>.
15. Para a Constituição do Equador, ver Mihnea Tanasescu, "The Rights of Nature in Ecuador: The Making of an Idea", *International Journal of Environmental Studies*, v. 70, n. 6, pp. 846-61, dez. 2013. Disponível em: <doi.org/10.1080/00207 233.2013.845715>. Sobre a Colômbia e a Amazônia, ver Anastasia Moloney, "Colombia's Top Court Orders Government to Protect Amazon Forest in Landmark Case", *Reuters*, 6 abr. 2018. Disponível em: <www.reuters.com/article/us-colombia-deforestation-amazon--idUSKCN1HD21Y>. Para o Whanganui na Nova Zelândia, ver Jeremy Lurgio, "Saving the Whanganui: Can Personhood Rescue a River?", *The Guardian*, 29 nov. 2019. Disponível em: <theguardian.com/world/2019/nov/30/saving-the-whanganui-can-personhood-rescue-a-river>.
16. Dr. Erin O'Donnell, pesquisador sênior da faculdade de direito da Universidade de Melbourne, citado no artigo do *The Guardian*, "Saving the Whanganui", op. cit.

17. Referências à aparição, desenvolvimento e status legal de Sophia são numerosas e desoladoras demais para serem citadas, mas estão disponíveis no seu mecanismo de busca predileto. Por favor, considere usar o DuckDuckGo, que é criado para proteger a sua privacidade, ou o Ecosia, que usa a renda obtida com anúncios para plantar árvores, caso queira buscar mais informações sobre esse assunto.
18. Para a resolução do Parlamento europeu, ver o estudo "European Civil Law Rules in Robotics", Directorate General for Internal Policies of the Union (European Parliament), dez. 2016. Disponível em: <www.europarl.europa.eu/RegData/etudes/STUD/2016/571379/IPOL_STU(2016)571379_EN.pdf>. Para a carta aberta, ver: <robotics-openletter.eu/>.
19. O exemplo dos Telepatas é extraído de Sue Donaldson e Will Kymlicka, *Zoopolis: A Political Theory of Animal Rights* (Oxford: Oxford University Press, 2011), que a basearam, por sua vez, numa elaboração de Michael A. Fox em seu livro *The Case for Animal Experimentation: An Evolutionary and Ethical Perspective* (Oakland: University of California Press, 1986). Esse livro é com frequência citado como uma defesa sofisticada do direito do ser humano de explorar os animais em benefício próprio, mas, quando Fox percebeu que os mesmos argumentos podiam ser usados por uma espécie alienígena para escravizar os humanos, ele o repudiou e passou a adotar uma posição de defesa dos direitos animais.
20. Clamores pelo desenvolvimento de uma IA "amistosa" começaram no Machine Intelligence Research Institute, cofundado por Eliezer Yudkowsky, também criador da comunidade LessWrong, mas foram defendidos por alguns dos fundadores dos estudos acadêmicos e práticos sobre IA. Ver, por exemplo, o livro de Stuart Russell e Peter Norvig, *Artificial Intelligence: A Modern Approach*, 3 (Harlow: Pearson Education, 2016), o texto clássico sobre o tema, que cita as preocupações de Yudkowsky em torno da segurança da IA.
21. O dilema do bonde recebeu esse nome da filósofa moral Judith Jarvis Thomson em "Killing, Letting Die, and the Trolley Problem", *The Monist*, v. 59, n. 2, pp. 204-17, abr. 1976. Sua conclusão, a partir de vários exemplos, foi que "há circunstâncias em que — mesmo sendo verdade que matar é pior do que deixar morrer — alguém pode escolher matar em vez de deixar morrer". The Moral Machine pode ser acessada em: <moralmachine.net>.
22. Para uma discussão sobre as normas éticas do Facebook, ver Anna Lauren Hoffmann, "Facebook Has a New Process For Discussing Ethics. But Is It Ethical?", *The Guardian*, 17 jun. 2016. Disponível em: <theguardian.com/technology/2016/jun/17/facebook-ethics-but-is-it-ethical>. Sobre o fracasso do Advanced Technology External Advisory Council do Google,

ver Jane Wakefield, "Google's Ethics Board Shut Down", *BBC News*, 5 abr. 2019. Disponível em: <bbc.com/news/technology-47825833>.
23. Cade Metz e Daisuke Wakabayashi, "Google Researcher Says She Was Fired Over Paper Highlighting Bias in A.I.", *The New York Times*, 3 dez. 2020.
24. Para saber mais sobre a "não identidade" das plantas e as maneiras pelas quais elas perturbam nosso pensamento social e político, ver Michael Marder, *Plant-Thinking: A Philosophy of Vegetal Life* (Nova York: Columbia University Press, 2013).
25. Henri Bergson, *Creative Evolution*, trad. Arthur Mitchell (Nova York: Henry Holt and Company, 1911). [Ed. bras.: *A evolução criadora*. Trad. de Bento Prado Neto. São Paulo: Martins Fontes, 2005.]
26. Agradeço a Anab Jain e a seu ensaio-conferência "Calling for a More-Than Human Politics", 19 fev. 2020, por essa taxonomia do cuidado. Ver <superflux.in/index.php/work/calling-for-a-more-than-human-politics-a-talk-by-anab-jain-at-tentacular-festival-november-2019/#> para o texto completo.

9. A internet dos animais [pp. 395-430]

1. Para uma visão geral das técnicas de rastreamento de animais, ver L. David Mech, *Handbook of Animal Radio-Tracking* (Minneapolis: University of Minnesota Press, 1983) e L. Mech e Shannon Barber-Meyer, "A Critique of Wildlife Radio-Tracking and its Use in National Parks", US National Park Service Report, pp. 1-78, 2002. Para o sistema de Cochran e Lord, ver W. W. Cochran e R. D. Lord, "A Radio-Tracking System for Wild Animals", *Journal of Wildlife Management*, v. 27, n. 1, pp. 9-24, jan. 1963. Disponível em: <doi.org/10.2307/3797775>.
2. Uma boa visão geral da história do Argos se encontra em Rebecca Morelle, "Argos: Keeping Track of the Planet", *BBC News*, 7 jun. 2007. Disponível em: <news.bbc.co.uk/1/hi/sci/tech/6701221.stm>.
3. A história de Pluie foi contada em diversos lugares, entre eles Cornelia Dean, "Wandering Wolf Inspires Project", *The New York Times*, 23 maio 2006. Disponível em: <nytimes.com/2006/05/23/science/earth/23wolf.html>; "Pluie the Wolf", 8 nov. 2017, *National Park Service*. Disponível em: <nps.gov/glac/learn/education/pluie-the-wolf.htm>; e "Pluie, the Wolf Who Inspired Carnivore Recovery Across the West", série de podcast *Wild Animals*, série 1, episódio 1, North Carolina Museum of Natural Sciences. Disponível em: <naturalsciences.org/research-collections/wild-animals-podcast>.
4. Para a história e a formação do Y2Y, bem como informações sobre suas atividades e realizações atuais, ver: <y2y.net/about/visionmission/history/>.

Para uma definição e história mais completa dos corredores de vida selvagem, ver D. K. Rosenberg, B. R. Noon e E. C. Meslow, "Towards a Definition of Biological Corridor", in J. A. Bissonette e P. R. Krausman (orgs.), *Integrating People and Wildlife For a Sustainable Future*, International Wildlife Management Congress (Bethesda; The Wildlife Society, 1995).

5. Para o episódio de *The West Wing* ver série 1, episódio 5, "The Crackpots and These Women".
6. O Refúgio de Vida Selvagem Sredneussuriisky foi estabelecido em 2012; ver "New Corridor Links Amur Tiger Habitats in Russia and China", *World Wide Fund for Nature*, 19 out. 2012. Disponível em: <panda.org/?206504/new-corridor-links-amur-tiger-habitats-in-russia-and-china>. Para o Natuurbrug Zanderij Crailoo e outros "ecodutos" holandeses, ver: <www.atlasobscura.com/places/natuurbrug-zanderij-crailoo/>. Para Tony e o corredor Ngare Ndare, ver Maurice O. Nyaligu e Susie Weeks, "An Elephant Corridor in a Fragmented Conservation Landscape: Preventing the Isolation of Mount Kenya National Park and National Reserve", *Parks: The International Journal of Protected Areas and Conservation*, v. 19, n. 1, pp. 91-101, mar. 2013.
7. Para o Cinturão Verde Europeu, ver: <europeangreenbelt.org>; e Tony Paterson, "From Iron Curtain to Green Belt: How New Life Came to the Death Strip", *The Independent*, 17 maio 2009. Disponível em: <www.independent.co.uk/climate-change/news/from-iron-curtain-to-green-belt-how-new-life-came-to-the-death-strip-1686294.html>. Para a DMZ coreana, ver Claire Harbage, "In Korean DMZ, Wildlife Thrives. Some Conservationists Worry Peace Could Disrupt It", *NPR*, 20 abr. 2019. Disponível em: <https://www.npr.org/2019/04/20/710054899/in-korean-dmz-wildlife-thrives-some-conservationists-worry-peace-could-disrupt-i>. Sobre a vida selvagem em Pripyat, ver "The Chernobyl Exclusion Zone is Arguably a Nature Preserve", *BBC News*, abr. 2016. Disponível em: <web.archive.org/web/20200315114228/http://www.bbc.com/earth/story/20160421-the-chernobyl-exclusion-zone-is-arguably-a-nature-reserve>.
8. Para a estrada de abelhas de Oslo, ver Agence France Presse, "Oslo Creates World's First 'Highway' to Protect Endangered Bees", *The Guardian*, 25 jun. 2015. Disponível em: <www.theguardian.com/environment/2015/jun/25/oslo-creates-worlds-first-highway-to-protect-endangered-bees>; e para a associação administrativa, ByBi, ver: <bybi.no/>. Para a Associação de Trekking da Noruega, ver: <english.dnt.no>.
9. Para o impacto do muro na fronteira dos Estados Unidos sobre a vida selvagem, ver Samuel Gilbert, "'An Incredible Scar': The Harsh Toll of Trump's 400 Mile Wall Through National Parks", *The Guardian*, 31 out. 2020. Disponível em: <theguardian.com/environment/2020/oct/31/www.theguardian.

com/environment/2020/oct/31/trump-border-wall-wilderness-wildlife-
-impact>; e Samuel Gilbert, "Trump's Border Wall Construction Threatens Survival of Jaguars in the US", *The Guardian*, 1º dez. 2020. Disponível em: <www.theguardian.com/environment/2020/dec/01/trump-border-wall-threatens-jaguars-revival-arizona-sky-islands>.

10. Para um relato sobre a vida selvagem ameaçada pelo muro do apartheid, ver Miriam Deprez, "Even Animals Are Divided by Israel's Wall and Occupation Threats to the Local Environment", *Middle East Monitor*, 20 ago. 2018. Disponível em: <www.middleeastmonitor.com/20180820-even-animals-are-divided-by-israels-wall-and-occupation-threats-to-the-local-environment>; e Vanessa O'Brien, "Israeli Army Opens West Bank Barrier For Animals", *DW News*, 2 nov. 2012. Disponível em: <www.dw.com/en/israeli-army-opens-west-bank-barrier-for-animals/audio-16366298>.

11. Para o relato de Thomas Wilner sobre o caso, ver "The Rule of Law Oral History Project: The Reminiscences of Thomas B. Wilner", Columbia University, 2010. Disponível em: <columbia.edu/cu/libraries/inside/ccoh_assets/ccoh_8626509_transcript.pdf>. Agradeço a David Birkin por ter me apontado essa história. Além das iguanas não humanas, uma corporação não humana também foi em defesa dos detentos na forma da Hobby Lobby, uma empresa norte-americana que teve garantida para si a liberdade religiosa negada aos detentos de Guantánamo; ver Philip J. Victor, "Gitmo Detainees' Lawyers Invoke Hobby Lobby Decision in Court Filing", *Al-Jazeera America*, 5 jul. 2014. Disponível em: <america.aljazeera.com/articles/2014/7/5/hobbylobbyguantanamo.html>.

12. Para um histórico sobre a vida selvagem e a I-80, bem como uma visão geral sobre o clima e outras pressões atuando sobre as migrações, ver Ben Guarino, "Safe Passages", *The Washington Post*, 18 mar. 2020. Disponível em: <www.washingtonpost.com/graphics/2020/climate-solutions/wyoming-wildlife-corridor/>.

13. Para mapas e informações sobre a Wyoming Migration Initiative, visite: <migrationinitiative.org>.

14. Para mais detalhes sobre o ICARUS, ver Andrew Curry, "The Internet of Animals That Could Help to Save Vanishing Wildlife", *Nature*, 16 out. 2018. Disponível em: <www.nature.com/articles/d41586-018-07036-2>, e a homepage do ICARUS em: <icarus.mpg.de/en>.

15. Para a pesquisa da professora Maxwell, ver "Mobile Protected Areas Needed to Protect Biodiversity in the High Seas", *Inside Ecology*, 17 jan. 2020. Disponível em: <insideecology.com/2020/01/17/mobileprotectedareasneededtoprotectbiodiversityinthehighseas/>.

16. Ibid. Sobre a proposta das Áreas Móveis de Proteção Marinha, ver Sara M. Maxwell, Kristina M. Gjerde, Melinda G. Conners e Larry B.

Crowder, "Mobile Protected Areas for Biodiversity on the High Seas", *Science*, v. 367, n. 6475, pp. 252-4, 17 jan. 2020.
17. Para o trabalho do ICARUS em Etna e L'Aquilla, ver University of Konstanz, "The Sixth Sense of Animals: An Early Warning System For Earthquakes?", *Phys.org News*, 3 jul. 2020. Disponível em: <phys.org/news/2020-07--sixth-animals-early-earthquakes.html>; e *Animals' Early Warning System*, ICARUS Report. Disponível em: <www.icarus.mpg.de/28810/animals-warning-sensors>.
18. Para detalhes sobre os planos e cálculos do Half-Earth Project, ver: <halfearthproject.org/>. Para mais sobre E. O. Wilson e seu trabalho, ver Tony Hiss, "Can the World Really Set Aside Half of the Planet for Wildlife?", *Smithsonian Magazine*, set. 2014. Disponível em: <www.smithsonianmag.com/science-nature/can-world-really-set-aside-half-planet-wildlife-180952379/>.
19. Hiss, "Can the World Really Set Aside Half of the Planet for Wildlife?".
20. Ver a Introdução de E. O. Wilson para o Half-Earth Day 2020 em: <www.half-earthproject.org/half-earth-day-2020-highlights/>.

Conclusão: Na fazenda de metais [pp. 431-6]

1. Para uma história das pesquisas com agromineração, ver Rufus L. Chaney, Alan J. M. Baker e Jean Louis Morel, "The Long Road to Developing Agromining/Phytomining", in Antony van der Ent, Alan J. M. Baker, Guillaume Echevarria, Marie Odile Simonnot e Jean Louis Morel (orgs.), *Agromining: Farming for Metals* (Nova York: Springer, 2021), pp. 1-22.
2. Dyna Rochmyaningsih, "The Rare Plants that 'Bleed' Nickel", *BBC Future Planet*, 26 ago. 2020. Disponível em: <www.bbc.com/future/article/20200825-indonesia-the-plants-that-mine-poisonous-metals>; D. L. Callahan, U. Roessner, V. Dumontet, A. M. De Livera, A. Doronila, A. J. Baker e S. D. Kolev, "Elemental and Metabolite Profiling of Nickel Hyperaccumulators from New Caledonia", *Phytochemistry*, 81, set. 2012, pp. 80-89. Disponível em: <doi.org/10.1016/j.phytochem.2012.06.010>; L. E. Bennett, J. L. Burkhead, K. L. Hale, N. Terry, M. Pilon e E. A. H. Pilon-Smits, "Analysis of Transgenic Indian Mustard Plants for Phytoremediation of Metal-Contaminated Mine Tailings", *Journal of Environmental Quality*, v. 32, n. 2, pp. 432-40, mar.-abr. 2003. Disponível em: <doi.org/10.2134/jeq2003.0432>; Joseph L. Fiegl, Bryan P. McDonnell, Jill A. Kostel, Mary E. Finster e Dr. Kimberly Gray, *A Resource Guide: The Phytoremediation of Lead to Urban, Residential Soils*, website adaptado de um relatório da Northwestern University (Evanston: Northwestern University, 2011). Disponível em: <web.archive.org/web/20110224034628/http://www.civil.northwestern.edu/ehe/html_kag/kimweb/MEOP/INDEX.HTM>; Li

Jiang, Lei Wang, Shu-Yong Mu e Chang-Yan Tian, "*Apocynum venetum*: A Newly Found Lithium Accumulator", *Flora: Morphology, Distribution, Functional Ecology of Plants*, v. 209, n. 5-6, jun. 2014. Disponível em: <doi.org/10.1016/j.flora.2014.03.007>.

3. Marthe de Ferrer, "Scientists Have Taught Spinach to Send Emails and it Could Warn us About Climate Change", *Euronews*, 18 mar. 2021. Disponível em: <www.euronews.com/green/2021/02/01/scientists-have-taught-spinach-to-send-emails-and-it-could-warn-us-about-climate-change>.

4. Emily Dreyfuss, "The Plan to Grab the World's Carbon With Supercharged Plants", *Wired*, 26 abr. 2019. Disponível em: <www.wired.com/story/the-plan-to-grab-the-worlds-carbon-with-supercharged-plants/>.

5. Para um exemplo de um desses planos, ver John Vidal, "How Bill Gates Aims to Clean Up the Planet", *The Observer*, 4 fev. 2018. Disponível em: <www.theguardian.com/environment/2018/feb/04/carbon-emissions-negative-emissions-technologies-capture-storage-bill-gates>.

Bibliografia

As obras a seguir, que nem sempre aparecem explicitamente no texto, foram de todo modo cruciais para desenvolver meu pensamento e toda a compreensão que dele resultou. Elas podem ser consideradas ancestrais honoráveis do presente texto, e terrenos férteis para outras explorações. JB.

ABBEY, Edward. *The Monkey Wrench Gang*. Londres: Penguin Classics, 2004.
ABRAMS, David. *The Spell of the Sensuous: Perception and Language in a More-Than-Human World*. Nova York: Vintage Books, 1997.
ADAMATZKY, Andrew; LESTOCART, Louis Jose (orgs.). *Thoughts on Unconventional Computing*. Londres: Luniver Press, 2021.
BAKER, J. A. *The Peregrine*. Nova York: HarperCollins, 1967.
BARAD, Karen. *Meeting the Universe Halfway*. Durham: Duke University Press, 2007.
BENNETT, Jane. *Vibrant Matter: A Political Ecology of Things*. Durham: Duke University Press Books, 2010.
BLOHM, Hans; BEER, Stafford; SUZUKI, David. *Pebbles to Computers: The Thread*. Oxford: Oxford University Press, 1987.
BONNER, John Tyler. *Randomness in Evolution*. Princeton: Princeton University Press, 2013.
BRADLEY, James. *Clade*. Londres: Titan Books, 2017.
CAMPAGNO, Federico. *Technic and Magic*. Londres: Bloomsbury Academic, 2018.
CARSON, Rachel. *Silent Spring*. Nova York: Penguin Classics, 2000.
CASTRO, Eduardo Viveiros de. *Cannibal Metaphysics*. Minneapolis: University of Minnesota Press, 2007. [Ed. bras.: *Metafísicas canibais*. São Paulo: Ubu/n-1 Edições, 2018.]
COCCIA, Emanuele. *The Life of Plants: A Metaphysics of Mixture*. Cambridge: Polity, 2018.
CURRAN, Susan; PARK, Gordon. *Micro Man*. Nova York: MacMillan, 1982.
DE MARTINO, Ernesto. *Magic: A Theory from the South*. Londres: HAU, 2015.
DEMOS, T. J. *Decolonizing Nature: Contemporary Art and the Politics of Ecology*. Berlim: Sternberg Press, 2016.

DIAZ, Eva. *The Experimenters: Chance and Design at Black Mountain College*. Chicago: University of Chicago Press, 2015.

DONALDSON, Susan; KYMLICKA, Will. *Zoopolis: A Political Theory of Animal Rights*. Oxford: Oxford University Press, 2011.

DYSON, George. *Darwin among the Machines*. Nova York: Perseus, 1997.

_____. *Turing's Cathedral: The Origins of the Digital Universe*. Londres: Allen Lane, 2012.

EVANS, Claire. *Broad Band*. Brentford: Portfolio, 2018.

FOSTER, Charles. *Being a Beast*. Londres: Profile Books, 2016.

GAGLIANO, Monica. *Thus Spake the Plant*. Berkeley: North Atlantic Books, 2018.

GHOSH, Amitav. *The Great Derangement: Climate Change and the Unthinkable*. Chicago: University of Chicago Press, 2016.

GODFREY-SMITH, Peter. *Other Minds: The Octopus and the Evolution of Intelligent Life*. Glasgow: William Collins, 2017. [Ed. bras.: *Outras mentes: O polvo e a origem da consciência*. Trad. de Paulo Geiger. São Paulo: Todavia, 2019.]

GUMBS, Alexis Pauline. *Undrowned: Black Feminist Lessons from Marine Mammals*. Stirling: AK Press, 2021.

HARAWAY, Donna. *When Species Meet*. Minneapolis: University of Minnesota Press, 2007. [Ed. bras.: *Quando as espécies se encontram*. Trad. de Juliana Fausto. São Paulo: Ubu, 2022.]

_____. *Staying with the Trouble: Making Kin in the Chthulucene*. Durham: Duke University Press, 2015.

HARNDEN, Roger; LEONARD, Allenna (orgs.). *How Many Grapes Went Into the Wine: Stafford Beer on the Art and Science of Holistic Management*. Hoboken: John Wiley & Sons, 1994.

HARVEY, Graham. *Animism: Respecting the Living World*. Londres: C Hurst & Co, 2017.

HELMREICH, Stefan. *Alien Ocean: Anthropological Voyages in Microbial Seas*. Oakland: University of California Press, 2008.

HRIBAL, Jason. *Fear of the Animal Planet: The Hidden History of Animal Resistance*. Stirling: AK Press, 2011.

HUXLEY, Aldous. *Island*. Nova York: Harper, 1962. [Ed. bras.: *A ilha*. Trad. Bruno Gambarotto. Rio de Janeiro: Biblioteca Azul, 2017.]

JENNINGS, Humphrey. *Pandaemonium 1660-1886: The Coming of the Machine as Seen by Contemporary Observers*. Nova York: The Free Press, 1986.

KIDDER, Tracy. *The Soul of a New Machine*. Boston: Little Brown & Co, 1981.

KIMMERER, Robin Wall. *Braiding Sweetgrass: Indigenous Wisdom, Scientific Knowledge and the Teachings of Plants*. Nova York: Penguin, 2020.

KINGSOLVER, Barbara. *Flight Behaviour*. Londres: Faber & Faber, 2012.

KOHN, Eduardo. *How Forests Think: Toward an Anthropology Beyond the Human*. Oakland: California University Press, 2013.

KROPOTKIN, Peter. *Mutual Aid: A Factor of Evolution*. Londres: Freedom Press, 2009.

LATOUR, Bruno. *Down to Earth: Politics in the New Climatic Regime*. Cambridge: Polity Press, 2018.

LE GUIN, Ursula K. *The Dispossessed*. Nova York: Harper & Row, 1974.

LORENZ, Konrad. *King Solomons Ring*. Londres: Routledge, 2002.

MACFARLANE. Robert. *Landmarks*. Londres: Hamish Hamilton, 2015.

MALM, Andreas. *Fossil Capital: The Rise of Steam-Power and the Roots of Global Warming*. Nova York: Verso, 2015.

_____. *How to Blow Up a Pipeline: Learning to Fight in a World on Fire*. Nova York: Verso, 2021.

MARDER, Michael. *Plant-Thinking: A Philosophy of Vegetal Life*. Nova York: Columbia University Press, 2013.

MARGULIS, Lynn. *The Symbiotic Planet: A New Look at Evolution*. Londres: Weidenfeld & Nicolson, 1998.

MATTERN, Shannon. *Code and Clay, Data and Dirt: Five Thousand Years of Urban Media*. Minneapolis: University of Minnesota Press, 2017.

MCCORDUCK, Pamela. *Machines Who Think*. Nova York: W. H. Freeman & Co., 1979.

MEDINA, Eden. *Cybernetic Revolutionaries: Technology and Politics in Allende's Chile*. Cambridge: MIT Press, 2014.

MEIJER, Eva. *Animal Languages: The Secret Conversations of the Living World*. Londres: John Murray, 2019.

_____. *When Animals Speak: Toward an Interspecies Democracy*. Nova York: NYU, Press, 2019.

MORTON, Timothy. *Humankind: Solidarity with Non-Human People*. Nova York: Verso, 2019.

OBERHAUS, Daniel. *Extraterrestrial Languages*. Cambridge: MIT Press, 2019.

O'CONNELL, Mark. *To Be a Machine*. Nova York: Doubleday, 2017.

PATTERSON, Charles. *Eternal Treblinka: Our Treatment of Animals and the Holocaust*. Lagos: Lantern Books, 2004.

PEARCE, Fred. *The New Wild: Why Invasive Species Will be Nature's Salvation*. Boston: Beacon Press, 2015.

PICKERING, Andrew. *The Cybernetic Brain*. Chicago: University of Chicago Press, 2011.

POWERS, Richard. *The Overstory*. Londres: William Heinemann, 2018.

QUAMMEN, David. *The Tangled Tree: A Radical New History of Life*. Nova York: Simon & Schuster, 2019.

REYBROUCK, David van. *Against Elections: The Case for Democracy*. Nova York: Random House, 2016.

ROBINSON, Kim Stanley. *The Ministry for the Future*. Nova York: Orbit, 2021.

SCHUPPLI, Susan. *Material Witness: Media, Forensics, Evidence*. Cambridge: MIT Press, 2020.

SCOTT, James C. *Seeing Like a State: How Certain Schemes to Improve the Human Condition Have Failed*. New Haven: Yale University Press, 1998.

_____. *Against the Grain: A Deep History of the Earliest States*. New Haven: Yale University Press, 2017.

SEELEY, Thomas D. *Honeybee Democracy*. Princeton: Princeton University Press, 2010.

SILVERMAN, Kenneth. *Begin Again: A Biography of John Cage*. Nova York: Random House, 2010.

SIMARD, Suzanne. *Finding the Mother Tree: Uncovering the Wisdom and Intelligence of the Forest*. Londres: Allen Lane, 2021.

SHELDRAKE, Merlin. *Entangled Life*. Londres: Bodley Head, 2020.

TCHAIKOVSKY, Adrian. *Children of Time*. Nova York: Orbit, 2018.

TSING, Anna Lowenhaupt. *The Mushroom at the End of the World: On the Possibility of Life in Capitalist Ruins*. Princeton: Princeton University Press, 2015.

WAAL, Frans de. *Are We Smart Enough to Know How Smart Animals Are?* Londres: Granta Books, 2016.

WANG, Xiaowei. *Blockchain Chicken Farm*. Nova York: FSG, 2020.

WOHLLEBEN, Peter. *The Hidden Life of Trees*. Glasgow: William Collins, 2017.

WULF, Andrea. *The Invention of Nature*. Londres: John Murray, 2015.

YUNKAPORTA, Tyson. *Sand Talk: How Indigenous Thinking Can Save the World*. Nova York: HarperOne, 2020.

Agradecimentos

Muitos amigos e conhecidos participaram das discussões e ideias que entraram neste livro; mais até do que eu seria capaz de nomear. Obrigado a Lawrence Abu Hamdan, Nick Aikens, Tom Armitage, Eva Barbarossa, Zach Blas, Ingrid Burrington, Eduardo Cassina, Mat Dryhurst, Ben Eastham, Kyriaki Goni, Tom Gordon-Martin, Holly Herndon, Marco Ferrari, Samuel Hertz, Anab Jain, Julia Kaganskiy, Claudette Lauzon, Charlie Loyd, Jacob Moe, Julian Oliver, Sascha Pohflepp (sentimos muito a sua falta), Matthew Plummer-Fernandez, Angelika Sgouros, Merlin Sheldrake, William Skeaping, Kevin Slavin, Zachos Varfis, Ben Vickers, Chris Woebken e Lydia Xynogala. Agradeço também a Andrew Adamatzky, Alexandra Elbakyan, Maria Konstantinou, Susan Simard e Martin Wikelski por sua consultoria e generosidade.

Agradeço especialmente a Aslak Aamot Kjærulff, Einar Sneve Martinussen, Katherine Brydan, Rob Faure-Walker, Lucia Pietroiusti, Jonas Staal e Stefanos Levidis, que fizeram leituras aprofundadas do texto e deram suas opiniões e sugestões.

Agradeço a Telis e Rosemarie em Egina por sua bondade e hospitalidade em um ano tão estranho. Meus agradecimentos a todos em Akrogialia e Aiákeion. Agradeço a Lila, Leonidas, Kostas e a todos em Zagori. Obrigado a Joseph Grima, Chiara Siravo, Elisa Giuliano, Martha Schwindling, Antonio Elettrico e a todos em Matera. Agradeço ao Infrastructure Club, novamente, e a todos no Littoral Group.

Agradeço a todo mundo que me convidou para falar e me ouviu nos últimos anos — e a Deborah Rey-Burns por todo o seu trabalho. Agradeço a Luca Barbeni na Nome, e a Janez Janša e Marcela Okretič na Aksioma, e a Davor Mišković e Ivana Katic na Drugo More. Agradeço a Clemancy e Howard Gordon-Martin, por Howard's End (e tantas outras coisas); agradeço a John Bridle por tudo.

Agradeço ao meu agente, Antony Topping, e ao meu editor na Penguin, Thomas Penn, pelo entusiasmo e apoio na edição deste livro, e por suas anotações e comentários atenciosos. Agradeço a Eric Chinski na FSG por também acreditar nele. Agradeço a Jane Robertson por suas habilidades de edição e a Eva Hodgkin por obter os direitos das imagens. Agradeço a todas as outras pessoas que dedicaram seu tempo, esforço e habilidade nesse processo de publicação.

Agradeço ao polvo que encontrei hoje pela manhã, que piscou para mim de debaixo de uma pedra, e às três águias que voavam, grasnando lá no alto, enquanto eu escrevia estas palavras, por me lembrar de minha dívida com o mundo e todos os seres nele.

Agradeço, acima de tudo, a Navine e Zephyr, por serem a maior inspiração e a maior fonte de amor que alguém poderia imaginar. Obrigado.

Atenas — Londres — Egina
Julho de 2019 a setembro de 2021

Índice remissivo

Números de páginas em itálico referem-se a ilustrações

قلب (linguagem de programação), 229

A

abacate, 155
abelhas, 24, 26, 36, 207-9, 267, 362-8, 398, 411, 436
abetos (árvores), 91, 118, 178-9; abeto-de-douglas, 391
abibe (pássaro), 359
Abram, David, 33
abutres, 410
acácias, 93, 242
Adamatzky, Andrew, 276
Administração Oceânica e Atmosférica Nacional (EUA), 197, 400
ágora (espaço público da Grécia Antiga), 305
águas-vivas, 257
águias, 11, 249, 398
Áillohaš (Nils-Aslak Valkeapää, músico sami), 215
Aira, Gun, 166
ajauas (povo), 206-9, 235
álamos (árvores), 93, 113-4; Pando (álamo-trêmulo em Fishlake, EUA), 113-4
Albert, Gerrard, 375
algas, 90, 115-6, 155-7, 267

algoritmos, 16-7, 19, 23, 49, 89, 230, 254, 256, 274, 338-9, 386, 424; Optometrist Algorithm [Algoritmo Optometrista], 298
Allen, Ken (orangotango), 355-6
Allende, Salvador, 302-3
alma, concepção clássica da, 176
Aloe vera (babosa), 276
Alt, William, 351-2
Áltá (Álttáeatnu, rio na Noruega), 214-5
alvéola (pássaro), 359
Alyssum murale (planta florífera), 432
Amazon (empresa), 17-8, 393
Amazônia, 374
Ambika (elefante), 60
amieiros (árvores), 93, 178
andar medular em cães, 299
andorinhas, 164-5, 173, 422
Andrews, Malachi, 240
animais: comunicação entre animais e máquinas, 233-6, 259; direitos dos, 7, 354, 382; julgamentos e execuções de (na Idade Média), 353-5, 368; rastreamento de, 192, 398-4, *403*, 415-6, *419*, 420, 422
Ant Farm (grupo de arte e design), 236-7, *236*
antilocapras, 406, 416-9, 436
apartheid, 412-3, 427
Apis mellifera (abelha), 208; *ver também* abelhas
"apneia do e-mail", 222
Apocynum venetum (planta), 433

Apoio mútuo: um fator de evolução (Kropotkin), 359
aprendizado de máquina, 16, 42, 49, 95, 280, 298-9, 389
aquários, 73-4, 270
Arabidopsis thaliana (planta florífera), 98, 435
Archaea (arqueias, classe animal), 151-3, 156-7, *159*, 269-70, 332
Ardipithecus kadabba e *ramidus* (hominídeos), 144
Argos (sistema de satélites), 400-3, 416
Aristóteles, 32, 176-7, 309
Armadilha Autônoma (teste), 43-4, *44*, 289
árvore reticulada de Doolittle, *159*
Ashby, W. Ross, 259-64, *260*, 292
astrobiologia, 127
Atenas (Grécia), 12, 39, 101, 305, 307-9, 346, 367
Augustin, Regynald, 223
Australopithecus (hominídeos), 128-9, 144
autoconsciência, 47, 50, 55, 59-62, 68-72, 76, 86
"Autora das sementes de acácia, A" (Le Guin), 242
Azure (plataforma de IA), 20

B

Babbage, Charles, 49
babuínos, 52, 79-85, 96-7, 357
Bacia do Mississippi, Modelo da, 286
bactérias, 33, 128, 151-8, *159*, 269, 332, 348, 420
bacuraus (pássaros), 171
Banff, Parque Nacional (Canadá), 401-5
Barabási, Albert-László, 119, 120
Barad, Karen, 123-5, 187, 349
baratas, 362; barata-de-madagáscar, 300-1, *300*

Basilicata (Itália), 199-204, *199*, 235
Basilisco de Roko (inteligência artificial hipotética), 383-5
BeeAdHoc (programa de computador), 368
Beer, Stafford, 263-6
Bergson, Henri, 391
Berners-Lee, Tim, 119
besouros, 354
bétulas (árvores), 91, 166, 178, 198
"biofilia", 428-9
"biogeografia insular", teoria da, 426
Black Language [Linguagem negra] (Andrews e Owens), 240
Black Lives Matter (movimento), 222-3
Blake, William, 32-3
Blas, Zach, 295
Boeing X-37 (nave espacial), 194
bois, 204-5, *206*
bolores limosos, 121, 271-6, *273*-4, 281, 295, 299, 335-6, 348, 368, 436; *ver também Physarum polycephalum* (bolor limoso)
bomba atômica, 123, 314, 316
bomba de hidrogênio, 315-6, 319
Bonner, John Tyler, 333, 335-6
bonobos, 24, 59, 76, 142, 144
borana (povo), 209
Bornmuellera tymphaea (planta florífera), 432
Boule, Marcellin, 131
Boulez, Pierre, 323
Bouvet, Joachim, 328
bow-wow (teoria sobre as origens da linguagem), 210, 212, 214, 217-8
Brainfuck (linguagem de programação), 231
Brassica juncea (mostarda-castanha), 433
Bruniquel, caverna (França), 133-6
budismo, 34, 84; zen-budismo, 328
buen vivir (filosofia indígena), 375-6
Bulé (assembleia de cidadão na Grécia Antiga), 308-9

C

cabras, 11, 201, 212, 410, 423; goral-de-cauda-longa, 410
cacatuas, 234
cactos, 96
cães, 211-2, 233, 263, 299, 423; andar medular em, 299
cães-das-pradarias (roedores), 233
Cage, John, 320-9, *327*, 337, 339, 436
Cambridge Analytica, 221
cantu a tenòre (música polifônica da Sardenha), 213
Caputo, Francesco, 205
Caputo, Matteo, 205
caranguejos, 277-9, 281, 299, 359, 410-1, *411*, 413, 430, 436; caranguejo soldado, 278; caranguejos-ermitões, 74
caribu (rena), 172
carpino (árvore), 171
carrapatos, 41, 43
Carroll, Lewis, 256
carros autônomos, 39, 298, 378, 387-8, 436
Carson, Rachel, 27, 31
carvalhos, 171-2, 176, 178-9, 184, 390
castanheiros, 92, 171
castores, 359
Castro, Eduardo Viveiros de, 35
Cecilia (chimpanzé), 372
cedros libaneses, 197
cefalópodes, 73, 75-6, 78, 280
cegonhas, 398
cérebro(s), 42, 48, 52, 75-8, 108, 113, 120, 156, 209, 224, 231, 255, 259-64, 266-7, 270, 281, 367
CERN (Conseil Européen pour la Recherche Nucléaire — Organização Europeia para a Pesquisa Nuclear), 119
cervos, 97, 406, 408, 410, 416
Charlotte (gibão-de-mãos-brancas), 52
Chassenée, Bartholomew, 354
Chaucer, Geoffrey, 218
Chesapeake, baía de (EUA), modelo da, 287-8, *288*
Children of Time [Filhos do tempo] (Adrian Tchaikovsky), 75
chimpanzés, 51-2, 58-9, 61, 64, 67, 76, 84-5, 121, 129, 142, 144, 208, 372, 390
chocos (cefalópodes), 73
choice-machine [máquina de escolhas] (conceito de Turing), 252-3
choupos-bálsamo (árvores), 178
Christmas, ilha (Austrália), 410-1, *411*, 413
Chua, Leon O., 275
Chucho (urso), 373
Churchill, Winston, 35
cibernética, 97, 259, 261-2, 267, 270, 272, 299, 302-3; Cybernetic Serendipity [Serendipidade cibernética] (exposição de arte e tecnologia em Londres, 1967), 324; Fábrica Cibernética (diagrama de Beer), 264, 269-71, 280, 302
cigarras, 7
Cinturão Verde Europeu, 409
Clarke, Arthur C., 226
clepsidra (relógio d'água), 305-6
Cloudflare (empresa de segurança online), 313
Cocanha, País da (lenda medieval), 202
Cochran, William, 399, 415
Colossus (computador), 311
combustíveis fósseis, 13, 15, 343; *ver também* petróleo
computação: código aberto, 296; "computação de reservatórios", 280; "computação não convencional", 271, 276, 278; computador-caranguejo, *279*; sistemas de processamento distribuído, 296
"Computing Machinery and Intelligence" [Computadores e inteligência] (Turing), 48

Concerto for Prepared Piano and Chamber Orchestra (música de Cage), 322
Confederação Iroquesa (americanos antivos), 347
Conferência Internacional do Meridiano (Washington, 1884), 167
coníferas (árvores), 114, 177
Convenção das Nações Unidas sobre o Direito do Mar, 421
Conway, Horton, 230
coroas-de-cristo (plantas), 165
Corpo de Engenheiros do Exército (EUA), 285
Corraro, Rosina, 205
corredores de vida selvagem, 406-10, *409*, *411*, 425, 427, 429
corvos, 214, 234-5
covid-19, pandemia de, 165
Cristo parou em Eboli (Levi), 202
cuco (pássaro), 170
cupins, 267
cuscuta (planta trepadeira), 111
Cybernetic Serendipity [Serendipidade cibernética] (exposição de arte e tecnologia em Londres, 1967), 324

De Jong, Piet, 306
De Martino, Ernesto, 203
De Waal, Frans, 61-2
Debord, Guy, 40
DeepMind (empresa), 20, 385
Delfos, sítio arqueológico de (Grécia), 249, 254, 271
Denisova, caverna (Rússia), 139, 141
denisovanos (hominídeos), 139-42, 145
Denny (adolescente denisovana), 140-1, 145
Descartes, René, 32, 328
descentralização, 101, 295-7, 393
desconhecido, o, 227, 266
Dimkaroski, Ljubem, 132
ding-dong (teoria sobre as origens da linguagem), 210
Dinkinesh (ou Lucy, *Australopithecus afarensis*), 128-9, 144
dioneia (planta insetívora), 106, 276
diversidade cognitiva, 348
Divje Babe (parque arqueológico na Eslovênia), 132
DNA, 98, 129, 138-40, 145, 149-50, 152-4, 156, 158, 332
Doolittle, Ford, 157-9, *159*
Duchamp, Marcel, 184-7

D

dáfnias (pulgas d'água), 268-9, 271, 281
Dallol (Etiópia), 126-8
Danakil, depressão de (Etiópia), 126-8, 151
"dança do requebrado" (comunicação das abelhas), 363-5
Darwin, Charles, 25-6, 55-7, 106, 130, 182-7, 189, 330-1, 334-6
Darwin, Francis, 182-7
Data General Eclipse MV/8000 (microcomputador), 168
De Anima (Aristóteles), 176

E

ecologia, 25-7, 29, 35, 100, 118, 145, 161, 180, 222, 249, 275, 304, 335, 345, 349, 383, 385, 390, 393, 415
ecossistema, 100, 115, 230, 267, 270, 406
EDVAC (computador), 314, 324
Efeito de Richardson, 147-8
Egina, ilha de (Grécia), 164, 173
Eglash, Ron, 223-4
elefantes, 36, 54, 60-3, 66, 155, 351, 369, 371, 408, 436
Elephas maximus (elefantes asiáticos), 60

Elfrico de Eynsham, 218
Elmer (jabuti robô), 257
Elsie (jabuti robô), 257
Embaixada dos Golfinhos (projeto do Ant Farm), 236, *236*
Emojicode (linguagem de programação), 230, 247
endossimbiose, 156
ENIAC (computador), 317, 324
Enigma (código), 311
Epicuro, 211
Epiro, monte (Grécia), 11-8, 20, 431, 436
Epstein, Jean, 198
ERNIE (computadores), 311-3, *312-3*, 318, 332
espelho *ver* teste do espelho (teste-padrão de autoconsciência)
espinafre, 435
espirradeira (árvore), 249
Estação de Pesquisa dos Correios (Londres), 311
Estação Espacial Internacional (ISS, na sigla em inglês), 398, 419
estorninhos (pássaros), 190
ética, 284, 361, 378, 385-6, 388-9
Etna, monte (vulcão italiano), 423
eucariontes, 151, 156, *159*
euglenas, 26-71
Euler, Leonhard, 119
Europa: Cinturão Verde Europeu, 409
evolução: árvore evolutiva, 77-8, 140, 145; convergência evolutiva, 66, 77, 324, 367; dos computadores, 20, 48, 49, 168, 233, 241, 244, 250-3, 255, 258, 266-7; processos evolutivos, 76, 330; randomização e, 331-7, 348; seleção natural, 330-1, 333, 335-7; teoria darwiniana da, 57, 130, 154
"Explicação da aritmética binária" (Leibniz), 329

F

Fábrica Cibernética (diagrama de Beer), 264, 269-71, 280, 302
Facebook, 13, 160-1, 221, 238-41, 247, 294, 385, 388
faias (árvores), 179, 204
Fedro (Platão), 7
fenologia, 171-2, *171*
Fensom, Harry, 311
física quântica, 123-5, 187, 312, 315
fitoplânctons, 90
Flowers, Tommy, 311
Folding@home (iniciativa científica), 296
formigas, 59, 62, 72, 242, 267, 275, 362, 367
Forte, Giovanni, 205-6, *206*
fototaxia (atração pela luz), 257
fractais, 148
Franklin, Benjamin, 347
Fredkin, Edward, 277
Frisch, Karl von, 363-4
fungos, 24, 33, 90-1, 95, 115-7, 120, 153-6, 184, 272, 275, 348, 406, 420
fusão nuclear, 298, 316
fusos horários, 167

G

Gagliano, Monica, 105-10, 183, 424
Gaia (deusa-mãe), 249, 271
Gaia, hipótese, 271, 304
gaivotas, 190, 360, 398
Galápagos, ilhas (Equador), 189, 330-1
Gallup Jr., Gordon G., 57-60, 62
Ganges, rio (Índia), 373
gansos, 135; gansos-bravos, 234; gansos-patola, 190
garças, 398
gargalo de Von Neumann, 315
Gates, Bill, 20, 385

Gaup, Ingor Ántte Áilu, 215
gaviões, 360
Gebru, Timnit, 389
Generelle Morphologie der Organismen
[Morfologia geral dos organismos]
(Haeckel), 25
gênero, questões de, 160-1, 270, 295
genes: nomes dos, 220; transferência horizontal de, 332
gibões, 52-5, 53, 60-1, 65-6, 78, 95, 99, 436; gibão-de-mãos-brancas, 52
girafas, 93
Glacier, Parque Nacional (EUA), 401-2, 404
Göbekli Tepe, sítio arqueológico de (Turquia), 135-7
Godfrey-Smith, Peter, 76, 78
golfinhos, 59-62, 65-6, 99, 236-7, 369, 400; Embaixada dos Golfinhos (projeto do Ant Farm), 236, *236*
Gombe Stream, Parque Nacional de (Tanzânia), 83
Gomphoterium (elefantes do Plioceno), 155
Goodall, Jane, 84-5, 369
Google, 16-8, 20, 38, 160, 221, 224, 233, 237, 239, 241, 298, 338, 377, 385, 388-9
goral-de-cauda-longa (cabra), 410
gorgulhos (besouros), 354
gorilas, 52, 64, 68, 72, 78, 142, 144
grafos, teoria dos, 119
gralhas, 24, 36, 171, 234
Grande Cadeia do Ser, 176
Grande vidro, O (painéis de Duchamp), 184-7, *185*
Grant, Peter, 331
Grant, Rosemary, 331
Greenpeace, 16
Greenwich, Observatório Real em (Londres), 167
Griffith, Frederick, 152
grous (aves), 410

Grumpy (elefante), 63
Grunsfeld, John, 194
Grupo de Pesquisa Operacional (Exército britânico), 189-90
Guantánamo, baía de (Cuba), 414
Gudynas, Eduardo, 376

H

habeas corpus, pedidos de, 64, 370-3, 379, 414
hadza (povo), 209
Haeckel, Ernst, 25, 151, 335-7, *337*
Hagenbeck, Carl, 357
Happy (elefante), 61-4, *64*, 68, 369-72, 379, 382, 414
Hawira, Turama, 375
Heritage Foundation (think tank conservador), 388
Heródoto, 14
Hertz, Garnet, 299-301, *300*
hidrofones, gravações de, 233, 236
hienas, 360
Hilbert, David, 254
Hiller, Lejaren, 324-5, 328
hiperacumuladoras, plantas, 431-2, 434
hipótese Gaia, 271, 304
Hitler, Adolf, 364
Hofstadter, Douglas, 367
Holanda, corredores de vida selvagem na, 408-9, *409*
Holmes, Rob, 288
homeostatos, 259-62, *260*, 264, 266-7, 270, 292, 304
hominídeos, 129, 144, 208; *Homo cepranensis*, 143; *Homo erectus*, 144; *Homo ergaster*, 143; *Homo gautengensis*, 144; *Homo habilis*, 144; neandertais, 130-1, 133-4, 137-9, 141-3, 145
Homo sapiens, 137, 139, 143, 145, 176
Hotbits (projeto de randomização), 313

HPSCHD (composição musical de Cage e Hiller), 324-6
Hribal, Jason, 355, 357, 359
Hubble (telescópio espacial), 193-4
HUGO (Gene Nomenclature Committee — Comitê de Nomenclatura de Genes), 220
Humboldt, Alexander von, 335
Huxley, Aldous, 163-4, 294

I

I Ching, 321-9, *321*, 339, 436
IBM (International Business Machines Corporation), 15-6, 18
ICARUS (projeto de rastreamento de animais), 398, 419-20, 422-4
ICHING (programa de computador), 324-5
iguanas, 414-5
Ilha, A (Huxley), 163
ILLIAC (computador), 324
indígenas, 24, 123, 166, 167, 359, 375, 404, 412
Inky (polvo), 73
Instituto de Arte Contemporânea (Londres), 324
Integrador de Água (computador analógico soviético), 282-3, *282*, 290
Inteligência Artificial (IA), 15-22, 45, 47-8, 50-1, 87, 94, 112, 121, 226, 238, 256, 262, 315, 340, 376-7, 380, 382-4, 387, 389, 429; como inteligência corporativa, 21-2, 43-5, 100, 431; comunicação entre animais e máquinas, 233-6, 259; história da, 256, 269, 314, 385-6; na exploração de gás e petróleo, 15-20, 45; perigos da, 45, 161, 226, 382; relação com a cibernética, 259, 261-2, 264, 267, 269-72, 280, 299, 302; visualização, 42

interjeições, 211, 218
internet, 13, 20, 38, 89, 92, 117-8, 120, 160, 187-8, 192, 193, 197, 275, 296, 320, 334, 338, 340, 341, 395-7, 419-23, 425, 427
Israel, 412; Forças de Defesa de, 413; pesquisas com rastreamento de animais em, 192

J

jabutis robôs, 256-9, *257*, 261, 268, 300-1
jaguatiricas e jaguarundis (felinos), 412
James Webb (telescópio espacial), 193
James, Kay Coles, 388
Jasper, Parque Nacional (Canadá), 401, 404
javalis, 408, 410
Jenny (orangotango), 55-7, *56*
Jogo da Vida (programa de computador), 230
joik (tradição musical dos povos sami), 214-6, 436
Journey Through The Secret Life of Plants (álbum de Stevie Wonder), 98
julgamentos e execuções de animais, 353-5, 368

K

Key Hole (satélites), 194
Khan-Dossos, Navine, 201
khoomei (canções tuvanas), 213-4
Kidder, Tracy, 168
King Solomon's Ring [O anel do rei Salomão] (Lorenz), 234-5
King, William, 130
kleroterion (computador analógico grego), 307-9, 341
Koko (gorila), 68-70, *69*, 72
Königsberg, sete pontes de (Alemanha), 119

Konstantinou, Maria, 432
Kowalczewski, Bruno, 133
Kropotkin, Peter, 359-1, 392
Kunstformen der Natur [Formas de arte da natureza] (Haeckel), 336-7, *337*

L

L'Aquila (Itália), 423
Lack, David, 189-90, 192, 399
lagartas, 97-9, 101, 435
land art [arte da terra], 288
Landsat (programa de satélites), 196-9, *199*
Lavarand (projeto de randomização), 313
Le Guin, Ursula, 27-8, 242-3, 245
Leakey, Louis, 85
Lederberg, Esther, 152
Lederberg, Joshua, 152
Legg, Shane, 20, 385
Lei Te Awa Tupua (Nova Zelândia, 2017), 374
Leibniz, Gottfried Wilhelm, 328-9
lêmures, 234
leões, 360
Leptoplax emarginata (planta florífera), 432
Levi, Carlo, 202-3
Lewa, Santuário da Vida Selvagem de (Quênia), 408
linces, 406
Lindauer, Martin, 364-6, *366*, 398
linguagem, 214; de programação, 229-30, 295; humana, 101, 217, 233, 237, 246; linguagens não humanas, 242
líquens, 155, 157, 244-5
liquidâmbares (árvores), 178
lobos, 11, 114, 214, 361, 401-2, 404-7, 410, 413; lobos-cinzentos, 412
Lord, Rexford, 399
Lorenz, Konrad, 234-5

louro (árvore), 249
Lovelace, Ada, 49
Lovelock, James, 271
Luca [*last universal common ancestral* — último ancestral universal], 149
Lucânia *ver* Basilicata (Itália)
Lucy (ou Dinkinesh, *Australopithecus afarensis*), 128-9, 144
Lukyanov, Vladimir, 282-4, *282*, 290
lulas, 73

M

macacos, 52-3, *53*, 66-8, 73, 79, 96, 233, 235, 270, 356-7; macacos-prego, 234
mainás (pássaros), 163
Mandelbrot, Benoit, 148
mangues, 175, 196-7
Mansfield, Lord (William Murray), 370
maori (povo), 374-6
Máquina Analítica (invenção de Babbage), 49
Máquina Analógica Estocástica (SAM), 324
Margulis, Lynn, 34, 156, 158, 161, 271
Marino, Lori, 60
mariposas, 257
Marsham, Robert, 170-3; registro fenológico de, 171-3, *171*
Matera (Itália), 201-2
"maximizador de clipes de papel", hipótese do, 18-20, 28, 382, 386-7
Maxine (elefante), 61-3
Maxwell, Sarah, 421-2
McLuhan, Marshall, 35
Meganthropus (hominídeo), 144
mel, coleta de, 155, 206-9
"memoristor" (resistor com memória), 275-6
mensagens instantâneas, conversas por, 218-9, 246

Merleau-Ponty, Maurice, 214
Metaxás, Ioannis, 11
Metropolis, Nick, 316
micélios (filamentos fúngicos), 96, 115, 120
Michael (gorila), 70, 72
micorrizas (mutualismo fungo-raiz), 90-1, 96, 114, 116-8, 120, 160, 275, 299, 368, 390
microbiota humana, 155-6
Microsoft, 17-8, 20, 220
Mictyris guinotae (caranguejo soldado), 278
milho, 110
Million Random Digits with 100,000 Normal Deviates, A [Um milhão de dígitos aleatórios com 100 mil desvios normais] (livro de números do ERNIE), 318-9, *319*
Mimosa pudica (planta sensitiva), 106, 183-4, 272, 276, 424
mineração, 13, 19, 373, 407, 431, 433
Ministry for the Future, The [O Ministério para o Futuro] (Robinson), 396
Modelo de Sistema Viável (conceito de Beer), 303
Mondrian, Piet, 230
MONIAC (computador), 290-3, *291*
Monte Carlo, método de (abordagem randômica), 316-20, 339
Monumento Nacional Organ Pipe Cactus (Arizona, EUA), 412
Moondog, 7
Moore, Michael, 193-4
Morgan-Mar, David, 230
mudança climática, 18, 114, 166, 173-8, 340-1, 343, 395, 405, 422, 435
Muir, John, 26
Müller, Max, 210-2
Müller, Urban, 231
Museu da Ágora Antiga (Atenas), 305, *308*

Musk, Elon, 20, 226, 385
Mussolini, Benito, 11
mutações, 149, 152, 158-9, 297, 331-5
mutualismo, 154-5, 157, 208, 235, 333, 359-60, 392, 429

N

nabo, 170
não binário, gênero e mundo, 161, 294, 301, 436
Nasa (National Aeronautics and Space Administration), 193-5, 197, 398, 400
Nasser, Ramsey, 229-30
Natuurbrug Zanderij Crailoo (Holanda), 408
Neander, vale de (Alemanha), 130
neandertais, 130-1, 133-4, 137-9, 141-3, 145
NEXRAD (Next-Generation Radar, mosaico de radares), 191, *191*
Ngare, floresta (Quênia), 408
NHRP (Nonhuman Rights Project — Projeto dos Direitos Não Humanos, de defesa animal), 64, 369-72, 414
Niassa, Reserva Nacional do (Moçambique), 206
NRO (National Reconnaissance Office), 193-5
nuvem da internet, armazenamento e serviços em, 17, 95, 160, 227-8

O

onça norte-americana, 412
Ook! (linguagem de programação), 231-2
Optometrist Algorithm [Algoritmo Optometrista], 298
Oráculo de Delfos (Grécia Antiga), 249-50, 302, 340, 425

orangotangos, 52, 55-7, 56, 59, 66, 76, 231-3, 271, 355-6, 391, 418
orcas, 59, 66
Origem das espécies, A (Darwin), 26, 57, 130
Origem do homem, A (Darwin), 57
ostracismo, 307
óstracos, 306-7, *308*
Otto (gorila), 69-70
Otto (polvo), 74
Outras mentes (Godfrey-Smith), 76, 78
ovelhas, 201, 205, 213, 423
Overstory, The (Powers), 92, 94, 181, 380, 390, 397
Owens, Paul T., 240

P

Pääbo, Svant, 138-9, 141
Pando (álamo clonal em Fishlake, EUA), 113-4
papagaios, 235
Paquet, Paul, 401-2
Paranthropus ("australopitecíneo robusto"), 144
pardal, 359
Parnaso, monte (Grécia), 37, 39, 42, 44, 249, 289
pássaro-do-mel, 206-10, 212, 235
patos, 360
Patterson, Francine, 68-9, *69*
Patty (elefante), 61-3
pegas (pássaros), 62, 66
petróleo, 13-7, 20, 36, 45, 163, 178, 244, 436
Phillips, Bill, 290-2, *291*
Phyllantus balgooyi (arbusto), 433
Physarum polycephalum (bolor limoso), 272-4, 276; *ver também* bolores limosos
"piano preparado", composições para, 322

Pickering, Andrew, 262
Piet (linguagem de programação), 230
Pindo, montes (Grécia), 11-2, 431-3
pinguins, 242-3
pinheiros, 165
pinheiros (árvores), 97, 178, 198
plânctons, 105, 336
Platão, 7
Plotnik, Joshua, 61
Pluie (loba), 401-7, *403*, 415-6, 420, 426
Poder do movimento nas plantas, O (Charles e Francis Darwin), 182, *185*
Pollino, Parque Nacional do (Itália), 198, 201, 204
polvos, 24, 73-9, 109, 279-80, 295
pombos, 267, 362
pooh-pooh (teoria sobre as origens da linguagem), 210-2, 218
"população fantasma" de antigos humanos, 129
porco-espinho, 413
porcos, 205, 353
Povinelli, Daniel, 62
Powers, Richard, 92, 94-5, 181, 390, 397
Pratchett, Terry, 231
preguiças-gigantes, 155
primatas, 62, 76, 83, 85, 142, 208, 367
Primavera silenciosa (Carson), 27, 31
"problema do caixeiro-viajante", 273-4, 281
Projeto Cybersyn (cinergia cibernética), 303
Projeto Half-Earth [Projeto Meia Terra, de proteção ambiental], 426-7, 429
propriocepção de plantas, 111
protistas, 151
pumas, 114, 406
Pycnandra acuminata (árvore), 433

Q

queer, teoria, 294-5
Quitobaquito Springs (Arizona, EUA), 412

R

radares, 188-92, *188*, *191*, 399, 429
radiolários (micro-organismo), 336-7, *337*, 339
Rand Corporation, 318-9, *319*, 321, 386
Random.org, 314
randomização, 309-11, 313-4, 320, 322, 336-1, 344, 346, 348-9, 421; computação e, 338; evolução e, 331-7, 348; na música, 327-9, 337; verdadeira, 311, 313-4, 322, 340, 346; *ver também* sorteio
raposas, 11, 135, 410, 413
rastreamento de animais, 192, 398-404, *403*, 415-6, *419*, 420, 422
ratos, 123, 267, 270, 354
Read, David, 118
redes, teoria das, 119, 120-1, 334
redes neurais, 120, 237-9, 386, 436
Reid, Clement, 179
Reiss, Diana, 60-1
repolho, *185*
Repsol (companhia energética), 15-8
Richardson, Lewis Fry, 146-8, 161; Efeito de Richardson, 147-8
RNA, 149-50
Roachbot (Robô Móvel Controlado por Barata), 299-300, *300*
Roah (corvo), 234-5
Robinson, Kim Stanley, 396, 397
robôs, 21, 23, 41, 44, 240, 256, *257*, 279, *300*, 376, 378, 390; robótica "mole", 278-9
rouxinol, 170
Ryukyu, ilhas (Japão), 278

S

Sahara, Muro do, 412
salgueiros (árvores), 93, 178
salmão, 90
sami (povo), 166, 214-5, 436
Sand Talk: How Indigenous Thinking Can Save the World [Conversa de areia: como o pensamento indígena pode salvar o mundo] (Yunkaporta), 245
São Francisco, baía de (EUA), 287
Sápmi (Noruega), 215-6
Sardenha, ilha da (Itália), 213
saxífragas (plantas), 165
Schultz, Jack, 181
seleção natural, 330-1, 333, 335-7
sequoias (árvores), 89, 92, 117-8, 156, 397, 436
Serviço Geológico dos Estados Unidos, 197
SETI@home (iniciativa científica, 296
Shakespeare, William, 218
Shanthi (elefante), 60
Sheldrake, Merlin, 89, 116
sicômoros (árvores), 170
Sid (polvo), 73
Sierra Madre, muro em (EUA), 412
Silverman, Kenneth, 323
Simard, Suzanne, 89-91, 94-5, 118, 397
sistema nervoso, 77, 263, 302
SMS, mensagens de, 219
Smuts, Barbara, 79-85, 97
Snøhetta (estúdio norueguês de arquitetura), 411
Snowchange Cooperative (ONG escandinava), 166
Sócrates, 250, 254, 302
solidariedade, 142, 216, 301, 360-1, 392, 413, 419, 429
Somerset, James, 370

Somos inteligentes o bastante para saber quão inteligentes são os animais? (De Waal), 61
Sophia (robô), 376-8, 381, 390
sorteio (randomização), 36, 309, 312, 341, 344, 346-8
Soul of a New Machine, The [A alma de uma nova máquina] (Kidder), 168
Sredneussuriisky, Refúgio de Vida Selvagem (Rússia), 408
Stross, Charles, 22
Superstudio (coletivo radical italiano), 288-9, *289*
Supersurface (filme), 289, *289*
Suzuki, D. T., 328
"Symbiotic View of Life: We Have Never Been Individuals, A" [Uma visão simbiótica da vida: nunca fomos indivíduos] (Gilbert et al.), 154

T

tartarugas, 400, 422
Tchaikovsky, Adrian, 75-6
Tchernóbil, zona de exclusão em (Ucrânia), 410
telemetria por rádio, 399-400, 416; *ver também* radares; rastreamento de animais
telescópios, 190, 193-4
tentilhões, 189, 330-1, 336
terremotos, 126, 423
Tesla, 20, 38
teste do espelho (teste-padrão de autoconsciência), 59-60, 62-3, 65, 67-71, 76, 258, 369, 380, 390
tetraz (ave), 215
"*text speak*" [linguagem de mensagens], 218-9, 221, 241, 246
texugos, 408
"Therolinguística" (estudo acadêmico das linguagens não humanas), 242

tigre-siberiano, 408
time-lapse, fotografia e filmes em, 92, 181-2, 187, 193, 195, 197-8, 287
Tobia, Jacob, 295
Toffoli, Tommaso, 277
Tohono O'odham (povo), 412
Tony (elefante), 408
Topsy (elefante), 351-3, 355
trepadeiras, plantas, 95, 111-2
Tri Alpha Energy, 298
Truitt, Alison, 370-1, 382
Trump, Donald, 194, 411
Turia, Tariana, 375
Turing, Alan, 48-51, 228, 231, 251-4, 265, 274, 277, 299, 304, 314-5, 318, 340; máquina de Turing ("*a*-machine" ("automatic machine"), 251-4, 274, 284, 315; Teste de Turing, 48, 50
Tuva (Ásia Central), 213
Twitter, 223

U

Uexküll, Jakob von, 41
Ulam, Stanislaw, 316
U-Machine (cérebro cibernético), 264-5, 271, 286
umwelt (perspectiva particular de um organismo), 41, 43-4, 54, 60, 63, 72, 88, 95-6, 100, 160, 293, 390, 410
United Steel, 263, 269
ursos, 11, 90, 114, 408; urso-das-cavernas, 130, 132-3; urso-de-óculos, 373; ursos-cinzentos, 406, 408, 412; ursos-negros, 90; ursos-negros-asiáticos, 410; ursos-pardos, 90
Uttarakhand, estado de (Índia), 372-3

V

V1 (bomba voadora), 190
vacas, 201, 205, 213, 372, 423
Valkeapää, Nils-Aslak (Áillohaš, músico sami), 215
Varley, George, 189-90
veados, 418; veado-almiscareiro, 410; veados-mula, 114, 417, *419*; veados-vermelhos, 362
Vicki (orangotango), 356
Viggianello (Itália), 201, 204-5, 207
vírus, 33, 152, 154, 348
Vitória, rainha da Inglaterra, 55
Von Neumann, John, 314-6, 318, 324; gargalo de, 315
Von Neumann, Klára Dán, 316-7

W

Walter, William Grey, 256-9, *257*, 261, 263, 268, 300
Watts, Alan, 34
West Wing, The (série de TV), 407
Whaganui, rio (Nova Zelândia), 374
Wide-Field Infrared Survey Telescope (WFIRST, Telescópio Grande Angular Infravermelho de Pesquisa), 195
Wikelski, Martin, 397-8, 419
Williams, Robert, 240
Wilner, Thomas, 414
Wilson, E. O., 123, 426-8
Wittgenstein, Ludwig, 256
Woese, Carl, 149-51
Wolff, Christian, 321
Wonder, Stevie, 98, 100
"Wood Wide Web" ("rede mundial florestal"), 89, 118, 120
Wyoming Migration Initiative (ONG), 417

X

Xuányè, imperador chinês, 328

Y

Y2Y (Iniciativa de Conservação de Yellowstone ao Yukon), 406-7, 411, 415, 418
Yamuna, rio (Índia), 373
Yellowstone, Parque Nacional (EUA), 401, 405, 416
Ymittos, colinas de (Grécia), 101
yo-he-ho (teoria sobre as origens da linguagem), 210-2
Yunkaporta, Tyson, 245

Z

Zacinto, ilha de (Grécia), 14-5
zen-budismo, 328
zibelinas (mamíferos), 167
zona desmilitarizada entre as Coreias (DMZ, na sigla em inglês), 409-10
zoológicos: argumentos para a abolição de, 7-436; fugas e tentativas de fugas de, 73, 355-7; Instituto Zoológico de Munique, 366; Parque Zoológico Nacional (Washington D.C), 60; Zoológico de Chicago, 53; Zoológico de Londres, 55-6, *56*; Zoológico de San Diego, 355, 391; Zoológico do Bronx, 61-4, *64*, 369, 372

Créditos das imagens

p. 42-4: Acervo do autor.
p. 53: FOTOGRAFIA 1, 1967, reprodução de Benjamin B. Beck, *A Study of Problem Solving by Gibbons*, Behaviour, v. 28, n. 1/2, 1967, p. 95. Publicação autorizada por Brill.
p. 56: W. Clerk, High Holborn, dezembro de 1837. The Picture Art Collection/ Alamy Stock Photo.
p. 64: Gigi Glendinning/ Nonhuman Rights Project.
p. 69: Bettmann/ Getty Images.
p. 132: Divje Babe National Park.
p. 136: Acervo do autor.
p. 150: Uma "impressão digital" em raio X de RNA ribossômico, com anotações de Carl Woese, Norman R. Pace, Jan Sapp e Nigel Goldenfeld, *Phylogeny and Beyond: Scientific, Historical, and Conceptual Significance of the First Tree of Life*, Proceedings of the National Academy of Sciences, v. 109, n. 4, pp. 1011-8, jan. 2012.
p. 159: A árvore reticulada, W. F. Doolittle, "Phylogenetic Classification and the Universal Tree", *Science*, v. 284, n. 5423, jun. 1999. Disponível em: <doi.org/10.1126/science.284.5423.2124>.
p. 171: Robert Marsham, "Sinais da primavera observados por Robert Marsham, Esduire, F.R.S. of Stratton in Norfolk. Latitude 52° 45'", *Philosophical Transactions of the Royal Society*, v. 79, 1789. © The Royal Society.
p. 174: Acervo do autor.
p. 185 [acima]: *The Power of Movement in Plants* (London: John Murray, 1880).
p. 185 [abaixo]: © Association Marcel Duchamp/ ADAGP, Paris e DACS, London 2021.
p. 188: W. G. Harper, "Detection of Bird Migration by Centimetric Radar — A Cause of Radar 'Angels'", *Proceedings of the Royal Society of London B: Biological Sciences*, v. 149, n. 937, pp. 484-502, 24 dez. 1958. B149484-502/Disponível em: <doi.org/10.1098/rspb.1958.0088>.
p. 191: National Centers for Environmental Information (NCEI).
p. 196: Geoscience Australia/ USGS/ Nasa.
p. 199: Giuseppe Mancino et al., "Landsat TM Imagery and NDVI Differencing to Detect Vegetation Change: Assessing Natural Forest Expansion in Basilicata, Southern Italy", *iForest – Biogeosciences and Forestry*, v. 7, n. 2, pp. 75-84, abr. 2014, © 2014 SISEF.
p. 206: Acervo do autor.
p. 236: Ilustração: Curtis Schreier.

p. 257: John Pratt/ Keystone Features/ Hulton Archive/ Getty Images.

p. 260: Mick Ashby, em nome de Estate of W. Ross Ashby/ Wikimedia Creative Commons.

p. 264: Roger Harnden e Allenna Leonard (orgs.), *How Many Grapes Went into the Wine: Stafford Beer on the Art and Science of Holistic Management* (New York: Wiley, 1994).

p. 273: Atsushi Tero et al., "Rules for Biologically Inspired Adaptive Network Design", *Science*, v. 327, n. 5964, pp. 439-42, 2010. Disponível em: <https://www.science.org/doi/abs/10.1126/science.1177894>.

p. 274: Zhu Liping, Kim Song-Ju, Hara Masahiko e Aono Masashi, "Remarkable Problem-solving Ability of Unicellular Amoeboid Organism and its Mechanism", *Royal Society Open Science*, v. 5, n. 12, 2018. Disponível em: <doi.org/10.1098/rsos.180396>.

p. 279: Y.P. Gunji, Y. Nishiyama, A. Adamatzky, T. E. Simos, G. Psihoyios, C. Tsitouras e Z. Anastassi, "Robust Soldier Crab Ball Gate", *AIP Conference Proceedings*, v. 1389, n. 995, 2011. Disponível em: <aip.scitation.org/doi/abs/10.1063/1.3637777>. © 2011, AIP Publishing.

p. 282: Cortesia do Polytechnic Museum, Moscou.

p. 288: US Army Corps of Engineers Waterways Experiment Station photo/ US Army Corps of Engineers, Waterways Experiment Station.

p. 289: *Supersurface*, 1972/ Archivio Toraldo di Francia © Filottrano.

p. 291: © Science Museum Group.

p. 300: Cockroach Controlled Robot, v. 1, 2004. Disponível em: <www.conceptlab.com/roachbot/>.

p. 306: Suzanne Young, "The American Excavations in the Athenian Agora: Sixteenth Report", *Hesperia*, v. 8, n. 3, pp. 274-84, jul.-set. 1939. Disponível em: <doi.org/10.2307/146678>.

p. 308: Ancient Agora Museum, James Bridle.

pp. 312-3: National Savings and Investments (NS&I).

p. 319: *A Million Random Digits with 100.000 Normal Deviates* (Santa Monica, Califórnia: RAND Corporation, 2001).

p. 321: Wikimedia Commons/ Ben Finney.

p. 327: *A Dip in the Lake: Ten Quicksteps, Sixty-Two Waltzes, and Fifty-Six Marches for Chicago and Vicinity*, 1978, John Cage, 141,6 × 111,1 cm, Chicago, MCA. © MCA Chicago.

p. 337: Gravuras 61 e 71 de Ernst Haeckel, *Kunstformen der Natur*, ou "Formas de arte da natureza", 1904.

p. 366: Thomas D. Seeley/ Honey-Bee Democracy/ © Princeton University Press, 2011.

p. 403: Cortesia do US National Park Service.

p. 409: Natuurbrug Zanderij Crailoo. Willy Metz/ Goois Natuurreservaat.

p. 411: Parks Australia.

p. 419: *Wild Migrations: Atlas of Wyoming's Ungulates* (2018). Publicada com autorização da Oregon State University Press.

© James Bridle, 2022

Todos os direitos desta edição reservados à Todavia.

Grafia atualizada segundo o Acordo Ortográfico da Língua Portuguesa de 1990, que entrou em vigor no Brasil em 2009.

capa
Pedro Inoue
tratamento de imagens
Carlos Mesquita
preparação
Laura Folgueira
índice remissivo
Luciano Marchiori
revisão
Gabriela Rocha
Ana Alvares

Dados Internacionais de Catalogação na Publicação (CIP)

Bridle, James (1980-)
 Maneiras de ser : Animais, plantas, máquinas : a busca por uma inteligência planetária / James Bridle ; tradução Daniel Galera. — 1. ed. — São Paulo: Todavia, 2023.

 Título original: Ways of Being
 ISBN 978-65-5692-397-0

 1. Filosofia. 2. Ciências. 3. Vida animal. I. Galera, Daniel. II. Título.

CDD 153

Índice para catálogo sistemático:
Processos mentais e inteligência: Psicologia cognitiva 153

Bruna Heller — Bibliotecária — CRB 10/2348

todavia
Rua Luís Anhaia, 44
05433.020 São Paulo SP
T. 55 11. 3094 0500
www.todavialivros.com.br

fonte
Register*
papel
Pólen natural 80 g/m²
impressão
Geográfica

FSC
www.fsc.org
MISTO
Papel produzido
a partir de
fontes responsáveis
FSC® C019498